河南省"十二五"普通高等教育规划教材
经河南省普通高等教育教材建设指

Economic Law

经济法

主编 • 宁艳岩
副主编 • 相天起

電子工業出版社
Publishing House of Electronics Industry
北京 · BEIJING

图书在版编目（CIP）数据

经济法 / 宁艳岩主编. —北京：电子工业出版社，2017.1
ISBN 978-7-121-30643-3

Ⅰ. ①经… Ⅱ. ①宁… Ⅲ. ①经济法－中国－高等学校－教材 Ⅳ. ①D922.29

中国版本图书馆 CIP 数据核字(2016)第 305967 号

策划编辑：尉　敏
责任编辑：李慧君　　文字编辑：杨振英
印　　刷：北京京师印务有限公司
装　　订：北京京师印务有限公司
出版发行：电子工业出版社
　　　　　北京市海淀区万寿路 173 信箱　　邮编 100036
开　　本：787×1092　1/16　印张：27.5　字数：601 千字
版　　次：2017 年 1 月第 1 版
印　　次：2020 年 1 月第 5 次印刷
定　　价：49.00 元

凡所购买电子工业出版社图书有缺损问题，请向购买书店调换。若书店售缺，请与本社发行部联系，联系及邮购电话：（010）88254888，88258888。
质量投诉请发邮件至 zlts@phei.com.cn，盗版侵权举报请发邮件至 dbqq@phei.com.cn。
本书咨询联系方式：（010）88254199，sjb@phei.com.cn。

经河南省普通高等教育教材建设指导委员会审定

审定人：赵　辉

河南省普通高等教育教材建设指导委员会委员名单

前 言

当今的社会发展日新月异，经济变革不断推进，法律法规也不断得到修改、补充与完善，因此经济法规应配合社会经济结构的进步与变动而不断修正。为了更好地适应经济法教学的需要，我们编写了这本《经济法》教学用书。在编写过程中，我们努力做到基础性与新颖性相协调，理论性与实践性相融合，以满足财经类学生学习经济法的需要。

本教材以我国传统经济法学知识体系为基础，借鉴财政部会计从业资格考试、注册会计师考试、司法考试的体系与内容，采用市场主体法、市场运行法、市场规制法和宏观调控法的主要法律制度，并结合大量实务案例，尽可能地贴近经济司法实践和学生的认知规律，为学生将来的实务转型做好准备。

本书由河南财政金融学院宁艳岩任主编，相天起任副主编。编写成员具体分工如下：宁艳岩负责拟订本书的编写方案，并编写了第一、五至八章和第十一章；程希彦编写了第二至四章；相天起编写了第九至十章、第十二至十三章；宁艳岩、相天起做了全书的统稿工作。

在编写过程中，不少老师和同学提出了许多有益的批评和建议，出版社尉敏老师提出了具体指导意见，有力地促进了本书的编写工作。借此机会，我们向各位表示衷心感谢。由于编者水平有限且时间仓促，本教材难免存在纰漏，敬请广大读者提出宝贵意见，以便我们进一步修订。

编　者

2016 年 11 月

目 录

第一章

经济法基础知识

学习目标

知识学习目标：学习本章内容，初步认识经济法，掌握法律行为、代理、法律关系等基本概念，为以后各具体法律制度的学习打下基础并做好通用知识准备。

技能训练目标：通过对本章的学习，熟悉经济法的主要内容框架，掌握法律行为、代理、诉讼时效、法律责任等基本制度，学会判断法律关系，掌握分析和处理经济纠纷的思路和步骤，初步树立依法办事理念、为学习和应用具体经济法知识打下基础。

导入案例

兴旺铝材公司急需一批原材料，因此派出多名业务人员外出采购。其业务经理李明出差途中巧遇安达公司自称业务经理的张平，张平称安达公司可供应此种原材料。李明喜出望外，当场即欲与张平签订合同。你应当提醒李明：签订合同前需注意哪些事项呢？

第一节 市场经济是法治经济——初识经济法

“市场经济是法治经济。”在社会主义市场经济环境下，一切市场主体的行为都必须依法进行，才能得到法律的认可与保护。现行法律体系由多个法律部门组成，每个法律部门具有其特定的调整对象；经济法是一个具有不可替代的重要地位的法律部门，它的调整对象是因国家经济调节行为而引起的国家经济管理关系。作为国家调节经济的法律依据、基本规则与制度保障，经济法可谓“国家调节经济之法”。

经济法的调整对象是在国家调节社会经济过程中发生的各种社会关系，可称为国家经济管理关系。现代国家都十分重视和加强对社会经济的调节和管理。现代社会国民经济是社会经济各部门、各环节、各地区密切关联的有机整体，牵一发而动全身。国家调节重在从国民经济总体和全局角度着眼，并需将各种调节措施落实到微观领域，因此，必然涉及国民经济的各个方面和环节。

国家调节经济有多种方式，其中最基本的有三种：国家为调节经济而对有关社会主体的某些经济活动，以强制方式予以命令、禁止或限制，即市场规制，如反垄断和限制竞争、反不正当竞争；国家直接参与某些经济活动，即国家投资经营管理，如国家直接投资经营国有企业，或从事其他商业和金融活动；对社会经济从总体和全局上进行宏观调控，引导、促进和帮助社会主体按照国家宏观调控目标和途径，安排和调整各自的经济活动。与此相一致，国家经济管理关系可分为市场规制关系、国家投资经营管理关系、宏观调控关系。这就是经济法调整对象的范围。

由调整对象的范围所决定，从体系构成上看，经济法的内容主要包括：

（1）市场规制方面的法，如竞争法、产品质量法等。

（2）国家投资经营管理方面的法，如国有企业法等。

（3）宏观调控方面的法，如税法等。

经济法所承担的任务与其基本内容的内在逻辑关系如图 1-1 所示。

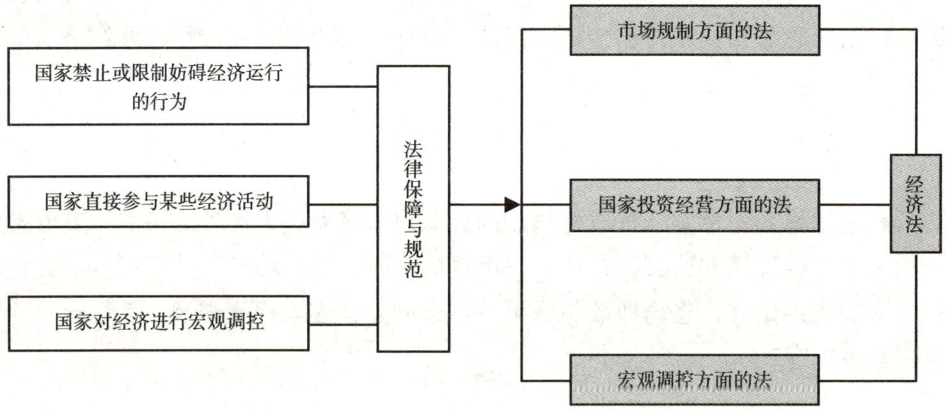

图 1-1　经济法所承担的任务与其基本内容的内在逻辑关系

但很多时候在社会实践中，人们对“经济法”这一概念做了扩大的理解，近似于“与经济活动密切相关的法”。本书内容不严格拘泥于法学上关于法律部门划分的理论所限定的“经济法”的范畴，而是把与财经、会计、经管等工作关系密切、实践中应用较多的相关法律制度都做了介绍，涵盖了经济组织法、经济活动法和经济管理法等方面，以满足相关专业人员学习与实践的需要。

经济法的渊源，又称经济法的形式，是指经济法的存在或表现形式。我国法属成文法，判例不是法的渊源。各国经济法一般没有法典这一法律表现形式，我国也不例外，经济法律规范存在于各种不同的法律、法规及规范性文件中。经济法的渊源主要有：

（一）宪法

宪法是国家的根本大法，由全国人民代表大会依严格的法定程序制定和修改，具有最高法律效力。经济法以宪法为渊源，主要是遵守其中有关经济制度的规定并将其具体化。例如，“中华人民共和国的社会主义经济制度的基础是生产资料的社会主义公有制，即全民所有制和劳动群众集体所有制”；“国家实行社会主义市场经济；国家加强经济立法，完善宏观调控”等。

（二）法律

法律是由全国人民代表大会及其常委会制定的规范性文件，在地位和效力上仅次于宪法。以法律形式表现的经济法构成其重要组成部分，如《中华人民共和国公司法》、《中华人民共和国企业所得税法》、《中华人民共和国证券法》等。

（三）行政法规

行政法规是指作为国家最高行政机关的国务院制定的规范性文件，其地位和效力仅次于宪法和法律。经济法也大量地以该种形式存在，这是由经济的社会化和政府对经济的全方位管理和参与的客观条件所决定的，如《中华人民共和国公司登记管理条例》、《中华人民共和国海关稽查条例》、《中华人民共和国商标法实施条例》等。

（四）地方性法规

地方性法规是地方国家机关制定的规范性文件，它不得与宪法、法律和行政法规相抵触。全国人民代表大会及其常委会还专门授权有关地方国家机关就经济体制改革和对外开放方面的问题可以制定法规和规章。

（五）部门规章

部门规章是指国务院的组成部门及其直属机构在职权范围内制定的规范性文件。例如，中国人民银行颁发的《人民币银行结算账户管理办法实施细则》、《支付结算办法》等；中国证监会发布的《证券市场禁入暂行规定》、《公开发行股票公司信息披露实施细则》等；国有资产监督管理委员会发布的《企业国有产权转让管理暂行办法》、《企业国有产权无偿划转管理暂行办法》、《企业国有产权向管理层转让暂行规定》等。

（六）司法解释

司法解释是最高人民法院在总结审判经验的基础上发布的指导性文件和法律解释，这也是经济法的重要形式之一，如最高人民法院发布的《关于审理侵犯专利权纠纷案件应用法律若干问题的解释（一）（二）》、《关于审理商标民事纠纷案件适用法律若干问题的解释》、《〈中华人民共和国担保法〉若干问题的解释》、《关于审理建设工程施工合同纠纷案件适用法律问题的解释》等。

（七）国际条约或协定

国际条约或协定是指我国作为国际法主体同外国或地区缔结的双边、多边协议和其他具有条约、协定性质的文件。上述文件生效以后，对缔约国的国家机关、团体和公民就具有法律上的约束力，因而，国际条约或协定便成为经济法的重要形式之一，如我国加入世界贸易组织与相关国家签订的协议、我国与有关国家签订的双边投资保护协定等。

我国的法律体系如图 1-2 所示。

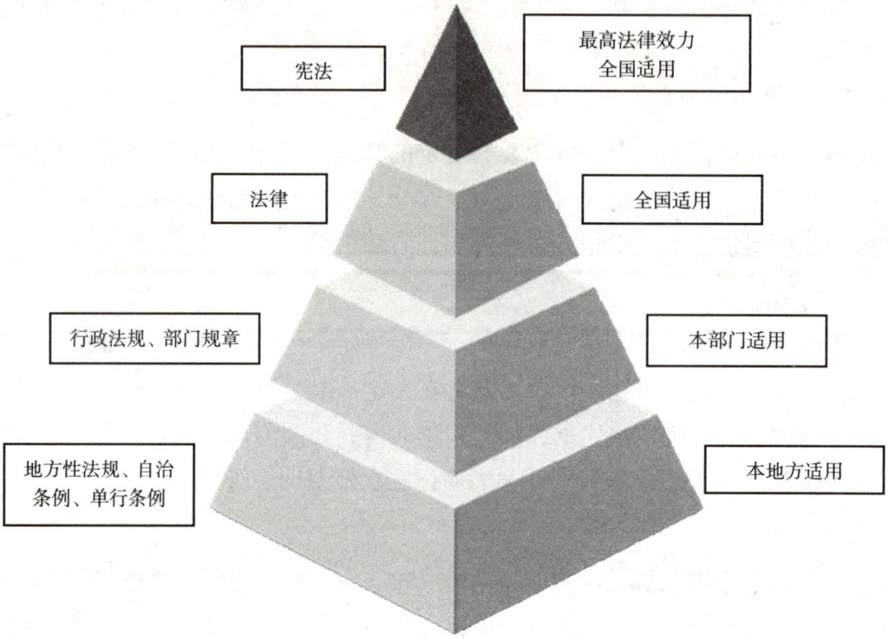

图 1-2　我国的法律体系

拓展阅读

经济法是一个独立的、新兴的法律部门。与民法、行政法等传统的法律部门相比，它是在一国市场经济发达到一定程度，国家、政府由“幕后”走向“台前”主动干预经济活动（如反垄断）的背景下产生的，是国家调节经济的法。经济法以社会为本位，强调法律主体在对社会负责任的基础上处理和协调彼此的关系。

【工作实例】多家上市公司的高级管理人员买卖本公司的股票，很多人能够“低进高出”，持有股票的时间与该只股票在二级市场走出“牛市”行情的时间几乎同步，操作相当成功。但高管买卖本公司股票有相应的法律规则须遵守，每次都“同步”很可能不正常，一定要小心“触雷”。

【温馨提示】

市场主体在生产经营活动中，一定要有基本的法治观念。上市公司高管买卖本公司股票是受到法律多方面限制的，如任职期间每年转让的股份不能超出法定比例（公司法）；内幕信息的知情人在内幕信息公开前，不得买卖该股票（证券法）等。依法办事，是每一个踏入和将要踏入市场经济中的人必修的第一课，而在诸多法律部门中，经济法可谓与市场行为关系最为密切。

【延伸思考】

大学生提高自身法律意识的重要意义是什么？年轻人走出校门、初入职场，对法律缺乏了解与认识会有什么危害后果？

第二节 开展经济活动的第一步——结成经济法律关系

一、经济法律关系概述

法律关系是指在法律规范调整人们的行为过程中所形成的权利义务关系。人与人之间的关系称为社会关系，社会关系中某些比较重要的部分需经由法律调整，使之具有法定权利与义务的内容，即成为法律关系。法律关系是受国家强制力保证实施的关系。“权利”、“义务”是法律关系的核心，法律调整某一法律关系的目的就是依靠确认法律关系主体的权利和义务来实现的。

法律关系可以分为多种。通常，因调整平等主体之间财产关系与人身关系而形成的法律关系，称为民事法律关系；因调整婚姻家庭关系而形成的法律关系，称为婚姻家庭法律关系；因调整行政管理关系而形成的法律关系，称为行政法律关系；因调整刑事犯罪与惩罚关系而形成的法律关系，称为刑事法律关系；因调整国家经济管理与协调关系而形成的法律关系，称为经济法律关系。

经济法律关系是指由经济法律规范规定和调整而形成的权利义务关系。经济法律关系是经济法调整经济关系的必然结果，是一种具有经济内容的权利义务关系。权利义务关系的确定是经济法律关系形成的标志，权利义务的变更是经济法律关系变更的依据，权利义务的实现也是当事人参与经济法律关系的根本目的。经济法律关系的权利义务一旦形成，即受国家强制力保护，任何一方当事人都不得违背。如果一方不履行经济法律关系确定的义务，将会受到法律的追究；任何一方的权利受到侵害，都可请求法律的保护。

同任何法律关系一样，经济法律关系具有三个基本构成要素，即主体、内容和客体。这三个要素缺一不可，其中任何一项内容发生变更，都可能会引起经济法律关系的变更。处理经济纠纷的第一步，就是要正确分析法律关系，也即对某一关系中的主体、内容、客体进行分析。

二、经济法律关系的主体

经济法律关系的主体（简称经济法主体）是指在经济管理和活动过程中依法独立享有一定权利和承担一定义务的当事人。享有一定权利的当事人叫作权利主体，承担一定义务的当事人则称为义务主体。

法律关系主体能够以自己的名义独立地参加经济法律关系，是经济法律关系中权利和义务的担当者。经济法律关系中的权利义务直接归属于经济法律关系的主体，凡是在经济法律关系中享有一定权利和承担一定义务的人，就是经济法律关系的主体。它最重要的特征是能够独立地承担经济法律责任（见图 1-3）。经济法律关系的主体不履行一定义务时，即应承担一定经济法律责任。由于该责任往往涉及经济内容，故经济法律关系的主体必须具有一定财产权，有相应的财产作为承担责任的物质基础。

图 1-3　经济法主体的特征

经济法律关系的主体必须具备一定的主体资格。主体资格是指当事人参加经济法律关系，享有一定权利和承担一定义务的资格或能力。只有具有经济法律关系主体资格的当事人，才能参与经济法律关系，享有一定权利和承担一定义务。经济法律关系的主体资格既可由经济法律部门规定，也可由其他法律部门规定。

经济法律关系的主体资格，一般采用法律规定一定条件或规定一定程序成立的方式予以确认，包括：依照宪法和法律由国家各级权力机关批准成立；依照法律和法规由国家各级行政机关批准成立；依照法律、法规或章程由经济组织自身批准成立；由法律、法规直接赋予一定身份而成立等各种情形。

未取得经济法律关系的主体资格的组织不能参与经济法律关系，不能从中享有权利和承担义务，不受法律保护。但是，依法成立的经济法律关系的主体也只能在法律规定或认可的范围内参与经济法律关系，超越法律规定或认可范围的，则不具有参与相应经济法律关系的主体资格。

三、经济法律关系的内容

经济法律关系的内容是指经济法律关系主体享有的权利和承担的义务。这是经济法律关系的核心，直接体现了经济法律关系主体的利益和要求，因而，没有权利和义务的经济法律关系是不存在的。

（一）经济权利

经济权利是指经济法律关系的主体在经济管理和经济活动中依法具有的实施或不实施一定行为，要求他人实施或不实施一定行为的资格。它包括以下几个方面的含义：

（1）经济法律关系的主体在法定范围内依照自己的利益需要，根据自己的意志实施一定的经济行为。这一行为包括作为和不作为，前者指按其意志进行某种行为，后者则是依其意志不进行某种行为。

（2）经济法律关系的主体有权依法要求负有义务的人做出或不做出一定的行为，以实现自己的利益。例如，税务机关有权要求纳税人依法纳税；消费者有权要求商户提供符合产品质量要求的产品等。

（3）经济法律关系的主体在其合法权利受到侵害或不能实现时，有权依法请求国家有关机关给予强制力保护。

权利的本质在于满足主体的经济利益，因此，经济利益是权利的实质和核心内容。经济法赋予经济法律关系主体一定的权利，就意味着经济法律关系主体获得了实现经济利益的自由。

（二）经济义务

经济义务是指经济法律关系主体为了满足特定的权利主体的权利，在法律规定的范围内必须实施或不实施某种经济行为。义务是相对于权利而存在的，是法律对经济法主体的行为的限制和约束。它包括以下几个方面的含义：

（1）义务主体必须做出或者不做出一定行为。这一行为的目的在于满足权利主体的利益需要，如欠款须归还。

（2）义务主体实施的义务行为是在法定范围内进行的。超越法律规定的限度，义务主体则不受限制和约束。

（3）义务主体不依法履行义务，就应承担相应的法律责任，受到法律的制裁。

权利与义务是相互依存的。没有权利，就不会有义务；经济法主体不能只享受权利而不尽义务，亦不能只尽义务而不享受权利；一方的权利依赖于另一方的义务来实现，另一方的义务则是为了满足一方的权利。

四、经济法律关系的客体

经济法律关系的客体是指经济法律关系的主体享有权利和承担义务所共同指向的对象。客体是确立权利义务关系性质和具体内容的依据，也是确定权利行使与否和义务履行与否的客观标准。如果没有客体，权利义务就失去了依附的目标和载体，也不可能发生权利义务。因此，客体是经济法律关系不可缺少的要素之一。

经济法律关系的客体十分广泛，概括起来，可分为以下三大类：

（1）物，亦称有体物。这是指可以为人们控制和支配，有一定经济价值并以物质形态表现出来的物体。有些物不能为人所控制或支配，或即使可为人们控制和支配，但无一定经济价值的物，都不能作为经济法律关系的客体。从法的角度来看，物亦可做多种划分，如生产资料和生活资料、流通物与限制流通物、特定物和种类物、有形物与无形物、主物与从物等。

（2）行为。这是指经济法律关系的主体为达到一定经济目的所进行的行为。它包括经济管理行为、完成一定工作的行为和提供一定劳务的行为。经济管理行为是指经济法律关系的主体行使经济管理权或者经营管理权所指向的行为，如经济决策行为、经济命令行为、审查批准行为以及经济监督检查行为等。完成一定工作的行为是指经济法律关系的主体的一方利用自己的资金和技术设备为对方完成一定的工作任务，而对方根据完成工作的数量和质量支付一定报酬的行为。提供一定劳务的行为是指为对方提供一定劳务或服务满足对方的需求，而对方支付一定酬金的行为。这一行为与完成一定的工作不同的是，前者是通过一定行为最终体现为一定的经济效果，后者则是通过劳动最终表现为一定的客观物质成果。

（3）智力成果。这是指人们创造的能够带来经济价值的创造性脑力劳动成果，如发明创造专利权、专有技术、著作权等。随着社会进步和科学技术的发展，智力成果在社会财富中的地位将日益突出，越来越成为一类重要的客体。

此外，在现实经济生活中，权利亦可能成为经济法律关系的客体。权利本是经济法律关系的内容，但是，当某种权利成为另一权利的对象时，该权利就成为客体的组成部分。例如，土地使用权的客体是土地，但是，当土地使用权在土地出让和转让法律关系中成为这一法律关系指向的对象时，土地使用权就构成该法律关系的客体。

五、经济法律事实

所谓经济法律事实，就是指经济法律规范所规定的、能够引起经济法律关系产生、变更和消灭的客观情况或现象。首先，经济法律事实是一种客观存在的外在现象或心理活动；其次，经济法律事实是由经济法律规定的、具有经济法律意义的事实，能够引起经济法律关系的产生、变更或消灭。

经济法律事实可以分为事件与行为两类。

（一）事件

经济法律事件是经济法律规范规定的、不以当事人的意志为转移而引起法律关系形成、变更或消灭的客观事实。法律事件又分成社会事件和自然事件两种。前者如战争、罢工等，后者如人的生老病死、自然灾害等，这两种事件对于特定的法律关系主体（当事人）而言，都是不可避免的，是不以其意志为转移的。但是由于这些事件的出现，法律关系主体之间的权利与义务关系就有可能产生，也有可能发生变更或消灭。

（二）行为

经济法律行为是法律主体所实施的，能够引起法律关系发生、变更和终止的人们有意识的行为。如由于签订买卖合同的行为，导致当事人之间产生买卖权利义务关系。因为人们的意志有善意与恶意、合法与违法之分，故其行为也可以分为善意行为、合法行为与恶意行为、违法行为。善意行为、合法行为能够引起法律关系的形成、变更和消灭。恶意行为、违法行为也能够引起法律关系的形成、变更和消灭。

【工作实例】张远是豫台合资兴洋进出口公司（简称兴洋公司）的法人代表，该公司由于经营不善处于停业状态，因此 2014 年营业执照没有进行年审而被吊销。其兄张高是兴旺农产品加工厂（简称兴旺厂）的厂长，经营状况良好。张远自本公司停产后，一直担任兴旺厂的业务经理。2014 年 7 月，在为兴旺厂采购原材料大蒜的过程中，遇到正在推销大蒜的豫农公司法人代表刘军，张远约刘军在兴洋公司位于高档写字楼的办公室见面，以兴洋公司名义与豫农公司签订了标的额为 500 万元的大蒜买卖合同，合同履行期 6 个月。合同签订后，兴洋公司按约定分批把大蒜送至兴旺厂，兴旺厂以现金形式付了前两批货款共计 5 万元，之后一直拖欠货款。2015 年 6 月以后，刘军找张远催要货款时开始联系不上他。2015 年 11 月，刘军向公安机关报案称张远对本公司实施了合同诈骗，要求追究张远的刑事责任，并赔偿损失。本案应如何处理？

【温馨提示】

对实践中纷繁复杂的客观事实进行合法性分析，首先要找到谁和谁之间存在什么性质的法律关系。表面看来兴洋公司与豫农公司存在合同关系，甚至兴旺厂都可能与豫农公司存在合同关系，但实际上当事人之间法律关系的性质已不是合同纠纷。张远以营业执照被吊销、不具有履行合同能力的公司的名义与他人签订合同，又以付出小额货款的方法取得对方的信任，使对方全部履行了合同，符合刑法关于合同诈骗罪的规定，被法院依法判处有期徒刑 10 年。张远称自己是出于虚荣而以兴洋公司名义签合同，合同是真实的，拖欠货款为经济纠纷的辩解没有得到支持。

【延伸思考】

实践中判断哪些法律关系主体之间具有何种性质的法律关系至关重要，你对此案有不同的观点吗？请再查找一些具体案例，分析当事人之间的法律关系。

第三节 自己做和请专业人士做——法律行为和代理制度

一、法律行为

（一）认识法律行为

实践中大量的法律关系是通过法律行为来形成的，要使自己的行为获得预期的法律后果，或判断他人行为是否为法律所保护，就要从对具体行为的合法性进行分析入手。法律行为的概念现在被广泛应用并被赋予不同的含义，通常是指以意思表示为要素，设立、变更或终止权利义务的合法行为。

法律行为主要表现出以下几个特征：

（1）以意思表示为要素。意思表示是指行为人将进行法律行为、达到某种预期法律后果的内在意思表现于外的行为。如果行为人仅有内在意思而不表现于外，则不构成意思表示，法律行为当然不能成立；行为人表现于外的意思不是其内在意思的真实反映，则表明该意思表示有瑕疵，法律行为原则上亦不能生效。意思表示是法律行为的核心。

（2）以设立、变更或终止权利义务为目的。这一特征表明法律行为是行为人为达到一定目的而自觉自愿实施的行为，而非受胁迫、受欺诈的行为，否则，就达不到行为人的目的。如侵权行为往往会导致一定的法律后果，但却是与行为人的预期目的相悖的。

（3）是一种合法行为。这表明法律行为只有在内容和形式上符合法律的要求或者不违背法律的规定，才能得到法律的承认和保护，也才能产生行为人预期的法律后果。否则，该行为不仅不会产生行为人预期的法律后果，而且还会受到法律的制裁。因此，非法行为不是法律行为。

（二）掌握法律行为的类型

法律行为从不同的角度可做不同的分类，不同的法律行为在法律上具有不同的法律意义。在判断法律行为属性的时候，需要首先明确它属于何种类别，才能正确适用相关的法律标准。

（1）单方法律行为和多方法律行为。单方的法律行为是根据一方当事人的意思表示而成立的法律行为。该法律行为仅有一方当事人的意思表示而无须他方的同意即可发生法律效力，如委托代理的撤销、债务的免除、无权代理的追认等。多方的法律行为是两个以上的当事人意思表示一致而成立的法律行为。该法律行为的当事人有两个以上，不仅各自需要进行意思表示，而且意思表示还需一致，如合同行为等。

（2）有偿法律行为和无偿法律行为。有偿的法律行为是指当事人互为给付一定代价（包括金钱、财产、劳务）的法律行为，如买方为获得对方的货物而支付价款、承揽人为获得对方的报酬而提供劳务等。无偿的法律行为是指一方当事人承担给付一定代价的义务，而他方当事人不承担相应给付义务的法律行为，如赠予行为、无偿委托、无偿消费借贷等。

（3）要式法律行为和不要式法律行为。要式的法律行为是指法律规定必须采取一定的形式或者履行一定的程序才能成立的法律行为。例如，《中华人民共和国合同法》（简称《合同法》）第二百七十条规定："建设工程合同应当采用书面形式。"不要式的法律行为是指法律不要求采取一定形式，当事人自由选择一种形式即可成立的法律行为。该类法律行为的形式可由当事人协商确定。

（4）主法律行为和从法律行为。主法律行为是指不需要有其他法律行为的存在就可以独立成立的法律行为。从法律行为是指从属于其他法律行为而存在的法律行为。如当事人之间订立一项借贷合同，为保证该合同的履行，又订立一项担保合同，其中，借贷合同是主合同，担保合同为从合同。从法律行为的效力依附于主法律行为：主法律行为不成立，从法律行为则不能成立；主法律行为无效，则从法律行为亦当然不能生效。但是，主法律行为履行完毕，并不必然导致从法律行为的效力的丧失。

法律行为除以上分类外，还有双务的法律行为和单务的法律行为、独立的法律行为和辅助的法律行为等分类。

（三）判断法律行为的效力

法律行为的有效是指法律行为足以引起权利义务的设立、变更、终止的法律效力。法律行为的成立是法律行为有效的前提，但是，已成立的法律行为不一定必然发生法律效力，只有具备一定有效要件的法律行为，才能产生预期的法律效果。法律行为的有效要件分为实质有效要件和形式有效要件。

1. 法律行为的实质有效要件

根据《中华人民共和国民法通则》（简称《民法通则》）第五十五条规定，民事法律行为应当具备下列条件。

（1）行为人具有相应的民事行为能力。只有具有相应的民事行为能力的人才能进行民事法律行为。对于自然人而言，无行为能力人（不满 10 周岁的未成年人和不能辨认自己行为的精神病人）进行的行为不具有法律效力，限制行为能力人（10 周岁以上的未成年人和不能完全辨认自己行为的精神病人）只能进行与其能力相当的法律行为，完全行为能力人（18 周岁以上的成年人和 16 周岁以上不满 18 周岁以自己的劳动收入为主要生活来源者）也只有在其权利能力范围内，才具有相应的行为能力，具体如图 1-4 所示。对于法人来说，只有具有与其权利能力范围相适应的行为能力，其进行的法律行为方为有效。法人的权利能力范围一般以核准登记的生产经营和业务范围为准。

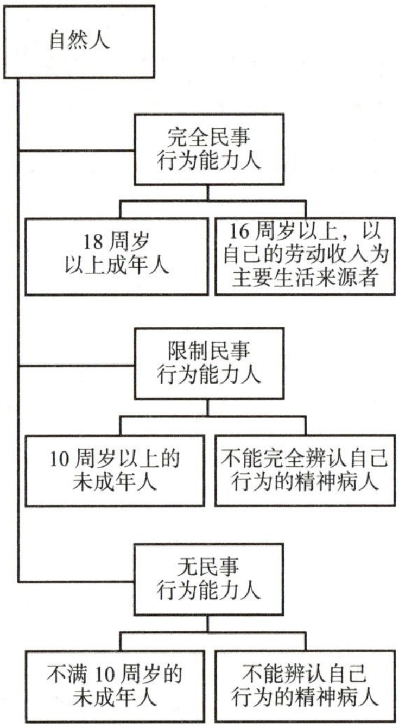

图 1-4　行为人相应的民事行为能力

（2）意思表示真实。这是指当事人在自愿的基础上做出的意思表示与其内心的真实意愿是一致的。如果行为人的意思表示是基于胁迫、欺诈的原因而做出的，则不能反映行为人的真实意志，这就不能产生法律上的效力。

（3）不违反法律或者社会公共利益。这是由法律行为的合法性所决定的。不违反法律是指意思表示的内容不得与法律的强制性或禁止性规定相抵触，也不得滥用法律的授权性或任意性规定达到规避法律强制规范的目的。不违反社会公共利益是指法律行为在目的上和效果上不得有损社会经济秩序、社会公共秩序和社会公德，不得损害国家及各类社会组织和个人的利益。

2. 法律行为的形式有效要件

这是指行为人的意思表示的形式必须符合法律的规定。《民法通则》第五十六条规定：

“民事法律行为可以采用书面形式、口头形式或者其他形式。法律规定用特定形式的，应当依照法律规定。”如果行为人进行某项特定的法律行为时，未能采用法律规定的特定形式的，则不能产生法律效力。书面形式有一般书面形式和特殊书面形式。特殊书面形式主要指公证形式、审核批准形式、登记公告形式等。一般而言，书面形式优于口头形式，特殊书面形式优于一般书面形式。在实践中，还有一种不通过文字或语言，而以沉默的方式进行意思表示的形式，该形式只有在法律有规定或当事人有约定的情况下才能产生法律效力。

（四）附条件和附期限的法律行为

1. 附条件的法律行为

这是指在法律行为中指定一定的条件，把该条件的成就（或发生）或不成就（或不发生）作为法律行为效力的发生或终止的根据。法律行为中所附的条件可以是事件，也可以是行为，但是能够作为法律行为所附条件的事实必须具备以下条件：

（1）将来发生的事实，已发生的事实不能作为条件。

（2）不确定的事实，即条件是否必然发生，当事人不能肯定。

（3）当事人任意选择的事实，而非法定的事实。

（4）合法的事实，不得以违法或违背道德的事实作为所附条件。

（5）所限制的是法律行为效力的发生或消灭，而不涉及法律行为的内容，即不与行为的内容相矛盾。

2. 附期限的法律行为

这是指在法律行为中指明一定的期限，把期限的到来作为法律行为生效或终止的依据。期限是必然到来的事实，这与附条件的法律行为所附的条件不同。法律行为所附期限可以是明确的期限，如某年某月某日，也可以是不确定的期限，如“某人死亡之日”、“果实成熟之时”等。

（五）无效的民事行为

无效民事行为是指欠缺法律行为的有效要件，行为人设立、变更和终止权利义务的内容不发生法律效力的行为。

《民法通则》第五十八条对无效民事行为做了列举性规定，该类民事行为包括以下几种：

（1）无民事行为能力人实施的民事行为。

（2）限制民事行为能力人依法不能独立实施的民事行为。

（3）一方以欺诈、胁迫的手段或乘人之危，使对方在违背真实意思的情况下所为的民事行为。

（4）恶意串通，损害国家、集体或者第三人利益的民事行为。

（5）违反法律或者公共利益的民事行为。

（6）以合法形式掩盖非法目的的民事行为。

拓展阅读

注意与《合同法》中关于合同无效、可撤销的情形相比较。法律适用的规则是：合同行为适用《合同法》；非合同民事行为适用《民法通则》。举例如下。

一、关于欺诈、胁迫行为

（1）因欺诈、胁迫而订立的合同，**不损害国家利益的，属于可变更、可撤销合同**。

（2）因欺诈、胁迫而订立的合同，损害国家利益的，属于无效合同。（《合同法》）

（3）因欺诈、胁迫而实施的单方民事行为（如债务的免除），属于无效民事行为。（《民法通则》）

二、关于乘人之危行为

（1）因乘人之危订立的合同，不论是否损害国家利益，**一律属于可变更、可撤销合同**。

（2）因乘人之危实施的单方民事行为（如债务的免除），属于无效民事行为。

无效民事行为从行为开始起就没有法律约束力。无效民事行为不能产生行为人所预期的法律后果，但并不是不会产生法律后果，对无效民事行为应做如下处理：

（1）恢复原状。即恢复到无效民事行为发生之前的状态，当事人因该行为取得的财产应当返还给受损失的一方。

（2）赔偿损失。即有过错的一方应当赔偿对方因此所受的损失，但如果双方都有过错的，应当各自承担相应的责任。

（3）收归国家或集体所有或返还第三人。即指双方恶意串通，实施的民事行为损害国家、集体或者第三人利益的，应当追缴双方取得的财产，收归国家、集体所有或者返还第三人。

（4）其他制裁。如果行为人因实施无效民事行为而损害国家利益或社会利益的，还可以给予行政处分、罚款，构成犯罪的，还要依法追究刑事责任。

（六）可撤销的民事行为

可撤销的民事行为，是指依照法律的规定，可以因行为人自愿的撤销行为而自始归于无效的民事行为。

1. 可撤销民事行为的特征

该行为与无效民事行为相比，有以下特征：

（1）在该行为撤销前，其效力已经发生，未经撤销，其效力不消灭。

（2）该行为的效力消灭，以撤销为条件。

（3）该行为的撤销，应由撤销权人提出并实施，其他人不能主张其效力的消灭。

（4）具有撤销该行为权利的人，可以选择撤销该行为，也可以不选择撤销该行为。如果自行为成立时起超过一年，当事人才请求变更或者撤销的，人民法院不予保护（参见最高人民法院《关于贯彻执行民法通则若干问题的意见》)，该行为对当事人具有约束力。

（5）该行为一经撤销，其效力溯及于行为开始时无效。

2. 可撤销民事行为造成的原因

造成可撤销民事行为的原因主要包括：

（1）重大误解。这是指民事行为的当事人在做出意思表示时，对涉及行为法律效果的重要事项存在认识上的显著缺陷。该误解包括对行为的性质、标的物、当事人、价格、数量、包装、运输方式、履行地点、履行期限等存在误解，并且该误解是重大的。

（2）显失公平。这是指对一方当事人明显有利而对另一方当事人有重大不利的民事行为。该行为使得当事人一方明显处于权利义务不对等、经济利益严重失衡的境地，并且违反了公平和等价有偿的原则。但是，当事人不得借口无经验、无技能或不了解市场行情等原因而随意撤销其实施的民事行为。

《合同法》将一方以欺诈、胁迫的手段或者乘人之危，使对方在违背真实意思的情况下订立的合同列入可撤销合同。

3. 可撤销民事行为的法律后果

如果享有撤销权的当事人未在法定的期间内行使撤销权，则可撤销民事行为视同为法律行为，对当事人具有约束力。如果可撤销的民事行为被依法撤销，则具有与无效民事行为相同的法律后果。

二、代理制度

代理是指代理人在代理权限内，以被代理人的名义与第三人实施法律行为，由此产生的法律后果直接由被代理人承担的一种法律制度。代理关系的主体包括代理人、被代理人（亦称本人）和第三人（亦称相对人）。代理人是代替被代理人实施法律行为的人；被代理人是授权代理人替自己实施法律行为的人；第三人是与代理人实施法律行为的人。代理关系包括三种关系：一是被代理人与代理人之间的代理权关系；二是代理人与第三人之间的实施法律行为的关系；三是被代理人与第三人之间的承受代理行为法律后果的关系（见图 1-5）。

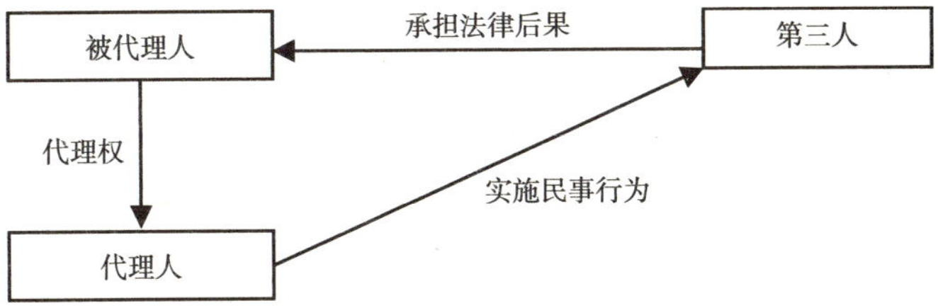

图 1-5 代理关系

（一）代理行为的主要特征

（1）代理人以被代理人的名义实施代理行为。根据《民法通则》的规定，代理人必须以被代理人的名义实施法律行为。非以被代理人的名义而以自己的名义代替他人实施法律行为，不属于代理行为，如行纪、寄售等受托处分财产的行为。

（2）代理人直接向第三人进行意思表示。代理行为的目的在于与第三人设立、变更或终止权利义务关系。因此，只有代理人直接向第三人进行意思表示，才能实现代理之目的。这使代理行为与其他委托行为，如代人保管物品等行为区别开来。

（3）代理人在代理权限内独立地进行意思表示。代理人在代理权限内，有权根据情况，独立地进行判断，并进行意思表示。非独立进行意思表示的行为，不属于代理行为，如传递信息、居间行为等均不属代理行为。

（4）代理行为的法律后果直接归属于被代理人。尽管代理行为是在代理人与第三人之间进行的，但却在被代理人与第三人之间设立、变更或终止了某种权利义务关系，因此，其法律后果当然也应由被代理人承担。该法律后果既包括对被代理人有利的法律后果，也包括不利的法律后果。这使代理行为与无效代理行为、冒名欺诈等行为区别开来。

（二）代理行为的主要类型

1. 委托代理、法定代理和指定代理

这是根据代理权的来源不同所做的划分。

（1）委托代理。这是基于被代理人的委托而发生的代理。被代理人的委托可以基于授权行为发生，也可依据合伙关系、职务关系等发生。委托代理中的授权行为一般以代理证书（亦称授权委托书）的形式表现。根据《民法通则》第六十五条的规定，代理证书应当载明代理人的姓名或名称、代理事项、代理的权限范围和代理权的有效期限，并且由委托人签名或者盖章。授权委托书授权不明的，被代理人应当对第三人承担民事责任，代理人负连带责任。

（2）法定代理。这是基于法律的直接规定而发生的代理。法定代理通常适用于被代理人是无行为能力人、限制行为能力人的情况。

（3）指定代理。这是基于人民法院或者有关单位的指定行为而发生的代理。指定代理适用于被代理人既无委托代理人，又无法定代理人而又有特定事项需要代理人代理的情况。

2. 本代理和复代理

根据选任代理人的不同，将代理划分为本代理和复代理。

（1）本代理。凡是直接由被代理人授予代理权而以被代理人名义进行的代理行为，称为本代理。

（2）复代理。凡是由代理人将代理事务的一部分或全部转而委托其他人进行代理的，称为复代理，又称再代理。

（三）无权代理

无权代理是指没有代理权而以他人名义进行的民事行为。无权代理包括三种情况：一是没有代理权的代理；二是超越代理权的代理；三是代理权终止后而为的代理。

在无权代理的情况下，如果经过本人追认或者本人知道他人以本人名义实施民事行为而不做否认表示的，无权代理人所为代理行为的法律效果归属于被代理人，视为有权代理。

拓展阅读

表见代理：无权代理人所为的代理行为，善意相对人有理由相信其有代理权，在此情形下，被代理人应当承担代理的法律后果。这项制度主要是为了保护善意的无过失当事人的利益。表见代理的情形有：被代理人对第三人表示已将代理权授予他人，而实际并未授权；被代理人将某种有代理权的证明文件（如盖有公章的空白介绍信、空白合同文本、合同专用章等）交给他人，他人以该种文件使第三人相信其有代理权并与之进行法律行为；代理授权不明；代理人违反被代理人的意思或者超越代理权，第三人无过失地相信其有代理权而与之进行法律行为；代理关系终止后未采取必要的措施而使第三人仍然相信行为人有代理权，并与之进行法律行为。

【工作实例】2008 年 3 月，中原市兴盛建筑工程有限公司（简称兴盛公司）与中原职业技术学院（简称中原学院）签订建筑工程承包合同，为该学院兴建一栋实训楼。中原学院在合同上签字的是总务处长刘丰收，盖学院公章。合同签订后，兴盛公司如期入场施工，但不久即由于施工质量存在严重问题而停工，更换施工人员后继续进行，很快又出现严重质量问题。2008 年 8 月，双方协商终止了合同，并进行了核算，形成书面协议：中原学院应支付给兴盛公司材料款等共计 80 万元，应在 3 个月内清偿。中原学院半年内多次向兴盛公司催问付款手续事宜，得不到配合和理睬，故该笔款项一直未能付出。2015 年 5 月，兴盛公司成立了法律事务处，开始清理积累的欠款，派出本公司职工王小明、刘磊两人持介绍信来中原学院催交该笔款项及利息，遭到学院拒绝，现任领导以合同不是自己所签、不知情，而当时决定此事的老院长已去世、签字的刘丰收已调离为由拒不接待。请思考：中原学院现任领导的做法正确吗？

【温馨提示】

学院前任院长决定所签合同，当事人是单位而非院长个人，因院长是学院的法人代表，故应由他代表法人实施民事行为；刘丰收是受学院授权而具体经办合同事宜，是学院的委托代理人，他签订合同的行为后果同样由学院承担。虽学院人事更替，但作为合同主体的学院其法人资格并无变化，不应因此影响权利义务的享有和承担。中原学院现任领导的做法不正确。

【延伸思考】

实践中，一些经济往来问题久拖不决是很容易出现纠纷的，从案例中你能总结出什么经验与教训吗？

第四节 保护实体权利要及时——诉讼时效制度

一、认识诉讼时效

诉讼时效是指权利人在法定期间内不行使权利，即丧失请求人民法院或仲裁机关保护其权利的权利。诉讼时效消灭的是一种请求权即胜诉权，而不消灭实体权利。因此，《民法通则》第一百三十八条规定："超过诉讼时效期间，当事人自愿履行的，不受诉讼时效限制。"诉讼时效属于国家法律的强制性规定，当事人均不得对其内容做任何修改。

诉讼时效与除斥期间不同。除斥期间是指法律规定的某种权利的存续期间，如《合同法》第五十五条规定，具有撤销权的当事人自知道或者应当知道撤销事由之日起一年内没有行使撤销权，撤销权消灭。这里的一年就属于除斥期间。除斥期间规定的是权利存续期间，也称不变期间，其不适用中断、中止和延长。

二、掌握诉讼时效期间的规定

诉讼时效期间是指权利人请求人民法院或仲裁机关保护其民事权利的法定期间。根据《民法通则》第一百三十七条的规定："诉讼时效期间从知道或者应当知道权利被侵害时起计算。"如果权利人不知道或不应当知道权利被侵害，诉讼时效期间即不应开始。但是根据《民法通则》第一百三十七条的规定，从权利被侵害之日起超过二十年的，人民法院不予保护。

根据法律对诉讼时效期间的规定不同，诉讼时效期间可分为以下几种。

（1）普通诉讼时效。这是由法律统一规定的具有普遍意义的诉讼时效期间。我国《民法通则》第一百三十五条对普通诉讼时效期间做了规定，即向人民法院请求保护民事权利的诉讼时效期间为两年，法律另有规定的除外。

（2）特殊诉讼时效。这是指由民法典或单行法规特别规定的只适用于特定情况的诉讼时效期间。例如，《民法通则》第一百三十六条规定，身体受到伤害要求赔偿的、出售质量不合格的商品未声明的、延付或拒付租金的、寄存财物被丢失或损毁的，诉讼时效期间为一年。再如，《合同法》第一百二十九条规定，国际货物买卖合同和技术进出口合同争议提起诉讼或者申请仲裁的期限为四年，自当事人知道或者应当知道其权利受到侵害之日起计算等。

（3）最长诉讼时效。我国《民法通则》第一百三十七条规定："从权利被侵害之日起超过二十年的，人民法院不予保护。有特殊情况的，人民法院可以延长诉讼时效期间。"二十年期间是诉权的最长保护期限，其起算点与其他时效不一样，而且不得中止、中断，但可延长。

各种诉讼时效之间的关系如图 1-6 所示。

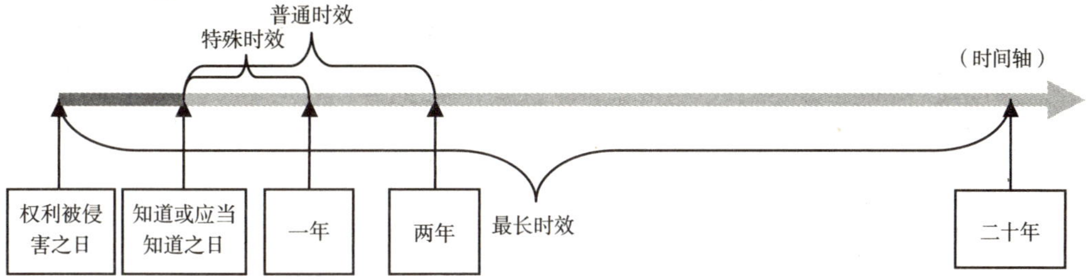

图 1-6　各种诉讼时效之间的关系

三、诉讼时效的中止、中断与延长

（一）诉讼时效的中止

诉讼时效的中止是指诉讼时效进行中，因发生一定的法定事由而使权利人不能行使请求权，暂时停止计算诉讼时效期间，以前经过的时效期间仍然有效，待阻碍时效进行的事由消失后，时效继续进行。根据《民法通则》第一百三十九条的规定，阻碍诉讼时效进行的事由为不可抗力和其他障碍。其他障碍是指除不可抗力外使权利人无法行使请求权的客观情况。

根据《民法通则》的规定，只有在诉讼时效期间的最后 6 个月内发生前述法定事由，才能中止时效的进行。如果在诉讼时效期间的最后 6 个月前发生上述法定事由，至最后 6 个月时法定事由已消失，则不能发生诉讼时效中止；但若该法定事由至最后 6 个月时仍然继续存在，则应自最后 6 个月时中止时效的进行。

（二）诉讼时效的中断

诉讼时效的中断是指在诉讼时效进行中，因发生一定的法定事由，致使已经经过的时效期间统归无效，待时效中断的法定事由消除后，诉讼时效期间重新计算。根据《民法通则》第一百四十条的规定，引起诉讼时效中断的事由有：权利人提起诉讼；当事人一方向义务人提出请求履行义务的要求；当事人一方同意履行义务。

（三）诉讼时效的延长

诉讼时效的延长是指人民法院对已经完成的诉讼时效，根据特殊情况而予以延长。这是法律赋予司法机关的一种自由裁量权，至于何为特殊情况，则由人民法院判定。

上节中“工作实例”中的兴盛公司，其债权由于长期未主张，实际已丧失胜诉权；但由于其设法取得有力证据，证明其“多次”主张债权，利用了诉讼时效中断的制度，使胜诉权“失而复得”，从而“挽救”了自己的实体权利。

【工作实例】还记得上节中的兴盛公司与中原学院的合同纠纷吗？由于学院领导根本不与王小明、刘磊两人见面，两人多次来学院都没有得到任何答复。2015 年 12 月，两人又一次来到学院，找到财务处长，说自己半年多工作无果，受到领导质疑，希望学院出个书面材料，不需解决欠款问题，只要证明两人多次来校协商办理此事即可。财务处遂为他们出具盖本处公章的证明：“兹证明王小明、刘磊两位同志多次来我学院协商处理欠款问题。”此后再无人来催缴欠款。一个月后，中原学院收到法院送达的兴盛公司起诉书副本。

请问：中原学院 2008 年 8 月后长达半年一直无法付款给兴盛公司，属于什么情形？应该怎么办？2015 年 5 月以前兴盛公司一直未主张过收款的权利，会带来什么后果？王小明、刘磊是什么身份？2015 年 5 月兴盛公司派两人催款，中原学院领导的意见是否合法？中原学院财务处的证明有什么法律效力？本案应如何处理？

【温馨提示】

中原学院 2008 年 8 月后长达半年一直无法付款给兴盛公司，属由于债权人的原因债务人无法履行义务的情形，债务人可选择提存的方式终结债权债务关系，解除自己的债务人身份。2015 年 5 月以前兴盛公司一直未主张过收款的权利，会导致超过诉讼时效使自己的胜诉权丧失。王小明、刘磊是兴盛公司的委托代理人。中原学院财务处的证明可理解为兴盛公司从债权确立时起多年来多次来学院催要欠款，起到了使诉讼时效中断的法律效果，从而兴盛公司可请求法院强制中原学院履行付款义务，对本案的处理起到了决定性作用。

打官司就是打证据，法院认定案件事实只能是根据证据做出判断。债务人出具给债权人的对债务人自己不利的书证具有很强的法律效力，没有相反证据足以推翻它的情况下，就是定案依据。所以在生产经营中、在日常工作与生活中一定要提高证据意识。

【延伸思考】

请结合一个自己或身边人所处的法律关系，分析哪些是应该及时取得并妥善保存的证据。

第五节 违反经济法要承担责任——法律责任制度

一、认识法律责任

法律责任是指行为人因违法行为、违约行为或者法律规定而应承担的不利的法律后果。法律责任与道义责任或其他社会责任不同的是：法律责任具有国家强制性，并以法律的规定为最终依据。从本质上而言，法律责任是国家对违反法定义务、超越法定权利或者滥用权利的行为所做的否定性的法律评价，是国家以强制力作保证强制责任人做出一定行为或不做一定行为，补偿和救济受到侵害或损害的社会利益和法定权利，恢复被破坏的法律秩序的手段。

违反经济法的法律责任所依据的法律主要是经济法。如果行为人违反经济法规定的法定义务，超越经济法规定的法定权利或者滥用权利、破坏正常的经济法律关系，经济法以追究法律责任的方式给予行为人相应的法律制裁，从而达到保护经济法律关系的目的。

二、承担法律责任的形式

违反经济法的法律责任可分为民事责任、行政责任和刑事责任。

（一）民事责任

民事责任主要是财产责任。在法律允许的条件下，民事责任可以由当事人协商解决。根据《民法通则》的规定，民事责任大体可分为违约责任和侵权责任，具体形式主要有排除妨碍、返还财产、赔偿损失、支付违约金等。

（二）行政责任

行政责任是指由国家行政机关或者国家授权的有关单位对违反经济法的单位或个人依法采取的行政制裁。行政责任大体可分为行政处分和行政处罚。行政处罚的具体形式主要有警告、限期停业整顿、吊销营业执照、勒令关闭、罚款、拘留等；个人承担行政处分的具体形式主要有警告、记过、记大过、降级、降职、撤职、留用察看、开除等。

（三）刑事责任

如果当事人违反经济法，造成严重后果，已触犯国家刑事法律，则由国家审判机关依法给予行为人相应的刑事制裁。根据《中华人民共和国刑法》(简称《刑法》)的规定，刑事责任分为主刑和附加刑。主刑有管制、拘役、有期徒刑、无期徒刑、死刑；附加刑有罚金、剥夺政治权利、没收财产。

三、解决经济纠纷

经济法律关系的主体在经济管理和经济活动中不可避免地会与对方产生争议。为了保护当事人的合法权益，维护社会经济秩序，必须利用有效的手段，及时处理这些争议，使合法权益得到保障，使违法行为人承担相应的法律责任。通常处理这些争议的方式有：当事人互相协商、进行行政调解或民间调解、提交仲裁机构裁决、提起诉讼。

在解决当事人发生的经济纠纷的过程中，如果当事人通过协商或调解不能解决争议的，最主要的也是具有强制执行效力的解决争议的方式有仲裁和诉讼，以下分别加以说明。

（一）仲裁

仲裁是指经济法的各方当事人依照事先约定或事后达成的书面仲裁协议，共同选定仲裁机构并由其对争议依法做出具有约束力裁决的一种活动。根据《中华人民共和国仲裁法》(简称《仲裁法》)的规定，仲裁机构是由直辖市和省、自治区人民政府所在地的市以及其他设区的市的人民政府组织有关部门和商会统一组建的仲裁委员会。仲裁委员会独立于行政机关，与行政机关没有隶属关系，仲裁委员会之间也没有隶属关系。中国仲裁协会是社会团体法人，是仲裁委员会的自律性组织。

按照我国《仲裁法》的规定，平等主体的公民、法人和其他组织之间发生的合同纠纷和其他财产权益纠纷可以仲裁，而婚姻、收养、监护、扶养、继承纠纷及依法应当由行政机关处理的行政争议不适用仲裁。

仲裁适用的主要原则有：

(1)自愿原则。当事人采用仲裁方式解决纠纷，应当贯彻双方自愿原则，达成仲裁协议。如有一方不同意进行仲裁的，仲裁机构即无权受理合同纠纷。

(2)仲裁独立原则。仲裁机构是独立的组织，仲裁依法独立进行，不受行政机关、社会团体和个人的干涉。

(3)一裁终局原则。由于仲裁是当事人基于对仲裁机构的信任做出的选择，因此其裁决是立即生效的。裁决做出后，当事人就同一纠纷再申请仲裁或者向人民法院起诉的，仲裁委员会或者人民法院不予受理。

(4)公平合理原则。仲裁的公平合理，是仲裁制度的生命力所在。这一原则要求仲裁机构要充分收集证据，听取纠纷双方的意见。仲裁应当以事实为根据，以法律为准绳。

（二）诉讼

诉讼是指当事人不能通过协商解决争议，而在人民法院起诉、应诉，请求人民法院通过审判程序解决纠纷的活动。

根据《中华人民共和国民事诉讼法》(简称《民事诉讼法》)的规定，当事人提起诉讼必须符合下列条件：① 原告是与本案有直接利害关系的公民、法人和其他组织；② 有明确的被告；③ 有具体的诉讼请求和事实、理由；④ 属于人民法院受理民事诉讼的范围和受诉人民法院管辖。

当事人起诉除了须具备《民事诉讼法》规定的有关条件外，还须具备以下条件：① 当事人没有事先或事后约定由仲裁机构裁决的协议；② 当事人没有就同一事实、同一诉讼标的再行向法院提起诉讼。

我国人民法院审理经济纠纷案件实行两审终审制。经济纠纷的诉讼一般包括一审程序、二审程序、执行程序三个阶段。如果一审判决、裁定做出后，当事人不上诉或在法定期限内未上诉以及一审经过调解结案，则不发生二审程序，一审判决、裁定即发生法律效力。当事人不服一审判决、裁定而上诉，则进入二审程序。二审为终审，从二审判决、裁定做出之日起，即发生法律效力。当事人不履行发生效力的判决、裁定，另一方当事人可以向法院申请强制执行。当事人对生效的判决、裁定仍不服的，可在两年内申请再审，但不影响判决、裁定的执行。

判决是指法院对民事案件依法定程序审理后对案件的实体问题依法做出的具有法律效力的结论性判定。裁定是指法院在审理民事案件的过程中对有关诉讼程序的事项做出的判定。两者的区别是：① 判决解决的是案件的实体问题，是对当事人的实体争议和请求所做出的结论；裁定是解决诉讼中的程序事项，主要是法院行使指挥、协调诉讼活动权能的体现；② 裁定发生于诉讼的各阶段，一个案件可能有多个裁定。判决在案件审理终结时做出，一般一个案件一个判决；③ 裁定可采用书面形式，也可采用口头形式，判决只能采用书面形式：④ 除不予受理、对管辖权的异议、驳回起诉的裁定可以上诉外，其他裁定一律不准上诉，一审判决可以上诉。可以上诉的裁定，当事人有权在裁定书送达之日起 10 日内向上一级人民法院提起上诉；当事人不服第一审判决的，有权在判决书送达之日起 15 日内向上一级人民法院提起上诉。

【工作实例】还是兴盛公司与中原学院的纠纷。由于兴盛公司“多次”来学院讨要欠款都遭到拒绝，故兴盛公司诉至法院要求强制中原学院履行付款义务，同时应承担违约责任，赔偿损失。兴盛公司的诉讼请求能得到支持吗?

【温馨提示】

中原学院没有按照双方结算时的书面约定按时支付欠款，已构成违约，当然除还款外还要承担违约责任和赔偿损失。

【延伸思考】

请你分析总结：解决经济纠纷的诸多方式各有什么特点？如果迫不得已须仲裁或诉讼时，你选择哪一个呢？

本章小结

本章主要介绍了经济法学习的基础知识，这些知识很多贯穿本书的始终，也是学习下面各章节具体法律制度的基础。在以后各章节的学习中，要注意结合本章内容来体会、分析，并反过来加深对本章内容的理解。

思考与练习

一、单项选择题

1. 甲于2014年3月20日将小件包裹寄存乙处保管。3月22日，该包裹被盗。3月27日，甲取包裹时得知包裹被盗。甲要求乙赔偿损失的诉讼时效期间届满日是（　　）。

A. 2016年3月27日　　B. 2016年3月22日

C. 2015年3月27日　　D. 2015年3月22日

2. 关于调解，以下说法正确的是（　　）。

A. 调解是仲裁解决纠纷的必经程序

B. 调解是诉讼解决纠纷的必经程序

C. 调解贯穿诉讼过程的始终

D. 调解即仲裁解决纠纷和诉讼解决纠纷的必经程序

3. 甲公司业务经理乙长期在丙餐厅签单招待客户，餐费由公司按月结清。后乙因故辞职，月底餐厅前去结账时，甲公司认为，乙当月的几次用餐都是招待私人朋友，因而拒付乙所签单的餐费。根据《合同法》的规定，下列选项中，正确的是（　　）。

A. 甲公司应当付款　　B. 甲公司应当付款，乙承担连带责任

C. 甲公司有权拒绝付款　　D. 甲公司应当承担补充责任

4. 根据有关法律规定，下列争议中，诉讼时效期间为一年的是（　　）。

A. 国际技术进出口合同争议

B. 贷款担保合同争议

C. 因出售质量不合格的商品未声明引起的争议

D. 因运输的商品丢失或损毁引起的争议

5. 下列规范性文件中，属于行政法规的是（　　）。

A. 全国人民代表大会常务委员会制定的《中华人民共和国公司法》

B. 国务院制定的《中华人民共和国外汇管理条例》

C. 深圳市人民代表大会制定的《深圳经济特区注册会计师条例》

D. 中国人民银行制定的《人民币银行结算账户管理办法》

二、多项选择题

1. 根据《民法通则》的规定，下列选项中，属于无效民事行为的有（　　）。

A. 不满十周岁的小明自己决定将压岁钱500元捐赠给希望工程

B. 李某因认识上的错误为其儿子买回一双不能穿的鞋

C. 甲公司的业务员黄某自己得到乙企业给予的回扣款 1 000 元而代理甲公司向乙企业购买了10吨劣质煤

D. 丙公司向丁公司转让一辆无牌照的走私车

2. 根据有关规定，下列关于可变更、可撤销的民事行为的表述中，正确的有（　　）。

A. 可变更、可撤销的民事行为在撤销前已经发生法律效力，在被撤销以前，其法律效果可以对抗除撤销权人以外的任何人

B. 可变更、可撤销的民事行为的撤销，应由撤销权人以撤销行为为之，人民法院不主动干预

C. 可变更、可撤销的民事行为的撤销权人对权利行使拥有选择权，当事人可以撤销其行为，也可通过承认的表示使撤销权消灭

D. 可变更、可撤销的民事行为，其撤销权的行使没有时间限制

3. 甲、乙签订一份租赁合同。合同约定，如果甲父死亡，则甲将房出租给乙居住。下列对这一民事法律行为的表述中，正确的有（　　）。

A. 既未成立，也未生效

B. 已成立，但未生效

C. 是附条件的合同

D. 是附期限的合同

4. 下列代理行为中，属于滥用代理权的有（　　）。

A. 超越代理权进行代理

B. 代理人与第三人恶意串通，损害被代理人利益

C. 没有代理权而进行代理

D. 代理他人与自己进行民事行为

5. 下列关于无效民事行为与可撤销民事行为的联系和区别的表述中，正确的有（　　）。

A. 无效民事行为与可撤销民事行为都欠缺法律行为的有效要件

B. 无效民事行为与可撤销民事行为都从行为开始起就没有法律约束力

C. 可撤销民事行为被依法撤销后，其效力与无效民事行为一样，自行为开始时无效

D. 可撤销民事行为被依法撤销后，其法律后果与无效民事行为相同

三、案例分析

1. 春兴化妆品公司与芳邻商场有长期合作关系，向芳邻商场供应各类护肤品。2016年2月，春兴公司生产的护肤品被有关部门认定为不合格产品，芳邻商场停止进货，春兴公司认为芳邻商场停止进货是违约行为，应承担相应责任。

请问：春兴公司的观点正确吗？为什么？

2. 王小小是一位15岁的中学生，暑假随身携带自家一台价值8 000多元的照相机，和自己同为十五六岁的五位同学一起外出旅游。途中钱物被盗，无法回家，只好沿街叫卖照相机换取路费，终于照相机被路边一位店主张平以500元钱买去。回家后，王小小家长王顺听说照相机只卖了500元，准备去找张平还钱要回照相机。

请问：照相机能要回来吗？为什么？

第二章

个人独资企业法与合伙企业法实务

学习目标

知识学习目标：熟悉个人独资企业和合伙企业的设立条件和程序，掌握两类合伙人在事务执行、入伙、退伙、合伙企业债务的清偿、转让合伙企业财产份额等方面的异同。

技能训练目标：通过本章的学习，了解个人独资企业和合伙企业的相关规定，能够根据实践需要办理个人独资企业和合伙企业的设立及管理事务。

导入案例

小王最近看好了一个赚钱的项目，于是筹集了几万元的资金，准备进行投资。但是，他不清楚法律允许的企业形式都有哪些，请你帮他解决这个困惑。

第一节 创业模式的选择——认识企业与企业法

一、企业的概念和分类

企业是指依法设立的以营利为目的从事生产经营活动的独立核算的经济组织。根据不同的标准，可对企业进行不同的分类，如表 2-1 所示。

表 2-1　可选择的企业类型

分类标准	类　型
企业法律地位	法人企业
	非法人企业：个人独资企业、合伙企业等
企业资产组织形式	公司、合伙企业和独资企业
有无涉外因素	内资企业、外商投资企业
企业经济性质	国有企业（全民所有制企业）
	集体所有制企业
	私营企业
	混合所有制企业

资产组织形式是当今市场经济中最基本、最典型的企业分类标准，公司、合伙企业和个人独资企业虽然都是以营利为目的的经济组织，但是三者的法律形态却有区别，在此进行简要介绍，供投资者创业参考。

1. 存在的法律依据不同

公司、公司制企业依据公司法设立并受公司法调整；合伙制企业依据合伙企业法设立并受合伙企业法调整；个人独资企业依据个人独资企业法设立并受个人独资企业法调整。

2. 法律地位不同

公司是企业法人；合伙企业和个人独资企业是非法人。需注意：三者都是民事活动主体，可以企业名义进行民事活动。

3. 投资人要求不同

公司（除一人有限公司外）一般由两个以上投资人共同出资设立，投资人可以是自然人，也可以是法人；合伙企业由两个以上合伙人共同出资设立，合伙人一般为自然人（有限合伙人可以是法人）；个人独资企业由一个自然人投资设立。

4. 投资人与企业（公司）的财产关系、责任形式不同

公司股东的个人财产与其投入公司的财产彻底分离，股东以其出资额为限，对公司承担责任，即负有限责任；合伙企业合伙人的财产与合伙企业的财产相对分离，当合伙企业财产不足以清偿合伙企业债务时，合伙人以其投入合伙企业的财产以外的其他财产对合伙企业债务负连带清偿责任，即负无限责任；个人独资企业投资人的个人财产与企业财产不分离，投资人以其个人财产对企业债务承担无限责任。

5. 组织机构设置要求不同

公司组织机构设置要求较严格，设股东会、董事会、监事会，依照法定职权和公司章程的约定管理公司事务；合伙企业的合伙人依照合伙企业法的规定和合伙协议的约定管理合伙企业事务，合伙人对执行合伙企业事务享有同等的权利，可以由全体合伙人执行合伙企业事务，也可以由合伙协议约定或者全体合伙人决定，委托一名或者数名合伙人执行合伙企业事务，不参加执行合伙企业事务的合伙人有权监督执行合伙企业事务的合伙人，检查他们执行合伙企业事务的情况；个人独资企业的出资人可以自行管理企业事务，也可以委托或者聘用其他具有民事行为能力的人负责企业事务管理。

6. 其他

与公司和合伙企业相比，个人独资企业一般规模较小，设立条件较宽松，设立程序较简便，进入或者退出市场也较灵活。例如，投资者的出资方式不同，普通合伙人可以劳务出资，个人独资企业投资人和公司股东不能以劳务出资。再如，公司有注册资本制度，而合伙和个人独资企业没有注册资本制度。另外，个人独资企业的公示性（主要指财务公开程度）不如公司和合伙企业，投资者的经营风险大于公司和合伙企业。

二、企业立法概况

企业法是指调整企业在成立、组织形式、管理和运行过程中发生的经济关系的法律规范的总称。目前构成我国的企业法体系的法律主要有《中华人民共和国合伙企业法》、《中华人民共和国个人独资企业法》、《中华人民共和国中外合资经营企业法》、《中华人民共和国中外合作经营企业法》、《中华人民共和国外资企业法》、《中华人民共和国公司法》、《中华人民共和国全民所有制工业企业法》、《中华人民共和国乡镇企业法》等。

拓展阅读

最高人民法院关于合伙经营的企业与独资经营的企业均负有债务、独资企业无力偿还时拍卖合伙企业的财产，应否首先清偿合伙企业所负债务问题的批复

北京市高级人民法院：

你院一九五六年十二月二十日（56）京高法研字第 1558 号来文对于甲乙合伙经营的企业与各自独资经营的企业均负有债务，独资经营的企业无力偿还其所负债务，为了清偿这项债务，拍卖了合伙企业的全部财产，拍卖所得的价款，应否首先清偿合伙企业所负债务的问题的请示，经我们研究认为，合伙企业的财产是合伙人的共有财产，应先清偿合伙企业所负的债务，然后才能就各合伙人按比例分得的部分，清偿其独资企业所负的债务。因此，我们同意你院请示内所提的第一种意见。

【工作实例】小王最近看好了一个赚钱的项目（专卖比萨饼），于是筹集了几万元的资金，准备和同学开个公司。小王的父亲说：卖个比萨饼还开成公司太复杂、太张扬，不如自己单干。小王的母亲说：你最好找个技术好的比萨饼师傅合伙干。三个人各执一词，争论不休。

如果你是小王，准备采用哪种企业形式？为什么？

【温馨提示】

公司、合伙企业和个人独资企业体现不同的资产组织形式，在投资人的责任形式、企业组织管理机构、适用的会计税收制度等方面有所区别。究竟办成哪种形式没有优劣之分，只有适应性差别。

第二节 个人创业——设立和管理个人独资企业

一、认识个人独资企业

个人独资企业是指在中国境内设立，由一个自然人投资，财产为投资人个人所有，投资人以其个人财产对企业债务承担无限责任的经营实体。

个人独资企业具有以下特点：

（1）个人独资企业的投资者仅为一个自然人。

注意：国家机关、国家授权投资的机构或者国家授权的部门、企业、事业单位等都不能作为个人独资企业的投资人。

（2）投资者对个人独资企业的债务承担无限责任。这里是指当企业的资产不足以清偿到期债务时，投资人应当以自己个人的全部财产用以清偿企业债务。

（3）个人独资企业的内部机构设置简单，经营管理方式灵活。

（4）个人独资企业不具有法人资格，无独立承担民事责任的能力。涉及的实务操作是：当企业的资产不足以清偿到期债务时，投资人应当以自己个人的全部财产用以清偿企业债务，投资人对企业的财产依法享有所有权。

注意：个人独资企业可以作为独立的民事主体，即对外可以自己的名义从事民事活动。

拓展阅读

个人独资企业与个体工商户都是个人投资进行经营的方式，投资者对其债务都是承担无限责任，它们的区别主要表现在：

（1）两者成立的法律依据不同。个人独资企业成立依据的是《中华人民共和国个人独资企业法》（简称《个人独资企业法》）和《个人独资企业登记管理办法》，个体工商户成立依据的是《个体工商户条例》和《个体工商户登记管理办法》。

（2）两者成立的条件不同。个人独资企业必须要有合法的企业名称和固定的生产经营场所，而个体工商户可以不起字号名称，也可以没有固定的生产经营场所而流动经营。当然，它们都不得使用“有限”、“有限责任”或者“公司”字样。

（3）两者享有的权利不同。① 个人独资企业享有企业名称专用权，其企业名称可以依法转让；而个体工商户的字号名称一般不能转让。② 个人独资企业可以设立分支机构，由投资人或者其委托的代理人向分支机构所在地的工商行政管理机关申请登记，领取营业执照，分支机构的民事责任由设立该分支机构的个人独资企业承担；而个体工商户不能设立分支机构。个人独资企业的总体规模一般大于个体工商户。③ 个人独资企业的投资人可以自行管理企业事务，也可以委托或者聘用其他具有民事行为能力的人负责企业事务的管理，事务管理方式不是营业执照的登记事项；而个体工商户可以个人经营，也可以家庭经营，必须在营业执照的组成形式事项中明确。

（4）个人独资企业与个体工商户的法律地位不尽相同。在民事、行政、经济法律制度中，个人独资企业是其他组织或其他经济组织的一种形式，能以企业自身的名义进行法律活动；而个体工商户一般只能以公民个人名义进行法律活动。

二、设立个人独资企业的条件

1. 投资者是一个自然人

投资者只能是中国公民，但法律、行政法规禁止从事营利性活动的人，不得作为投资人申请设立个人独资企业。个人独资企业投资人对本企业的财产依法享有所有权，其有关权利可以依法进行转让或继承。

【特别提示】

注意对投资人的限制：① 个人独资企业的投资人只能是自然人，不包括法人。有限合伙人和公司股东可以是法人。② 个人独资企业的投资人只能是具有中国国籍的自然人，不包括港、澳、台同胞（港、澳、台同胞设立的企业为外资企业）。③ 国家公务员、党政机关领导干部、法官、检察官、警官、商业银行工作人员等，不得投资设立个人独资企业。

2. 有合法的企业名称

个人独资企业的名称应当符合名称登记管理有关规定，并与其责任形式及从事的营业相符合，不得使用“有限”、“有限责任”或者“公司”等法人企业标识字样。可以叫“×厂”、“×店”、“×部”、“×工作室”、“×中心”等。

3. 有投资人申报的出资

根据国家工商行政管理局《关于实施〈个人独资企业登记管理办法〉有关问题的通知》的规定，个人独资企业的投资人可以用货币、实物、土地使用权、知识产权或其他财产权利出资。投资人申报的出资额应当与企业的生产经营规模相适应。投资人可以个人财产投资，也可以家庭共有财产作为个人财产出资。以家庭共有财产作为个人出资的，投资人应当在设立（变更）登记申请书上予以注明。

拓展阅读

投资人可以家庭共有财产作为个人出资，如果投资人在申请企业设立登记时，登记申请书上注明以“家庭共有财产”出资的，应当以“家庭共有财产”对企业债务承担无限责任；未注明的，视为以“个人财产”出资，应当以个人财产对企业债务承担责任。

4. 有固定的生产经营场所和必要的生产经营条件

生产经营场所包括企业的住所和与生产经营相适应的处所。这里的处所是企业的主要办事机构所在地，是企业的法定地址。

5. 有必要的从业人员

三、办理个人独资企业的登记流程

办理个人独资企业工商登记的流程如图 2-1 所示。

领取《个人独资企业设立登记申请书》	→	提交文件，申请设立登记	→	领取营业执照

图 2-1 个人独资企业的工商登记流程

（一）提交申请文件（由投资人或者其委托的代理人向个人独资企业所在地的登记机关提交）

（1）投资人签署的《个人独资企业设立登记申请书》（内容包括企业的名称和住所；投资人的姓名和居所；投资人的出资额和出资方式；经营范围）。

（2）投资人身份证明。

（3）企业住所证明。

（4）国家工商行政管理局规定提交的其他文件。

从事法律、行政法规规定须报经有关部门审批的业务的，应当提交有关部门的批准文件。

委托代理人申请设立登记的，应当提交投资人的委托书和代理人的身份证明或者资格证明。

（二）审查登记

登记机关应当在收到规定的全部文件之日起 15 日内，做出核准登记或者不予登记的决定。予以核准的，发给营业执照；不予核准的，发给企业登记驳回通知书。个人独资企业营业执照的签发日期为个人独资企业成立日期。在领取个人独资企业营业执照前，投资人不得以个人独资企业的名义从事经营活动。

拓展阅读

国务院总理李克强 2014 年 11 月 15 日主持召开国务院常务会议，决定自 2015 年 1 月 1 日起，取消或暂停征收依法合规设立、但属于政府提供普遍公共服务或体现一般性管理职能的收费，包括企业、个体工商户注册登记费等 12 项收费。

（三）分支机构登记

个人独资企业设立分支机构，应当由投资人或者其委托的代理人向分支机构所在地的登记机关申请设立登记。分支机构的民事责任由设立该分支机构的个人独资企业承担。

拓展阅读

个人独资企业自己不具有法人资格，也无独立承担民事责任的能力，因此分支机构的民事责任还是由投资人承担。

（四）变更登记

个人独资企业存续期间登记事项发生变更的，应当办理变更登记。

拓展阅读

个人独资企业变更住所跨登记机关辖区的，应当向迁入地登记机关申请变更登记。迁入地登记机关受理的，由原登记机关将企业档案移送迁入地登记机关；个人独资企业因转让或者继承致使投资人变化的，个人独资企业可向原登记机关提交转让协议书或者法定继承文件，申请变更登记；个人独资企业改变出资方式致使个人财产与家庭共有财产变换的，个人独资企业可向原登记机关提交改变出资方式文件，申请变更登记。

（五）公示和证照管理

（1）登记机关应当将个人独资企业登记、备案信息通过企业信用信息公示系统向社会公示。个人独资企业应当于每年 1 月 1 日至 6 月 30 日，通过企业信用信息公示系统向登记机关报送上一年度年度报告，并向社会公示。

（2）个人独资企业营业执照分为正本和副本，正本和副本具有同等法律效力。个人独资企业根据业务需要，可以向登记机关申请核发若干营业执照副本。

个人独资企业营业执照遗失的，应当在报刊上声明作废，并向登记机关申请补领。个人独资企业营业执照毁损的，应当向登记机关申请更换。

（3）个人独资企业应当将营业执照正本置放在企业住所的醒目位置。任何单位和个人不得伪造、涂改、出租、转让营业执照。任何单位和个人不得承租、受让营业执照。

四、个人独资企业的权利义务

（1）个人独资企业的权利包括：① 财产权。个人独资企业投资人对本企业的财产依法享有所有权，其有关权利可以依法进行转让或继承；有权取得知识产权等法律规定的财产权利。② 依法申请贷款权。③ 依法取得土地使用权。④ 拒绝摊派权。任何单位和个人违反法律、行政法规的规定，以任何方式强制个人独资企业提供财力、物力、人力的，个人独资企业有权拒绝。

（2）个人独资企业的义务包括：① 从事经营活动必须遵守法律、行政法规，遵守诚实信用原则，不得损害社会公共利益。② 应当依法设置会计账簿，进行会计核算。③ 依法履行纳税义务。④ 依法招用职工。与职工签订劳动合同，保障职工的劳动安全，按时、足额发放职工工资，按规定为职工缴纳社会保险费。

五、个人独资企业的事务管理

（一）管理方式

个人独资企业投资人可以自行管理企业事务，也可以委托或者聘用其他具有民事行为能力的人负责企业的事务管理。投资人委托或者聘用他人管理个人独资企业事务，应当与受托人或者被聘用的人签订书面合同，明确委托的具体内容和授予的权利范围。

（二）投资人对受托人职权的内部限制

受托人或者被聘用的人员应当履行诚信、勤勉义务，按照与投资人签订的合同负责个人独资企业的事务管理。投资人对受托人或者被聘用的人员职权的限制，不得对抗善意第三人。

注意：投资人对受托人职权的限制属内部限制，对外无对抗善意第三人的效力。但是投资人委托或者聘用的人员管理个人独资企业事务时违反双方订立的合同，给投资人造成损失的，应当承担民事赔偿责任。

【工作实例】个人独资企业的投资人李小峰聘用丁文为企业经营管理人员，授权丁文在签订合同时金额最高不得超过 10 万元。在经营过程中，丁文未经李小峰的同意，与善意第三人胡明亮签订了一份标的为 20 万元的买卖合同。该买卖合同是否有效？

【温馨提示】

由于胡明亮为善意第三人，故该买卖合同有效。但丁文超越内部限制，如果给投资人造成损失的，在企业内部应当向投资人李小峰承担民事赔偿责任。

（三）法律对受托人的限制

投资人委托或者聘用的管理个人独资企业事务的人员不得有下列行为：

（1）利用职务上的便利，索取或者收受贿赂。

（2）利用职务或者工作上的便利，侵占企业财产。

（3）挪用企业的资金归个人使用或者借贷给他人。

（4）擅自将企业资金以个人名义或者以他人名义开立账户储存。

（5）擅自以企业财产提供担保。

（6）未经投资人同意，从事与本企业相竞争的业务。

（7）未经投资人同意，同本企业订立合同或者进行交易。

（8）未经投资人同意，擅自将企业商标或者其他知识产权转让给他人使用。

（9）泄露本企业的商业秘密。

（10）法律、行政法规禁止的其他行为。

【特别提示】

这是《个人独资企业法》对受托人或投资人聘用的管理人员职权的法定限制，违反即属于无效的行为。合伙企业法对合伙人、公司法对公司的董事、监事、经理也有类似的规定。对企业管理层行为（含公司监督层）的法定限制是一条基本原则。

六、终止个人独资企业

终止个人独资企业是指个人独资企业终止活动使其民事主体资格消灭的行为。具体终止情形有：

（1）投资人决定解散。

（2）投资人死亡或者被宣告死亡，无继承人或者继承人决定放弃继承。

（3）被依法吊销营业执照。

（4）法律、行政法规规定的其他情形。

终止解散个人独资企业时，应当进行清算，具体要求如下。

（1）通知和公告债权人。个人独资企业解散，由投资人自行清算或者由债权人申请人民法院指定清算人进行清算。投资人自行清算的，应当在清算前 15 日内书面通知债权人，无法通知的，应当予以公告。债权人应当在接到通知之日起 30 日内，未接到通知的应当在公告之日起 60 日内，向投资人申报其债权。

（2）清偿各类债务。根据《个人独资企业法》第二十九条规定，应当按照下列顺序清偿：① 所欠职工工资和社会保险费用；② 所欠税款；③ 其他债务。个人独资企业财产不足以清偿债务的，投资人应当以其个人的其他财产予以清偿。

（3）清算期间对个人独资企业及投资人的要求。清算期间，个人独资企业不得开展与清算目的无关的经营活动。在按前述财产清偿顺序清偿债务前，投资人不得转移、隐匿财产。

（4）投资人的持续清偿责任。个人独资企业解散后，原投资人对个人独资企业存续期间的债务仍应承担偿还责任，但债权人在 5 年内未向债务人提出偿债请求的，该责任消灭。

（5）注销登记。个人独资企业清算结束后，投资人或者人民法院指定的清算人应当编制清算报告，并于清算结束之日起 15 日内向原登记机关申请注销登记。个人独资企业申请注销登记，登记机关应当在收到按规定提交的全部文件之日起 15 日内，做出核准登记或者不予登记的决定。予以核准的，发给核准通知书；不予核准的，发给企业登记驳回通知书。经登记机关注销登记，个人独资企业终止。个人独资企业办理注销登记时，应当交回营业执照。

七、违反个人独资企业法的法律责任

（一）个人独资企业及投资人的违法行为应承担的法律责任

（1）未经登记机关依法核准登记并领取营业执照，以个人独资企业名义从事经营活动的，由登记机关责令停止经营活动，处以 3 000 元以下的罚款。

（2）违反法律规定，提交虚假文件或采取其他欺骗手段，取得企业登记的，责令改正，处以 5 000 元以下的罚款；情节严重的，并处吊销营业执照。

（3）个人独资企业使用的名称与其在登记机关登记的名称不相符合的，责令限期改正，处以 2 000 元以下的罚款。

（4）个人独资企业登记事项发生变更时，未按规定办理有关变更登记的，责令限期办理变更登记；逾期不办理的，处以 2 000 元以下的罚款。

（5）个人独资企业不按规定时间将分支机构登记情况报该分支机构隶属的个人独资企业的登记机关备案的，由登记机关责令限期改正；逾期不备案的，处以 2 000 元以下的罚款。

（6）个人独资企业营业执照遗失，不在报刊上声明作废的，由登记机关处以 500 元以下的罚款；个人独资企业营业执照遗失或者毁损，不向登记机关申请补领或者更换的，由登记机关处以 500 元以下的罚款。

（7）个人独资企业未将营业执照正本置放在企业住所醒目位置的，由登记机关责令限期改正；逾期不改正的，处以 500 元以下的罚款。

（8）个人独资企业涂改、出租、转让营业执照的，由登记机关责令改正，没收违法所得，处以 3 000 元以下的罚款；情节严重的，吊销营业执照。

承租、受让营业执照从事经营活动的，由登记机关收缴营业执照，责令停止经营活动，处以 5 000 元以下的罚款。

（9）伪造营业执照的，责令停业，没收违法所得，处以 5 000 元以下的罚款。构成犯罪的，依法追究刑事责任。

（10）个人独资企业成立后无正当理由超过 6 个月未开业，或者开业后自行停业连续 6 个月的，吊销营业执照。

（11）违反法律规定，侵犯职工合法权益，未保障职工劳动安全，不缴纳社会保险费用的，按照有关法律、行政法规予以处罚，并追究有关责任人员的责任。

（12）在清算前或清算期间隐匿或转移财产，逃避债务的，依法追回其财产，并按照有关规定予以处罚；构成犯罪的，依法追究刑事责任。

（13）投资人违反规定，应当承担民事赔偿责任和缴纳罚款、罚金，其财产不足以支付的，或者被判处没收财产的，应当先承担民事赔偿责任。

（二）管理人员对投资人造成损害或侵犯投资人权益的法律责任

（1）管理个人独资企业事务时违反双方订立的合同，给投资人造成损害的，对投资人承担民事赔偿责任。

（2）侵犯个人独资企业财产权益的，责令退还侵占的财产；给企业造成损失的，依法承担赔偿责任；有违法所得的，没收违法所得；构成犯罪的，承担刑事责任。

（三）企业登记机关及其上级部门有关人员的法律责任

（1）登记机关对不符合法律规定条件的个人独资企业予以登记，或者对符合法律规定条件的个人独资企业不予登记的，对直接责任人员依法予以行政处分；构成犯罪的，依法追究刑事责任。

（2）登记机关的上级部门有关主管人员强令登记机关对不符合法律规定条件的个人独资企业予以登记，或者对符合法律规定条件的个人独资企业不予登记，或者对登记机关的违法登记行为进行包庇的，对直接责任人员依法予以行政处分；构成犯罪的，依法追究刑事责任。

登记机关对符合法定条件的申请不予登记或者超过法定时限不予答复的，当事人可依法申请行政复议或提起行政诉讼。

（3）违反法律、行政法规的规定强制个人独资企业提供财力、物力、人力的，按照有关法律、行政法规予以处罚，并追究有关责任人员的责任。

【工作实例】小王 2015 年 6 月开设了一家比萨饼店，在某市金牛区工商局办理登记并领取了个人独资企业营业执照。2015 年 8 月金牛区红枫路办事处向小王收取了卫生城市创建费300元，未开发票。由于生意红火，2015年11月小王在某市二七区开了一家分店。2016年4月，二七区分店由于亏损严重被迫关闭，欠下房东张红5 000元租金。

【延伸思考】

对于300元卫生城市创建费，小王该不该交？开设二七区分店是否需要办理分店的工商登记？二七区分店欠房东的5 000元租金，该由谁偿还？

第三节 合伙创业——设立和管理合伙企业

一、认识合伙企业

根据《中华人民共和国合伙企业法》（简称《合伙企业法》）的规定，合伙企业是指自然人、法人和其他组织依照本法在中国境内设立的普通合伙企业和有限合伙企业（见图2-2）。普通合伙企业由普通合伙人组成，合伙人对合伙企业债务承担无限连带责任。有限合伙企业由普通合伙人和有限合伙人组成，普通合伙人对合伙企业债务承担无限连带责任，有限合伙人以其认缴的出资额为限对合伙企业债务承担责任。

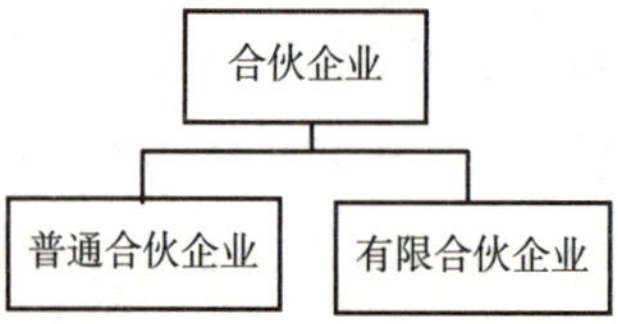

图2-2 合伙企业的分类

普通合伙企业与有限合伙企业的特点比较如表2-2所示。

表2-2 普通合伙企业与有限合伙企业的特点比较

种类 特点	普通合伙企业	有限合伙企业
合伙人组成	由普通合伙人组成	由普通合伙人和有限合伙人组成
合伙人责任	合伙人对合伙企业债务依法承担无限连带责任，法律另有规定的除外	合伙人对合伙企业债务依法承担无限连带责任，有限合伙人以出资额为限承担有限责任
出资	合伙人都可以用劳务出资	普通合伙人可以用劳务出资
合伙事务的管理	可以自行管理企业事务，也可以委托或聘用其他人负责企业的事务	由普通合伙人执行合伙事务，有限合伙人不执行合伙事务，不得对外代表有限合伙企业

续表

特点＼种类	普通合伙企业	有限合伙企业
入伙	新入伙的合伙人对入伙前的债务承担无限连带责任	新入伙的有限合伙人对入伙前的债务以其出资额为限承担责任
退伙	合伙人对基于退伙前的原因发生的企业债务承担无限连带责任	有限合伙人退伙后对基于退伙前原因发生的合伙债务，以其退伙时从合伙企业取回的财产为限承担责任

合伙人可以根据其合伙人种类来选择设置普通合伙企业还是有限合伙企业，还可以根据自己的实际需要选择成为普通合伙人还是有限合伙人。

【工作实例】小王看中的某一赚钱项目所需资金较多，而自己资金有限。经综合考虑，他打算与两位志同道合的朋友小李和小张合伙创业。麻烦你向小王介绍一下关于设立合伙企业以及事务管理的问题。

【温馨提示】

这是设立和管理合伙企业首先要解决的问题。另外，合伙企业的财产入伙退伙、财产份额转让、终止与清算等也是学习的重点。

二、普通合伙企业

（一）设立普通合伙企业的条件

1. 有两个以上合伙人

合伙人是自然人的，应当具有完全民事行为能力，无民事行为能力人和限制民事行为能力的自然人不得成为合伙企业的合伙人。除了自然人，合伙人还可以是法人或者其他经济组织。但是国有独资公司、国有企业、上市公司以及公益性和事业单位、社会团体也不得成为普通合伙人。

2. 有书面合伙协议

合伙协议应当由全体合伙人协商一致，以书面形式订立，全体合伙人签名、盖章后生效。合伙人依照合伙协议享有权利、履行义务，该协议对各合伙人具有法律约束力。

合伙协议应当载明下列事项：合伙企业的名称和主要经营场所的地点；合伙目的和合伙经营范围；合伙人的姓名或者名称、住所；合伙人的出资方式、数额和缴付期限；利润分配、亏损分担方式；合伙事务的执行；入伙与退伙；争议解决办法；合伙企业的解散与清算；违约责任等。

注意：修改或者补充合伙协议，应当经全体合伙人一致同意；但是，合伙协议另有约定的除外。合伙协议未约定或者约定不明确的事项，由合伙人协商决定；协商不成的，依照《合伙企业法》和其他有关法律、行政法规的规定处理。另外，合伙企业的经营期限不是必须记载的事项。

3. 有合伙人认缴或者实际缴付的出资

设立时“认缴”或者“实际缴付”都可以；合伙人可以用货币、实物、知识产权、土地使用权或者其他财产权利出资，也可以用劳务出资；合伙人以劳务出资的，其评估办法由全体合伙人协商确定，并在合伙协议中载明。以非货币财产出资的，依照法律、行政法规的规定；需要办理财产权转移手续的，应当依法办理。

4. 有合伙企业的名称和生产经营场所

普通合伙企业应当在其名称中标明“普通合伙”字样；特殊的普通合伙企业，应当在其名称中标明“特殊普通合伙”字样；合伙企业的名称必须和“合伙”联系起来，名称中必须有“合伙”二字，如“红星制作普通合伙企业”。

5. 法律、行政法规规定的其他条件

（二）办理合伙企业的登记流程

1. 申请人向企业登记机关提交相关文件

申请设立合伙企业，应当向企业登记机关提交下列文件：① 全体合伙人签署的设立登记申请书；② 全体合伙人的身份证明；③ 全体合伙人指定代表或者共同委托代理人的委托书；④ 合伙协议；⑤ 全体合伙人对各合伙人认缴或者实际缴付出资的确认书；⑥ 主要经营场所证明；⑦ 国务院工商行政管理部门规定提交的其他文件；⑧ 法律、行政法规或者国务院规定设立合伙企业须经批准的，还应当提交有关批准文件。

经营范围中有属于法律、行政法规规定在登记前须经批准的项目的，该项经营业务应当依法经过批准，并在登记时提交批准文件。

合伙协议约定或者全体合伙人决定，委托一名或者数名合伙人执行合伙企业事务的，还应当提交全体合伙人的委托书。执行事务合伙人是法人或者其他组织的，还应当提交其委派代表的委托书和身份证明。

以实物、知识产权、土地使用权或者其他财产权利出资，由全体合伙人协商作价的，应当向企业登记机关提交全体合伙人签署的协商作价确认书；由全体合伙人委托法定评估机构评估作价的，应当向企业登记机关提交法定评估机构出具的评估作价证明。

法律、行政法规规定设立特殊的普通合伙企业，需要提交合伙人的职业资格证明的，应当向企业登记机关提交有关证明。

2. 企业登记机关核发营业执照

合伙企业的营业执照签发日期，为合伙企业成立日期。合伙企业领取营业执照前，合伙人不得以合伙企业的名义从事合伙业务。

合伙企业设立分支机构，应当向分支机构所在地的企业登记机关申请登记，领取营业执照。合伙企业登记事项发生变更的，执行合伙事务的合伙人应当自做出变更决定或者发生变更事由之日起 15 日内，向原企业登记机关申请变更登记。

（三）合伙企业财产

1. 合伙企业财产的构成

（1）合伙人认缴的出资。出资的方式可以是货币、实物、知识产权、土地使用权或者其他财产权利，或者劳务。

（2）以合伙企业名义取得的收益。主要包括合伙企业的公共积累资金、未分配的盈余、合伙企业债权、合伙企业取得的工业产权和非专利技术等财产权利。

（3）依法取得的其他财产。

2. 合伙企业财产的性质

（1）独立性。合伙人个人的财产一旦作为出资，其财产权的主体由合伙人转变为合伙企业，而不再是单独的每一个合伙人。

（2）完整性。指合伙企业的财产作为一个完整的统一体而存在，合伙人出资后对合伙企业财产享有的仅是依照合伙协议所确定的财产收益份额，并不表明具体的数额。

注意：合伙人在合伙企业清算前，不得请求分割合伙企业的财产；但是，法律另有规定的除外。合伙人在合伙企业清算前私自转移或者处分合伙企业财产的，合伙企业不得以此对抗善意第三人。在确认善意取得的情况下，合伙企业的损失只能向合伙人进行追索，而不能向善意第三人追索。

【工作实例】甲、乙、丙成立 A 合伙企业，甲以机器设备出资（出资后，机器设备属于合伙企业的财产）。合伙企业经营过程中，由于三个合伙人意见不合，于是甲未经乙、丙同意，私自将已经作为出资的机器设备转卖给不知情的第三人丁，则该买卖合同是否有效？企业的损失能否向丁追索？

【温馨提示】

该买卖合同有效。给合伙企业造成的损失只能向合伙人甲追索，而不能向丁追索，因为丁是善意第三人。

3. 合伙人财产份额的转让

合伙人财产份额的转让，是指合伙企业的合伙人向他人转让其在合伙企业中的全部或者部分财产份额的行为。

（1）合伙人财产份额的内部转让。指合伙人将其在合伙企业中的全部或者部分财产份额转让给其他合伙人的行为。转让要求：应当通知其他合伙人。

（2）合伙人财产份额的外部转让。指合伙人把其在合伙企业中的全部或者部分财产份额转让给合伙人以外的第三人的行为。转让要求：除合伙协议另有约定外，须经其他合伙人一致同意。同等条件下，其他合伙人有优先购买权。

拓展阅读

① 有限合伙人可以按照约定向合伙人以外的人转让在合伙企业中的财产份额，但应当提前30日通知其他合伙人。② 有限责任公司的股东向股东以外的人转让股权时，应当经其他股东过半数同意。同时，股东应就其股权转让事项书面通知其他股东征求同意，其他股东自接到书面通知之日起满30日未答复的，视为同意转让。其他股东半数以上不同意转让的，不同意的股东应当购买该转让的股权；不购买的，视为同意转让。经股东同意转让的股权，在同等条件下，其他股东有优先购买权。③ 股份有限公司对发起人、董事、监事、高级管理人员转让股票的时间有法律限制（见第三章）。④ 中外合资经营企业出资额的转让须经合营各方同意，董事会会议通过，报原审批机关批准。合营企业一方转让其全部或部分出资额时，合营他方有优先购买权。

4. 合伙人以其财产份额出质

合伙人财产份额的出质，是指合伙人将其在合伙企业中的财产份额作为质押物来担保债权人债权实现的行为。

注意将财产份额设定质押的要求：须经其他合伙人一致同意；未经其他合伙人一致同意，其行为无效，由此给善意第三人造成损失的，由行为人依法承担赔偿责任。例如，甲、乙、丙共同出资设立一个普通合伙企业，在合伙企业存续期间，甲因治病需要向不知情第三人丁借款，拟以其在合伙企业中的财产份额出质设定担保。如果经乙、丙同意，甲可以出质，出质行为有效；如果未经乙、丙同意，甲私自出质的，其行为无效，若给丁造成损失的，由甲承担赔偿责任。

（四）合伙事务执行

1. 合伙事务执行的方式

（1）全体合伙人共同执行。这在合伙人较少的情况下采用较多。各个合伙人都直接参与经营，处理合伙企业的事务，对外代表合伙企业。

（2）委托一个或数个合伙人执行。按照合伙协议的约定或者经全体合伙人决定，可以委托一个或者数个合伙人对外代表合伙企业，执行合伙事务，其他合伙人不再执行合伙事务。例如，甲、乙、丙设立一普通合伙企业，合伙协议约定乙为合伙事务的执行人，对外代表合伙企业。

注意：合伙人可以将合伙事务委托一个或者数个合伙人执行，但并非所有的合伙事务都可以委托给部分合伙人决定。根据《合伙企业法》的规定，除合伙协议另有约定外，合伙企业的下列事项应当经全体合伙人一致同意：① 改变合伙企业的名称；② 改变合伙企业的经营范围、主要经营场所的地点；③ 处分合伙企业的不动产；④ 转让或者处分合伙企业的知识产权和其他财产权利；⑤ 以合伙企业名义为他人提供担保；⑥ 聘任合伙人以外的人担任合伙企业的经营管理人员。

2. 合伙人在执行合伙事务中的权利

（1）平等执行权。无论其出资多少，都有权平等享有执行合伙企业事务的权利。

（2）异议权。即合伙人分别执行合伙事务的，执行事务的合伙人可以对其他合伙人执行的事务提出异议。提出异议时，应当暂停该项事务的执行。如果发生争议，依照合伙企业法规定的合伙事务执行的决议办法做出决定。

（3）对外代表权。合伙人在代表合伙企业执行事务时，应以合伙企业的名义而不是其个人名义。作为合伙人的法人、其他组织执行合伙企业事务的，由其委托的代表执行。

（4）监督权。不执行合伙事务的合伙人有监督执行事务合伙人执行合伙事务的权利。

（5）查账权。即合伙人为了解合伙企业的经营状况和财务状况，有查阅合伙企业会计账簿等财务资料的权利。

3. 合伙人在执行合伙事务中的义务

（1）报告义务。执行事务合伙人应当定期向其他合伙人报告事务执行情况以及合伙企业的经营和财务状况的义务。

（2）竞业禁止义务。即合伙人不得自营或者同他人合作经营与本合伙企业相竞争的业务。

（3）禁止同合伙企业交易的义务。即除合伙协议另有约定或者经全体合伙人一致同意外，合伙人不得同本合伙企业进行交易。如合伙事务执行人打算将自己所有的一批原材料卖于合伙企业，除非合伙协议中允许，否则必须经全体合伙人一致同意方可。

（4）合伙人不得从事损害本合伙企业利益的活动。

4. 合伙事务执行的决议办法

（1）按照合伙协议约定的表决办法办理。即如果全体合伙人协商一致在合伙协议中有不违反法律强制性规定的约定，按约定的表决办法办理。

（2）合伙协议未约定或者约定不明确的，实行合伙人一人一票并经全体合伙人过半数通过的表决办法。各合伙人的表决权数应以合伙人的人数为准，亦即每一个合伙人对合伙企业有关事项均有同等的表决权，使用经全体合伙人过半数通过的表决办法。

（3）依照《合伙企业法》的规定做出决议。例如，《合伙企业法》规定，处分合伙企业的不动产、改变合伙企业的名称等，除合伙协议另有约定外，应当经全体合伙人一致同意。

5. 合伙企业的损益分配

合伙损益分配包含合伙企业的利润分配与亏损分担两个方面，分配原则如下：

（1）约定。即有约定时，合伙企业的利润分配、亏损分担，按照合伙协议的约定办理。

（2）协商。即合伙协议未约定或者约定不明确的，由合伙人协商决定。

（3）按照实缴出资比例。协商不成的，由合伙人按照实缴出资比例分配、分担。

（4）平均分配、分担。无法确定出资比例的，由合伙人平均分配、分担。

注意：① 上述分配原则的适用有先后顺序，即约定优先→协商→实缴出资比例→平均分配。② 禁止性规定。合伙协议不得约定将全部利润分配给部分合伙人或者由部分合伙人承担全部亏损。

例如，甲、乙出资设立普通合伙企业，双方订立的书面合伙协议约定：合伙企业利润由甲、乙按各自50%比例分配，亏损由甲全部承担。这是不合法的。

6. 非合伙人参与经营管理

（1）除合伙协议另有约定外，经全体合伙人一致同意，可以聘任合伙人以外的人担任合伙企业的经营管理人员。

（2）被聘任的合伙企业的经营管理人员责任：应当在企业授权范围内履行职务。

被聘任的合伙企业的经营管理人员，超越合伙企业授权范围履行职务，或者在履行职务过程中因故意或者重大过失给合伙企业造成损失的，依法承担赔偿责任。例如，某合伙企业协议约定，经全体合伙人2/3以上同意，可以聘请非合伙人王某为合伙企业经营管理人员。如果王某超越职权与他人订立的合同对该合伙企业有效（因为王某与该企业形成了委托关系），那么给合伙企业造成的损失由王某依法承担赔偿责任。

（五）合伙企业与第三人的关系

合伙企业与第三人关系是指合伙企业与其合伙人以外的第三人的关系。

1. 合伙企业的对外代表权

可以取得合伙企业对外代表权的合伙人包括：

（1）由全体合伙人共同执行合伙企业事务的，即全体合伙人都取得了合伙企业的对外代表权。

（2）由部分合伙人执行合伙企业事务的，只有受委托执行合伙企业事务的那一部分合伙人有权对外代表合伙企业。

由特别授权而获得单项合伙事务上有执行权的合伙人，依照授权范围可以对外代表合伙企业。例如，某普通合伙企业有甲、乙、丙、丁四位合伙人，合伙协议约定甲为合伙事务执行人，对外代表合伙企业，其他几位合伙人没有对外代表权。但是，合伙人又约定对企业原材料的采购业务，由合伙人丁代表企业处理，即属于在单项合伙事务上对丁的特别授权。

注意：合伙企业对外代表权的限制。《合伙企业法》规定，合伙企业对合伙人执行合伙事务以及对外代表合伙企业权利的限制，不得对抗善意第三人。

【工作实例】甲、乙、丙三人共同投资设立一合伙企业，合伙企业在存续期间，甲擅自以合伙企业的名义与丁公司签订了代销合同。乙和丙获知后，认为该合同不符合合伙企业利益，即向丁公司表示对该合同不予承认，因为该合伙企业内部规定，任何合伙人不得单独与第三人签订代销合同。在该案中丁不知道在合伙企业内部对甲所做的限制，在合同的履行中，也没有从中获得不正当的利益，因此应当对善意的第三人丁的利益予以保护，即该合同对合伙企业有效，合伙企业应当履行该合同。这一规定主要是为了保护善意第三人的利益以及维护经济往来的交易安全。

2. 合伙企业和合伙人的债务清偿

（1）合伙企业的债务清偿顺序如表 2-3 所示。

表 2-3　合伙企业的债务清偿顺序

顺　序	清偿责任	说　明
步骤 1	合伙企业财产优先清偿	先企业财产
步骤 2	当合伙企业的全部财产不足以偿付到期债务时，由各合伙人承担无限连带责任。注意，这里不是以其出资额为限	外部连带责任
步骤 3	合伙人之间的债务分担和追偿。即如果合伙人实际清偿数额超过规定的其亏损分担比例的，有权向其他合伙人追偿	内部按份责任

（2）合伙人的债务清偿与合伙企业的关系。这里的合伙人的债务是指合伙人发生的与合伙企业无关的个人债务，具体规定如表 2-4 所示。

表 2-4　合伙人的债务清偿与合伙企业的关系

禁止性规定	合伙人发生与合伙企业无关的债务，相关债权人不得以其债权抵销其对合伙企业的债务，也不得代位行使合伙人在合伙企业中的权利
合伙人个人债务的清偿	合伙人的自有财产不足清偿其与合伙企业无关的债务的，该合伙人可以以其从合伙企业中分取的收益用于清偿
债权人的权利	债权人也可以依法请求人民法院强制执行该合伙人在合伙企业中的财产份额用于清偿

（六）入伙与退伙

1. 入伙

入伙，是指在合伙企业存续期间，原来不具有合伙人资格的人经其他合伙人同意加入合伙，取得合伙人资格的行为。入伙程序如表 2-5 所示。

表 2-5 入伙程序

入伙的条件	1. 除合伙协议另有约定外，应当经全体合伙人一致同意，并依法订立书面入伙协议 2. 原合伙人应当向新合伙人如实告知原合伙企业的经营状况和财务状况
新合伙人的权利和责任	1. 入伙的新合伙人与原合伙人享有同等权利，承担同等责任。入伙协议另有约定的，从其约定 2. 入伙的新合伙人对入伙前合伙企业的债务承担连带责任

2. 退伙

退伙，是指合伙人退出合伙企业，从而丧失合伙人资格。

（1）退伙的种类、条件及责任如表 2-6 所示。

表 2-6 退伙的种类、条件及责任

种类		退伙条件	其他
自愿退伙	协议退伙	1. 协议中约定了合伙期限 2. 合伙协议约定的退伙事由出现 3. 经全体合伙人一致同意 4. 发生合伙人难以继续参加合伙的事由 5. 其他合伙人严重违反合伙协议约定的义务	合伙人违反上述规定退伙的，应当赔偿由此给其他合伙人造成的损失
自愿退伙	通知退伙	合伙协议未约定合伙期限，合伙人在不给合伙企业事务执行造成不利影响的情况下，可以退伙，但应当提前 30 日通知其他合伙人	合伙人违反上述规定退伙的，应当赔偿由此给合伙企业造成的损失
法定退伙	当然退伙	合伙人出现下列情形时： 1. 死亡或者被依法宣告死亡 2. 被依法宣告为无民事行为能力人 3. 个人丧失偿债能力 4. 被人民法院强制执行在合伙企业中的全部财产份额	当然退伙以退伙事由实际发生之日为退伙生效日
法定退伙	除名	合伙人有下列情形之一的，经其他合伙人一致同意，可以决议将其除名： 1. 未履行出资义务 2. 因故意或者重大过失给合伙企业造成损失 3. 执行合伙企业事务时有不正当行为 4. 合伙协议约定的其他事由	对合伙人的除名决议应当书面通知被除名人。被除名人接到除名通知之日，除名生效，被除名人退伙。被除名人对除名决议有异议的，可以自接到除名通知之日起 30 日内，向人民法院起诉

（2）退伙的法律后果。

1）财产继承。《合伙企业法》规定，合伙人死亡或者被依法宣告死亡的，对该合伙人在合伙企业中的财产份额享有合法继承权的继承人，按照合伙协议的约定或者经全体合伙人一致同意，从继承开始之日起，取得该合伙企业的合伙人资格。有下列情形之一的，合伙企业应当向合伙人的继承人退还被继承合伙人的财产份额：① 继承人不愿意成为合伙人；② 法律规定或者合伙协议约定合伙人必须具有相关资格，而该继承人未取得该资格；③ 合伙协议约定不能成为合伙人的其他情形。合伙人的继承人为无民事行为能力人或者限制民事行为能力人的，经全体合伙人一致同意，可以依法成为有限合伙人，普通合伙企业依法转为有限合伙企业。全体合伙人未能一致同意的，合伙企业应当将被继承合伙人的财产份额退还该继承人。

2）退伙结算。① 合伙人退伙，其他合伙人应当与该退伙人按照退伙时的合伙企业财产状况进行结算，退还退伙人的财产份额。退伙人对给合伙企业造成的损失负有赔偿责任的，相应扣减其应当赔偿的数额。退伙时有未了结的合伙企业事务的，待该事务了结后进行结算。② 退伙人在合伙企业中财产份额的退还办法，由合伙协议约定或者由全体合伙人决定，可以退还货币，也可以退还实物。③ 合伙人退伙时，合伙企业财产少于合伙企业债务的，退伙人应当依照法律规定分担亏损，即如果合伙协议约定亏损分担比例的，按照合伙协议的约定办理；合伙协议未约定或者约定不明确的，由合伙人协商决定；协商不成的，由合伙人按照实缴出资比例分担；无法确定出资比例的，由合伙人平均分担。

【特别提示】

合伙人退伙后的责任：合伙人退伙以后，退伙人对基于其退伙前的原因发生的合伙企业债务，承担无限连带责任。

（七）特殊的普通合伙企业

特殊的普通合伙企业是指合伙人依照《合伙企业法》规定承担责任的，以专业知识和专门技能为客户提供有偿服务的普通合伙企业。如注册为特殊普通合伙企业的律师事务所、会计师事务所、咨询机构等，如果这些专业服务机构没有注册为特殊普通合伙企业形式，是不适用《合伙企业法》的。

1. 特殊普通合伙企业的法律适用问题

《合伙企业法》针对特殊的普通合伙企业做出了一些特殊规定，没有规定的适用普通合伙企业的相关规定。

2. 特殊的普通合伙企业的特殊规定

（1）责任承担。特殊的普通合伙企业的合伙人的责任形式分为两种，如表 2-7 所示。

表 2-7 特殊的普通合伙企业的合伙人的责任形式

责任形式	适用情形	责任追偿（合伙人内部）
有限责任与无限连带责任相结合	一个合伙人或者数个合伙人在执业活动中因故意或者重大过失造成合伙企业债务的，应当承担无限责任或者无限连带责任，其他合伙人以其在合伙企业中的财产份额为限承担责任	合伙人执业活动中因故意或者重大过失造成的合伙企业债务，以合伙企业财产对外承担责任后，该合伙人应当按照合伙协议的约定对给合伙企业造成的损失承担赔偿责任
无限连带责任	对合伙人在执业活动中非因故意或者重大过失造成的合伙企业债务以及合伙企业的其他债务，全体合伙人承担无限连带责任	

例如，甲、乙、丙三人成立一特殊普通合伙制会计师事务所。甲在为一客户提供审计业务服务过程中，因重大过失给客户造成 200 万元的损失。该损失责任属于合伙人甲的重大过失造成的，甲应当承担无限责任责任，乙、丙以其在合伙企业中的财产份额为限承担责任。具体操作是，该损失首先要以合伙企业的财产承担，不足部分由合伙人甲承担无限责任。

（2）名称。《合伙企业法》规定特殊的普通合伙企业名称中应当标明“特殊普通合伙”字样。

（3）特殊的普通合伙企业应当建立执业风险基金、办理职业保险。

三、有限合伙企业

有限合伙企业，是指由有限合伙人和普通合伙人共同组成的合伙企业（见图 2-3）。其中，普通合伙人对合伙企业的债务承担无限连带责任，有限合伙人以其认缴的出资额为限承担有限责任。有限合伙企业融合了普通合伙和公司的优点。与公司相比，普通合伙人直接从事合伙企业的经营管理，合伙组织简单，税费和成本低。同时，普通合伙人对合伙企业承担无限责任，可以增强其责任心。相对于普通合伙企业，有限合伙企业允许一部分投资者承担有限责任，降低了投资风险，有助于吸引投资。

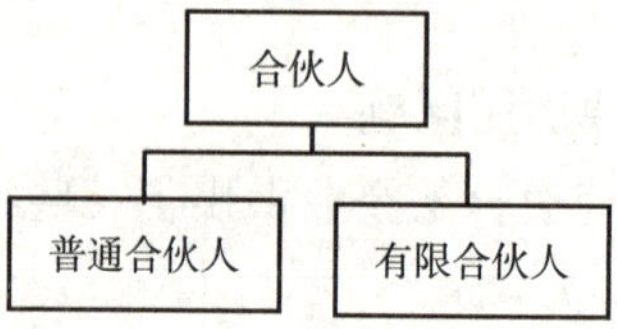

图 2-3 有限合伙企业的合伙人组成

【特别提示】

（1）有限合伙企业的两种合伙人在主体资格、权利享有、义务承受与责任承担等方面存在着明显的不同。

（2）注意有限合伙企业的法律问题：凡是《合伙企业法》中对有限合伙企业有特殊规定的，应当适用有关《合伙企业法》中对有限合伙企业的特殊规定。无特殊规定的，适用有关普通合伙企业及其合伙人的一般规定。

（一）有限合伙企业成立条件的特殊规定

1. 有限合伙企业人数

有限合伙企业由 2 个以上 50 个以下合伙人设立；法律另有规定的除外。有限合伙企业至少应当有一个普通合伙人。

2. 有限合伙企业名称

有限合伙企业名称中应当标明“有限合伙”字样，而不能标明“普通合伙”、“特殊普通合伙”、“有限公司”、“有限责任公司”等字样。

3. 书面合伙协议

有限合伙企业协议除符合普通合伙企业合伙协议的规定外，还应当载明下列事项：① 普通合伙人和有限合伙人的姓名或者名称、住所；② 执行事务合伙人应具备的条件和选择程序；③ 执行事务合伙人权限与违约处理办法；④ 执行事务合伙人的除名条件和更换程序；⑤ 有限合伙人入伙、退伙的条件、程序以及相关责任；⑥ 有限合伙人和普通合伙人相互转变的程序。

4. 合伙人认缴或实际交付的出资

有限合伙人可以用货币、实物、知识产权、土地使用权或者其他财产权利作价出资。有限合伙人不得以劳务出资。有限合伙人应当按照合伙协议的约定按期足额缴纳出资；有限合伙人应当按照合伙协议在约定按期足额缴纳出资；否则要承担补缴义务并对其他合伙人承担违约责任。

5. 有限合伙企业登记事项

在登记事项中，应当载明有限合伙人的姓名或者名称及认缴的出资数额。

（二）有限合伙企业事务执行的特殊规定

（1）有限合伙企业由普通合伙人执行合伙事务。

（2）有限合伙人不执行合伙事务，不得对外代表有限合伙企业。

有限合伙人的下列行为，不视为执行合伙事务：① 参与决定普通合伙人入伙、退伙；

② 对企业的经营管理提出建议；③ 参与选择承办有限合伙企业审计业务的会计师事务所 ④ 获取经审计的有限合伙企业财务会计报告；⑤ 对涉及自身利益的情况，查阅有限合伙企业财务会计账簿等财务资料；⑥ 在有限合伙企业中的利益受到侵害时，向有责任的合伙人主张权利或者提起诉讼；⑦ 执行事务合伙人怠于行使权利时，督促其行使权利或者为了本企业的利益以自己的名义提起诉讼；⑧ 依法为本企业提供担保。

《合伙企业法》规定，第三人有理由相信有限合伙人为普通合伙人并与其交易的，该有限合伙人对该笔交易承担与普通合伙人同样的责任。有限合伙人未经授权以有限合伙企业名义与他人进行交易，给有限合伙企业或者其他合伙人造成损失的，该有限合伙人应当承担赔偿责任。

【工作实例】甲、乙、丙、丁出资设立A有限合伙企业，甲、乙为普通合伙人，丙、丁为有限合伙人。丙向第三人B公司明确表示自己是普通合伙人，丙代表A企业与B公司签订了100万元的买卖合同。B公司按照合同约定发货后，A企业无力支付货款。经人民法院强制执行，A企业的全部财产只有40万元，对于不足的60万元，丙与甲、乙承担同样的责任，即无限连带责任。

（3）有限合伙企业不得将全部利润分配给部分合伙人；但是，合伙协议另有约定的除外。

（4）有限合伙人权利。

1）有限合伙人可以同本企业进行交易，但是合伙协议另有约定的除外。普通合伙人如果禁止有限合伙人同本有限合伙企业进行交易，应当在合伙协议中做出约定，否则即为允许。

2）有限合伙人可以经营与本企业相竞争的业务。普通合伙人如果禁止有限合伙人自营或者同他人合作经营与本有限合伙企业相竞争的业务，应当在合伙协议中做出约定。

（三）有限合伙企业财产出质与转让的特殊规定

（1）有限合伙人可以将其在有限合伙企业中的财产份额出质，但是合伙协议另有约定的除外。

所谓有限合伙人将在有限合伙企业中的财产份额出质，是指有限合伙人以其在合伙企业中的财产份额对外进行权利质押。

（2）有限合伙人可以按照合伙协议的约定向合伙人以外的人转让其在有限合伙企业中的财产份额，但应当提前30日通知其他合伙人。

（四）有限合伙人债务清偿的特殊规定

有限合伙人的自有财产不足清偿其与合伙企业无关的债务的，该合伙人可以以其从有限合伙企业中分取的收益用于清偿；债权人也可以依法请求人民法院强制执行该合伙人在有限合伙企业中的财产份额用于清偿。

（五）有限合伙企业入伙与退伙的特殊规定

1. 新入伙的有限合伙人的责任

新入伙的有限合伙人对入伙前有限合伙企业的债务，以其认缴的出资额为限承担责任。注意区别，新入伙的普通合伙人对入伙前的合伙企业债务承担连带责任。

2. 有限合伙人的退伙及其责任

（1）有限合伙人当然退伙的情形：① 作为合伙人的自然人死亡或者被依法宣告死亡；② 作为合伙人的法人或者其他组织依法被吊销营业执照、责令关闭、撤销，或者被宣告破产；③ 法律规定或者合伙协议约定合伙人必须具有相关资格而丧失该资格；④ 合伙人在合伙企业中的全部财产份额被人民法院强制执行。

【特别提示】

有限合伙人当然退伙的情形比普通合伙人少一项，即合伙人丧失偿债能力。因为有限合伙人只承担有限责任，不存在丧失偿债能力的问题。

（2）作为有限合伙人的自然人在有限合伙企业存续期间丧失民事行为能力的，其他合伙人不得因此要求其退伙。

（3）作为有限合伙人的自然人死亡、被依法宣告死亡或者作为有限合伙人的法人及其他组织终止时，其继承人或者权利承受人可以依法取得该有限合伙人在有限合伙企业中的资格。

（4）有限合伙人退伙后的责任承担。有限合伙人退伙后，对基于其退伙前的原因发生的有限合伙企业债务，以其退伙时从有限合伙企业中取回的财产承担责任。例如，甲、乙、丙于 2008 年设立一有限合伙企业，其中，甲为普通合伙人，乙、丙为有限合伙人；2009 年该合伙企业向某银行借款 10 万元；2010 年乙退伙，退伙时分得 5 万元财产；2011 年借款到期后该企业无力偿还，该银行找到乙要求其偿还该借款，那么乙的清偿责任以 5 万元为限额。

（六）合伙人性质转变的特殊规定

（1）转变条件。除合伙协议另有约定外，普通合伙人转变为有限合伙人，或者有限合伙人转变为普通合伙人。应当经全体合伙人一致同意。

（2）转变后的责任。有限合伙人转变为普通合伙人的，对其作为有限合伙人期间有限合伙企业发生的债务承担无限连带责任。普通合伙人转变为有限合伙人的，对其作为普通合伙人期间合伙企业发生的债务承担无限连带责任。

四、终止合伙企业

（一）终止合伙企业的情形

（1）合伙期限届满，合伙人决定不再经营。

（2）合伙协议约定的解散事由出现。

（3）全体合伙人决定解散。

（4）合伙人已不具备法定人数满 30 天。

（5）合伙协议约定的合伙目的已经实现或者无法实现。

（6）依法被吊销营业执照、责令关闭或者被撤销。

（7）法律、行政法规规定的其他原因。

（二）合伙企业清算

1. 合伙企业解散应当由清算人进行清算

清算人由全体合伙人担任；经全体合伙人过半数同意，可以自合伙企业解散事由出现后 15 日内指定一个或者数个合伙人，或者委托第三人担任清算人。自合伙企业解散事由出现之日起 15 日内未确定清算人的，合伙人或者其他利害关系人可以申请人民法院指定清算人。

2. 清算人的职责

（1）清理合伙企业财产，编制资产负债表和财产清单。

（2）处理与清算有关的合伙企业未了结事务。

（3）清缴所欠税款。

（4）清理债权、债务。

（5）处理合伙企业清偿债务后的剩余财产。

（6）代表合伙企业参加诉讼或者仲裁活动。

3. 清算人通知和公告债权人

清算人自被确定之日起 10 日内将合伙企业解散事项通知债权人，并于 60 日内在报纸上公告。债权人应当自接到通知书之日起 30 日内，未接到通知书的自公告之日起 45 日内，向清算人申报债权。债权人申报债权，应当说明债权的有关事项，并提供证明材料。清算人应当对债权进行登记。清算期间，合伙企业存续，但不得开展与清算无关的经营活动。

4. 合伙企业财产清偿的顺序

（1）支付合伙企业的清算费用。清算费用是指清算人管理、处分合伙企业财产的费用及其他费用，如仓储费、聘任工作人员的费用、通告债权人的费用、调查债权的费用、咨询费用、诉讼费用等。

（2）支付合伙企业职工工资、社会保险费用和法定补偿金，缴纳所欠税款；清偿债务。

（3）合伙企业财产依法清偿后仍有剩余时，对剩余财产依照《合伙企业法》的规定向合伙人分配，分配原则是：有协议的按照合伙协议的约定办理；合伙协议未约定或者约定不明确的，由合伙人协商决定；协商不成的，由合伙人按照实缴出资比例分配；无法确定出资比例的，由合伙人平均分配。

5. 办理注销登记

清算结束，清算人应当编制清算报告，经全体合伙人签名、盖章后，在 15 日内向企业登记机关报送清算报告，申请办理合伙企业注销登记。

【特别提示】

合伙企业注销后，原普通合伙人对合伙企业存续期间的债务仍应承担无限连带责任。

6. 对于合伙企业不能清偿的到期债务的规定

在清算结束后，合伙企业有不能清偿的到期债务，债权人有权依法向人民法院提出破产清算申请，也可以要求普通合伙人清偿。合伙企业依法被宣告破产的，普通合伙人对合伙企业债务仍应承担无限连带责任。

本章小结

本部分按照企业法—个人独资企业法—合伙企业法的顺序，介绍了我国企业法的基本规定，明确了个人独资企业与合伙企业的设立条件、流程及经营管理中涉及的相关法律规定。

思考与练习

一、单项选择题

1. 下列各项中，不符合普通合伙企业合伙人当然退伙情形的是（　　）。

A. 合伙人丧失偿债能力

B. 合伙人被宣告破产

C. 合伙人在合伙企业中的全部财产份额被人民法院强制执行

D. 合伙人未履行出资义务

2. 关于设立个人独资企业的条件，说法不正确的是（　　）。

A. 投资者为一个自然人或多个自然人　　B. 有投资人申报的出资

C. 有合法的企业名称　　D. 有必要的从业人员

3. 张某于2013年3月成立一家个人独资企业。同年5月，该企业与甲公司签订一份买卖合同，根据合同，该企业应于同年8月支付给甲公司货款15万元，后该企业一直未支付该款项。2014年1月该企业因故解散。2016年5月，甲公司起诉张某，要求张某偿还上述15万元债务。下列有关此事的表述中，正确的是（　　）。

A. 因该企业已经解散，甲公司的债权已经消灭

B. 甲公司可以要求张某以个人财产承担15万元的债务

C. 甲公司请求张某偿还债务已超过诉讼时效，其请求不能得到支持

D. 甲公司请求张某偿还债务的期限应于2016年1月届满

4. 关于个人独资企业的说法中，不正确的是（　　）。

A. 个人独资企业投资人可委托他人负责企业的事务管理

B. 投资人可依其对受托人职权的限制，对抗善意第三人

C. 个人独资企业投资人对企业的财产享有所有权，其相关权利可依法进行转让

D. 投资人对受托人授权的限制，不得对抗善意第三人

5. 关于特殊普通合伙企业合伙人责任形式的表述，不正确的是（　　）。

A. 特殊普通合伙企业同普通合伙企业一样，合伙人对合伙企业债务承担无限连带责任

B. 一个合伙人或者数个合伙人在执行活动中因故意或者重大过失造成合伙企业债务的，应当承担无限责任或者无限连带责任，其他合伙人以其在合伙企业中的财产份额为限承担责任

C. 合伙人在执业活动中非因故意或者重大过失造成的合伙企业债务以及合伙企业的其他债务，由全体合伙人承担无限连带责任

D. 合伙人执业活动中因故意或者重大过失造成的合伙企业债务，以合伙企业财产对外承担责任后，该合伙人应当按照合伙协议的约定对给合伙企业造成的损失承担赔偿责任

二、多项选择题

1. 以下不能成为普通合伙企业的合伙人的有（　　）。

A. 王某声明对企业的债务最多只承担1万元

B. 李某是国家公务员，以自己6岁的儿子的名义入伙

C. 张某是2年前被开除的警察

D. 赵某于3个月前刚被刑满释放

2. 甲、乙、丙欲成立一普通合伙企业，则下列关于其设立程序与条件的说法中，正确的是（　　）。

A. 甲、乙可以是自然人，也可以是法人或者其他组织

B. 三者必须签订书面合伙协议

C. 可以货币、实物、土地使用权、知识产权或者其他财产权利出资，但不得以劳务出资

D. 合伙企业名称中应当标明“普通合伙”字样

3. 关于有限合伙企业的设立，下列说法中正确的是（　　）。

A. 设立有限合伙企业，应至少有一名普通合伙人和一名有限合伙人

B. 有限合伙企业由 2 个以上 50 个以下合伙人设立

C. 有限合伙企业的名称中应当标明“有限合伙”的字样

D. 其登记事项中应当载明有限合伙人的姓名或名称及其认缴的出资额

4. 下列情形中属于个人独资企业当然解散的法定事由有（　　）。

A. 投资人决定解散

B. 投资人死亡，无继承人

C. 投资人被宣告死亡，其继承人决定放弃继承

D. 被依法吊销营业执照

5. 合伙人甲因个人事务欠乙 30 万元债务，而乙同时欠合伙企业 27 万元债务。甲的债务到期后一直未清偿，则乙的下列行为中，合法的有（　　）。

A. 以其对甲的债权抵销对合伙企业的债务

B. 代位行使甲在合伙企业中的权利

C. 请求法院强制执行甲在合伙企业中的财产份额

D. 当合伙企业不能清偿到期债务时，主张甲的财产应当优先清偿自己的债权

三、案例分析

1. 2012 年 3 月 8 日，甲出资 5 万元设立 A 个人独资企业，同时聘请乙管理企业事务。2016 年 8 月 31 日，A 企业严重亏损，不能清偿到期的丙的债务。甲决定解散该企业，并请求人民法院指定清算人。9 月 15 日，人民法院指定丁作为清算人对 A 企业进行清算。经查，A 企业和甲的资产及债权债务情况如下：① A 企业欠缴税款 5 000 元，欠乙工资 5 000 元，欠社会保险费用 2 000 元，欠丙 8 万元；② A 企业的银行存款 2 万元，实物折价 6 万元；③ 甲个人其他可执行的财产价值 2 万元。

请问：甲应如何进行财产清偿？

2. 赵、李、张三人商议合伙开办一家连锁超市，三人各出资 200 万元，订立了书面协议，未约定合伙期限。超市于 2013 年 5 月 1 日正式营业，在开张后不久，发现资金周转不够，赵便动员其朋友陈某支持他们 100 万元。陈某表示出资可以，但要参加合伙的盈余分配。经赵与李、张两合伙人商议，对陈某参加盈余分配表示同意，但约定陈某不得参与合伙的经营活动，并正式写下书面协议。超市开业 3 年后，陈某了解到该卖场经营情况不景气，就以急需用钱为由，要求赵、李、张偿还他的 100 万元，遭到拒绝。于是，其向

法院提起诉讼，要求卖场偿还借款 100 万元，法院不予支持。

请问：

（1）本案中，陈某的出资行为是否属于入伙？

（2）陈某与赵、李、张签订的书面协议是否有效？

（3）陈某该如何抽回资金？

第三章

公司法实务

学习目标

知识学习目标：通过本章的学习，使学生掌握关于公司的组织和行为等相关法律制度，明确法律对公司设立、经营和与相对人的关系等相关问题的具体要求，能够灵活运用法律知识对实践中的相关问题加以解决。

技能训练目标：能够按照有限责任公司、股份有限公司的设立流程办理公司设立法律事务；能够对公司内外行为的合法性进行法律审查。

导入案例

甲、乙、丙三人经协商，准备成立一家注册资本为50万元的有限责任公司，主要从事家具的生产。其中：甲为公司提供厂房和设备，经评估作价20万元；乙从银行借款20万元现金作为出资；丙原为一家私营企业家具厂厂长，具有丰富的经验知识，以管理能力作价出资10万元。三人签订协议后，向工商部门申请注册。

请问：该公司能否得到批准成立？

第一节 现代企业的重要形式与制度——认识公司与公司法

一、认识公司

公司是指依法设立，以营利为目的，由股东投资形成的企业法人。在我国，公司具有以下四个特征。

1. 依法设立

公司必须依法定条件、法定程序设立。一方面，这要求公司的章程、资本、组织机构、活动原则等必须合法；另一方面，要求公司设立要经过法定程序进行工商登记。

2. 以营利为目的

公司成立的目的是营利，当公司盈利时也应按照法律和公司章程的规定把盈利分配给股东。如果其利润不分配给股东，而是用于社会公益等其他目的，则不具有营利性。

3. 以股东投资行为为基础设立

公司由股东的投资行为设立，多数情况下公司是由多数股东组成的社团法人。公司股东依法享有资产受益、参与重大决策和选择管理者等权利，但多数股东不直接参与公司的经营。股东将其个人资产一旦投资于公司，该资产就与其个人财产相分离，成为公司财产。

4. 具有法人资格

公司是企业法人，具有独立的法人财产，能够独立承担民事责任。《中华人民共和国公司法》（简称《公司法》）规定的有限责任公司和股份有限公司均具有法人资格，股东以其认缴的出资额或认购的股份为限对公司承担有限责任，公司仅以其全部的财产对外承担有限责任。

公司根据不同的划分标准，可以有不同的分类：依据股东责任的不同，公司可以分为无限责任公司、有限责任公司、两合公司、股份有限公司、股份两合公司； 依据公司信用基础的不同，公司可以分为人合公司、资合公司、人合兼资合公司；依据公司之间的依附关系的不同，公司可以分为母公司和子公司；依据公司的内部管辖系统的不同，公司可以分为总公司和分公司。我国现行立法体系采用的是按照股东责任不同的标准，并且只规定了有限责任公司和股份有限公司两种公司形式。

《公司法》规定，公司作为企业法人享有法人财产权。公司的财产虽然来源于股东投资，但股东一旦将财产投入公司，便丧失对该财产的直接支配权，只享有对公司的股权，由公司享有对该财产的支配权利，即法人财产权。所谓的法人财产权是指公司拥有由股东投资形成的法人财产，并依法对财产行使占有、使用、受益、处分的权利。因此，股东投资于公司的财产需要通过对资本的注册与股东的其他财产明确分开，不允许任何股东在公司成立后又抽逃投资，或占用、支配公司的资金、财产。

【工作实例】胡志标，原爱多 VCD 创始人、爱多企业集团董事长，曾一度被评为 20 世纪末中国商业界当之无愧的风云人物。但是在 1998 年胡志标未经爱多另外两大股东的同意，挪用爱多集团巨额资金以及上游零部件的材料款和下游代理商的订货款私下成立多家公司，并进行了虚假注册。2004 年，胡志标因挪用资金罪、虚假注册资本罪被判处有期徒刑 8 年，并处罚金 25 万元。要求：根据公司法的有关规定，回答以下问题。

（1）胡志标作为公司的董事长，能否在未经爱多另外两大股东同意的情况下处分公司的巨额资产？

（2）胡志标作为公司的第一大股东，公司财产能否与其个人财产相等同？

【温馨提示】

胡志标犯罪行为的根源就在于其混淆了公司法人财产权和股东财产权二者的区别，没有准确把握公司的内涵与本质。

二、认识公司法

公司法是规定公司法律地位、调整公司组织关系、规范公司在设立、变更与终止过程中的组织行为的法律规范的总称。

我国《公司法》是由第八届全国人大常委会第五次会议于 1993 年 12 月 29 日通过的，自 1994 年 7 月 1 日起施行。此后，《公司法》于 1999 年、2004 年进行了两次小的修正。2005 年 10 月 27 日，《公司法》在进行了大规模的修订后，在第十届全国人大常委会十八次会议重新颁布，于 2006 年 1 月 1 日起施行，修订后的《公司法》的立法理念更为适应市场经济之需要，体现了鼓励投资、简化程序、提高效率的精神，取消了诸多不必要的国家干预的条款，废除了股份公司设立的审批制，减少了强制性规范，强化当事人意思自治，突出了公司章程的制度构建作用，为进一步完善公司治理结构，加强对股东权益的保护提供了制度保障。根据 2013 年 12 月 28 日第十二届全国人民代表大会常务委员会第六次会议通过《关于修改〈中华人民共和国海洋环境保护法〉等七部法律的决定》第三次修正，于 2014 年 3 月 1 日起实施。第三次修正的主要内容是将公司注册资本实缴登记制改为认缴登记制，取消公司注册资本最低限额、放宽注册资本登记条件、简化登记事项和登记文件等。

第二节 建一个封闭的“小”公司——设立有限责任公司

一、认识有限责任公司

有限责任公司，简称有限公司，是指由法定人数的股东组成的，股东以其所认缴的出资额对公司承担有限责任，公司以其全部资产对其债务承担责任的公司。根据我国《公司法》的规定，有限责任公司分为普通的有限责任公司和特殊的有限责任公司（见图 3-1）。

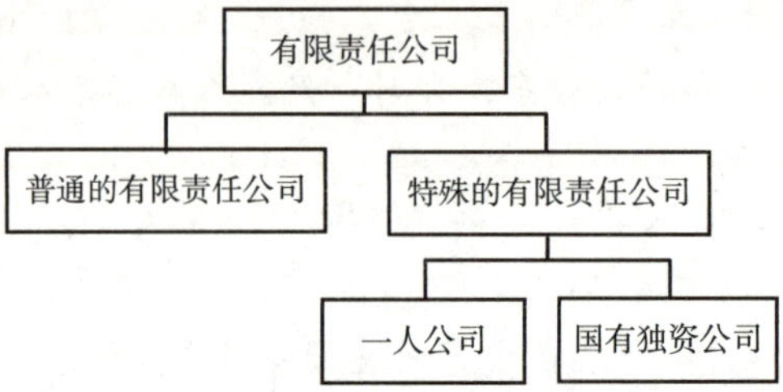

图 3-1 有限责任公司的分类

由于有限责任公司的设立程序和组织结构都比较简单，股东人数比较少，公司的经营状况也不必向社会公开，有利于公司经营秘密的保护，是一个封闭的“小”公司，因此是比较适合中小型企业的理想模式。有些大企业也采用这种企业组织形式。

【工作实例】鼎力公司、宝宝服装厂和艳丽缝纫社准备出资成立一家有限责任公司——婷立服装有限责任公司，从事服装生产。但相关投资人不知道如何申请设立，应准备哪些申请材料，以及法律对设立的组织机构有何要求。鼎力公司的财务人员小王刚从大学毕业，他利用学校所学的经济法律课程，回答了投资者的这些问题。

【温馨提示】

有限责任公司是我国存在数量最多的一种公司形式，其设立过程相对也比较简单。婷立有限责任公司的投资人应携带法律规定的相关文件到当地的工商行政管理部门申请开业登记，领取《企业法人营业执照》，并组建相应的组织机构。

二、设立有限责任公司的条件

（一）股东符合法定人数

普通有限责任公司，股东人数为 2 人以上 50 人以下，股东可以是自然人，也可以是法人。国家作为特殊主体，可以以国有资产出资设立只有一个股东的国有独资公司。一个自然人股东或一个法人股东可以设立一人有限责任公司。

（二）有符合公司章程规定的全体股东认缴的出资额

1. 注册资本

有限责任公司的注册资本为在公司登记机关登记的全体股东认缴的出资额。股东必须依照公司章程规定的出资方式和出资期限向公司履行出资义务，缴纳出资。

拓展阅读

法律、行政法规以及国务院决定对有限责任公司注册资本实缴、注册资本最低限额另有规定的，从其规定。如《中华人民共和国商业银行法》(简称《商业银行法》)第十三条规定，设立全国性商业银行的注册资本最低限额为十亿元人民币；设立城市商业银行的注册资本最低限额为一亿元人民币；设立农村商业银行的注册资本最低限额为五千万元人民币；注册资本应当是实缴资本。

2. 股东出资方式

股东可以用货币出资，也可以用实物、知识产权、土地使用权等可以用货币估价并可以依法转让的非货币财产作价出资；但是，法律、行政法规规定不得作为出资的财产除外。对作为出资的非货币财产应当评估作价，核实财产，不得高估或者低估作价。

股东以非货币财产出资的，应当依法办理其财产权的转移手续。有限责任公司成立后，发现作设立公司出资的非货币财产的实际价额显著低于公司章程所定价额的，应当由交付该出资的股东补足其差额；公司设立时的其他股东承担连带责任。

拓展阅读

股东不得以劳务、信用、自然人姓名、商誉、特许经营权或者设定担保的财产等作价出资。

《〈公司法〉司法解释三》第九条：出资人以非货币财产出资，未依法评估作价，公司、其他股东或者公司债权人请求认定出资人未履行出资义务的，人民法院应当委托具有合法资格的评估机构对该财产评估作价。评估确定的价额显著低于公司章程所定价额的，人民法院应当认定出资人未依法全面履行出资义务。

《〈公司法〉司法解释三》第八条：出资人以划拨土地使用权出资，或者以设定权利负担的土地使用权出资，公司、其他股东或者公司债权人主张认定出资人未履行出资义务的，人民法院应当责令当事人在指定的合理期间内办理土地变更手续或者解除权利负担；逾期未办理或者未解除的，人民法院应当认定出资人未依法全面履行出资义务。

《〈公司法〉司法解释三》第十条：出资人以房屋、土地使用权或者需要办理权属登记的知识产权等财产出资，已经交付公司使用但未办理权属变更手续，公司、其他股东或者公司债权人主张认定出资人未履行出资义务的，人民法院应当责令当事人在指定的合理期间内办理权属变更手续；在前述期间内办理了权属变更手续的，人民法院应当认定其已经履行了出资义务；出资人主张自其实际交付财产给公司使用时享有相应股东权利的，人民法院应予支持。出资人已经就前述财产出资，办理权属变更手续但未交付给公司使用，公司或者其他股东主张其向公司交付，并在实际交付之前不享有相应股东权利的，人民法院应予支持。

3. 股东共同制定公司章程

公司章程是记载公司组织、活动基本准则的公开性法律文件。设立有限责任公司必须由股东共同制定公司章程，并在公司章程上签名、盖章。章程对公司、股东、董事、监事、高级管理人员具有约束力。

根据《公司法》第二十五条规定，公司章程应载明下列事项：① 公司名称和住所；② 公司经营范围；③ 公司注册资本；④ 股东的姓名或者名称；⑤ 股东的出资方式、出资额和出资时间；⑥ 公司的机构及其产生办法、职权、议事规则；⑦ 公司法定代表人；⑧ 股东会会议认为需要规定的其他事项。

4. 有公司名称，建立符合有限责任公司要求的组织机构

公司名称是公司的标志。公司名称应当符合国家有关规定，并且只能使用一个名称。经公司登记机关核准登记的公司名称受法律保护。有限责任公司的组织机构是股东会、董事会或者执行董事、监事会或者监事等。

5. 有公司住所

设立公司必须有住所。公司以其主要办事机构所在地为住所。经公司登记机关登记的公司住所只能有一个，并且应当在其公司登记机关辖区内。

三、设立有限责任公司的流程

注册一个普通的有限责任公司的流程如下。

（一）发起人发起

发起人首先要对设立有限责任公司进行可行性分析，确定设立公司的意向。发起人有数人时，应签订发起人协议。

（二）股东（发起人）共同制定公司章程

（三）公司名称预先核准

设立有限责任公司，应当由全体股东指定的代表或共同委托的代理人向公司登记机关申请名称预先核准。申请名称预先核准，应当提交下列文件：① 有限责任公司的全体股东或者股份有限公司的全体发起人签署的公司名称预先核准申请书；② 全体股东或者发起人指定代表或者共同委托代理人的证明；③ 国家工商行政管理总局规定要求提交的其他文件。

具体操作步骤：先到工商局领取填写《企业名称预先核准申请书》，并携带全体投资人的主体资格证明或者自然人身份证复印件，由工商局上网检索是否有与拟定的公司名称重名，如果没有就会核发《企业名称预先核准通知书》（见表 3-1）。预先核准的公司名称保留期为 6 个月，在保留期内，其不得用于经营活动，不得转让。企业名称核准通知书领取签收单如表 3-2 所示。

表 3-1 企业名称预先核准通知书

（ ）登记内名预核字〔 〕第 号

根据《企业名称登记管理规定》、《企业名称登记管理实施办法》有关规定，同意预先核准下列____个投资人出资，注册资本（金）____ 万元（人民币），住所设在____ 的企业名称为：

____

行业及行业代码：

投资人信息：

名称或姓名	证照号码

以上预先核准的企业名称保留期至____年____月____日。在保留期内，企业名称不得用于经营活动，不得转让。

（印章）

核准日期： 年 月 日

登记机关备案：

本通知书从国家工商总局企业登记网上注册申请业务系统下载打印。落款登记机关的名称与登记业务专用章上的登记机关名称一致的有效，不一致的无效（登记机关名称已经变更、登记业务专用章尚未做相应变更的，视为一致）。

登记机关： （名称）（印章）

打印日期： 年 月 日

注：（1）预先核准的企业名称有效期从核准之日起计算。通知书规定的有效期满未到企业登记机关完成设立登记的，自动失效。有正当理由，需延长预先核准名称有效期的，申请人应在有效期满前 1 个月内申请延期。有效期延长时间不超过 6 个月。

（2）名称预先核准时不审查投资人资格和企业设立条件，投资人资格和企业设立条件在企业登记时审查。申请人不得以企业名称已核为由抗辩企业登记机关对投资人资格和企业设立条件的审查。企业登记机关也不得以企业名称已核为由不予审查就准予企业登记。

（3）企业设立登记时，申请人应当将此通知书提交企业登记机关。企业登记机关应将本通知书归入企业登记档案。企业登记机关应当在核准企业设立登记之日起 30 日内，通过国家工商总局企业登记网上注册申请业务系统进行企业名称登记备案。

表 3-2　企业名称核准通知书领取签收单

企业名称		
通知书核准文号		
指定代表或委托代理人或者经办人信息	证件种类	
	证件号码	
	移动电话	
另行委托领取人信息	证件种类	
	证件号码	
	移动电话	
领取人签字： 年　月　日		

注：企业名称核准通知书应当由指定代表或者共同委托代理人持本人有效身份证件领取。指定代表或者共同委托代理人发生变化，或者因故不能领取的，可以由申请人或者指定代表或者共同委托代理人另行委托他人持本人有效证件领取。另行委托需另行填写《指定代表或者共同委托代理人授权委托书》（可从国家工商行政管理总局网站“表格下载”栏目下载）。指定代表或者共同委托代理人另行委托的，在“委托书”的“申请人签字或盖章”处签字。

（四）办理营业执照

申请公司登记，申请人可以到公司登记机关提交申请，也可以通过信函、电报、电传、传真、电子数据交换和电子邮件等方式提出申请（通过该种方式提出申请的，应当提供申请人的联系方式以及通讯地址）。

1. 申请人提交如下注册资料

（1）拟任公司法定代表人签署的《公司设立登记申请书》（原件 1 份）。

（2）股东指定代表或共同委托代理人的证明（原件 1 份）。

（3）经办人身份证明（复印件 1 份，验原件）。

（4）公司章程（原件 1 份）。

（5）股东或者发起人的主体资格证明。

（6）以法定代表人或股东名义签署的租赁合同，注册时向工商行政管理机关登记。

（7）根据公司章程的规定和程序提交法定代表人的任职文件（原件 1 份）及其身份证明（复印件 1 份，验原件）。

（8）执行董事/董事长、董事、监事、经理的任职文件（原件各 1 份）及其身份证明（复印件各 1 份，注明“与原件一致”并由股东加盖公章或签字）。

（9）公司住所使用证明。（如果没有自己的厂房或办公室，就需要租房。租房要签订租房合同，并要求房东提供房产证的复印件。签订好租房合同后，应到税务部门购买印花税，按照年租金的 1‰购买，贴在租房合同的首页。）

（10）在网上自行下载打印的《名称预先核准通知书》。

（11）在网上自行下载打印并由全体投资者共同签署的《名称预先核准申请书》。

（12）股东或发起人首次出资是非货币财产的，应当提交已办理其财产权转移手续的证明文件（复印件各 1 份，验原件）。

（13）以股权出资的，提交《股权认缴出资承诺书》（原件 1 份）。

（14）法律、行政法规和国务院决定规定设立有限责任公司必须报经批准的，提交有关批准文件或者许可证（复印件 1 份，验原件）。

2. 公司登记机关应当根据下列情况分别做出是否受理的决定

（1）申请文件、材料齐全，符合法定形式的，或者申请人按照公司登记机关的要求提交全部补正申请文件、材料的，应当决定予以受理。

（2）申请文件、材料齐全，符合法定形式，但公司登记机关认为申请文件、材料需要核实的，应当决定予以受理，同时书面告知申请人需要核实的事项、理由以及时间。

（3）申请文件、材料存在可以当场更正的错误的，应当允许申请人当场予以更正，由申请人在更正处签名或者盖章，注明更正日期；经确认申请文件、材料齐全，符合法定形式的，应当决定予以受理。

（4）申请文件、材料不齐全或者不符合法定形式的，应当当场或者在 5 日内一次告知申请人需要补正的全部内容；当场告知时，应当将申请文件、材料退回申请人；属于 5 日内告知的，应当收取申请文件、材料并出具收到申请文件、材料的凭据，逾期不告知的，自收到申请文件、材料之日起即为受理。

（5）不属于公司登记范畴或者不属于本机关登记管辖范围的事项，应当即时决定不予受理，并告知申请人向有关行政机关申请。

（6）公司登记机关对通过信函、电报、电传、传真、电子数据交换和电子邮件等方式提出申请的，应当自收到申请文件、材料之日起 5 日内做出是否受理的决定。

公司登记机关决定予以受理的，应当出具《受理通知书》；决定不予受理的，应当出具《不予受理通知书》，说明不予受理的理由，并告知申请人享有依法申请行政复议或者提起行政诉讼的权利。

3. 公司登记机关对决定予以受理的登记申请，应当分别情况在规定的期限内做出是否准予登记的决定

（1）对申请人到公司登记机关提出的申请予以受理的，应当当场做出准予登记的决定。

（2）对申请人通过信函方式提交的申请予以受理的，应当自受理之日起 15 日内做出准予登记的决定。

（3）通过电报、电传、传真、电子数据交换和电子邮件等方式提交申请的，申请人应当自收到《受理通知书》之日起 15 日内，提交与电报、电传、传真、电子数据交换和电子邮件等内容一致并符合法定形式的申请文件、材料原件；申请人到公司登记机关提交申请文件、材料原件的，应当当场做出准予登记的决定；申请人通过信函方式提交申请文件、材料原件的，应当自受理之日起 15 日内做出准予登记的决定。

（4）公司登记机关自发出《受理通知书》之日起 60 日内，未收到申请文件、材料原件，或者申请文件、材料原件与公司登记机关所受理的申请文件、材料不一致的，应当做出不予登记的决定。

公司登记机关需要对申请文件、材料核实的，应当自受理之日起 15 日内做出是否准予登记的决定。

工商管理部门准予登记的发给申请人《企业法人营业执照》，营业执照一般是纸质的，国家推行电子营业执照，营业执照的签发日期为公司的成立日期。

拓展阅读

工商总局、中央编办、国家发展改革委、税务总局、质检总局和国务院法制办等 6 部门于 2015 年 8 月 7 日联合印发通知，要求自 2015 年 10 月 1 日起，全国各地的新设立企业、变更企业将领取由工商部门发放的加载法人和其他组织统一社会信用代码的营业执照，无须再由工商、质检、税务三部门分别核发不同证照，组织机构代码证和税务登记证将不再发放。通知要求各地建立统一登记流程、统一编码和赋码规则等，全面实行“三证合一、一照一码”登记模式。通知明确提出，实行统一的登记条件、登记程序和登记申请文书材料规范，申请人办理企业注册登记时只需填写“一表”，向“一个窗口”提交“一套材料”即可，登记部门审核后，直接核发加载统一代码的营业执照，并在全国企业信用信息公示系统公示。

（五）刻制公章、财务专用章，办理银行开户手续

（1）凭营业执照到公安局指定的刻章行刻制公章、财务专用章。

（2）公司可以根据经营的需要，选择最方便的任何一家商业银行开设基本账户，通常选在开业登记前设立临时账户的银行开设。根据经营需要，公司可以开设一般账户、专用账户。

开设银行账户所需资料：① 营业执照正本；② 单位公章、财务专用章、法人及财务负责人章；③ 《企业法人申请开业登记注册书》；④ 其他开户表格。

（六）分公司的登记

分公司是指公司在其住所以外设立的从事经营活动的机构。分公司不具有企业法人资格，其民事责任由公司承担。

【特别提示】

公司可以设立子公司，子公司具有法人资格，依法独立承担民事责任。

分公司的登记事项包括：名称、营业场所、负责人、经营范围。分公司的名称应当符合国家有关规定。分公司的经营范围不得超出总公司的经营范围。

公司设立分公司的，应当自决定做出之日起 30 日内向分公司所在地的公司登记机关申请登记；法律、行政法规或者国务院决定规定必须报经有关部门批准的，应当自批准之日起 30 日内向公司登记机关申请登记。

设立分公司，应当向公司登记机关提交下列文件：① 公司法定代表人签署的设立分公司的登记申请书；② 公司章程以及加盖公司印章的《企业法人营业执照》复印件；③ 营业场所使用证明；④ 分公司负责人任职文件和身份证明；⑤ 国家工商行政管理总局规定要求提交的其他文件。

法律、行政法规或者国务院决定规定设立分公司必须报经批准，或者分公司经营范围中属于法律、行政法规或者国务院决定规定在登记前须经批准的项目的，还应当提交有关批准文件。

分公司的公司登记机关准予登记的，发给《营业执照》。公司应当自分公司登记之日起 30 日内，持分公司的《营业执照》到公司登记机关办理备案。

四、年度报告公示、证照和档案管理

（1）公司应当于每年 1 月 1 日至 6 月 30 日，通过企业信用信息公示系统向公司登记机关报送上一年度年度报告，并向社会公示。

（2）《企业法人营业执照》、《营业执照》分为正本和副本，正本和副本具有同等法律效力。

国家推行电子营业执照，电子营业执照与纸质营业执照具有同等法律效力。《企业法人营业执照》正本或者《营业执照》正本应当置于公司住所或者分公司营业场所的醒目位置。公司可以根据业务需要向公司登记机关申请核发营业执照若干副本。任何单位和个人不得伪造、涂改、出租、出借、转让营业执照。营业执照遗失或者毁坏的，公司应当在公司登记机关指定的报刊上声明作废，申请补领。公司登记机关依法做出变更登记、注销登记、撤销变更登记决定，公司拒不缴回或者无法缴回营业执照的，由公司登记机关公告营业执照作废。

（3）公司登记机关对需要认定的营业执照，可以临时扣留，扣留期限不得超过 10 天。借阅、抄录、携带、复制公司登记档案资料的，应当按照规定的权限和程序办理。任何单位和个人不得修改、涂抹、标注、损毁公司登记档案资料。

五、组建封闭而又灵活的组织机构

公司成立后，组织机构的设立必须马上提上日程。一个正规的有限责任公司往往具备完善的组织机构框架，但我国《公司法》只规定了股东会、董事会和监事会等三个最基本的组织机构，相对于股份有限公司，有限责任公司在组织机构的设置上，更为灵活方便，同时其主要成员也不必向社会公开，具有一定的封闭性。

（一）股东会

1. 股东如何通过股东会来实现自己的股东权利

有限责任公司股东会由全体股东组成，它是公司的权力机构。股东可以通过行使表决权来实现股东会的下列职权：① 决定公司的经营方针和投资计划；② 选举和更换非由职工代表担任的董事、监事，决定有关董事、监事的报酬事项；③ 审议批准董事会或者执行董事的报告；④ 审议批准监事会或者监事的报告；⑤ 审议批准公司的年度财务预算方案、决算方案；⑥ 审议批准公司的利润分配方案和弥补亏损方案；⑦ 对公司增加或者减少注册资本做出决议；⑧ 对发行公司债券做出决议；⑨ 对公司合并、分立、变更公司形式、解散和清算等事项做出决议；⑩ 修改公司章程；⑪ 公司章程规定的其他职权。对上述事项股东以书面形式一致表示同意的，可以不召开股东会会议，直接做出决定，并由全体股东在决定文件上签名、盖章。

2. 股东会会议的召开和股东会决议的做出

股东会会议分为定期会议和临时会议。定期会议应当按照公司章程的规定按时召开。代表 1/10 以上表决权的股东、1/3 以上的董事、监事会或者不设监事会的公司的监事提议召开临时会议的，应当召开临时会议。

首次股东会会议由出资最多的股东召集和主持，依法行使职权。以后的股东会会议，公司设立董事会的，由董事会召集，董事长主持；董事长不能或者不履行职务的，由副董事长主持；副董事长不能或者不履行职务的，由半数以上董事共同推举 1 名董事主持。公司不设董事会的，股东会会议由执行董事召集和主持。董事会或者执行董事不能或者不履行召集股东会会议职责的，由监事会或者不设监事会的公司的监事召集和主持；监事会或者监事不召集和主持的，代表 1/10 以上表决权的股东可以自行召集和主持。

召开股东会会议，应当于会议召开 15 日以前通知全体股东，但公司章程另有规定或者全体股东另有约定的除外。股东会应当对所议事项的决定做成会议记录，出席会议的股东应当在会议记录上签名。

股东会会议由股东按照出资比例行使表决权，但公司章程另有规定的除外。股东会的议事方式和表决程序，除《公司法》有规定的外，由公司章程规定。

股东会会议做出修改公司章程、增加或者减少注册资本的决议，以及公司合并、分立、解散或者变更公司形式的决议，必须经代表 2/3 以上表决权的股东通过。

拓展阅读

股东会决议书格式如下：

某某公司股东会决议书

会议时间：________________________________

会议地点：________________________________

出席会议股东：_____________________________

有限公司股东会第___次会议于_____年___月___日在召开。出席本次会议的股东_____人，代表____%的股份，所做出决议经出席会议的股东所持表决权的半数以上通过。

根据《公司法》及本公司章程的有关规定，本次会议所议事项经公司股东会表决通过：

一、同意更换董事

二、同意修改章程

三、同意变更住所

（其他需要决议的事项请逐项列明）

股东签名：

年　月　日

（二）董事会

1. 董事会的组建

有限责任公司设董事会（依法不设董事会者除外），其成员为 3 人至 13 人。两个以上的国有企业或者其他两个以上的国有投资主体投资设立的有限责任公司，其董事会成员中应当有公司职工代表；其他有限责任公司董事会成员中也可以有公司职工代表。董事会中的职工代表由公司职工通过职工代表大会、职工大会或者其他形式民主选举产生。董事会设董事长 1 人，可以设副董事长。董事长、副董事长的产生办法由公司章程规定。

董事任期由公司章程规定，但每届任期不得超过 3 年。董事任期届满，连选可以连任。董事任期届满未及时改选，或者董事在任期内辞职导致董事会成员低于法定人数的，在改选出的董事就任前，原董事仍应当依照法律、行政法规和公司章程的规定，履行董事职务。

2. 董事会的职权与会议制度

董事会对股东会负责，行使下列职权：① 召集股东会会议，并向股东会报告工作；② 执行股东会的决议；③ 决定公司的经营计划和投资方案；④ 制订公司的年度财务预算方案、决算方案；⑤ 制订公司的利润分配方案和弥补亏损方案；⑥ 制订公司增加或者减少注册资本以及发行公司债券的方案；⑦ 制订公司合并、分立、变更公司形式、解散的方案；⑧ 决定公司内部管理机构的设置；⑨ 决定聘任或者解聘公司经理及其报酬事项，并根据经理的提名决定聘任或者解聘公司副经理、财务负责人及其报酬事项；⑩ 制定公司的基本管理制度；⑪ 公司章程规定的其他职权。

董事会会议由董事长召集和主持；董事长不能或者不履行职务的，由副董事长召集和主持；副董事长不能或者不履行职务的，由半数以上董事共同推举 1 名董事召集和主持。

董事会的议事方式和表决程序，除《公司法》有规定的外，由公司章程规定。董事会决议的表决，实行一人一票。董事会应当对所议事项的决定做成会议记录，出席会议的董事应当在会议记录上签名。

3. 经理

《公司法》第五十条规定："有限责任公司可以设经理，由董事会决定聘任或者解聘。"据此规定，在有限责任公司中，经理不再是必设机构而成为选设机构。公司章程可以规定不设经理，而设总裁、首席执行官等职务，行使公司的管理职权。《公司法》规定，在公司设经理时，经理对董事会负责，行使下列职权：① 主持公司的生产经营管理工作，组织实施董事会决议；② 组织实施公司年度经营计划和投资方案；③ 拟订公司内部管理机构设置方案；④ 拟订公司的基本管理制度；⑤ 制定公司的具体规章；⑥ 提请聘任或者解聘公司副经理、财务负责人；⑦ 决定聘任或者解聘除应由董事会决定聘任或者解聘以外的负责管理人员；⑧ 董事会授予的其他职权。经理列席董事会会议。公司章程对经理职权另有规定的，从其规定。

股东人数较少或者规模较小的有限责任公司，可以设一名执行董事，不设立董事会。执行董事可以兼任公司经理。执行董事的职权由公司章程规定。

拓展阅读

公司法定代表人依照公司章程的规定，由董事长、执行董事或者经理担任，并依法登记。公司法定代表人变更，应当办理变更登记。

（三）监事会

1. 监事会的组建

有限责任公司设立监事会，其成员不得少于 3 人。股东人数较少或者规模较小的有限责任公司，可以设 1~2 名监事，不设立监事会。监事会应当包括股东代表和适当比例的公司职工代表，其中职工代表的比例不得低于 1/3，具体比例由公司章程规定。监事会中的职工代表由公司职工通过职工代表大会、职工大会或者其他形式民主选举产生。监事会设主席 1 人，由全体监事过半数选举产生。监事会主席召集和主持监事会会议；监事会主席不能或者不履行职务的，由半数以上监事共同推举一名监事召集和主持监事会会议。董事、高级管理人员不得兼任监事。

监事的任期每届为 3 年。监事任期届满，连选可以连任。监事任期届满未及时改选，或者监事在任期内辞职导致监事会成员低于法定人数的，在改选出的监事就任前，原监事仍应当依照法律、行政法规和公司章程的规定，履行监事职务。

2. 监事会的职权与会议制度

监事会、不设监事会的公司的监事行使下列职权：① 检查公司财务；② 对董事、高级管理人员执行公司职务的行为进行监督，对违反法律、行政法规、公司章程或者股东会决议的董事、高级管理人员提出罢免的建议；③ 当董事、高级管理人员的行为损害公司的利益时，要求董事、高级管理人员予以纠正；④ 提议召开临时股东会会议，在董事会不履行本法规定的召集和主持股东会会议职责时召集和主持股东会会议；⑤ 向股东会会议提出提案；⑥ 依照《公司法》第一百五十二条的规定，对董事、高级管理人员提起诉讼；⑦ 公司章程规定的其他职权。监事可以列席董事会会议，并对董事会决议事项提出质询或者建议。监事会、不设监事会的公司的监事行使职权所必需的费用，由公司承担。

监事会每年度至少召开一次会议，监事可以提议召开临时监事会会议。监事会的议事方式和表决程序，除《公司法》有规定的外，由公司章程规定。监事会决议应当经半数以上监事通过。监事会应当对所议事项的决定做成会议记录，出席会议的监事应当在会议记录上签名。

六、有限责任公司的股权转让

（一）股东

股东是指出资或持有公司股份的人，是公司成立、存续的必备条件。股东可以是自然人，也可以是法人。有些自然人法律禁止其为股东，如公务员。法人作为股东应遵守法律规定，如公司不能自为股东。

实践中，有时会出现公司登记的股东（名义股东）并不是真正的投资人（实际投资人），导致名义股东与实际投资人在股权认定及投资权益的归属上发生争议。对此，《〈公司法〉司法解释三》做了较为详细的规定。

（1）有限责任公司的实际出资人与名义出资人订立合同，约定由实际出资人出资并享有投资权益，以名义出资人为名义股东，实际出资人与名义股东对该合同效力发生争议的，如无《合同法》第五十二条规定的情形，人民法院应当认定该合同有效。也就是说，实际出资人以其实际履行了出资义务为由向名义股东主张权利的，人民法院应予支持。名义股东以公司股东名册记载、公司登记机关登记为由否认实际出资人权利的，人民法院不予支持。

（2）实际出资人未经公司其他股东半数以上同意，请求公司变更股东、签发出资证明书、记载于股东名册、记载于公司章程并办理公司登记机关登记的，人民法院不予支持。因为按照《公司法》第七十二条第二款的规定，股东向股东以外的人转让股权的，须经其他股东过半数同意。

（3）名义股东将登记于其名下的股权转让、质押或者以其他方式处分，实际出资人以其对于股权享有实际权利为由，请求认定处分股权行为无效的，人民法院可以参照《中华人民共和国物权法》（简称《物权法》）第一百零六条的规定处理。这就是说，如果受让方符合善意取得的条件，受让方即取得股权。当然，名义股东处分股权造成实际出资人损失，实际出资人请求名义股东承担赔偿责任的，人民法院应予支持。

此外，股权转让后尚未向公司登记机关办理变更登记，原股东将仍登记于其名下的股权转让、质押或者以其他方式处分，受让股东以其对于股权享有实际权利为由，请求认定处分股权行为无效的，人民法院可以参照《物权法》第一百零六条的规定处理。

原股东处分股权造成受让股东损失，受让股东请求原股东承担赔偿责任、对于未及时办理变更登记有过错的董事、高级管理人员或者实际控制人承担相应责任的，人民法院应予支持；受让股东对于未及时办理变更登记也有过错的，可以适当减轻上述董事、高级管理人员或者实际控制人的责任。

（4）公司债权人以登记于公司登记机关的股东未履行出资义务为由，请求其对公司债务不能清偿的部分在未出资本息范围内承担补充赔偿责任，股东以其仅为名义股东而非实际出资人为由进行抗辩的，人民法院不予支持。名义股东根据上述规定承担赔偿责任后，向实际出资人追偿的，人民法院应予支持。

（5）冒用他人名义出资并将该他人作为股东在公司登记机关登记的，冒名登记行为人应当承担相应责任；公司、其他股东或者公司债权人以未履行出资义务为由，请求被冒名登记为股东的承担补足出资责任或者对公司债务不能清偿部分的赔偿责任的，人民法院不予支持。

（二）股东权及其分类

（1）依股东权行使的目的为标准，可分为自益权与共益权。自益权是指股东专为自己利益行使的权利，如发给股票或其他股权证明请求权、股份转让权，股息和红利分配请求权、公司剩余财产分配请求权等。共益权是指股东依法参加公司事务的决策和经营管理的权利，它是股东基于公司利益同时兼为自己的利益而行使的权利，如出席股东会并表决权、提案权、质询权、请求召集股东临时会或自行召集权、查账和其他文件的知情权、提起诉讼权等权利。

（2）依股权行使的条件为标准，可分为单独股东权和少数股东权。单独股东权是指每一单独股份均享有的权利，即只持有一股股份的股东也可单独行使的权利，如自益权、表决权等。少数股东权是指须单独或共同持有占股本总额一定比例以上股份方可行使的权利，如股东会临时召集请求权、公司重整申请权等。

（三）股东滥用股东权的责任

《公司法》规定，公司股东应当遵守法律、行政法规和公司章程，依法行使股东权利，不得滥用股东权利损害公司或者其他股东的利益；不得滥用公司法人独立地位和股东有限责任损害公司债权人的利益。股东滥用股东权利应承担以下责任：

（1）公司股东滥用股东权利给公司或者其他股东造成损失的，应当依法承担赔偿责任。

（2）公司股东滥用公司法人独立地位和股东有限责任，逃避债务，严重损害公司债权人利益的，应当对公司债务承担连带责任。这一规定体现了公司法人人格否认原则。公司法人人格否认，是指为阻止公司独立人格的滥用和保护公司债权人利益及社会公共利益，就具体法律关系中的特定事实，否认公司与股东各自独立的人格及股东的有限责任，责令股东对公司债权人或公共利益直接负责，以实现公平、正义的法律制度。

（3）公司的控股股东、实际控制人、董事、监事、高级管理人员不得利用其关联关系损害公司利益。违反规定给公司造成损失的，应当承担赔偿责任。

拓展阅读

控股股东，是指其出资额占有限责任公司资本总额50%以上或者其持有的股份占股份有限公司股本总额百分之五十以上的股东，以及出资额或者持有股份的比例虽然不足百分之五十，但依其出资额或者持有的股份所享有的表决权已足以对股东会、股东大会的决议产生重大影响的股东。实际控制人是指虽不是公司的股东，但通过投资关系、协议或者其他安排，能够实际支配公司行为的人。高级管理人员，是指公司的经理、副经理、财务负责人，上市公司董事会秘书和公司章程规定的其他人员。关联关系，是指公司控股股东、实际控制人、董事、监事、高级管理人员与其直接或者间接控制的企业之间的关系，以及可能导致公司利益转移的其他关系。但是，国家控股的企业之间不会因为同受国家控股而具有关联关系。

（四）有限责任公司股东转让股权

1. 一般情况下的股权转让

由于有限责任公司的人合性，决定了对其股权转让必然有限制。我国《公司法》规定：有限责任公司的股东之间可以相互转让其全部或者部分股权，但股东向股东以外的人转让股权时，应当经其他股东过半数同意。同时股东应就其股权转让事项书面通知其他股东征求同意，其他股东自接到书面通知之日起满 30 日未答复的，视为同意转让。其他股东半数以上不同意转让的，不同意的股东应当购买该转让的股权；不购买的，视为同意转让。经股东同意转让的股权，在同等条件下，其他股东有优先购买权。两个以上股东主张行使优先购买权的，协商确定各自的购买比例；协商不成的，按照转让时各自的出资比例行使优先购买权。

公司章程对股权转让另有规定的，从其规定。

这一规定解决了实践中恶意拖延、损害转让人合法权益的问题，同时体现了对当事人意思自治的尊重，允许“公司章程对股权转让另有规定的，从其规定”。

2. 特殊情况下的股权转让

我国《公司法》第七十三条规定：“人民法院依照法律规定的强制执行程序转让股东的股权时，应当通知公司及全体股东，其他股东在同等条件下有优先购买权。其他股东自人民法院通知之日起满 20 日不行使优先购买权的，视为放弃优先购买权。”

这一措施实际上是股权的强制执行，人民法院通过强制股东转让其股份，以满足债权人的债权。为保障债权人的合法权益，这种强制性转让是必需的，也是可行的。

3. 有限责任公司股东退出公司

该制度是为中小股东或少数股东维护自身权益的救济措施而设计的。当公司的控股股东或代表多数表决权的股东利用股东会决议的方式，客观上造成“绑架”或“裹挟”其他股东、使其合理期待的利益落空或者蒙受额外风险时，后者可以利用此救济措施，实现退出公司的目的。

但行使此权利有严格条件限制，即有下列三种情形之一，对股东会该项决议投反对票的股东可以请求公司按照合理的价格收购其股权，退出公司：

（1）公司连续 5 年不向股东分配利润，而公司该 5 年连续盈利，并且符合《公司法》规定的分配利润条件的。

（2）公司合并、分立、转让主要财产的。

（3）公司章程规定的营业期限届满或者章程规定的其他解散事由出现，股东会会议通过决议修改章程使公司存续的。

作为保护中小股东合理利益的救济措施，为实现救济手段的可操作性，《公司法》还规定股东要求公司收购其股权的协议期间，即自股东会会议决议通过之日起 60 日内。如果股东与公司不能达成股权收购协议的，股东可以自股东会会议决议通过之日起 90 日内向人民法院提起诉讼，以寻求司法救济。

七、一人有限责任公司的特别规定

一人有限责任公司，是指只有一个自然人股东或者一个法人股东的有限责任公司。一人有限责任公司是独立的企业法人，具有完全的民事权利能力、民事行为能力和民事责任能力，是有限责任公司中的特殊类型。

《公司法》规定一个自然人只能投资设立一个一人有限责任公司，而且该一人有限责任公司不能投资设立新的一人有限责任公司。

一人有限责任公司应当在公司登记中注明自然人独资或者法人独资，并在公司营业执照中载明。一人有限责任公司章程由股东制定。

一人有限责任公司不设股东会。法律规定的股东会职权由股东行使，当股东行使相应职权做出决定时，应当采用书面形式，并由股东签字后置备于公司。

一人有限责任公司应当在每一会计年度终了时编制财务会计报告，并经会计师事务所审计。

为防止一人有限责任公司的股东滥用公司法人人格与有限责任制度，将公司财产混同于个人财产、抽逃资产、损害债权人的利益，《公司法》规定，一人有限责任公司的股东不能证明公司财产独立于股东自己财产的，应当对公司债务承担连带责任。

一人公司是有限责任公司的特殊形式，其与普通有限责任公司的区别如表 3-3 所示。

表 3-3 一人有限责任公司与普通有限责任公司的区别

区别事项	一人有限责任公司	普通有限责任公司
股东人数	一个自然人或法人	2 人以上 50 人以下
组织机构	没有股东会，不设董事会，一般不设监事会	有股东会、董事会（或执行董事）、监事会（或监事）
章程制定	股东一人制定	全体股东共同制定

八、国有独资公司的特别规定

国有独资公司，是指国家单独出资、由国务院或者地方人民政府委托本级人民政府国有资产监督管理机构履行出资人职责的有限责任公司。

国有独资公司章程由国有资产监督管理机构制定，或者由董事会制定报国有资产监督管理机构批准。

国有独资公司不设股东会，由国有资产监督管理机构行使股东会职权。国有资产监督管理机构可以授权公司董事会行使股东会的部分职权，决定公司的重大事项，但公司的合并、分立、解散、增减注册资本和发行公司债券，必须由国有资产监督管理机构决定；其中，国务院有关规定确定的重要国有独资公司的合并、分立、解散、申请破产，应当由国有资产监督管理机构审核后，报本级人民政府批准。

国有独资公司设立董事会，依照法律规定的有限责任公司董事会的职权和国有资产监督管理机构的授权行使职权。董事每届任期不得超过 3 年。董事会成员中应当有公司职工代表。董事会成员由国有资产监督管理机构委派；但是，董事会成员中的职工代表由公司职工代表大会选举产生。董事会设董事长 1 人，可以设副董事长。董事长、副董事长由国有资产监督管理机构从董事会成员中指定。

国有独资公司设经理，由董事会聘任或者解聘。国有独资公司经理的职权与普通有限责任公司相同。经国有资产监督管理机构同意，董事会成员可以兼任经理。

国有独资公司的董事长、副董事长、董事、高级管理人员，未经国有资产监督管理机构同意，不得在其他有限责任公司、股份有限公司或者其他经济组织兼职。

国有独资公司监事会成员不得少于 5 人，其中职工代表的比例不得低于 1/3，具体比例由公司章程规定。监事会成员由国有资产监督管理机构委派；但是，监事会中的职工代表由公司职工代表大会选举产生。监事会主席由国有资产监督管理机构从监事会成员中指定。国有独资公司监事会的职权范围小于普通有限责任公司的监事会，包括：检查公司财务；对董事、高级管理人员执行公司职务的行为进行监督，对违反法律、行政法规、公司章程或者股东会决议的董事、高级管理人员提出罢免的建议；当董事、高级管理人员的行为损害公司的利益时，要求董事、高级管理人员予以纠正；以及国务院规定的其他职权。

国有独资公司也是有限责任公司的特殊形式，其与普通有限责任公司的区别如表 3-4 所示。

表 3-4　国有独资公司与普通有限责任公司的区别

区别事项	国有独资公司	普通有限责任公司
股东人数	由国家单独出资，国有资产监督管理机构履行出资人职责	2 人以上 50 人以下自然人或法人
组织机构	不设股东会。董事会成员中应当有职工代表。董事长、监事会主席由国有资产监督机构指定	设立股东会。董事会成员中可以有职工代表。董事长的产生办法由章程规定，监事会主席由全体监事过半数的监事选举产生
章程制定	公司章程应由国家授权投资的机构或者国家授权的部门依照《公司法》制定，或者由公司董事会制定后，报国家授权投资的机构或者国家授权部门批准	全体股东共同制定
特别决议事项	公司的合并、分立、解散、增减注册资本和发行公司债券，必须由国有资产监督管理机构决定。其中，重要的国有独资公司合并、分立、解散、申请破产的，应当由国有资产监督管理机构审核后，报本级人民政府批准	修改公司章程、增加或者减少注册资本的决议，以及公司合并、分立、解散或者变更公司形式的决议，必须经代表 2/3 以上表决权的股东通过

第三节　建一个开放的“大”公司——设立股份有限公司

一、认识股份有限公司

股份有限公司是指公司的资本分为等额的股份，股东以其所持的股份对公司承担有限责任，公司以其全部资产对其债务承担有限责任的公司。

股份有限公司与其他公司类型相比较，具有以下法律特征。

1. 股东人数的众多性

各国公司法通常对有限责任公司股东人数有上限的规定，而对股份有限公司则只有下限的限制，而没有上限的规定。

2. 股份的等额性

股份有限公司的资本均分为等额的股份，每个股东所持有的股份数额可以不同，但每股的金额必须相等。这既适应了其公开发行股份的需要，也便于股东权利的确定和行使。

3. 资本募集的公开性

股份有限公司采取公开募股的方式来筹集公司资本，自然人、法人都可通过购买股票成为股东，这就使得股东具有广泛性。同时，为了保证持股人、债权人的利益，各国法律都要求股份公司将财务公开。正因如此，英、美、法等国家直接称其为开放式公司。

4. 公司股票的流通性

股份公司是典型的资合公司，公司的组成是由于资本的结合而不是基于股东间的信任，股东间的关系较为松散。因此股票可以依法自由转让，而不受其他股东的制约。

股份有限公司和有限责任公司的主要区别如表 3-5 所示。

表 3-5 股份有限公司与有限责任公司的区别

区别事项	股份有限公司	有限责任公司
设立方式	发起方式、募集设立	发起方式
股东人数上下限规定	2 人以上	50 人以下
出资证明形式	股票	出资证明书
股权转让方式	可以自由转让	股东转让股权受到限制
信息披露义务	负有法律规定的信息披露义务	没有此义务

二、股份有限公司的设立流程

股份有限公司的设立程序相对于有限责任公司要复杂得多，往往需要律师事务所、会计师事务所等中介机构的参与。

1. 设立方式

股份有限公司的设立，可以采取发起设立或者募集设立的方式。发起设立，是指由发起人认购公司应发行的全部股份而设立公司。募集设立，是指由发起人认购公司应发行股份的一部分，其余股份向社会公开募集或者向特定对象募集而设立公司。

2. 设立条件

设立股份有限公司，应当具备下列条件。

（1）发起人符合法定人数，即有 2 人以上 200 人以下为发起人，其中须有半数以上的发起人在中国境内有住所。股份有限公司发起人承担公司筹办事务。

（2）有符合公司章程规定的全体发起人认购的股本总额或者募集的实收股本总额。股份有限公司采取发起设立方式设立的，注册资本为在公司登记机关登记的全体发起人认购的股本总额。在发起人认购的股份缴足前，不得向他人募集股份。股份有限公司采取募集方式设立的，注册资本为在公司登记机关登记的实收股本总额。法律、行政法规对股份有限公司注册资本实缴、注册资本最低限额另有规定的，从其规定。对股份有限公司发起人的出资方式的要求与有限责任公司股东相同。

（3）股份发行、筹办事项符合法律规定。

（4）发起人制定公司章程，采用募集方式设立的须经创立大会通过。股份有限公司章程应当载明下列事项：公司名称和住所；公司经营范围；公司设立方式；公司股份总数、每股金额和注册资本；发起人的姓名或者名称、认购的股份数、出资方式和出资时间；董事会的组成、职权、任期和议事规则；公司法定代表人；监事会的组成、职权、任期和议事规则；公司利润分配办法；公司的解散事由与清算办法；公司的通知和公告办法；股东大会会议认为需要规定的其他事项。

（5）有公司名称，建立符合股份有限公司要求的组织机构。

（6）有公司住所。

3. 设立流程

（1）发起设立的流程（见图 3-2）。

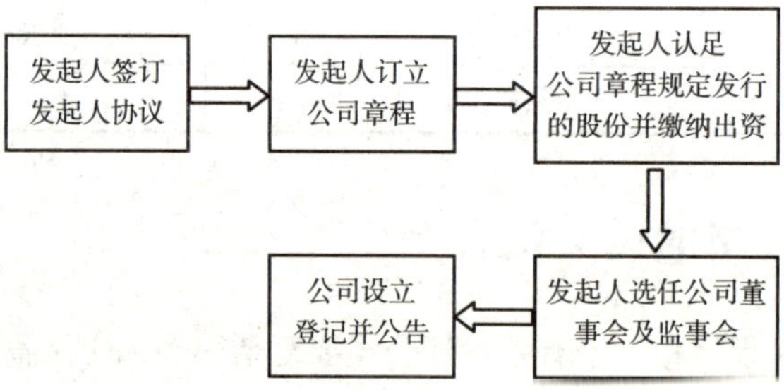

图 3-2 发起设立的流程

（2）募集设立的流程（见图 3-3）。

股份有限公司的发起人是全程负责公司设立的人，对公司设立过程中出现的各种信息了如指掌，为了促使发起人能更加尽职地履行其职责，《公司法》明确规定了发起人在设立过程中应当承担下列责任：① 公司不能成立时，对设立行为所产生的债务和费用负连带责任；② 公司不能成立时，对认股人已缴纳的股款，负返还股款并加算银行同期存款利息的连带责任；③ 在公司设立过程中，由于发起人的过失致使公司利益受到损害的，应当对公司承担赔偿责任。

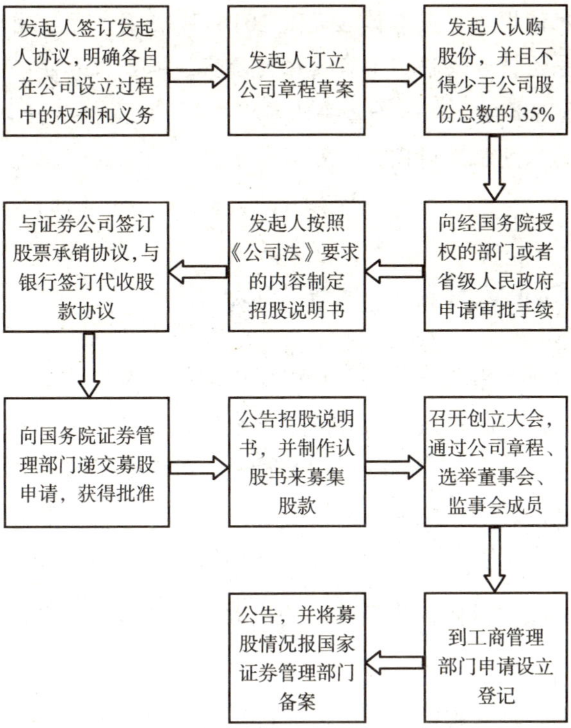

图 3-3 募集设立的流程

拓展阅读

公开发行股票注册制改革

2015 年 4 月 20 日，提交第十二届全国人大代表大会常务委员会第十四会议第一次审议的《中华人民共和国证券法》（简称《证券法》）修订草案规定：公开发行股票并拟在证券交易所上市交易的，应当依照《证券法》规定注册。公开发行股票且不在证券交易所上市交易的，其注册条件和程序由国务院证券监督管理机构依照《证券法》的原则另行规定。取消发行审核委员会。公开发行股票并拟在证券交易所上市交易的，由证券交易所负责对注册文件的齐备性、一致性、可理解性进行审核，交易所出具同意意见的，应当向证券监督机构报送注册文件和审核意见，证券监督机构 10 日内没有提出异议的，注册生效。草案对发行人申请公开发行股票注册提出原则性要求，即发行人具有符合法律规定的组织机构；最近三年财务会计报告被出具无保留意见；发行人及其控股股东、实际控制人最近三年内没有犯罪记录。值得注意的是，为确保注册制改革的顺利推出，现阶段注册制改革的范围限定于股票，为此，修订草案规定股票发行实行注册制，维持债券及其他证券发行实行核准制。

根据全国人大常委会 2016 年立法工作计划，2016 年 12 月对《证券法》修订草案进行二次审议。一般法律的出台需要经过三读，即三次人大常委会审议，按照全国人大常委会会议每两个月举行一次的惯例，若二读召开是2016年12月，因2月的人大常委会多安排3月全国人民代表大会的相关议程，不审议相关法案，所以证券法三读最快上会的时间为4月。同时，《证券法》的出台还有一个必要的前提条件，就是公开修订草案的征求意见稿，一般来讲，修订草案的意见征求时间是一个月。可见，最新版《证券法》最终问世最快在2017年的第二季度。

三、组建标准而又开放的组织机构

股份有限公司相对于有限责任公司，在组织机构的设置上要复杂一些，法律对其限制也较多。股份有限公司必须严格按照法律的要求来设置健全完备的股东大会、董事会和监事会，上市公司还必须把持股在5%以上的大股东、董事会、监事会的重要成员向社会公开，具有很强的开放性。

（一）股东大会

股东大会是公司的权力机构，决定公司的重大事项。股东大会由全体股东组成。

1. 股东大会的职权

我国《公司法》第一百条规定，股东大会行使的职权与有限责任公司股东会的职权完全相同，这里不再赘述。

2. 股东大会的召开

股东大会分为股东年会和股东临时会。

股东年会每年召开一次，讨论决定公司的常规性事务，如年度财务预算方案、决算方案、年度利润分配方案和弥补亏损方案、重大投资计划等。上市公司的股东年会在每一会计年度的前六个月内召开。在两次股东年会期间，公司可能出现一些特殊情况，需要由股东大会审议决定某些重大问题，因此有必要召开临时股东大会。股东临时会可因下列情形而召开：① 董事会人数不足法定人数或者不足公司章程所定人数的2/3；② 公司未弥补的亏损达股本总额1/3时；③ 单独或合并持有公司股份10%以上的股东请求时；④ 董事会认为必要时；⑤ 监事会提议召开时；⑥ 公司章程规定的其他情形。

一般股东大会的召开流程如下：

（1）董事会通知和公告。将会议召开的时间、地点和审议的事项于会议召开20日前通知各股东；临时股东大会应当于会议召开15日前通知各股东；发行无记名股票的，应当于会议召开30日前公告会议召开的时间、地点和审议事项。

（2）股东提交临时提案。单独或者合计持有公司3%以上股份的股东，可以在股东大会召开10日前提出临时提案并书面提交董事会；董事会应当在收到提案后2日内通知其他股东，并将该临时提案提交股东大会审议。

（3）无记名股票的股东交存股票。无记名股票持有人出席股东大会会议的，应当于会议召开 5 日前至股东大会闭会时将股票交存于公司。

（4）召开股东大会。股东大会会议由董事会召集，董事长主持；董事长不能履行职务或者不履行职务的，由副董事长主持；副董事长不能履行职务或者不履行职务的，由半数以上董事共同推举一名董事主持。董事会不能履行或者不履行召集股东大会会议职责的，监事会应当及时召集和主持；监事会不召集和主持的，连续 90 日以上单独或者合计持有公司 10%以上股份的股东可以自行召集和主持。

（5）股东大会决议。我国《公司法》对股东大会决议规定了两种决议方法。一是一般决议，即股东大会做出决议，必须经出席会议的股东所持表决权的半数以上通过。二是特别决议，对修改公司章程、增加或者减少注册资本的决议以及公司合并、分立、解散或者变更公司形式的决议必须经出席会议的股东所持表决权的 2/3 以上通过。

我国《公司法》第一百零六条第一款还规定："股东大会选举董事、监事，可以根据公司章程的规定或者股东大会的决议，实行累积投票制。"

所称累积投票制，是指股东大会选举董事或者监事时，每一股份拥有与应选董事或者监事人数相同的表决权，股东拥有的表决权可以集中使用。

（6）整理并保存会议记录。股东大会应当对所议事项的决定做成会议记录，主持人、出席会议的董事应当在会议记录上签名。会议记录应当与出席股东的签名册及代理出席的委托书一并保存。

（二）董事会

股份有限公司董事会是由股东大会选举产生的若干名董事组成的行使经营决策和管理权的公司执行机构。其性质与职权均与有限责任公司董事会相同。

1. 董事会的组建

我国《公司法》第一百零九条规定：股份有限公司设董事会，其成员为 5～19 人。董事由股东大会选举产生，任期不得超过 3 年，连选可连任。董事会成员中可以有公司职工代表。董事会中的职工代表由公司职工通过职工代表大会、职工大会或者其他形式民主选举产生。

董事会设董事长 1 人，可以设副董事长。董事长和副董事长由董事会以全体董事的过半数选举产生。董事长召集和主持董事会会议，检查董事会决议的实施情况。副董事长协助董事长工作，董事长不能履行职务或者不履行职务的，由副董事长履行职务；副董事长不能履行职务或者不履行职务的，由半数以上董事共同推举一名董事履行职务。

2. 董事会的会议制度

董事会每年度至少召开两次会议，每次会议应当于会议召开 10 日以前通知全体董事和监事。董事会会议，应由董事本人出席；董事因故不能出席，可以书面委托其他董事代为出席，委托书中应载明授权范围。

代表 1/10 以上表决权的股东、1/3 以上董事或者监事会，可以提议召开董事会临时会议。董事长应当自接到提议后 10 日内，召集和主持董事会会议。董事会召开临时会议，可以另定召集董事会的通知方式和通知时限。

董事会会议应有过半数的董事出席方可举行。董事会做出决议，必须经全体董事的过半数通过。董事会应当对会议所议事项的决定做成会议记录，出席会议的董事应当在会议记录上签名。

董事应当对董事会的决议承担责任。董事会的决议违反法律、行政法规或者公司章程、股东大会决议，致使公司遭受严重损失的，参与决议的董事对公司负赔偿责任。但经证明在表决时曾表明异议并记载于会议记录的，该董事可以免除责任。

（三）监事会

股份有限公司的监事会在性质和职权上同样适用有限责任公司的规定。

1. 监事会的组建

我国《公司法》第一百一十八条规定：股份有限公司设监事会，其成员不得少于 3 人。监事会应当包括股东代表和适当比例的公司职工代表，其中职工代表的比例不得低于 1/3，具体比例由公司章程规定。监事会中的职工代表由公司职工通过职工代表大会、职工大会或者其他形式民主选举产生。董事、高级管理人员不得兼任监事，监事每届任期为 3 年，连选可以连任。

监事会设主席 1 人，可以设副主席。监事会主席和副主席由全体监事过半数选举产生。监事会主席召集和主持监事会会议；监事会主席不能履行职务或者不履行职务的，由监事会副主席召集和主持监事会会议；监事会副主席不能履行职务或者不履行职务的，由半数以上监事共同推举一名监事召集和主持监事会会议。

2. 监事会的会议制度

监事会每六个月至少召开一次会议。监事可以提议召开临时监事会会议。监事会决议应当经半数以上监事通过。监事会的议事方式和表决程序，除《公司法》有规定的外，由公司章程规定。监事会应当对所议事项的决定做成会议记录，出席会议的监事应当在会议记录上签名。

（四）上市公司组织机构的特别规定

上市公司作为一种特殊的股份有限公司，在组织机构上具有特殊性。

（1）增加股东大会特别决议事项。上市公司在一年内购买、出售重大资产或者担保金额超过公司资产总额 30%的，应当由股东大会做出决议，并经出席会议的股东所持表决权 2/3 以上通过。

（2）上市公司设立独立董事，具体办法由国务院规定。独立董事，是指不在公司担任除董事外的其他职务，并与其所受聘的上市公司及其主要股东不存在可能妨碍其进行独立客观判断的关系的董事。

（3）上市公司设立董事会秘书，负责公司股东大会和董事会会议的筹备、文件保管以及公司股权管理，办理信息披露事务等事宜。

（4）增设关联关系董事的表决权排除制度。上市公司董事与董事会会议决议事项所涉及的企业有关联关系的，不得对该项决议行使表决权，也不得代理其他董事行使表决权。

【工作实例】蓝天股份有限公司于2016年3月28日召开董事会会议。公司董事会由7名董事组成。出席该次会议的董事有董事王某、张某、李某、陈某；董事何某、孙某、肖某因事不能出席会议。其中，孙某电话委托董事王某代为出席会议并表决，肖某委托董事会秘书杨某代为出席会议并表决。

请问：出席该次董事会会议的董事人数是否符合规定？董事孙某、肖某委托他人出席该次董事会会议是否有效？

【温馨提示】

根据《公司法》"董事会会议应有过半数的董事出席方可举行"的规定，蓝天股份有限公司出席该次董事会会议的董事人数符合规定，但董事孙某电话委托董事王某代为出席会议并表决、董事肖某委托董事会秘书杨某代为出席会议并表决不符合规定。根据《公司法》规定，董事因故不能出席董事会会议，可以书面委托其他董事代为出席。

四、股份有限公司的股份发行与转让

（一）股份有限公司的股份发行

我国《公司法》第一百二十七条规定，股份的发行，实行公平、公正的原则，同种类的每一股份应当具有同等权利。同次发行的同种类股票，每股的发行条件和价格应当相同；任何单位或者个人所认购的股份，每股应当支付相同价额。

股票发行价格可以按票面金额，也可以超过票面金额，但不得低于票面金额。我国在公司资本制度上，坚持资本充实原则，不允许股票的折价发行。股票溢价发行而得到的溢价款应当列入公司的资本公积金，用于转增公司资本。

（二）股份有限公司的股份转让

1. 记名股票的转让

我国《公司法》第一百四十条规定："记名股票，由股东以背书方式或者法律、行政法规规定的其他方式转让；转让后由公司将受让人的姓名或者名称及住所记载于股东名册。股东大会召开前 20 日内或者公司决定分配股利的基准日前 5 日内，不得进行前款规定的股东名册的变更登记。但是，法律对上市公司股东名册变更登记另有规定的，从其规定。”

2. 无记名股票的转让

我国《公司法》第一百四十一条规定：“无记名股票的转让，由股东将该股票交付给受让人后即发生转让的效力。”

3. 股份转让的限制

我国《公司法》第一百四十二条规定：“发起人持有的本公司股份，自公司成立之日起一年内不得转让。公司公开发行股份前已发行的股份，自公司股票在证券交易所上市交易之日起一年内不得转让。公司董事、监事、高级管理人员应当向公司申报所持有的本公司的股份及其变动情况，在任职期间每年转让的股份不得超过其所持有本公司股份总数的25%；所持本公司股份自公司股票上市交易之日起一年内不得转让。上述人员离职后半年内，不得转让其所持有的本公司股份。公司章程可以对公司董事、监事、高级管理人员转让其所持有的本公司股份做出其他限制性规定。”

我国《公司法》第一百四十三条规定：“公司不得收购本公司股份。但是，有下列情形之一的除外：① 减少公司注册资本；② 与持有本公司股份的其他公司合并；③ 将股份奖励给本公司职工；④ 股东因对股东大会做出的公司合并、分立决议持异议，要求公司收购其股份的。公司因前款第①项至第③项的原因收购本公司股份的，应当经股东大会决议。公司依照前款规定收购本公司股份后，属于第①项情形的，应当自收购之日起 10 日内注销；属于第②项、第④项情形的，应当在 6 个月内转让或者注销。公司依照第一款第（3）项规定收购的本公司股份，不得超过本公司已发行股份总额的 5%；用于收购的资金应当从公司的税后利润中支出；所收购的股份应当在一年内转让给职工。公司不得接受本公司的股票作为质押权的标的。”

关于股份有限公司的股份发行与转让，我国《证券法》做出了更为详细的规定。

第四节 完善公司管理的基础——选任公司董事、监事、高级管理人员

一、公司董事、监事、高级管理人员的资格和义务

公司董事、监事、高级管理人员在公司中处于重要的地位并具有法定的职权，因此需要对其任职资格做必要的限制性规定，并赋予其法定义务。

《公司法》规定，有下列情形之一的，不得担任公司的董事、监事、高级管理人员：① 无民事行为能力或者限制民事行为能力。无民事行为能力的人是指10周岁以下的未成年人和不能辨认自己行为的精神病人。限制民事行为能力的人是指 10 周岁以上的未成年人和不能完全辨认自己行为的精神病人。② 因贪污、贿赂、侵占财产、挪用财产或者破坏社会主义市场经济秩序，被判处刑罚，执行期满未逾 5 年，或者因犯罪被剥夺政治权利，执行期满未逾 5 年。③ 担任破产清算的公司、企业的董事或者厂长、经理，对该公司、企业的破产负有个人责任的，自该公司、企业破产清算完结之日起未逾 3 年。④ 担任因违法被吊销营业执照、责令关闭的公司、企业的法定代表人，并负有个人责任的，自该公司、企业被吊销营业执照之日起未逾 3 年。⑤ 个人所负数额较大的债务到期未清偿。

公司董事、监事、高级管理人员应当遵守法律、行政法规和公司章程，对公司负有忠实义务和勤勉义务。《公司法》规定，公司董事、高级管理人员不得有下列行为：① 挪用公司资金；② 将公司资金以其个人名义或者以其他个人名义开立账户存储；③ 违反公司章程的规定，未经股东会、股东大会或者董事会同意，将公司资金借贷给他人或者以公司财产为他人提供担保；④ 违反公司章程的规定或者未经股东会、股东大会同意，与本公司订立合同或者进行交易；⑤ 未经股东会或者股东大会同意，利用职务便利为自己或者他人谋取属于公司的商业机会，自营或者为他人经营与所任职公司同类的业务；⑥ 接受他人与公司交易的佣金归为已有；⑦ 擅自披露公司秘密；⑧ 违反对公司忠实义务的其他行为。公司董事、高级管理人员违反上述规定所得的收入应当归公司所有。

公司董事、监事、高级管理人员执行公司职务时违反法律、行政法规或者公司章程的规定，给公司造成损失的，应当承担赔偿责任。

二、股东诉讼

（一）股东代表诉讼

股东代表诉讼，也称股东间接诉讼，是指当董事、监事、高级管理人员或者他人的违反法律、行政法规或者公司章程的行为给公司造成损失，公司拒绝或者怠于向该违法行为人请求损害赔偿时，具备法定资格的股东有权代表其他股东，代替公司提起诉讼，请求违法行为人赔偿公司损失的行为。股东代表诉讼的目的，是保护公司利益和股东的共同利益，而不仅仅是个别股东的利益。根据侵权人身份的不同，提起股东代表诉讼有以下几种程序。

1. 公司董事、监事、高级管理人员的行为给公司造成损失时股东代表公司提起诉讼的程序

《公司法》对股东行使代表诉讼权规定了三种途径。

（1）股东通过监事会或者监事提起诉讼。公司董事、高级管理人员执行公司职务时违反法律、行政法规或者公司章程的规定，给公司造成损失的，有限责任公司的股东、股份有限公司连续 180 日以上单独或者合计持有公司 1%以上股份的股东，可以书面请求监事会或者不设监事会的有限责任公司的监事向人民法院提起诉讼。

（2）股东通过董事会或者董事提起诉讼。监事执行公司职务时违反法律、行政法规或者公司章程的规定，给公司造成损失的，有限责任公司的股东、股份有限公司连续 180 日以上单独或者合计持有公司 1%以上股份的股东，可以书面请求董事会或者不设董事会的有限责任公司的执行董事向人民法院提起诉讼。

（3）股东直接提起诉讼。监事会、不设监事会的有限责任公司的监事，或者董事会、执行董事收到上述股东的书面请求后拒绝提起诉讼，或者自收到请求之日起 30 日内未提起诉讼，或者情况紧急、不立即提起诉讼将会使公司利益受到难以弥补的损害的，有限责任公司的股东、股份有限公司连续 180 日以上单独或者合计持有公司 1%以上股份的股东，有权为了公司的利益以自己的名义直接向人民法院提起诉讼。

由此可见，股东直接提起诉讼应先履行相应的前置程序。

2. 其他人的行为给公司造成损失时股东提起诉讼的程序

公司董事、监事、高级管理人员以外的其他人侵犯公司合法权益，给公司造成损失的，有限责任公司的股东、股份有限公司连续 180 日以上单独或者合计持有公司 1%以上股份的股东，可以通过监事会或者监事、董事会或者执行董事向人民法院提起诉讼，或者直接向人民法院提起诉讼。提起诉讼的具体程序，依照上述股东对公司董事、监事、高级管理人员给公司造成损失的行为提起诉讼的程序进行。

（二）股东直接诉讼

股东直接诉讼，是指股东对董事、高级管理人员违反规定损害股东利益的行为提起的诉讼。《公司法》规定，公司董事、高级管理人员违反法律、行政法规或者公司章程的规定，损害股东利益的，股东可以依法直接向人民法院提起诉讼。

【工作实例】甲公司成立于 2012 年，乙出任甲公司董事长，甲公司一直与丙公司保持商业关系，长期向其购买某一类货物。2014 年，乙指令甲公司以高出丙公司 40%的价格向丁公司购买该类货物，丁公司董事长一职由乙的直系亲属担任。2015 年，甲公司股东张某向法院起诉乙，认为乙为谋取个人暴利，致使甲公司损失巨大，请求法院判令被告乙赔偿甲公司的损失。

请问：

（1）张某提起的属于何种诉讼？

（2）法院是否会受理此案？

【温馨提示】

选任合法并适当的董事、监事、高级管理人员，是公司进行有效、科学管理的基础。当董事、监事和高级管理人员违背法定义务，损害公司和股东的利益时，法律规定了几种救济途径。上述实例中，原告张某提起的属于股东代表诉讼，是《公司法》规定的一种救济途径，但由于张某未履行相应的前置程序，故法院应予驳回其起诉。

【延伸思考】

“股东直接诉讼”与股东代表诉讼中的“股东直接提起诉讼”有什么区别？

第五节 管理好一个公司——制度与法律责任

管理好一个公司，需要有完备的内部约束和外部规范，即公司健全的管理制度和相应的责任追究制度。《公司法》仅就财务会计制度、公司经营变更制度、公司清算制度和相应的法律责任追究制度进行了规定，其余的内部约束制度还需公司根据自己的特点和具体情况自行规范。

一、公司财务会计制度

（一）公司财务会计制度的基本要求

公司应当依照法律、行政法规和国务院财政部门的规定建立本公司的财务、会计制度。公司应当在每一会计年度终了时编制财务会计报告，并依法经会计师事务所审计。

公司应当依法披露有关财务、会计资料。有限责任公司应当按照公司章程规定的期限将财务会计报告送交各股东；股份有限公司的财务会计报告应当在召开股东大会年会的20日前置备于本公司，供股东查阅，公开发行股票的股份有限公司必须公告其财务会计报告。

公司除法定的会计账簿外，不得另立会计账簿。对公司资产，不得以任何个人名义开立账户存储。

公司应当依法聘用会计师事务所对财务会计报告审查验证。公司聘用、解聘承办公司审计业务的会计师事务所，依照公司章程的规定，由股东会、股东大会或者董事会决定。

公司股东会、股东大会或者董事会就解聘会计师事务所进行表决时，应当允许会计师事务所陈述意见。公司应当向聘用的会计师事务所提供真实、完整的会计凭证、会计账簿、财务会计报告及其他会计资料，不得拒绝、隐匿、谎报。

（二）利润分配制度

1. 利润分配顺序

公司应当按照如下顺序进行利润分配：① 弥补以前年度的亏损，但不得超过税法规定的弥补期限（最长不得超过 5 年）；② 缴纳所得税；③ 弥补在税前利润弥补亏损之后仍存在的亏损；④ 提取法定公积金；⑤ 提取任意公积金；⑥ 向股东分配利润。

公司弥补亏损和提取公积金后所余税后利润，有限责任公司按照股东实缴的出资比例分配，但全体股东约定不按照出资比例分配的除外；股份有限公司按照股东持有的股份比例分配，但股份有限公司章程规定不按持股比例分配的除外。

公司股东会、股东大会或者董事会违反规定，在公司弥补亏损和提取法定公积金之前向股东分配利润的，股东必须将违反规定分配的利润退还公司。公司持有的本公司股份不得分配利润。

2. 公积金的提取

公积金是公司在资本之外所保留的资金金额，又称附加资本或准备金。公积金制度是各国公司法通常采用的一项强制性制度。

公积金分为盈余公积金和资本公积金两类。盈余公积金是从公司税后利润中提取的公积金，分为法定公积金和任意公积金两种。法定公积金按照公司税后利润的 10%提取，当公司法定公积金累计额为公司注册资本的 50%以上时可以不再提取。公司的法定公积金不足以弥补以前年度亏损的，在依照规定提取法定公积金之前，应当先用当年利润弥补亏损。任意公积金按照公司股东会或者股东大会决议，从公司税后利润中提取。资本公积金是直接由资本原因形成的公积金，股份有限公司以超过股票票面金额的发行价格发行股份所得的溢价款以及国务院财政部门规定列入资本公积金的其他收入，应当列为公司资本公积金。

公积金应当按照规定的用途使用，其用途主要如下：① 弥补公司亏损。公司的亏损按照国家税法规定可以用缴纳所得税前的利润弥补，超过用所得税前利润弥补期限仍未补足的亏损，可以用公司税后利润弥补；发生特大亏损，税后利润仍不足弥补的，可以用公司的公积金弥补。但是，资本公积金不得用于弥补公司的亏损。② 扩大公司生产经营。公司可以根据生产经营的需要，用公积金来扩大生产经营规模。③ 转增公司资本。公司为了实现增加资本的目的，可以将公积金的一部分转为资本。对用任意公积金转增资本的，法律没有限制，但用法定公积金转增资本时，《公司法》规定，转增后所留存的该项公积金不得少于转增前公司注册资本的 25%。

二、公司经营变更制度

公司的合并、分立、增资、减资都属于公司在存续期间内的重大变更，公司法对其有明确的规定。

（一）公司合并

1. 公司合并的形式

公司合并是指两个以上的公司依照法定程序变为一个公司的行为。其形式有两种：一是吸收合并；二是新设合并。吸收合并是指一个公司吸收其他公司加入本公司，被吸收的公司解散。新设合并是指两个以上公司合并设立一个新的公司，合并各方解散。

2. 公司合并的程序

（1）签订合并协议。公司合并，应当由合并各方签订合并协议。合并协议应当包括以下主要内容：合并各方的名称、住所；合并后存续公司或新设公司的名称、住所；合并各方的债权债务处理办法；合并各方的资产状况及其处理办法；存续公司或新设公司因合并而增资所发行的股份总额、种类和数量；合并各方认为需要载明的其他事项。

（2）编制资产负债表及财产清单。

（3）做出合并决议。公司在签订合并协议并编制资产负债表及财产清单后，应当就公司合并的有关事项做出合并决议。

（4）通知债权人。公司应当自做出合并决议之日起 10 日内通知债权人，并于 30 日内在报纸上公告。债权人自接到通知书之日起 30 日内，未接到通知书的自公告之日起 45 日内，可以要求公司清偿债务或者提供相应的担保。

（5）依法进行登记。公司合并后，应当依法向公司登记机关办理相应的变更登记、注销登记、设立登记。具体流程如图 3-4 所示。

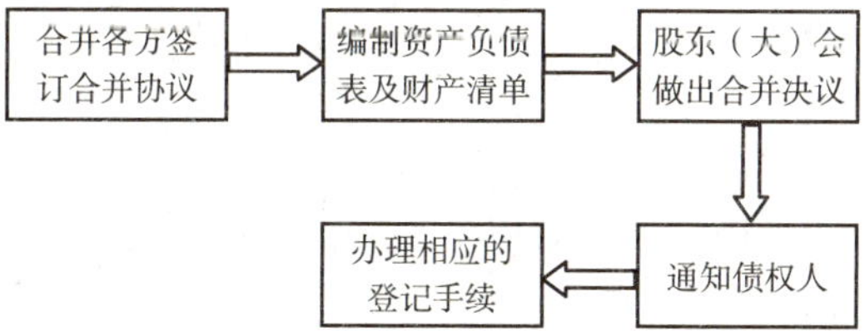

图 3-4　公司合并登记流程

3. 公司合并各方的债权、债务

公司合并时，合并各方的债权、债务，应当由合并后存续的公司或者新设的公司承继。

（二）公司分立

1. 公司分立的形式

公司分立是指一个公司依法分为两个以上的公司。公司分立的形式有两种：一是公司以其部分财产另设一个或数个新的公司，原公司存续；二是公司以其全部财产分别归入两个以上的新设公司，原公司解散。

2. 公司分立的程序

公司分立的程序与公司合并的程序基本一样，要签订分立协议，编制资产负债表及财产清单，做出分立决议，通知债权人，办理工商变更登记等。

3. 公司分立前的债务

公司分立前的债务由分立后的公司承担连带责任。但是，公司在分立前与债权人就债务清偿达成的书面协议另有约定的除外。

（三）公司注册资本的减少和增加

1. 公司注册资本的减少

公司需要减少注册资本时，必须编制资产负债表及财产清单。

公司减少注册资本时，应当自做出减少注册资本决议之日起 10 日内通知债权人，并于 30 日内在报纸上公告。债权人自接到通知书之日起 30 日内，未接到通知书的自公告之日起 45 日内，有权要求公司清偿债务或者提供相应的担保。公司减少注册资本，应当依法向公司登记机关办理变更登记。

2. 公司注册资本的增加

有限责任公司增加注册资本时，股东认缴新增资本的出资，依照《公司法》设立有限责任公司缴纳出资的有关规定执行。股份有限公司为增加注册资本发行新股时，股东认购新股，依照《公司法》设立股份有限公司缴纳股款的有关规定执行。

公司增加注册资本，应当依法向公司登记机关办理变更登记。

三、公司清算制度

（一）公司解散的原因

《公司法》规定，公司解散的原因有以下五种情形：① 公司章程规定的营业期限届满或者公司章程规定的其他解散事由出现；② 股东会或者股东大会决议解散；③ 因公司合并或者分立需要解散；④ 依法被吊销营业执照、责令关闭或者被撤销；⑤ 人民法院依法予以解散。

公司有上述第①项情形的，可以通过修改公司章程而存续。公司依照规定修改公司章程的，有限责任公司须经持有 2/3 以上表决权的股东通过，股份有限公司须经出席股东大会会议的股东所持表决权的 2/3 以上通过。

公司经营管理发生严重困难，继续存续会使股东利益受到重大损失，通过其他途径不能解决的，持有公司全部股东表决权 10%以上的股东，可以请求人民法院解散公司。

公司解散必须依法清算，清算是公司终止的必经程序。

（二）公司解散时的清算

1. 成立清算组

公司解散时，除因合并或者分立者外，应当依法进行清算。根据《公司法》的规定，公司应当在解散事由出现之日起 15 日内成立清算组，开始清算。有限责任公司的清算组由股东组成，股份有限公司的清算组由董事或者股东大会确定的人员组成。逾期不成立清算组进行清算的，债权人可以申请人民法院指定有关人员组成清算组进行清算。人民法院应当受理该申请，并及时组织清算组进行清算。

2. 清算组的职权

根据《公司法》的规定，清算组在清算期间行使下列职权：① 清理公司财产，分别编制资产负债表和财产清单；② 通知、公告债权人；③ 处理与清算有关的公司未了结的业务；④ 清缴所欠税款以及清算过程中产生的税款；⑤ 清理债权、债务；⑥ 处理公司清偿债务后的剩余财产；⑦ 代表公司参与民事诉讼活动。

清算组在公司清算期间代表公司进行一系列民事活动，全权处理公司经济事务和民事诉讼活动。根据《公司法》规定，清算组成员应当忠于职守，依法履行清算义务。清算组成员不得利用职权收受贿赂或者其他非法收入，不得侵占公司财产。清算组成员因故意或者重大过失给公司或者债权人造成损失的，应当承担赔偿责任。

3. 清算工作程序

（1）登记债权。清算组应当自成立之日起 10 日内通知债权人，并于 60 日内在报纸上公告。债权人应当自接到通知书之日起 30 日内，未接到通知书的自公告之日起 45 日内，向清算组申报其债权。债权人申报债权，应当说明债权的有关事项，并提供证明材料。清算组应当对债权进行登记。在申报债权期间，清算组不得对债权人进行清偿。

（2）清理公司财产，制订清算方案。清算组应当对公司财产进行清埋，编制资产负债表和财产清单，制订清算方案。清算方案应当报股东会、股东大会或者人民法院确认。清算组在清理公司财产、编制资产负债表和财产清单后，发现公司财产不足清偿债务的。应当依法向人民法院申请宣告破产。公司经人民法院裁定宣告破产后，清算组应当将清算事务移交给人民法院。

（3）清偿债务。公司财产在分别支付清算费用、职工的工资、社会保险费用和法定补偿金，缴纳所欠税款，清偿公司债务后的剩余财产，有限责任公司按照股东的出资比例分配，股份有限公司按照股东持有的股份比例分配。清算期间，公司存续，但不得开展与清算无关的经营活动。公司财产在未按上述规定清偿前，不得分配给股东。

（4）公告公司终止。公司清算结束后，清算组应当制作清算报告，报股东会、股东大会或者人民法院确认，并报送公司登记机关，申请注销公司登记，公告公司终止。

【工作实例】林某、周某是A公司股东，A公司欠B公司债务，经法院生效判决予以确认，B公司据此申请执行过程中。因A公司被吊销工商营业执照，法院做出民事裁定，终结案件执行。另查，A公司于2015年6月11日被吊销工商营业执照后，林某、周某作为公司股东未按法律规定履行清算任务。在2016年6月18日，B公司向法院提起诉讼，请求判令林某、周某立即赔偿因上述生效判决终结执行造成的损失。请问：林某、周某是否对此承担赔偿责任？

【温馨提示】

根据《公司法》第一百八十一条、第一百八十四条的规定，有限责任公司被吊销营业执照后，应当由股东自行组织清算组依法进行清算。林某、周某作为A公司的股东对未及时履行清算义务的侵权行为主观上具有过错，客观上也导致了B公司的债权无法实现的法律后果。据此，法院应判决林某、周某须对A公司因生效判决终结执行所造成的损失承担赔偿责任。

四、法律责任追究制度

《公司法》专门用一章规定了相应主体的行政责任和刑事责任。

（一）公司发起人、股东的法律责任

（1）违反《公司法》规定，虚报注册资本、提交虚假材料或者采取其他欺诈手段隐瞒重要事实取得公司登记的，由公司登记机关责令改正，对虚报注册资本的公司，处以虚报注册资本金额5%以上15%以下的罚款；对提交虚假材料或者采取其他欺诈手段隐瞒重要事实的公司，处以5万元以上50万元以下的罚款；情节严重的，撤销公司登记或者吊销营业执照。构成犯罪的，依法追究刑事责任。处3年以下有期徒刑或者拘役，并处或者单处虚报注册资本金1%以上5%以下的罚金。单位犯此罪的，对单位处以罚金，并对其直接负责的主管人员和其他直接责任人员，处3年以下有期徒刑或者拘役。

（2）公司的发起人、股东虚假出资，未交付或者未按期交付作为出资的货币或者非货币财产的，由公司登记机关责令改正，处以虚假出资金额5%以上15%以下的罚款。构成犯罪的，依法追究刑事责任，处5年以下有期徒刑或者拘役，并处或者单处虚假出资金额2%以上10%以下的罚金。单位犯此罪的，对单位处以罚金，并对其直接负责的主管人员和其他直接责任人员，处5年以下有期徒刑或者拘役。

（3）公司的发起人、股东在公司成立后，抽逃其出资的，由公司登记机关责令改正，处以所抽逃出资金额5%以上15%以下的罚款。构成犯罪的，依法追究刑事责任，处5年以下有期徒刑或者拘役，并处或者单处抽逃出资金额2%以上10%以下的罚金。单位犯此

罪的，对单位处以罚金，并对其直接负责的主管人员和其他直接责任人员，处 5 年以下有期徒刑或者拘役。

（二）公司的法律责任

（1）公司违反《公司法》规定，在法定的会计账簿以外另立会计账簿的，由县级以上人民政府财政部门责令改正，处以 5 万元以上 50 万元以下的罚款。构成犯罪的，依法追究刑事责任。

（2）公司在依法向有关主管部门提供的财务会计报告等材料上作虚假记载或者隐瞒重要事实的，由有关主管部门对直接负责的主管人员和其他直接责任人员处以 3 万元以上 30 万元以下的罚款。

（3）公司不依照《公司法》规定提取法定公积金的，由县级以上人民政府财政部门责令如数补足应当提取的金额，可以对公司处以 20 万元以下的罚款。

（4）公司在合并、分立、减少注册资本或者进行清算时，不依照《公司法》规定通知或者公告债权人的，由公司登记机关责令改正，对公司处以 1 万元以上 10 万元以下的罚款。

（5）公司在进行清算时，隐匿财产，对资产负债表或者财产清单做虚假记载或者在未清偿债务前分配公司财产的，由公司登记机关责令改正，对公司处以隐匿财产或者未清偿债务前分配公司财产金额 5%以上 10%以下的罚款；对直接负责的主管人员和其他直接责任人员处以 1 万元以上 10 万元以下的罚款。构成犯罪的，依法追究刑事责任，对直接负责的主管人员和其他直接责任人员，处 5 年以下有期徒刑或者拘役，并处或者单处 2 万元以上 20 万元以下罚金。

（6）公司在清算期间开展与清算无关的经营活动的，由公司登记机关予以警告，没收违法所得。

（7）公司成立后无正当理由超过 6 个月未开业的，或者开业后自行停业连续 6 个月以上的，可以由公司登记机关吊销营业执照。

（8）公司登记事项发生变更时，未依照《公司法》规定办理有关变更登记的，由公司登记机关责令限期登记；逾期不登记的，处以 1 万元以上 10 万元以下的罚款。

公司违反《公司法》规定，应当承担民事赔偿责任和缴纳罚款、罚金的，其财产不足以支付时，先承担民事赔偿责任。

本章小结

本章主要介绍了我国公司立法的概况，重点介绍了有限责任公司和股份有限公司的设立、组织机构、股权发行与转让等内容。学习时要注意与前面的个人独资企业法、合伙企业法和后边的证券法相结合。

思考与练习

一、单项选择题

1. 下列不是我国现行《公司法》规定的公司形式是（　　）。

A. 一人公司　　B. 两合公司

C. 有限责任公司　　D. 股份有限公司

2. 根据我国《公司法》的规定，下列人员中可以担任公司监事的是（　　）。

A. 公司董事　　B. 公司股东

C. 公司财务负责人　　D. 公司经理

3. 白云股份有限公司董事长王某发生交通意外，无法主持董事会，则（　　）。

A. 由王某指定的副董事长主持

B. 由副董事长主持

C. 由王某指定的副董事长或其他董事主持

D. 由半数以上的董事共同推举1名董事主持

4. 下列关于一人有限责任公司的表述中，不符合《公司法》对其所做特别规定的是（　　）。

A. 一人有限责任公司的注册资本最低限额法律不做规定

B. 一人有限责任公司必须设立股东会

C. 一个自然人只能投资设立一个一人有限责任公司

D. 一人有限责任公司的股东不能证明公司财产独立于股东自己财产的，应当对公司债务承担连带责任

5. 采用募集方式设立股份有限公司的，发起人应至少认购公司（　　）的股份。

A. 20%　　B. 35%

C. 50%　　D. 100%

6. 甲、乙、丙共同出资设立远通有限责任公司。其中，丙以房产出资30万元。公司成立后又吸收丁入股。后查明，丙作为出资的房产公值20万元，丙现有可执行的个人财产6万元。下列处理方式中，符合公司法律制度规定的是（　　）。

A. 丙以现有可执行财产补交差额，不足部分由丙从公司分得的利润予以补足

B. 丙以现有可执行财产补交差额，不足部分由甲、乙补足

C. 丙以现有可执行财产补交差额，不足部分由甲、乙、丁补足

D. 丙无须补交差额，甲、乙、丁都不承担补足出资的连带责任

7. 某有限责任公司的股东甲拟向公司以外的人A转让其股权。下列关于甲转让股权

的表述中，正确的是（　　）。

A. 甲可以将其股权转让给A，无须经其他股东同意

B. 甲可以将其股权转让给A，但须通知其他股东

C. 甲可以将其股权转让给A，但须经过其他股东的过半数同意

D. 甲可以将其股权转让给A，无须经其他股东的2/3以上同意

8. 某股份有限公司共发行股份3 000万股，每股享有平等的表决权。公司拟召开股东大会对另一公司合并的事项做出决议。在股东大会表决时可能出现下列情形中，能使决议得以通过的是（　　）。

A. 出席大会的股东共持有2 700万股，其中持有1 600万股的股东同意

B. 出席大会的股东共持有2 400万股，其中持有1 200万股的股东同意

C. 出席大会的股东共持有1 800万股，其中持有1 300万股的股东同意

D. 出席大会的股东共持有1 500万股，其中持有800万股的股东同意

9. 根据《公司法》的规定，下列有关股份有限公司股份转让限制的表述中，错误的是（　　）。

A. 公司发起人持有的本公司股份自公司成立之日起1年内不得转让

B. 公司高级管理人员离职后1年内不得转让其所持有的本公司股份

C. 公司监事所持本公司股份自公司股票上市交易之日起1年内不得转让

D. 公司董事在任职期间每年转让的股份不得超过其所持有本公司股份总数的25%

10. 根据《公司法》的规定，公司减少注册资本时，应当依法通知债权人并在报纸上公告。下列有关公司通知债权人及公告的表述中，符合法律规定的是（　　）。

A. 公司应当自做出减少注册资本决议之日起10日内通知债权人，并于30日内在报纸上公告

B. 公司应当自做出减少注册资本决议之日起15日内通知债权人，并于45日内在报纸上公告

C. 公司应当自做出减少注册资本决议之日起30日内通知债权人，并于60日内在报纸上公告

D. 公司应当自做出减少注册资本决议之日起30日内通知债权人，并于90日内在报纸上公告

二、多项选择题

1. 根据《公司法》的规定，股份有限公司发生的下列事项中，可以收购本公司股份的有（　　）。

A. 减少公司注册资本

B. 与持有本公司股份的其他公司合并

C. 将股份奖励给本公司职工

D. 股东因对股东大会做出的公司合并、分立决议持异议，要求公司收购其股份的

2. 某股份有限公司召开董事会会议。下列各项中，符合公司法律制度规定的有(　　)。

A. 董事长因故不能出席会议，会议由副董事长甲主持

B. 通过了有关公司董事报酬的决议

C. 通过了免除乙的经理职务，聘任副董事长甲担任经理的决议

D. 会议记录由主持人甲和记录员丙签名后存档

3. 根据《公司法》的规定，有限责任公司股东会做出的下列决议中，必须经代表2/3以上表决权的股东通过的有（　　）。

A. 对股东转让出资做出决议

B. 对发行公司债券做出决议

C. 对变更公司形式做出决议

D. 对修改公司章程做出决议

4. 根据《公司法》的规定，下列各项中，属于公司法定公积金主要用途的有（　　）。

A. 弥补亏损

B. 转增资本

C. 转为公益金

D. 用于集体福利

5. 合力有限责任公司由甲、乙、丙、丁四个股东共同出资设立，丙提议召开临时股东会，提议将公司变更为股份有限公司。在表决时甲、丙两股东表示同意，丙占出资比例为15%，甲占出资比例为45%，根据《公司法》的规定，下列表述中，正确的有（　　）。

A. 丙股东依法不能提议召开临时股东会

B. 丙股东依法能够提议召开临时股东会

C. 因甲、丙股东所代表的表决权过半数，因此变更公司形式的决议有效

D. 因甲、丙股东所代表的表决权未达到2/3以上，因此变更公司形式的决议无效

三、案例分析

1. 甲、乙、丙拟共同出资设立一家有限责任公司（简称公司），并共同制定了公司章程草案。草案有关要点如下。

（1）公司注册资本总额为600万元。各方出资数额、出资方式以及交付出资的时间分别为：甲出资180万元，其中货币出资70万元、计算机软件作价出资110万元，首次货币出资20万元，其余货币出资和计算机软件出资自公司成立之日起1年内缴足；乙出资150万元，其中机器设备作价出资100万元、特许经营权出资50万元，自公司成立之日起6个月内一次缴足；丙以货币270万元出资，首次货币出资90万元，其余出资自公司成立之日起2年内交付100万元，第3年缴付剩余的80万元。

（2）公司的董事长由甲委派，副董事长由乙委派，经理由丙提名并经董事会聘任，经理作为公司的法定代表人。在公司召开股东会会议时，出资各方行使表决权的比例为：甲按照注册资本30%的比例行使表决权；乙、丙分别按照注册资本35%的比例行使表决权。

（3）公司需要增加注册资本时，出资各方按照在股东会行使表决权的比例优先认缴出资。公司分配红利时，出资各方依照以下比例进行分配：甲享有红利 25%的分配权；乙享有红利 40%的分配权；丙享有红利 35%的分配权。

要求：根据上述内容，分别回答下列问题。

（1）甲以计算机软件和乙以特许经营权出资的方式是否符合法律规定？分别说明理由。

（2）公司的法定代表人由经理担任是否符合《公司法》的规定？说明理由。

（3）公司章程规定的出资各方在公司股东会会议上行使表决权的比例是否符合《公司法》的有关规定？说明理由。

（4）公司章程规定的出资各方分红比例是否符合《公司法》的有关规定？说明理由。

2. 甲股份有限公司（简称甲公司）成立于 2013 年 9 月 3 日，公司股票自 2015 年 2 月 1 日起在深圳证券交易所上市交易。公司章程规定，凡投资额在 2 000 万元以上的投资项目须提交公司股东大会讨论决定。

乙有限责任公司（简称乙公司）是一家软件公司，甲公司董事李某为其出资人之一。乙公司于 2015 年 1 月新研发一高科技软件，但缺少 3 000 万元生产资金。遂与甲公司洽谈，希望甲公司投资 3 000 万元用于生产此软件。

2015 年 2 月 10 日，甲公司董事会直接就投资生产软件项目事宜进行讨论表决。全体董事均出席董事会并参与表决。在表决时，董事陈某对此投资项目表示反对，其意见被记载于会议记录，赵某等其余 8 名董事均表决同意。随后，甲公司与乙公司签订投资合作协议，双双就投资数额、利润分配等事项做了约定。3 月 1 日，甲公司即按约定投资 3 000 万元用于此软件生产项目。

2015 年 8 月，软件产品投入市场，但由于产品性能不佳，销售状况很差，甲公司因此软件投资项目而损失重大。

2015 年 11 月 1 日，甲公司董事李某建议其朋友王某抛售所持有甲公司的全部股票。11 月 5 日，甲公司将有关该投资软件项目而损失重大的情况向国务院证券监督管理机构和深圳证券交易所报送临时报告，并予以公告。甲公司的股票价格随即下跌。

2015 年 11 月 20 日，持有甲公司 2%股份的发起人股东郑某以书面形式请求公司监事会向人民法院提起诉讼，要求赵某等董事就投资软件项目的损失对公司负赔偿责任。但公司监事会拒绝提起诉讼，郑某遂以自己名义直接向人民法院提起诉讼，要求赵某等董事负赔偿责任。

此后，郑某考虑退出甲公司，拟于 2015 年 12 月 20 日将其所持有的甲公司全部股份转让给他人。

要求：根据上述情况与《公司法》、《证券法》的有关规定，回答下列问题。

（1）董事李某是否有权对甲公司投资生产软件项目决议行使表决权？说明理由。

（2）董事陈某是否应就投资软件项目的损失对甲公司承担赔偿责任？说明理由。

（3）董事李某建议其朋友王某抛售甲公司股票是否符合法律规定？说明理由。

（4）股东郑某以自己名义直接向人民法院提起诉讼是否符合法律规定？说明理由。

（5）股东郑某是否可以于2015年12月20日转让全部股份？说明理由。

第四章

外商投资企业法实务

学习目标

知识学习目标：通过本章的学习，了解个人外商投资企业的相关法律规定，能够根据实践需要办理外商投资企业的设立，中外双方的出资、机构设置、经营管理等方面的法律事务。

技能训练目标：熟悉三种外商投资企业的设立条件和设立流程；掌握中外合资经营企业、中外合作经营企业注册资本与投资总额的规定，掌握中外合作经营企业外商先行回收投资的条件、方式和程序。

导入案例

中国公民杨某向律师咨询：“我在国内没有实体，现在要和一位日本朋友在国内创办一家研发制造及销售型公司。听说好像中方只能是实体不能是自然人，是这样吗？如果为了合资，我特意先注册一个公司，那么待公司创建后，我的那位日本朋友是否可以参股我先注册的这家公司使其性质变为合资公司？”

咨询意见：根据相关外商投资企业法的规定，外商投资企业的中国投资者只能是中国的公司、企业或者其他经济组织，不能是自然人，也不得为法律法规禁止从事经商活动的其他主体。因此，甲不能以自然人身份与外国投资者成立合资公司。根据甲的情况，建议甲先设立一人有限公司，然后以该公司名义与其境外朋友设立一个中外合资公司。

第一节 投资创业新境界——认识外商投资企业

一、外商投资企业的概念和特点

外商投资企业是指依照中华人民共和国法律的规定，在中国境内设立的，由中国投资者和外国投资者共同投资或者仅由外国投资者投资的企业。中国投资者包括中国的公司、企业或者其他经济组织，外国投资者包括外国的公司、企业和其他经济组织或者个人。外商投资企业具有以下几个特点。

（1）投资主体方面，外商投资企业是外国投资者参与或独立投资而设立的企业。外方投资者可以是公司、企业、其他经济组织或个人。中方投资者可以是公司、企业或企业经济组织，不包括个人。

（2）设立地点方面，外商投资企业是依照中国法律，在中国境内设立的企业，包括外国公司在我国设立的子公司，不包括外国公司和其他经济组织在我国境内的分支机构。

（3）在投资方式方面，外商投资企业是外国人以直接投资方式在中国境内设立企业。直接投资是投资者将资金投入企业，并不同程度地参与企业的经营决策，通过企业盈利分配获取投资收益的投资方法。

（4）在依据法方面，外商投资企业的设立要按照中国的法律和行政法规，经中国政府批准。即外商投资企业必须遵守中国的法律，同时也受中国法律的保护。

二、外商投资企业的类型

（一）中外合资经营企业

中外合资经营企业也称股权式合营企业。组织形式是有限责任公司。它是由外国公司、企业和其他经济组织或者个人同中国的公司、企业或者其他经济组织，依照中国的法律和行政法规，经中国政府批准，设在中国境内的，由双方共同投资、共同经营，按照各自的出资比例共担风险、共负盈亏的企业。

这种外商投资企业是按照中外投资者各自的出资比例来确定投资者的风险、责任和利润分配的，各自的权利和义务十分明确，因此中外投资者多数愿意采取这种形式。这种形式较多地应用于投资多、技术性强、合作时间长的项目。

（二）中外合作经营企业

中外合作经营企业也称契约式合营企业。其组织形式可以是有限责任公司，也可是非法人。它是由外国公司、企业和其他经济组织或者个人同中国的公司、企业或者其他经济组织，依照中国的法律和行政法规，经中国政府批准，设在中国境内的，由双方通过合作经营企业合同来约定各自的权利和义务的企业。

其特点是合作方式较为灵活，如中方投资者可以无形资产等要素作为合作的条件，解决了我国企业投资资金缺乏的问题。同时，还允许外方投资者先行回收投资，对外国投资者有较大的吸引力，在合作期满后，企业全部固定资产无偿归中方所有。

（三）外资企业

外资企业也称外商独资经营企业。它是指外国的公司、企业和其他经济组织或者个人，依照中国的法律和行政法规，经中国政府批准，设在中国境内的，全部资本由外国投资者投资的企业。外资企业的组织形式为有限责任公司，经批准也可以为其他责任形式。外资企业不包括外国公司、企业和其他经济组织在中国境内设立的分支机构。

外资企业为有限责任公司的，外国投资者对企业的责任以其认缴的出资额为限；外资企业为其他责任形式的，外国投资者对企业的责任适用中国法律和法规的规定。这一形式的出资完全属于外国投资者，因而外国投资者愿意采用更加先进的技术和设备，带进一些通过合资形式也难以引进的技术，在国家不投入大量配套资金的情况下，可以扩大就业，增加税收。

（四）中外合资股份有限公司

中外合资股份有限公司，也称外商投资股份有限公司，是指依法设立的，全部资本由等额股份构成，股东以其所认购的股份对公司承担责任，公司以其全部财产对公司债务承担责任，境内和境外投资者共同购买并持有公司股份的企业法人。其实质是具有股份有限公司的属性的一种外商投资企业。中外合资股份有限公司既有上市的，也有未上市的。

三、外商投资企业的投资项目

根据《指导外商投资方向规定》的规定，外商投资企业的投资项目分为鼓励、允许、限制和禁止四类。

（一）鼓励类外商投资项目

属于下列情形之一的，列为鼓励类外商投资项目：① 属于农业新技术、农业综合开发和能源、交通、重要原材料工业的；② 属于高新技术、先进适用技术，能够改进产品性能、提高企业技术经济效益或者生产国内生产能力不足的新设备、新材料的；③ 适应市场需求，能够提高产品档次、开拓新兴市场或者增加产品国际竞争能力的；④ 属于新技术、新设备，能够节约能源和原材料、综合利用资源和再生资源以及防治环境污染的；⑤ 能够发挥中西部地区的人力和资源优势，并符合国家产业政策的；⑥ 法律、行政法规规定的其他情形。

鼓励类外商投资项目，除依照有关法律、行政法规的规定享受优惠待遇外，从事投资额大、回收期长的能源、交通、城市基础设施（煤炭、石油、天然气、电力、铁路、公路、港口、机场、城市道路、污水处理、垃圾处理等）建设、经营的，经批准，可以扩大与其相关的经营范围。

（二）限制类外商投资项目

属于下列情形之一的，列为限制类外商投资项目：① 技术水平落后的；② 不利于节约资源和改善生态环境的；③ 从事国家规定实行保护性开采的特定矿种勘探、开采的；④ 属于国家逐步开放的产业的；⑤ 法律、行政法规规定的其他情形。

（三）禁止类外商投资项目

属于下列情形之一的，列为禁止类外商投资项目：① 危害国家安全或者损害社会公众利益的；② 对环境造成污染损害，破坏自然资源或者损害人体健康的；③ 占用大量耕地，不利于保护、开发土地资源的；④ 危害军事设施安全和使用效能的；⑤ 运用我国特有工艺或者技术生产产品的；⑥ 法律、行政法规规定的其他情形。

（四）允许类外商投资项目

不属于鼓励类、限制类和禁止类的外商投资项目，为允许类外商投资项目。

【特别提示】

产品"全部直接出口"的允许类外商投资项目，视为鼓励类外商投资项目；产品出口额占其销售总额70%以上的限制类外商投资项目，经批准可以视为允许类外商投资项目。

拓展阅读

《外国投资法（草案征求意见稿）》规定，将实行准入前国民待遇加负面清单的管理模式。准入前国民待遇加负面清单的管理模式下，禁止和限制外国投资者投资的领域将以清单方式明确列出，清单以外充分开放。

四、外商投资企业法

三大外商投资基本法，即中外合资经营企业法、中外合作经营企业法和外资企业法。这三部法律构成了中国外商投资的基础性法律制度。行政法规是外商投资法律体系的主体内容，如《中外合资企业法实施条例》、《中外合作企业法实施细则》、《外资企业法实施细则》、《指导外商投资方向规定》、《外商投资企业清算办法》等。

拓展阅读

根据2014年2月19日《国务院关于废止和修改部分行政法规的决定》，废止《中外合资经营企业合营各方出资的若干规定》(1987年12月30日国务院批准，1988年1月1日对外经济贸易部、国家工商行政管理局发布)、《〈中外合资经营企业合营各方出资的若干规定〉的补充规定》(1997年9月2日国务院批准，1997年9月29日对外贸易经济合作部、国家工商行政管理局发布)。对《中华人民共和国中外合资经营企业法实施条例》第十三条第四项修改为："合营企业的投资总额，注册资本，合营各方的出资额、出资比例、出资方式、出资缴付期限、股权转让的规定，利润分配和亏损分担的比例。"《中华人民共和国中外合作经营企业法实施细则》第十三条第四项修改为："合作企业的投资总额，注册资本，合作各方认缴出资额、投资或者提供合作条件的方式、期限"。《中华人民共和国外资企业法实施细则》第十五条第三项修改为"投资总额、注册资本、认缴出资额、出资方式、出资期限"；第二十条第二款修改为"外资企业的注册资本与投资总额的比例应当符合中国有关规定"；删去第二十七条第二款；第三十条修改为"外国投资者缴付出资的期限应当在设立外资企业申请书和外资企业章程中载明"；删去第三十一条；删去第三十二条。

第二节 股权式中西合璧——设立和管理中外合资经营企业

一、设立中外合资经营企业

（一）设立中外合资经营企业的条件

在中国境内设立合营企业，应当能够促进中国经济的发展和科学技术水平的提高，有利于社会主义现代化建设。国家鼓励、允许、限制或者禁止设立合营企业的行业，按照国家指导外商投资方向的规定及外商投资产业指导目录执行。

申请设立合营企业有下列情况之一的，不予批准：① 有损中国主权的；② 违反中国法律的；③ 不符合中国国民经济发展要求的；④ 造成环境污染的；⑤ 签订的协议、合同、章程显属不公平，损害合营一方权益的。

（二）设立中外合资经营企业的流程

1. 预备申请材料

合营各方要起草准备下述文件：① 设立合营企业的申请书；② 合营各方共同编制的可行性研究报告；③ 由合营各方授权代表签署的合营企业协议、合同和章程；④ 由合营各方委派的合营企业董事长、副董事长、董事人选名单；⑤ 审批机关规定的其他文件。

2. 审批机关审批

设立合营企业的审批机关是国务院对外经济贸易主管部门。国家规定的限额以上、限制投资和涉及配额、许可证管理的合营企业的设立由国务院对外经济贸易主管部门负责核准。当拟设立的合营企业的投资总额在国务院规定的投资审批权限以内，中国合营者的资金来源已经落实，并且不需要国家增拨原材料，不影响燃料、动力、交通运输、外贸出口配额等全国平衡的情况下，可由国务院授权的省、自治区、直辖市人民政府及国务院有关行政机关审批，报国务院对外经济贸易主管部门备案。合营各方共同向审批机关提供上述材料。审批机关应当在收到全部文件之日起 3 个月内决定批准或者不批准。合营企业经批准后由审批机关发给批准证书。

3. 办理登记

合营企业应当自收到批准证书后 1 个月内向工商行政管理机关办理登记手续，领取营业执照，开始营业。营业执照签发日期，即该合营企业的成立之日。

【工作实例】某日，导入案例中的杨某再次留言律师邮箱："我想请问一下，中外合资企业的外方股东（我的日本朋友）转让其所持股权给在萨摩亚注册的一家公司，应当适用何地的法律？转让双方都是境外的自然人和法人。在这个股权转让的过程中，应当适应哪地的法律？如何办理转让程序？非常感谢!! 急盼!!"

【温馨提示】

根据法律规定：在中国境内履行的中外合资经营企业合同、中外合作经营企业合同、中外合作勘探开发自然资源合同适用中国法律。合营份额转让程序是：① 征得合营他方的同意后，转让方提出出资额转让申请。② 董事会审查是否符合转让条件并做出决定。③ 报原审批机关批准。④ 向原登记管理机构办理变更登记手续。合营方股权转让问题是中外合资经营企业管理过程中的重要问题之一。除此之外，合营企业的设立、组织机构等也是解决合资企业法律事务必须学习的重要知识。

二、中外合资经营企业的注册资本与投资总额

（一）合营企业的注册资本

合营企业的注册资本，是指为设立合营企业，合营各方在工商行政管理机关登记注册的资本，其数额应为合营各方认缴的出资额之和。合营企业的注册资本应当符合下列要求。

（1）在合营企业的注册资本中，外国合营者的出资比例一般不得低于 25%，低于该限

额该企业将不能享受中外合资经营企业的有关优惠待遇。对于外国合营者的最高出资限额，法律没有明确规定。

（2）合营企业在合营期限内，不得减少其注册资本。但因投资总额和生产经营规模等发生变化，确需减少注册资本的，须经审批机关批准。另外，还需要修改公司章程，并办理变更注册资本登记手续。

（3）合营企业在合营期限内增加注册资本，法律没有禁止。但是，合营企业增加注册资本应当经合营各方协商一致，并由董事会会议通过，报经原审批机关核准。另外，还应当修改合营企业章程，并办理变更注册资本登记手续。

（二）合营企业的投资总额

合营企业的投资总额，是指按照合营企业的合同、章程规定的生产规模需要投入的基本建设资金和生产流动资金的总和。由注册资本与借款构成。合营企业的借款是指为弥补投资总额的不足，以合营企业的名义向金融机构借入的款项。合营企业的注册资本和投资总额之间应当保持正确、合理的比例关系（见表 4-1），即：

（1）投资总额在 300 万（含 300 万）美元以下的，注册资本至少应占投资总额的 7/10。

（2）投资总额在 300 万美元以上至 1 000 万（含 1 000 万）美元的，注册资本至少应占投资总额的 1/2，其中投资总额在 420 万美元以下的，注册资本不得低于 210 万美元。

（3）投资总额在 1 000 万美元以上至 3 000 万（含 3 000 万）美元的，注册资本至少应占投资总额的 2/5，其中投资总额在 1 250 万美元以下的，注册资本不得低于 500 万美元。

（4）投资总额在 3 000 万美元以上的，注册资本至少应占投资总额的 1/3，其中投资总额在 3600 万美元以下的，注册资本不得低于 1 200 万美元。

表 4-1　注册资本与投资总额的比例关系

投资总额（万美元）	注册资本额（万美元）	注册资本占投资总额的比例
≤300		≥7/10
300 ~ 420	≥210	
420 ~ 1 000		≥1/2
1 000 ~ 1 250	≥500	
1 250 ~ 3 000		≥2/5
3 000 ~ 3 600	≥1 200	
≥3 600		≥1/3

【工作实例】某法国公司拟购买国内乙国有企业的一座办公大楼，合资兴建一座大酒店，法国公司以该资产作为投资设立外商投资企业。如果双方在合营合同中约定投资总额为 5 000 万美元，那么该外商投资企业的注册资本至少是 1 666.67 万美元（5 000×1/3）。

（三）出资方式和出资期限及出资额的转让

1. 出资方式

合营者可以货币、建筑物、厂房、机器设备或者其他物料、工业产权、专有技术、场地使用权等作价出资。

（1）货币出资。外国合营者以货币出资时，只能以外币缴付出资，不能以人民币缴付出资。

（2）作为外国合营者出资的机器设备或者其他物料，应当是合营企业生产所必需的，且出资的机器设备或者其他物料的作价，不得高于同类机器设备或者其他物料当时的国际市场价格。

（3）作为外国合营者出资的工业产权或专有技术，必须符合下列条件之一：① 能显著改进现有产品的性能、质量，提高生产效率的；② 能显著节约原材料、燃料、动力的。

（4）中国合营者可以用为合营企业经营期间提供的场地使用权作为出资，其作价金额应当与取得同类场地使用权所应缴纳的使用费相同。

（5）凡是以建筑物、厂房、机器设备或者其他物料、工业产权、专有技术作价出资的，出资者应当出具拥有所有权和处置权的有效证明。

（6）合营企业任何一方不得用以合营企业名义取得的贷款、租赁的设备或者其他财产以及合营者以外的他人财产作为自己的出资，也不得以合营企业的财产和权益或者合营他方的财产和权益为其出资担保。例如，假设北京的 A 公司和法国的 B 公司成立了一个中外合资企业甲，中方可以拿设备出资（A 必须拥有所有权），法国的 B 公司可以货币出资（可以是自己的钱，也可以是以 B 自己的名义去银行贷款）。但是 A 不能用合营企业甲或 B 的财产为自己的出资提供担保。

2. 出资期限

合营各方应当在合营合同和章程中订明出资期限。合营各方应当按照合同规定的期限缴清各自的出资额。逾期未缴或者未缴清的，应当按合同规定支付迟延利息或者赔偿损失。

3. 出资额的转让

（1）转让条件。

① 合营企业出资额的转让须经合营各方同意。

② 合营企业出资额的转让须经董事会会议通过后，报原审批机关批准。

③ 合营企业一方转让其全部或部分出资额时，合营他方有优先购买权。

（2）转让程序。

① 转让方提出出资额转让申请。

② 董事会审查是否符合转让条件并做出决定。

③ 报原审批机关批准。

④ 向原登记管理机构办理变更登记手续。

三、中外合资经营企业的组织机构

合营企业实行的是董事会领导下的总经理负责制，其组织机构包括董事会和经营管理机构。

（一）董事会

（1）董事会的性质。与一般有限责任公司不同，合营企业不设股东会，董事会是合营企业的最高权力机构。

（2）董事会的职权。董事会根据合营企业章程的规定，讨论决定合营企业的一切重大问题，具体包括：企业发展规划、生产经营活动方案、收支预算、利润分配、劳动工资计划、停业，以及总经理、副总经理等高级管理人员的任命或聘请及其职权和待遇等。

（3）董事会的组成。董事会由董事长、副董事长及董事组成。董事会成员不得少于 3 人。董事长和副董事长由合营各方协商确定或者由董事会选举产生。中外合营者的一方担任董事长的，由他方担任副董事长。董事名额的分配由合营各方参照出资比例协商确定，董事由合营各方按照分配的名额委派和撤换。董事任期 4 年，可以连任。

（4）议事规则。董事会会议由董事长召集，董事长不能召集时，可以由董事长委托副董事长或者其他董事召集。董事会每年至少召开一次董事会会议，经 1/3 以上董事提议，可以召开临时会议。董事会会议应有 2/3 以上董事出席，其决议方式可以根据合营企业章程载明的议事规则做出。但涉及合营企业的下列事项，必须经出席董事会会议的董事一致通过方可做出决议：① 合营企业章程的修改；② 合营企业的终止、解散；③ 合营企业注册资本的增加、减少；④ 合营企业的合并、分立。

例如，中德两企业拟设立合营企业，在合营合同中约定：有关注册资本的增加须 2/3 董事同意才可通过，那么该项约定就是不符合规定的。

（二）经营管理机构

经营管理机构负责合营企业的日常经营管理工作。经营管理机构设总经理 1 人，副总经理若干人，其他高级管理人员若干人。总经理的职责主要有：执行董事会会议的各项决议；组织领导合营企业的日常经营管理工作；在董事会的授权范围内，代表合营企业对外进行各项经营业务；任免下属人员；行使董事会授予的其他职权。

四、中外合资经营企业的经营管理

（一）生产经营管理

（1）购买物资。合营企业所需的机器设备、原材料、燃料、配套件、运输工具和办公用品等，有权自行决定在中国市场购买或者在国际市场购买。合营企业需要在中国购置的办公、生活用品，按需要量购买，不受限制。

（2）销售产品。中国政府鼓励合营企业向国际市场销售产品。合营企业有权自行出口其产品，也可以委托外国合营者的销售机构或中国的外贸公司代销或经销。

（二）财务会计管理

（1）合营企业的财务与会计制度，应当符合中国法律规定，并报当地财政部门、税务机关备案。

（2）合营企业应设总会计师，协助总经理负责企业的财务会计工作。必要时，可以设副总会计师。合营企业设审计师（小的企业可以不设），负责审查、稽核合营企业的财务收支和会计账目，向董事会、总经理提出报告。

（3）合营企业会计年度采用日历年制。

（4）合营企业会计采用国际通用的权责发生制和借贷记账法记账。一切自制凭证、账簿、报表必须用中文书写，也可以同时用合营各方商定的一种外文书写。合营企业原则上采用人民币作为记账本位币，经合营各方商定，也可以采用某一种外国货币作为记账本位币。合营企业的账目，除按记账本位币记录外，对于现金、银行存款、其他货币款项以及债权债务、收益和费用等，与记账本位币不一致时，还应当按实际收付的货币记账。以外国货币作为记账本位币的合营企业，其编报的财务会计报告应当折算为人民币。因汇率的差异而发生的折合记账本位币差额，作为汇兑损益列账。记账汇率变动，有关外币各账户的账面余额，于年终结账时，应当按照中国有关法律和财务会计制度的规定进行会计处理。

（5）合营企业应当向合营各方、当地税务机关和财政部门报送季度和年度会计报表。合营企业向出资人分配的税后利润，按各方出资比例进行分配。合营企业以前年度尚未分配的利润，可并入本年度的可分配利润中进行分配。合营企业以前年度的亏损未弥补前不得分配利润。

（6）应经中国注册会计师验证和出具证明，方为有效的文件、报表、证件：① 合营各方的出资证明书；② 合营企业的年度会计报表；③ 合营企业清算的会计报表。

（三）劳动用工管理

合营企业在遵守中国法律法规的前提下享有劳动用工自主权。合营企业用工实行劳动合同制。劳动合同的签订要符合《中华人民共和国劳动合同法》（简称《劳动合同法》）的相关规定。

五、中外合资经营企业的期限、终止和清算

（一）合营企业的期限

举办中外合资经营企业，属于国家规定鼓励和允许投资项目的，除了下列五类行业外，

合营各方可以在合同中约定合营期限，也可以不约定合营期限。

1. 应当约定合营期限的行业

（1）服务性行业，如饭店、公寓、写字楼、娱乐、饮食、出租汽车、彩扩、洗像、维修、咨询等。

（2）从事土地开发及经营房地产的。

（3）从事资源勘查开发的。

（4）国家规定限制投资项目的。

（5）国家其他法律、法规规定需要约定合营期限的。

2. 合营期限

合营企业的合营期限，一般项目原则上为 10～30 年。投资大、建设周期长、资金利润率低的项目以及由外国合营者提供先进技术或者关键技术生产尖端产品项目；或者在国际上有竞争能力的产品项目，其合营期限可以延长到 50 年。经国务院特别批准的，可以在 50 年以上。

3. 合营期限的延长

约定合营期限的合营企业，合营各方同意延长合营期限的，应当在距合营期满 6 个月前向审查批准机关提出申请。审查批准机关应当在收到申请之日起 1 个月内决定批准或者不批准。合营企业合营各方如一致同意将合营合同中约定的合营期限条款修改为不约定合营期限的协议，应提出申请，报原审批机关审查。原审批机关应当自收到上述申请文件之日起 90 日内决定批准或不批准。

4. 税收优惠

合营各方在合营合同中不约定合营期限的合营企业，经税务机关批准，可以按照国家有关的税收规定享受减税、免税的优惠。

（二）中外合资经营企业的终止情形

（1）合营期限届满。合营企业合同或章程确定的合营期限已经到期，而投资各方又无意继续延长合营期限，则合营企业解散。

（2）合营企业发生严重亏损，无力继续经营。企业因经营管理不善或者其他原因，造成严重亏损，企业无力继续经营，则合营企业解散。

（3）合营一方不履行合营企业协议、合同、章程规定的义务，致使企业无法继续经营。

（4）因自然灾害、战争等不可抗力遭受严重损失，无法继续经营。

（5）合营企业未达到其经营目的，同时又无发展前途。

（6）合营合同、章程所规定的其他解散原因已经出现。

（7）根据《中华人民共和国企业破产法》（简称《企业破产法》）规定，企业无力偿还到期债务的，企业债权人可以向法院要求宣告该企业破产；企业也可以自行申请破产。法院宣告企业破产后，企业应予解散。

上述第（2）、（4）、（5）、（6）项情况发生的，由董事会提出解散申请书，报审批机关批准。第（3）项情况发生的，由履行合同的一方提出申请，报审批机关批准。

（三）中外合资经营企业的清算

除了破产清算外，合营企业宣告解散时，应当按照规定进行清算。

（1）组成清算委员会。清算委员会的成员一般应当在合营企业的董事中选任。董事不能担任或者不适合担任清算委员会成员时，合营企业可以聘请中国的注册会计师、律师担任。审批机关认为必要时，可以派人进行监督。

拓展阅读

有限责任公司的清算组由股东组成，股份有限公司的清算组由董事或者股东大会确定的人员组成。

（2）清算委员会的任务。① 对合营企业财产、债权、债务进行全面清查。② 编制资产负债表和财产目录，提出财产作价依据，制订清算方案。③ 履行企业偿债义务。清算委员会制订的清算方案经董事会通过后，由清算委员会代合营企业履行偿债义务，偿债顺序按照国家有关法律和行政法规执行。④ 清算期间，清算委员会代表该合营企业起诉或者应诉。

（3）债务清偿。合营企业以其全部资产对其债务承担责任。

（4）剩余财产分配。合营企业清偿债务后的剩余财产按照合营各方的出资比例进行分配，但合营企业协议、合同、章程另有规定的除外。

拓展阅读

合营企业解散时，其资产净额或者剩余财产减除企业未分配利润、各项基金和清算费用后的余额，超过实缴资本的部分为清算所得，应当依法缴纳所得税。

（5）注销登记。清算工作结束后，由清算委员会提出清算结束报告，提请董事会会议通过后，报告审批机关，并向登记管理机关办理注销登记手续，缴销营业执照。

第三节 契约式中西合璧——设立和管理中外合作经营企业

一、设立中外合作经营企业

（一）设立中外合作经营企业的条件

国家鼓励举办的合作企业是：① 产品出口的生产型合作企业。这是指企业产品主要用于出口创汇的生产型合作企业。② 技术先进的生产型合作企业。这是指外国合作者提供先进技术，从事新产品的开发，实现产品升级换代，以增加出口创汇或者替代进口的生产型合作企业。

（二）设立中外合作经营企业的流程

1. 由中国合作者向审查批准机关报送下述审批文件

（1）设立合作企业的项目建议书。

（2）合作各方共同编制的可行性研究报告。

（3）合作企业协议、合同、章程。

（4）合作各方的营业执照或注册登记证明、资信证明及法定代表人的有效证明文件，外国合作者是自然人的，应当提供有关身份、履历和资信情况的有效证明文件。

（5）合作各方协商确定的合作企业董事长、副董事长、董事或者联合管理委员会主任、副主任、委员的人选名单。

（6）审查批准机关要求报送的其他文件。

2. 审查批准机关审批

审查批准机关应当自收到规定的全部文件之日起 45 日内决定批准或者不予批准。审查批准机关认为报送的文件不全或者有不当之处的，有权要求合作各方在指定期间内补全或修正。审查批准机关，是指商务部或者省级商务主管部门。

3. 工商登记

批准设立的合作企业依法向工商行政管理机关申请登记，领取营业执照。

二、中外合作经营企业的注册资本和投资总额

（一）合作企业的注册资本

（1）合作企业的注册资本，是指在工商行政管理机关登记的合作各方认缴的出资额总和。注册资本可以用人民币或合作各方约定的可自由兑换的一种外币表示。

（2）合作企业的注册资本在合作期限内不得减少。但因投资总额和生产经营规模等变化，确需减少的，须经审查批准机关批准。

（二）合作企业的投资总额

合作企业的投资总额，是指按照合作企业合同、章程规定的生产经营规模，需要投入的资金总和。合作企业的注册资本与投资总额的比例，参照中外合资经营企业注册资本与投资总额比例的有关规定执行。

（三）出资方式、出资期限及出资额的转让

1. 出资方式

合作各方出资方式可以是货币、实物或者工业产权、专有技术、土地使用权等财产权利。合作各方应当以其自有的财产或者财产权利作为投资或者提供合作条件，对该投资或者提供的合作条件不得设置抵押或者其他形式的担保。中国合作者的投资或者提供的合作条件，属于国有资产的，应当依照有关法律、行政法规的规定进行资产评估。

2. 出资期限

合作各方应当根据合作企业的生产经营需要，依照有关法律、行政法规的规定，在合作企业合同中约定合作各方向合作企业投资或者提供合作条件的期限。未按照合同约定缴纳出资或履行提供合作条件义务的，工商行政管理机关应当限期要求其履行；限期届满仍未履行的，审查批准机关应当撤销合作企业的批准证书，工商行政管理机关应当吊销合作企业的营业执照，并予以公告。另外，未按照合作企业合同约定缴纳出资或者提供合作条件的一方，应当向已缴纳投资或者提供合作条件的他方承担违约责任。

合作各方缴纳投资或者提供合作条件后，应当由中国注册会计师验证并出具验资报告，由合作企业据以发给合作各方出资证明书。出资证明书应当抄送审查批准机关及工商行政管理机关。

3. 出资额的转让

出资额的转让条件：① 须经合作他方书面同意；② 报审查批准机关批准。审查批准机关应当自收到有关转让文件之日起 30 日内决定批准或者不批准。

三、中外合作经营企业的组织机构

（一）董事会制和联合管理委员会制

具备法人资格的合作企业，一般设立董事会，即实行董事会制；不具备法人资格的合作企业，一般设立联合管理委员会，即实行联合管理委员会制。

1. 董事会或联合管理委员会的性质

董事会或者联合管理委员会是合作企业的权力机构，按照合作企业章程的规定，决定

合作企业的重大问题。

2. 董事会或联合管理委员会的组成及职权

董事会或者联合管理委员会成员不得少于 3 人；董事会董事长、副董事长或者联合管理委员会主任、副主任的产生办法由合作企业章程规定；中外合作者的一方担任董事长、主任的，副董事长、副主任由他方担任；其他人员比例法律未做规定，具体可协商确定。董事或者委员的任期每届不得超过 3 年。董事或者委员任期届满，委派方继续委任的，可以连任。

3. 议事规则

（1）董事会或者联合管理委员会会议每年至少召开一次，由董事长或者主任召集并主持。董事长或者主任因特殊情况不能履行职务时，由指定的副董事长、副主任或者其他董事、委员召集并主持。

（2）1/3 以上的董事或者委员可以提议召开临时董事会会议或者联合管理委员会会议。

（3）董事会会议或者联合管理委员会会议应当有 2/3 以上董事或者委员出席方能举行。

（4）表决。

普通事项：董事会会议或者联合管理委员会会议做出决议，须经全体董事或者委员过半数通过。

特别事项：对合作企业章程的修改、注册资本的增减、资产抵押以及合作企业的合并、分立、解散等事项，应由出席董事会会议或者联合管理委员会会议的董事或者委员一致通过。

（二）委托管理制

合作企业成立后，日常经营管理还可以委托合作各方以外的他人经营管理，但是必须经董事会或者联合管理委员会一致同意，报审查批准机关批准，并向工商行政管理机关办理变更登记手续。实践中常见的采用这种形式的有中外合作经营的饭店、旅行社等。

四、中外合作经营企业的收益分配与回收投资

（一）合作企业的收益分配

合作企业合作各方可以在合同中约定分配收益的方式，常见的主要有分配利润、分配产品。合作各方约定采用分配产品或者其他方式分配收益的，应当按照中国税法的有关规定，计算应纳税额。

（二）外商先行回收投资

（1）先行回收投资的前提条件。中外合作者在合作企业合同中约定合作期限届满时，

合作企业的全部固定资产无偿归中国合作者所有的，外国合作者在合作期限内才可以申请先行回收其投资。

（2）先行回收投资的方式。① 在按照投资或者提供合作条件进行分配的基础上，在合作企业合同中约定扩大外国合作者的收益分配比例，即从企业税后利润中多分配；② 经财政税务机关审查批准，外国合作者在合作企业缴纳所得税前回收投资；③ 经财政税务机关和审查批准机关批准的其他回收投资方式，如从固定资产折旧费中扣除。

（3）先行回收投资的其他法定条件。① 中外合作者按约定，对合作企业的债务承担了责任；② 外国合作者提出先行回收投资的申请，并具体说明先行回收投资的总额、期限和方式，经财政税务机关审查同意后，报审查批准机关审批；③ 外国合作者应在合作企业的亏损弥补之后，才能先行回收投资。例如，中国的甲公司与德国的乙公司在中国成立 A 合作企业，甲出资占 70%，乙出资占 30%。合作合同可以约定：合作企业前 5 年的利润，中外双方各按 50%的比例进行分配，在合作期满时企业全部固定资产无偿归中方所有。

【工作实例】中国甲企业与美国乙企业拟投资设立一中外合作经营企业，双方在起草的企业合作经营合同中，拟定的部分条款如下：

（1）合作企业双方按照各自的出资比例分配收益、分担风险。

（2）合作企业选择有限责任公司的企业形式。

（3）合作企业双方发生争议适用美国的法律解决。

（4）自合作企业经营期开始，外方可以先行回收投资。

请问：合同中上述条款是否合法有效？

【温馨提示】

中外合作企业是契约式合营企业，在不违反法律规定的前提下涉及合作企业的出资、利润分配、风险承担等重大问题都可以在合同中约定。在企业组织形式上可以是法人型，也可是非法人型。在符合法律规定的条件下，经批准外方合作者可以先行回收投资。除此之外，合作企业的成立、组织机构、终止和清算也是处理中外合作企业问题上需要掌握的。

五、中外合作经营企业的期限和终止

（一）合作企业的期限

（1）必须在合作企业合同中订明，具体期限由中外合作者协商确定。

拓展阅读

中外合资经营企业除五类行业必须约定合营期限外，其他行业合营各方可以在合同中约定合营期限，也可以不约定合营期限。

（2）合作企业期限的延长。合作期限届满，合作各方协商同意要求延长合作期限的，应当在期限届满的180日前向审查批准机关申请，审查批准机关应当自接到申请之日起30日内，决定批准或者不批准。经批准延长合作期限的，合作企业凭批准文件向工商行政管理机关办理变更登记手续，延长的期限从期限届满后的第一天起计算。

（3）合作企业合同约定外国合作者先行回收投资，并且投资已经回收完毕的，合作企业期限届满不再延长。但是，外国合作者增加投资的，经合作各方协商同意，可以向审查批准机关申请延长合作期限。

（二）合作企业的终止情形

（1）合作期限届满。

（2）合作企业发生严重亏损，或者因不可抗力遭受严重损失，无力继续经营。

（3）中外合作者一方或者数方不履行合作企业合同、章程规定的义务，致使合作企业无法继续经营。

此情形中不履行合作企业合同、章程规定的义务的合作者，应当对履行合同的他方因此遭受的损失承担赔偿责任，履行合同方有权向审查批准机关提出申请，解散合作企业。

（4）合作企业合同、章程中规定的其他解散原因已经出现。

（5）合作企业违反法律、行政法规，被依法责令关闭。

注意：第（2）项、第（4）项所列情形发生，应当由合作企业的董事会或者联合管理委员会做出决定，报审查批准机关批准。

（三）合作企业的清算

终止合作企业应当依照法定程序进行清算。中外合作者应当依照合作企业合同的约定确定合作企业财产的归属。

拓展阅读

中外合资经营企业与中外合作经营企业的区别如表4-2所示。

表4-2　中外合资经营企业与中外合作经营企业的区别

主要区别点	中外合资经营企业	中外合作经营企业
合营方式不同	股权式的合营 按各自的出资比例共担风险、共负盈亏	契约式的合营 通过签订合同具体确定各方的权利和义务

续表

主要区别点	中外合资经营企业	中外合作经营企业
组织形式不同	有限责任公司	有限责任公司或其他
投资回收方式不同	只有在依法解散时，外国合营者才能收回自己的资本	在一定条件下可以先行回收投资
经营管理机构不同	董事会及董事会领导下的经营管理机构	具有多样性：可以采取董事会制，也可以采取联合管理委员会制，还可以采用委托管理制
利润分配方式不同	净利润按各方的股权比例进行分配	按合同约定的方式和比例分配利润，分配方式具有多样性

第四节 外商的宠儿——设立和管理外资企业

一、设立外资企业的条件

设立外资企业，必须有利于中国国民经济的发展，能够取得显著的经济效益。国家鼓励外资企业采用先进技术和设备，从事新产品开发，实现产品升级换代，节约能源和原材料，并鼓励举办产品出口的外资企业。

申请人申请成立的外资企业，如果具有下列情况之一的，不予批准：① 有损中国主权或者社会公共利益的；② 危及中国国家安全的；③ 违反中国法律、法规的；④ 不符合中国国民经济发展要求的；⑤ 可能造成环境污染的。

二、设立外资企业的流程

（1）申请。外国投资者向拟设外资企业所在地的县级或者县级以上人民政府提交报告。收到报告的人民政府应自收到之日起 30 日内以书面形式答复外国投资者。

（2）审批机关审批。（商务部门）在收到申请文件之日起 90 日内决定批准或者不批准。

（3）登记。外国投资者在收到批准证书之日起 30 日内向工商行政管理机关申请登记，领取营业执照。外资企业的营业执照签发之日为该企业成立日期。外国投资者在收到批准证书之日起满 30 日未向工商行政管理机关申请登记的，外资企业批准证书自动失效。外资企业在企业成立之日起 30 日内向税务机关办理税务登记。

（4）持批准证书和营业执照至税务、外汇管理部门登记备案。

三、外资企业的注册资本及出资

（一）外资企业的注册资本

外资企业的注册资本是指在工商行政管理机关登记的，外国投资者认缴的全部出资额。注册资本与投资总额的比例目前参照中外合资经营企业的有关规定执行。

外资企业在经营期限内不得减少其注册资本，但因投资总额和生产经营规模等发生变化，确需减少注册资本的，须经审批机关批准。外资企业注册资本的增加、转让，须经审批机关批准，并向工商行政管理机关办理变更登记手续。外资企业将其财产或者权益对外抵押、转让，须经审批机关批准，并向工商行政管理机关备案。

外资企业的分立、合并或者由于其他原因导致资本发生重大变化，须经审批机关批准，并应聘请中国的注册会计师验证和出具验资报告；经审批机关批准后，向工商部门办理变更登记手续。

（二）外国投资者的出资

1. 出资方式

出资方式可以为自由兑换的外币、机器设备、工业产权或专有技术等。经审批机关批准，外国投资者也可以用其从中国境内举办的其他外商投资企业获得的人民币利润出资。

注意：

（1）外国投资者以机器设备作价出资的，该机器设备应当是外资企业生产所必需的设备。该机器设备的作价不得高于同类机器设备当时的国际市场正常价格。

（2）外国投资者以工业产权、专有技术作价出资的，该工业产权、专有技术应当为外国投资者所有。该工业产权、专有技术的作价应当与国际上通常的作价原则相一致，其作价金额不得超过外资企业注册资本的 20%。

（3）作价出资的工业产权、专有技术实施后，审批机关有权进行检查。该工业产权、专有技术与外国投资者原提供的资料不符的，审批机关有权要求外国投资者限期改正。

2. 出资期限

外国投资者缴付出资的期限应当在设立外资企业申请书和外资企业章程中载明。

3. 外资企业的用地及其费用

由外资企业所在地的县级以上地方政府结合本地情况安排。外资企业应当在营业执照签发之日起 30 天内，持批准证书和营业执照到外资企业所在地县级或者县级以上地方人民政府的土地管理部门办理土地使用手续，领取土地证书并缴纳土地使用费。如果外资企业使用经过开发的土地，应当缴付土地开发费；外资企业使用未经开发的土地，可以自行开发或者委托中国有关单位开发。基础设施的建设，应当由外资企业所在地县级或者县级以上地方人民政府统一安排。外资企业在经营期限内未经批准，其土地使用权不得转让。

四、外资企业的组织机构及经营管理

（一）外资企业的组织机构

外资企业应根据其组织形式设立董事会。若外资企业有多个投资者，一般应按照每个股东的出资比例分配董事的名额。外资企业设立的董事会应推选出董事长。董事长是企业的法定代表人，须向中国政府申报备案。

（二）外资企业的经营管理

1. 物资购买

外资企业有权自行决定购买本企业所需生产物资。生产物资若在中国购买，在同等条件下，享受与中国企业同等的待遇；若是进口的物资以及技术劳务，其价格不得高于当时的国际市场同类物资以及技术劳务的正常价格。

2. 产品销售

外资企业可以在中国市场销售其产品。国家鼓励外资企业出口其生产的产品。

3. 劳动管理

（1）职工。外资企业在中国境内雇用职工，应当依照中国的法律、行政法规签订劳动合同。合同中应当订明雇用、辞退、报酬、福利、劳动保护、劳动保险等事项。

（2）工会。外资企业的职工有权建立工会组织，开展工会活动。外资企业研究决定有关职工奖惩、工资制度、生活福利、劳动保护和保险问题时，工会代表有权列席会议并应当听取工会的意见，与工会充分合作。外资企业应当每月按照企业职工实发工资总额的 2% 拨交工会经费，由本企业工会依照有关工会经费管理办法使用。

4. 财务会计管理

外资企业应当执行中国统一的财务会计制度，并根据中国有关法律和财务会计制度的规定，制定适合本企业的财务会计制度，报当地财政、税务机关备案。

（1）依法从税后利润中提取储备基金和职工奖励及福利基金。储备基金的提取比例不得低于税后利润的 10%，当累计提取金额达到注册资本的 50%时，可以不再提取。职工奖励及福利基金的提取比例由外资企业自行确定。

（2）依照中国财政、税务机关的规定编制年度会计报表和清算会计报表。应当以外币编报会计报表的，应当同时编报外币折合为人民币的会计报表。外资企业的年度会计报表和清算会计报表，应当聘请中国的注册会计师进行验证并出具报告。报表和报告一并报送财政、税务机关，并报审批机关和工商行政管理机关备案。

五、外资企业的期限、终止和清算

（一）外资企业的期限

（1）期限。根据不同行业和企业的具体情况，由外国投资者在设立外资企业的申请书中拟订，经审批机关批准。外资企业的经营期限，从其营业执照签发之日起计算。

（2）期限延长。经营期满需要延长的，应当在距经营期满180日前向审批机关报送延长经营期限的申请书。审批机关应当在收到申请书之日起 30 日内决定批准或者不批准。外资企业经批准延长经营期限的，应当自收到批准延长期限文件之日起 30 日内，向工商行政管理机关办理变更登记手续。

（二）外资企业的终止情形

（1）经营期限届满。

（2）经营不善，严重亏损，外国投资者决定解散。

（3）因自然灾害、战争等不可抗力而遭受严重损失，无法继续经营。

（4）破产。

（5）违反中国法律、法规，危害社会公共利益被依法撤销。

（6）外资企业章程规定的其他解散的事由已经出现。

外资企业如存在上述第（2）项、第（3）项、第（4）项所列情形，应当自行提交终止申请书，报审批机关核准，审批机关做出核准的日期为企业的终止日期。

（三）外资企业的清算

外资企业解散应当进行清算。除企业破产或者撤销应按中国有关法律如《企业破产法》清算外，外资企业应当在终止之日起 15 天内对外公告并通知债权人，并在终止公告发出之日起 15 天内，提出清算程序、原则和清算委员会人选，报审批机关审核后进行清算。清算委员会应当由外资企业的法定代表人、债权人代表以及有关主管机关的代表组成，并聘请中国的注册会计师、律师等参加。

清算结束之前，外国投资者不得将该企业的资金汇出或者携带出中国境外，不得自行处理企业的财产。外资企业清算结束，其资产净额和剩余财产超过注册资本的部分视同利润，应当依照中国税法缴纳所得税。同时，应当向工商行政管理机关办理注销登记手续，缴销营业执照。

【工作实例】某意大利企业在上海投资建立一家玩具制造厂，该公司认缴注册资本额为 50 万美元。第一期出资 10 万美元，其余部分由该公司分期缴纳。后来，该公司由于经营策略的改变，没有按期缴纳第二期出资，经工商部门催告后仍不按期缴付。最后，工商行政管理部门吊销了该玩具制造厂的营业执照。

请问：工商部门的处理是否合法？

【温馨提示】

根据外资企业法相关规定，外国投资者应在设立外资企业申请书和外资企业章程中载明出资期限。外国投资者无正当理由逾期30天未按规定如期缴付各期出资的，外资企业批准证书即自动失效。外资企业应当向工商行政管理机关办理注销登记手续，缴销营业执照；不办理注销登记手续和缴销营业执照的，由工商行政管理机关吊销其营业执照，并予以公告。因此，我国工商部门的处理并无不妥。外资企业实务中还包括外资企业成立条件及流程、注册资本、出资、组织机构、经营管理、终止和清算等问题。

本章小结

本章按照外商投资企业法概述—中外合资经营企业法—中外合作经营企业法—外资企业法的顺序介绍了外商投资企业的相关内容，明确了三种外商投资企业的成立条件和流程、组织机构、经营管理、解散和清算等法律问题。

思考与练习

一、单项选择题

1. 以下对于外资企业的说法错误的是（　　）。

A. 外资企业的组织形式是有限责任公司，经过批准才可以是其他责任形式

B. 外国投资者在设立外资企业的申请书中必须拟订经营期限，报审批机关批准

C. 外国投资者以工业产权、专有技术出资的，该工业产权必须是外国投资者所有的

D. 外资企业不可以用人民币出资

2. 某合营企业约定的合营期限即将届满，由于该企业营运良好，投资双方决定延长合营期限，应当在（　　）期限内向审查批准机关提出申请。

A. 距合营期满3个月前　　B. 距合营期满6个月前

C. 合营期满前提出申请　　D. 最迟应在合营期满后3个月前

3. 下列企业中一定具有中国的法人资格的是（　　）。

A. 外商独资企业　　B. 中外合资经营企业

C. 中外合作经营企业　　D. 以上三种外资企业都有

4. 根据《中华人民共和国中外合资经营企业法》(简称《中外合资经营企业法》)，中

外合资经营企业的最高权力机构是（　　）。

A. 股东会　　B. 董事会

C. 管理委员会　　D. 职工代表大会

5. 中国某企业与德国某公司拟在中国组建一家中外合资经营企业，双方草签了合同。合同约定的下列事项中，符合我国法律规定的是（　　）。

A. 合营企业注册资本100万美元，其中外方占22%，中方占78%

B. 外方出资中包括一套价值10万美元的设备，外方不转移对该设备的所有权

C. 合营企业采取有限责任公司的形式

D. 合营企业的董事长和副董事长均由外方担任

二、多项选择题

1. 根据相关法律规定，下列不属于限制类外商投资项目的有（　　）。

A. 能源、重要原材料工业项目

B. 不利于节约资源和改善生态环境的项目

C. 从事国家规定实行保护性开采的特种矿种勘探的项目

D. 运用我国特有工艺生产产品的项目

2. 根据外资企业法律制度的规定，外资企业下述事项中，必须经审批机关批准的有（　　）。

A. 注册资本的增加、减少

B. 财产的对外抵押、转让

C. 外国投资者用其从中国境内兴办的其他外商投资企业获得的人民币利润出资

D. 延长经营期限

3. 根据外资企业法的规定，外资企业依法解散时，清算委员会的组成人员应当包括（　　）。

A. 外资企业的法定代表人　　B. 债权人代表

C. 债务人代表　　D. 有关主管机关的代表

4. 下列关于法人型中外合作经营企业组织机构的表述正确的是（　　）。

A. 董事会是企业的最高权力机构

B. 总经理对董事会负责

C. 变更公司组织形式需要董事会一致通过

D. 董事长必须由中方派人担任

5. 下列属于外国投资者在合作期限内先行回收投资的条件的是（　　）。

A. 中外合作者在合作企业合同中约定合作期满时，合作企业的全部固定资产无偿归中国合作者所有

B. 对于税前回收投资的，必须向财政税务机关提出申请，并由财政税务机关依法审

查批准

C. 中外合作者应当依照有关法律的规定和合作企业合同的约定，对合作企业的债务承担责任

D. 外国合作者提出先行回收投资的申请，应当具体说明先行回收投资的总额、期限和方式，经财政税务机关审查同意后，报审查批准机关审批

三、案例分析

中、德双方企业拟设立中外合资经营企业，在合营合同中约定了下列条款：

（1）合资企业的组织形式为股份有限公司。

（2）德方在出资比例中所占比重为 20%；全部注册资本为 200 万美元；企业投资总额为 600 万美元。

（3）双方按出资比例分享利润和分担风险和损失。

（4）合营企业股东大会为最高权力机构，以企业总经理为法定代表人。

请问：该合营企业在设立中有何不符合《中外合资经营企业法》的地方？该合同应如何订立？

第五章

企业破产法实务

学习目标

知识学习目标：通过学习本章，了解我国企业破产制度的基本框架和主要内容，能够准确掌握破产的条件，针对企业经营失败的情形提出解决方案。

技能训练目标：掌握破产法关于实体权利义务的规定、处理破产案件的基本程序；能够对破产案件进行分析和操作，判断企业是否达到破产界限，参与破产程序进行过程，依法对债务人财产与债权进行处理；能够依法参与债权申报与债权人会议、重整与和解、破产清算等基本活动，维护自己的合法权益；熟悉管理人制度。

导入案例

2008 年 3 月，金星钢管有限公司（简称金星公司）起诉经纬贸易有限公司（简称经纬公司）偿还所欠货款 30 万元。法院经审理查明，经纬公司 2007 年 4 月因经营不善而停业，其营业执照没有年审，遂做出判决要求经纬公司负责人及两个股东王宏明和银丰公司立即进行清算，并用清算所得偿还欠款、赔偿损失共计 40 万元。2009 年 6 月，经纬公司清算完毕，其全部资产只有 2 万元，40 万元欠款因此未受清偿。2010 年 11 月，金星公司因债权人申请进入破产程序，管理人在清理债权债务过程中发现经纬公司已不存在，同时调查发现其股东银丰公司在经纬公司设立时存在虚假出资问题，所登记的 50 万元出资实为经纬公司暂时借用并出具了借条。请问：40 万元欠款能够收回吗？

第一节 企业经营风险常在，竞争失败妥善处理——认识破产与破产法

一、破产现象及其处理

自从人类社会出现剩余产品、形成债权债务关系开始，就会存在欠债不还；只要市场竞争还在进行，就会存在经营失败。处理欠债不还、经营失败问题，曾经有过多种方式，如古时候很多国家曾采取过的处死债务人、债务奴隶制，我国传统上的父债子还、人死债不死，新中国成立后、改革开放前实行的国有企业债务由国家财政负担……这些方式都因其具有各种与市场经济不相适应的因素而逐渐被时代所淘汰。

从某种意义上说，市场就是无数债的关系的总和，市场的运行就是千千万万的债不断地发生和消灭的过程，而在此过程中，债的消灭与债的发生同样重要。现代破产制度，被历史证明是最有利于对经营失败后果进行妥善处理、科学地终结债权债务关系的制度。

破产是在债务人丧失债务清偿能力时，在法院指挥、监督之下强制清算其全部财产，公平清偿全体债权人的法律制度。破产制度是在企业经营失败时进行合理处理的制度。“破产”不仅专指破产清算制度，而且包括以挽救债务人避免破产为目的的和解、重整等法律制度。

破产清算制度与相关的民事执行制度相比，具有以下几个特征。

（1）民事执行程序中的债务人通常具有清偿能力，只是拒不履行义务，所以需要强制执行。而破产程序中的债务人已无清偿能力，不能对全体债权人履行全部义务，所以必须以破产方式公平解决债务清偿问题。

（2）民事执行是为提出执行申请的个别债权人的利益进行的，破产则是为全体债权人的利益进行的，更强调清偿在多数债权人之间的公平。

（3）破产是对债务人财产与法律关系的全面清算与执行，做出破产宣告将终结债务人的商事经营能力，使其丧失民事主体资格。

拓展阅读

说到破产，它首先意味着主体一种法律上的地位，经常必然地伴随着倒闭清算的结果。其历史可以追溯到罗马帝国时代。从词源上讲，英文中的“bankrupt”（破产）一词源于意大利语“banca rotta”，“banca”意为“板凳”，“rotta”意为“砸烂”。它来源于中世纪后期意大利商业城市的习惯。当时，商人们在市中心交易市场中各有自己的板凳。当某个商人不能偿付债务时，他的债权人就按照惯例砸烂他的板凳，以示其经营失败。

破产法是规定在债务人丧失债务清偿能力时，法院强制对其全部财产清算分配、公平清偿债权人，或通过债务人与债权人会议达成的和解协议清偿债务、进行重整程序、避免破产的法律规范的总称。狭义的破产法特指破产法典。《中华人民共和国企业破产法》（简称《破产法》）于 2006 年 8 月 27 日由十届全国人大常委会第 23 次会议审议通过，自 2007 年 6 月 1 日起施行。1986 年《企业破产法（试行）》同时废止。

破产法与其他法律相比较，具有以下性质和特征。

1. 市场经济条件下的破产法是债务清偿法，也是企业淘汰法和企业拯救法

破产法的首要任务是在债务人无力偿债的特殊情况下建立清偿债权和了结债务的公平秩序。同时破产法还担负着另外双重的任务：公平清理债务和治理困境企业。这两个任务是相辅相成的，一方面，通过重整、和解等企业拯救制度，使债务人得以复兴，恢复偿债能力，最大程度上保障债权人权利的实现。破产案件被法院受理以后，无力偿债的债务人可以寻求通过再建程序（如和解程序、重整程序）清理债务，倒闭清算并不是无力偿债的必然结局。另一方面，通过破产清算，淘汰那些确已无法挽救的企业，将其现有财产用于对债权人的公平分配。通过清算变价和分配使破产企业的财产转移到能够更有效利用这些资源的企业手里，从而实现产业结构和资源配置的优化。所以破产法是既保护债权人利益，也保护债务人利益的法。

拓展阅读

长航凤凰股份有限公司是经营长江及沿海货运的上市公司，自 2008 年全球金融危机以来，受财务费用负担深重、航运运价长期低迷等因素影响，经营逐步陷入困境。截至 2013 年 6 月，长航凤凰合并报表项下的负债总额合计高达 58.6 亿元，净资产为–9.2 亿元。经债权人申请，武汉市中级人民法院于 2013 年 11 月裁定受理其重整案。长航凤凰股票 2014 年 5 月起暂停上市。2014 年 3 月，武汉中院裁定批准了重整计划并终止重整程序。通过成功实施重整计划，长航凤凰 2014 年年底实现净资产约 1.2 亿元、营业利润约 2.24 亿元。其股票于 2015 年 12 月恢复上市。

2. 破产法是实体法与程序法合一的法

破产法的基本内容一般包括实体性规范、程序性规范、罚则、免责与复权（专指自然人破产）四大部分。这些内容按破产程序进行的先后顺序依次规定，不做实体规范与程序规范的明确划分。

3. 破产法是具有综合性质的特别法

破产法所要解决的债务人无力偿债（特别是企业无力偿债）的问题，是一个涉及多种社会关系和多方利益诉求，同时又关系到社会的经济发展和政治安定的问题，因此，它具有多重的目标，需要运用多种法律机制进行综合调整。破产法规范类型的综合性，决定了它的作用的多重性。

4. 破产法体现了灵活性与强制性的结合

破产法不仅允许当事人自行协商解决利益安排，而且鼓励当事人在破产程序中通过谈判和妥协达成解决方案，并提供了相应的程序和条件，体现出足够的灵活性。当然，这并不意味着可以动摇破产法规则（特别是程序规则）的强制性。这种强制性是公平清偿秩序的保障，而公平清偿是破产法的灵魂。

困境企业主动或被动进入破产程序，可能的出路如图 5-1 所示。

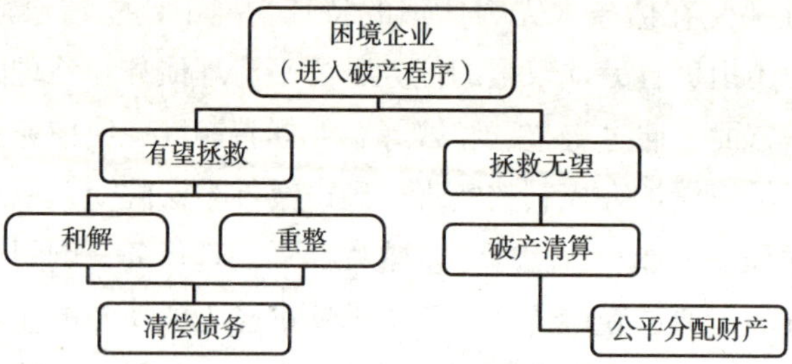

图 5-1　困境企业的出路

我国破产法适用于所有的企业法人。企业法人之外的其他组织（合伙企业、个人独资企业、学校、医院等）的清算，如果属于破产清算的，可以参照适用破产法。

破产法对商业银行、保险公司、证券公司等金融机构的破产做了特别规定，分别适用《商业银行法》等各项法律。

二、判断破产原因

破产原因又称破产界限，是指认定债务人丧失清偿能力，当事人得以提出破产申请，法院据以启动破产程序的法律事实。它是法院进行破产宣告所依据的特定事实状态，也是破产案件受理的实质条件。

《企业破产法》第二条规定："企业法人不能清偿到期债务，并且资产不足以清偿全部债务或者明显缺乏清偿能力的，依照本法规定清理债务。企业法人有前款规定情形，或者有明显丧失清偿能力可能的，可以依照本法规定进行重整。"据此规定，破产原因具体包括三种情形：

① 不能清偿到期债务，并且资产不足以清偿全部债务的。

② 不能清偿到期债务，并且明显缺乏清偿能力的。

③ 有明显丧失清偿能力可能的。该项破产原因仅适用于提起重整申请。

不能清偿到期债务，是指债务人对请求偿还的到期债务，因丧失清偿能力而无法偿还的客观经济状况。其要点包括：一是"不能"，债务人明显缺乏清偿债务的能力，即不能以财产、信用或能力等任何方法清偿债务；二是"清偿"，即全部偿还，只能还上一部分债务不能避免破产；三是“到期”，不能清偿的是清偿期限已经届满、债权人提出清偿要求的、无争议或已有确定名义（指已经生效的判决、裁决确认）的债务；四是对债务在可预见的相当长期间内，或法律规定的期间内持续不能偿还，而不是因资金周转困难等暂延期支付。

“不能清偿到期债务”与“资产不足以清偿全部债务”不同，后者是指债务人负债数额超过实有资产，即资不抵债。债务人的资产负债表，或者审计报告、资产评估报告等显示其全部资产不足以偿付全部负债的，应认定债务人资产不足以清偿全部债务，但有相反证据的除外。债务人账面资产虽大于负债，但存在下列情形之一的，应当认定其明显缺乏清偿能力：

① 因资金严重不足或者财产不能变现等原因，无法清偿债务。

② 法定代表人下落不明且无其他人员负责管理财产，无法清偿债务。

③ 经人民法院强制执行，无法清偿债务。

④ 长期亏损且经营扭亏困难，无法清偿债务。

⑤ 导致债务人丧失清偿能力的其他情形。

同时，破产原因也考虑其他情形。当债务人申请自身破产时，除了“不能清偿到期债务”外，还要提供“资产不足以清偿全部债务”即债务人负债数额超过实有资产（资不抵债）的相关材料。判断是否资不抵债的着眼点是资债比例关系及因此产生的清偿风险，债务人的偿还能力仅以实有财产为限，不考虑信用、能力等其他因素；计算债务数额时，不考虑是否到期，均纳入总额之中。

“有明显丧失清偿能力可能的”情形下，申请人申请时不需要太多的客观事实和客观标准，债务人可能不存在到期债务无法清偿的情况，也可能资产大于负债，更有甚者，从表面上看债务人的经营状况良好，但只要债务人对自身做出判断，认为有发生清偿危机的可能性，就可以申请重整。

【工作实例】A有限责任公司因市场突变、经营不善，导致负债累累、无力清偿，其法人代表东躲西藏，主要管理人员纷纷离开，职工四散另谋出路，仅余少数看管公司财物。此种情况下，公司可以考虑的前景有哪些？破产会是可能性之一吗？为什么？

【温馨提示】

在企业经营难以为继的情况下，如何维护公司财产、处理公司债务、终止公司经营，可能是一个必须考虑的选项。通过法律手段结束上述混乱情况，对债权人来说是防止该公司财产继续减少，债权偿还比例继续降低；对债务人来说是破产整顿争取起死回生或终结经营同时也解脱债务负担的一项合理选择。所以说破产法既保护债权人利益，也保护债务人利益。

【延伸思考】

企业破产，对债权人意味着什么？对债务人呢？

如果你是A有限责任公司的负责人，你会做出怎样的选择？如果选择申请破产，需要证明哪些事实呢？

第二节 破产程序的启动——提出和受理破产申请

上节提到的经纬公司，因经营不善处于停业状态，其负责人及股东根据法院判决进行清算时发现全部资产已不能清偿所欠债务，此时应当如何处理？

根据《企业破产法》、《公司法》的相关规定，企业法人已解散但未清算或者未清算完毕，资产不足以清偿债务的，依法负有清算责任的人应当向人民法院申请破产清算。故经纬公司的清算人在清理公司财产、编制资产负债表和财产清单后，发现公司财产不足清偿债务的，应当依法向法院申请宣告破产。

一、提出破产申请

（一）申请人

根据《企业破产法》的规定，企业法人不能清偿到期债务，并且资产不足以清偿全部债务或者明显缺乏清偿能力时，债务人可以向人民法院提出重整、和解或者破产清算申请；债务人不能清偿到期债务，债权人可以向人民法院提出对债务人进行重整或者破产清算的申请。

企业法人已解散但未清算或者未清算完毕，资产不足以清偿债务的，依法负有清算责任的人应当向人民法院申请破产清算。

债权人申请对债务人进行破产清算的，在人民法院受理破产申请后、宣告债务人破产前，债务人或者出资额占债务人注册资本十分之一以上的出资人，可以向人民法院申请重整。

商业银行、证券公司、保险公司等金融机构有《企业破产法》第二条规定情形的，国务院金融监督管理机构可以向人民法院提出对该金融机构进行重整或者破产清算的申请。国务院金融监督管理机构依法对出现重大经营风险的金融机构采取接管、托管等措施的，可以向人民法院申请中止以该金融机构为被告或者被执行人的民事诉讼程序或者执行程序。

（二）申请事项

申请人根据具体情况，可以提出破产清算、重整或和解的申请。

但需要注意的是，三类申请事项提出的主体不同。破产清算的申请主体包括债务人、债权人、负有清算责任的人和国务院金融监督管理机构；重整的申请主体包括债务人、债权人、占债务人注册资本1/10以上的出资人和国务院金融监督管理机构；和解的申请主体只有一个，即债务人。

（三）申请方式

破产申请应当采用书面形式，向对案件有管辖权的人民法院提出。

企业破产案件由债务人所在地的人民法院管辖。债务人所在地是指债务人的主要办事机构所在地，无办事机构的，由其注册地人民法院管辖。基层人民法院一般管辖县、县级市或区的工商行政管理部门核准登记企业的破产案件；中级人民法院一般管辖地区、地级市（含本级）以上的工商行政管理部门核准登记企业的破产案件。

向人民法院提出破产申请的，应当提交破产申请书和有关证据。破产申请书应载明如下事项：

（1）申请人、被申请人的基本情况。

（2）申请目的。

（3）申请的事实和理由。

（4）人民法院认为应当载明的其他事项。

由债务人提出申请的，还应当向人民法院提交财产状况说明、债务清册、债权清册、有关财务会计报告、职工安置预案以及职工工资的支付和社会保险费用的缴纳情况。

在人民法院受理破产申请前，申请人可以请求撤回申请。

二、法院受理破产申请

（一）审查决定是否立案

人民法院接到破产申请后，依据《企业破产法》的有关规定进行审查，决定是否立案。审查包括对形式要件的审查：申请人是否有申请权，法院是否有管辖权；对实质要件的审查：债务人有无破产能力，是否存在破产原因。

《企业破产法》第十条规定：债权人提出破产申请的，人民法院应当自收到申请之日起5日内通知债务人。债务人对申请有异议的，应当自收到人民法院的通知之日起7日内向人民法院提出。人民法院应当自异议期满之日起 10 日内裁定是否受理。其时间节点如图5-2所示。

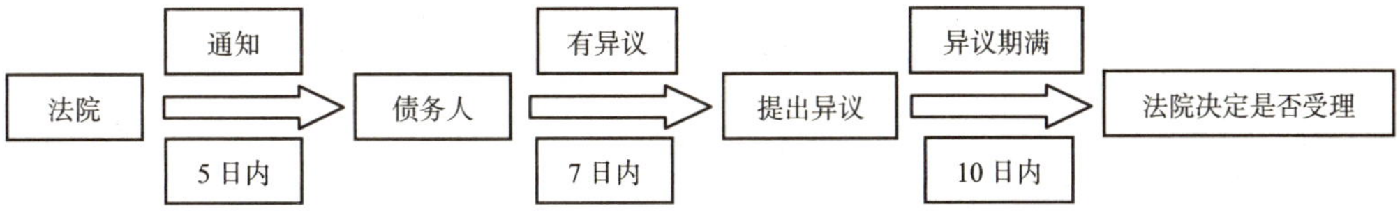

图5-2 法院决定是否受理的时间节点

除前款规定的情形外，人民法院应当自收到破产申请之日起 15 日内裁定是否受理。有特殊情况需要延长前两款规定的裁定受理期限的，经上一级人民法院批准，可以延长 15 日。

人民法院决定受理破产申请的，应当自裁定做出之日起 5 日内送达申请人。对由债权人提出申请的，人民法院应当自裁定之日起 5 日内送达债务人。债务人应当自裁定做出之日起 15 日内，向人民法院提交财产状况说明、债务清册、债权清册、有关财务会计报告以及职工工资的支付和社会保险费用的缴纳情况。

人民法院裁定不受理破产申请的，应当自裁定做出之日起 5 日内送达申请人并说明理由。申请人对裁定不服的，可以自裁定送达之日起 10 日内向上一级人民法院提起上诉。

人民法院决定受理破产申请至破产宣告前，经审查发现债务人不符合破产法律规定的，可以裁定驳回申请。申请人对裁定不服时，可以自裁定送达之日起 10 日内向上一级人民法院提出上诉。

【特别提示】

整个破产案件处理过程中，只有上述两种情况是可以上诉的。

（二）公告、通知债权人

在破产案件中，法院通过通知或公告的形式，将有关事实或决定告知相关当事人、公之于众。

人民法院自裁定受理破产申请之日起 25 日内通知已知债权人，并予以公告。通知和公告应当载明下列事项：

（1）申请人、被申请人的名称或者姓名。

（2）人民法院受理破产申请的时间。

（3）申报债权的期限、地点和注意事项。

（4）管理人的名称或者姓名及其处理事务的地址。

（5）债务人的债务人或者财产持有人应当向管理人清偿债务或者交付财产的要求。

（6）第一次债权人会议召开的时间和地点。

（7）人民法院认为应当通知和公告的其他事项。

自人民法院受理破产申请的裁定送达债务人之日起至破产程序终结之日，债务人的有关人员承担下列义务：

（1）妥善保管其占有和管理的财产、印章和账簿、文书等资料。

（2）根据人民法院、管理人的要求进行工作，并如实回答询问。

（3）列席债权人会议并如实回答债权人的询问。

（4）未经人民法院许可，不得离开住所地。

（5）不得新任其他企业的董事、监事、高级管理人员。

上述所称的有关人员是指企业的法定代表人；经人民法院决定，也可以包括企业的财务管理人员和其他经营管理人员。

人民法院的公告与通知是两种不同的方式，通知的对象是特定的，其效力发生以送达为条件；公告的对象是不特定的，故其效力发生仅以发布为条件。对于已经发布的公告，所有当事人均视为已得知，并自动承受相应的法律后果。

公告方式有两种：其一，在受理破产案件的人民法院公告栏内张贴；其二，根据具体案情（如债权人所分布的区域、破产财产所在的区域等），在地方或全国性报刊上登载。这两种方式应当同时采用。张贴的公告，应加盖人民法院印章。

（三）受理的效力

如图 5-3 所示，破产案件的受理对各方当事人都有哪些效力？

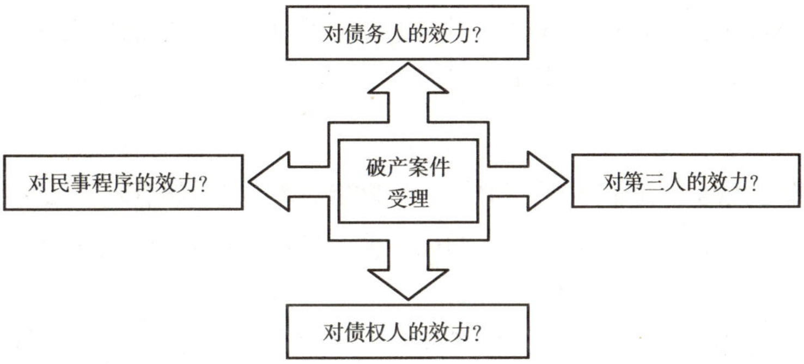

图 5-3　破产案件的效力

《企业破产法》关于破产申请受理后产生的法律效力共有五项明确规定。

1. 债务人对个别债权人的清偿无效

但是债务人以其自有财产向债权人提供物权担保的，其在担保物价值内向债权人所做的债务清偿，不受上述规定的限制。

2. 债务人的债务人或财产持有人应当向管理人清偿债务或交付财产

债务人的债务人或财产持有人故意违反规定向债务人清偿债务或者交付财产，使债权人受到损失的，不免除其清偿债务或者交付财产的义务。例如，债务人租用他人的设备，出租人通过管理人取回；他人租用债务人企业的设备，承租人应当向管理人交回。

3. 管理人对破产申请受理前成立而债务人和对方当事人均未履行完毕的合同有权决定解除或者继续履行

管理人自破产申请受理之日起 2 个月内未通知对方当事人，或者自收到对方当事人催告之日起 30 日内未答复的，视为解除合同。

管理人决定继续履行合同的，对方当事人应当履行；但是，对方当事人有权要求管理人提供担保。管理人不提供担保的，视为解除合同。具体如图 5-4 所示。

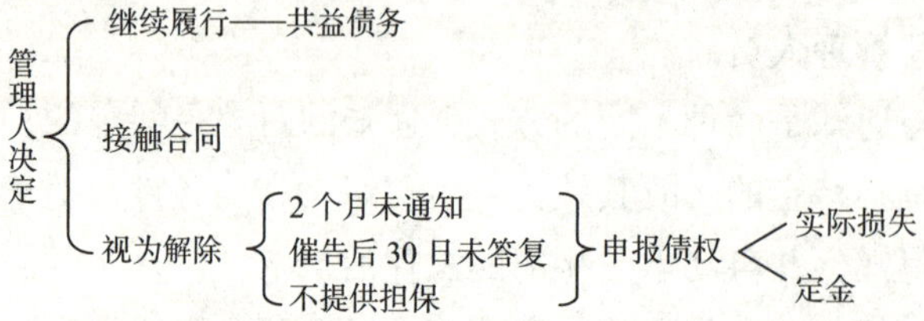

注意：对方当事人申报的破产债权以实际损失为限，违约金不得作为破产债权申报，定金则按照定金罚则以双倍数额申报破产债权。

图 5-4　管理人对相关合同的决定

4. 关于债务人财产的保全措施应当解除，执行程序应当中止

保全措施包括民事诉讼保全措施、行政处罚程序中的保全措施，还包括刑事诉讼中公安部门等采取的相关措施。执行程序应当中止，是指对无物权担保债权的执行。物权担保债权人对担保物的执行原则上不中止，因为并不会损害其他债权人的权益；除非当事人申请的是重整程序。

5. 有关债务人的民事诉讼，受理破产申请的法院取得专属管辖的效力

已经开始而尚未终结的有关债务人的民事诉讼或者仲裁应当中止；在管理人接管债务人的财产后，该诉讼或者仲裁继续进行。

人民法院受理破产申请后，有关债务人的民事诉讼，只能向受理破产申请的人民法院提起。

三、确定管理人

管理人是破产程序中最重要的机构。它是在人民法院裁定受理破产申请后，全面接管债务人企业，负责财产清理、处置变价、分配等一系列直接关系债权人、债务人及其他利害关系人切身利益的事项的机构。管理人由专业机构担任，按照市场化方式进行工作，使破产程序能够更加公正、公平、高效、专业地进行。人民法院裁定受理破产申请的，应当同时指定管理人。

（一）管理人组成

管理人由人民法院根据债务人实际情况，指定有关部门、机构具备相关专业知识并取得执业资格的人员组成的清算组或者依法设立的律师事务所，会计师事务所、破产清算事务所等社会中介机构担任。

人民法院根据债务人的实际情况，可以在征询有关社会中介机构的意见后，指定该机构具备相关专业知识并取得执业资格的人员担任管理人。对于事实清楚、债权债务关系简单、债务人财产相对集中的企业破产案件，法院可以指定管理人名册中的个人为管理人。

指定管理人的方式主要有随机、竞争、接受推荐三种。管理人无正当理由，不得拒绝人民法院的指定。债权人认为管理人不能依法、公正执行职务或者有其他不能胜任职务情形的，可以申请人民法院予以更换。

有下列情形之一的，不得担任管理人：

（1）因故意犯罪受过刑事处罚。

（2）曾被吊销相关专业执业资格证书。

（3）与本案有利害关系。

（4）人民法院认为不宜担任管理人的其他情形。

管理人员的报酬由人民法院确定。债权人会议对管理人的报酬有异议的，有权向人民法院提出。

拓展阅读

人民法院根据债务人最终清偿的财产价值总额，在以下比例限制范围内分段确定管理人报酬：

（一）不超过一百万元（含本数，下同）的，在12%以下确定。

（二）超过一百万元至五百万元的部分，在10%以下确定。

（三）超过五百万元至一千万元的部分，在8%以下确定。

（四）超过一千万元至五千万元的部分，在6%以下确定。

（五）超过五千万元至一亿元的部分，在3%以下确定。

（六）超过一亿元至五亿元的部分，在1%以下确定。

（七）超过五亿元的部分，在0.5%以下确定

（二）管理人职责

管理人执行职务，向人民法院报告工作；列席债权人会议，向债权人会议报告职务执行情况，回答询问；接受债权人会议和债权人委员会的监督。并具体履行下列职责：

（1）接管债务人的财产、印章和账簿、文书等资料。

（2）调查债务人财产状况，制作财产状况报告。

（3）决定债务人的内部管理事务。

（4）决定债务人的日常开支和其他必要开支。

（5）在第一次债权人会议召开之前，决定继续或者停止债务人的营业。

（6）管理和处分债务人财产。

（7）代表债务人参加诉讼、仲裁或者其他法律程序。

（8）提议召开债权人会议。

（9）人民法院认为管理人应当履行的其他职责。

管理人经人民法院许可，可以聘用必要的工作人员。管理人依法执行职务，向人民法

院报告工作，并接受债权人会议和债权人委员会的监督。管理人应当列席债权人会议，向债权人报告职务执行情况并回答询问。管理人没有正当理由不得辞去职务，辞去职务应当经人民法院许可。

拓展阅读

各地高级人民法院认为有必要的，可以参照上述比例在30%的浮动范围内制定符合当地实际情况的管理人报酬比例限制范围，并通过当地有影响的媒体公告，同时报最高人民法院备案。

【工作实例】浙江省安吉县人民法院执行局在执行安吉同泰公司作为被执行人的系列案件中，将其厂房、土地依法拍卖得价款2 484万元。但经审查发现，截至2015年2月，该公司作为被执行人的案件全省共有29件，标的额2 200万元；作为被告的案件共有94件，标的额3 327万元。同泰公司已不能清偿到期债务，而且资产不足以清偿全部债务。法院遂向部分申请执行人征询意见，并得到其中一位书面同意，将本案移送破产审查。2015年3月，安吉法院裁定受理该公司破产清算案。

法院受理破产案件后，面对同泰公司涉及债务案件繁多、案件进行程度不一等情况，应当采取哪些措施？

【温馨提示】

受理破产申请后，安吉法院立即通知相关法院中止诉讼、执行程序，解除财产保全措施，由管理人接管公司全部资产，并对全省范围内涉及同泰公司的执行案件进行检索，提醒外地债权人申报债权。

【延伸思考】

如果同泰公司的债权人、债务人都不同意申请破产，破产程序可以启动吗？
为什么其他相关民事诉讼程序、执行程序都需中止，财产保全需解除？

第三节 财产保持完整，债权才有保障——确定债务人财产

一、确定债务人财产的范围

债务人财产是指破产申请受理时属于债务人的全部财产，以及破产申请受理后至破产程序终结前债务人取得的财产。它必须是债务人享有财产权、可用于破产分配并由管理人占有和支配的法定范围内的财产。已设定担保的财产也是债务人财产。债务人财产在破产宣告后被称为破产财产。具体如图 5-5 所示。

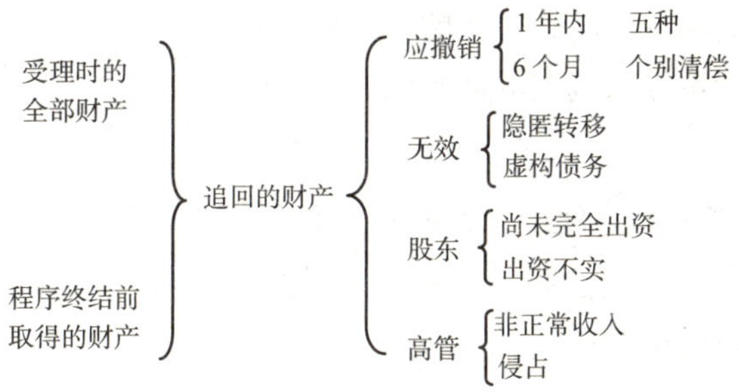

图 5-5 债务人财产

管理人接管债务人企业后，应组织企业留守人员和相关工作人员对企业全部财产进行清点，查明实有资产总额，登记造册并加以妥善管理，以便向债权人进行分配。

某项财产是否属于债务人财产，应根据法律法规的规定，视具体情况加以认定。债务人的出资人尚未完全履行出资义务的，管理人应当要求该出资人缴纳所认缴的出资，而不受出资期限（是否到期）的限制。债务人的董事、监事和高管利用职权从企业获取的非正常收入（如公司高管在企业濒临破产期间拖欠职工工资，却按期照发自己的工资）和侵占的企业财产，管理人应当追回。管理人可以通过清偿债务或者提供为债权人接受的担保，取回质物、留置物。管理人所做的债务清偿或者替代担保，在质物或者留置物的价值低于被担保的债权额时，以该质物或者留置物当时的市场价值为限。

关于债务人财产，除货币、实物外，债务人依法享有的或以用货币估价并可以依法转让的债权、股权、知识产权、用益物权等财产和财产权益，均应认定为债务人财产。

下列财产不应认定为债务人财产：

（1）债务人基于仓储、保管、承揽、代销、借用、寄存、租赁等合同或其他法律关系占有、使用的他人财产。

（2）债务人在所有权保留买卖中尚未取得所有权的财产。

（3）所有权专属于国家且不得转让的财产。

（4）其他依照法律、行政法规不属于债务人的财产。

债务人占有的不属于债务人的财产，该财产的权利人可通过管理人取回。但在重整程序中行使取回权，应当符合事先约定的条件。

人民法院受理破产申请时，出卖人已将买卖标的物向作为买受人的债务人发运，债务人尚未收到且未付清全部价款的，出卖人可以取回在运途中的标的物。

二、违法的财产处理行为

为制止违法处理财产的行为，《企业破产法》规定了无效行为与破产撤销权制度。

（一）无效行为

涉及债务人财产的下列行为无效：

（1）为逃避债务而隐匿、转移财产的。

（2）虚构债务或者承认不真实的债务的。

（二）破产撤销权

破产撤销权是指管理人对债务人在破产案件受理前的法定期间内进行的欺诈逃债或损害公平清偿的行为，有申请法院撤销并追回财产的权利。《企业破产法》根据不同行为的危害程度，对撤销权的构成期间做了区分。

人民法院受理破产申请前 1 年内，涉及债务人财产的下列行为，管理人有权请求人民法院予以撤销：

（1）无偿转让财产的。“财产”，既包括实物资产也包括财产性权利；其行为方式也不完全局限于“转让”，无偿设置用益物权等也应包括在内。

（2）以明显不合理的价格进行交易的。“价格”应理解为交易条件，包括价格、付款条件、付款期限等在内的各种交易条件明显不合理的，可以撤销。

（3）对没有财产担保的债务提供财产担保的。这是指对原来已经成立的无财产担保的债务“事后”补充设置担保，不包括债务人在可撤销期间内设定债务的“同时”提供的财产担保，该种情形并未造成债务人财产的不当减少。

（4）对未到期的债务提前清偿的。

（5）放弃债权的。

【特别提示】

破产法将可撤销行为的追溯时点提前到人民法院受理破产申请前 1 年内，将撤销权的行使期间向后延伸到破产程序终结 2 年内。2 年内债权人仍可行使破产撤销权或针对债务人的无效行为追回财产，用于对全体债权人公平分配。（破产程序终结之日起 2 年后，追回的财产不再用于对全体债权人清偿，而是用于对追回财产的债权人“个别”清偿。）

人民法院受理破产申请前6个月内，债务人已达破产界限，仍对个别债权人进行清偿的，管理人有权请求人民法院予以撤销。但是，个别清偿使债务人财产受益的除外。此种情形下，应将可撤销行为限定在“恶意所为”的范围内，对清偿是否存在恶意，可以根据被清偿的债权人与债务人是否存在关联关系或者其他特殊利益关系等来分析确认。

三、抵销

根据法律规定，债权人在破产申请受理前对债务人负有债务的，无论是否已到清偿期限、标的是否相同，均可以在破产财产最终分配确定前向管理人要求抵销。行使抵销权的结果是使该债权在抵销范围内得到全额、优先清偿，所以它是破产债权只能依破产程序受偿的例外。

有下列情形之一的，不得抵销：

（1）债务人的债务人在破产申请受理后取得他人对债务人的债权的。

例如，环亚公司在2006年10月18日欠天中公司120万元，天中公司在2006年10月20日欠三立公司120万元，假设天中公司在2007年2月1日被法院受理破产申请，环亚公司在2007年3月10日取得（低价买进）了三立公司对环亚公司的债权。这种情况下，环亚公司不得向三立企业主张抵销。

（2）债权人已知债务人有不能清偿到期债务或者破产申请的事实，对债务人负担债务的；但是债权人因为法律规定（如吸收合并）或者有破产申请1年前所生的原因而负担债务的除外。

例如，2007年2月1日天中公司被法院受理破产申请，天中公司在2006年3月10日欠精诚公司一笔钱，精诚公司知道天中公司有破产申请的事实后，在2007年3月1日，仍然对天中公司负担了一笔债务（如借款），则精诚公司不能向天中公司主张抵销。

但是，如果该事由发生在天中公司破产申请1年前，是可以抵销的。

（3）债务人的债务人已知债务人有不能清偿到期债务或者破产申请的事实，对债务人取得债权的；但是，债务人的债务因为法律规定或者有破产申请1年前所发生的原因而取得的债权的除外。

例如，天中公司即将破产，其债务人（债务80万元）乙与甲串通，将闲置设备卖与甲，甲应支付乙货款100万元。如发生在破产申请起一年内，则恶意明显，不能抵销。

（4）股东的破产债权，不得与其欠付的注册资本金相抵销。

四、破产费用和共益债务

在破产程序进行过程中，为维护全体债权人的共同利益，会产生各种各样的费用支出，也可能使债务人财产负担一定的债务，如必要时继续债务人企业的营业、继续履行合同、对破产财产进行管理等。《企业破产法》区分其性质，分别规定为破产费用与共益债务。

人民法院受理破产申请后发生的下列费用，为破产费用：

① 破产案件的诉讼费用。

② 管理、变价和分配债务人财产的费用。

③ 管理人执行职务的费用、报酬和聘用工作人员的费用。

破产费用是伴随着破产案件的开展与进行必然会发生的。

人民法院受理破产申请后发生的下列费用，为共益债务：

① 因管理人或者债务人请求对当事人履行双方均未履行完毕的合同所产生的债务。

② 债务人财产受无因管理所产生的债务。

③ 因债务人不当得利所产生的债务。

④ 为债务人继续营业而应支付的劳动报酬和社会保险费用以及由此产生的其他债务。

⑤ 管理人或者相关人员执行职务致人损害所产生的债务。

⑥ 债务人财产致人损害所产生的债务。

共益债务不是每个破产案件都必然发生的。

破产费用和共益债务由债务人财产随时清偿。债务人财产不足以清偿所有破产费用和共益债务的，先行清偿破产费用；债务人财产不足以清偿所有破产费用或者共益债务的，按照比例清偿。

债务人财产不足以清偿破产费用时，管理人应当提请人民法院终结破产程序。

拓展阅读

无锡尚德太阳能电力有限公司（简称无锡尚德）成立于2001年1月22日，主要经营业务为研究、开发、生产、加工太阳能电池及发电产品系统等。尚德电力控股有限公司（简称尚德电力）是2005年在美国纽约证券交易所上市的民营企业。无锡尚德则是尚德电力旗下资产规模最大的生产基地，集中了95%以上的产能，10年间成长为全球最大的光伏组件生产商之一。

2012年，由于行业恶性价格战、全球产能过剩，以及自身决策频繁失误和内部管理问题等原因，无锡尚德运行陷入极端困境，并导致尚德电力股价一度跌至0.6美元以下，三次收到纽约证券交易所停牌警告，并一度被强制进入退市程序。

2013年3月18日，中国银行股份有限公司无锡高新技术产业开发区支行等8家银行以无锡尚德不能清偿到期债务为由，向江苏省无锡市中级人民法院（简称无锡中院）申请对无锡尚德进行破产重整。3月20日，无锡中院裁定批准无锡尚德进入破产重整程序。本案中，金融债权占债权总额的75.45%，为依法保护金融债权，有效化解金融风险，法院加大资产清收力度，根据应收款的具体情况采取发催收函催收、直接接洽、论证后起诉等多种方式，共追回应收款7.08亿元，增加了破产财产总额。

【工作实例】导入案例中提到的金星公司进入破产程序后，管理人经调查发现其3年前欠高地公司100万元债务，以自己目前市场价值80万元的机器设备作质押。该设备能否取回？

【温馨提示】

管理人可以通过清偿债务或者提供为高地公司所接受的担保，取回机器设备。清偿或者提供替代担保的，以80万元为限。

第四节 何去何从，债权人做主——申报债权与召开债权人会议

一、申报债权

人民法院受理破产申请时对债务人享有的债权称为破产债权，包括对债务人企业的特定财产享有担保权的债权。

（一）在限期内申报债权

对债务人享有债权的债权人应当在人民法院确定的债权申报期限内向管理人申报债权。债权申报期限自人民法院发布受理破产申请公告之日起计算，最短不得少于30日，最长不应当超过3个月。在人民法院确定的债权申报期限内，债权人未申报的，可以在破产财产最后分配前补充申报；但是，此前已进行的分配，不再对其补充分配。

（二）按要求申报债权

债权人申报债权时，应当书面说明债权的数额和有无财产担保，并提交有关证据。

申报的债权是连带债权的，应当说明。连带债权人可以由其中一人代表全体连带债权人申报债权，也可以共同申报债权。例如，连带债权是10万元，可以由其中一人代表全体连带债权人申报10万元债权，也可以共同申报10万元债权。

债务人的保证人或者其他连带债务人已经代替债务人清偿债务的，以其对债务人的求偿权申报债权；尚未代替债务人清偿债务的，以其对债务人的将来求偿权预先申报债权。允许保证人或者连带债务人预先申报债权，可避免在债权人不参加破产程序而在破产案件终结后直接向保证人或连带债务人要求清偿的情况下，保证人或连带责任人履行保证或连带责任后，却无法通过破产程序行使代位求偿权。

连带债务人数人的破产案件均被受理的，其债权人有权就全部债权分别在各破产案件

中申报债权。如连带债务人所负债务是 10 万元，其债权人有权在各连带债务人的破产案件中均申报 10 万元债权，以保障债权人在各破产案件中充分实现连带债务人的连带责任。

未到期的债权，视为已到期；附利息的债权自破产申请受理时起停止计息。附条件、附期限的债权和诉讼、仲裁未决的债权，债权人也可以申报。

应当支付给职工的所欠工资和医疗、伤残补助、抚恤费用，所欠的应当划入职工个人账户的基本养老保险、基本医疗保险费用，以及依法应当支付给职工的补偿金，称为职工债权，不必申报，由管理人调查后列出清单并予以公示。职工对清单记载有异议的，可以要求管理人更正；管理人不更正的，职工可以向人民法院提起债权确认诉讼。

（三）确认债权

管理人收到债权申报材料后，应当登记造册，对申报的债权进行审查，并编制债权表。

管理人必须将申报的债权全部登记在债权表上，不能根据自身的判断拒绝登记某些债权。管理人对债权表进行实质审查后的意见，如该债权是否存在、是否超过诉讼时效等，应附在提交第一次债权人会议的债权表后，供核查使用。债权表和债权申报材料由管理人保存，供有关人员查阅。

债权表应当提交第一次债权人会议核查、确认。管理人、债务人、其他债权人等对债权无异议的，列入债权表。债权表由人民法院裁定确认，该项确认具有与生效判决同等的法律效力。经核查存在异议的，由人民法院裁定该异议是否成立。该项裁定无实体法效力，异议人或该债权人不服的，可以对方当事人为被告，向受理破产申请的人民法院提起诉讼。

二、债权人会议

（一）债权人会议的召开

债权人会议是由全体债权人组成，并代表全体债权人的利益，对债务人的破产事项进行决议的机构。

依法申报债权的债权人均为债权人会议成员，有权参加债权人会议并享有表决权。需注意的是，凡是申报债权者均有权参加第一次债权人会议，有权参加对其债权的核查、确认活动，并可依法提出异议。之后的债权人会议，便只有债权得到确认者才有权行使表决权。对债务人的特定财产享有担保权的债权人，未放弃优先受偿权的，对于通过和解协议、通过破产财产的分配方案等事项不享有表决权。

债权人可以委托代理人出席会议并行使表决权。债权人会议设主席一人，由人民法院从有表决权的债权人中指定。

债权人会议应当有债务人的职工代表和工会的代表参加，对有关事项发表意见。

第一次债权人会议由人民法院召集，应在债权申报期限届满后 15 日内召开。以后的债权人会议在人民法院或者会议主席认为必要时，或者管理人、债权人委员会、占债权总额 1/4 以上的债权人向债权人会议主席提议时召开，并提前 15 日由管理人通知已知的债权人。债权人会议由会议主席主持。

（二）债权人会议的职权与决议

债权人会议的职权主要有：

（1）核查债权。债权表由第一次债权人会议核查，由人民法院确认。

（2）申请人民法院更换管理人，审查管理人的费用和报酬。

（3）监督管理人。

（4）选任和更换债权人委员会成员。只能选举、更换其中的债权人代表，不包括职工代表。

（5）决定继续或者停止债务人的营业。注意：在第一次债权人会议召开之前，由管理人决定继续或者停止债务人的营业。

（6）通过重整计划。

（7）通过和解协议。

（8）通过债务人财产的管理方案。

（9）通过破产财产的变价方案。

（10）通过破产财产的分配方案。

（11）人民法院认为应当由债权人会议行使的其他职权。

债权人会议应当对所议事项的决议做成会议记录。

债权人会议的职权是以表决通过决议的方式行使的。债权人会议的决议，由出席会议的有表决权的债权人过半数通过，并且其所代表的债权额，必须占无财产担保债权总额的半数以上。债权人会议的决议，对全体债权人均有法律约束力。但是，有财产担保的债权人享有的优先受偿权，不受债权人会议的决议约束。债权人认为债权人会议的决议违反法律规定的，可以在债权人会议做出决议之日起 15 日内提请人民法院裁定。

（三）债权人委员会

债权人会议可以决定设立债权人委员会。债权人委员会由债权人会议选任的债权人代表和一名债务人的职工代表或工会代表组成。债权人委员会成员不得超过 9 人。债权人委员会成员应当经人民法院书面决定认可。债权人委员会在一些国家被称为“监察委员”、“监查人”，其与公司组织机构中的监事会的比较如图 5-6 所示。

债权人委员会行使下列职权：

（1）监督债务人财产的管理和处分。

（2）监督破产财产分配。

（3）提议召开债权人会议。

（4）债权人会议委托的其他职权。

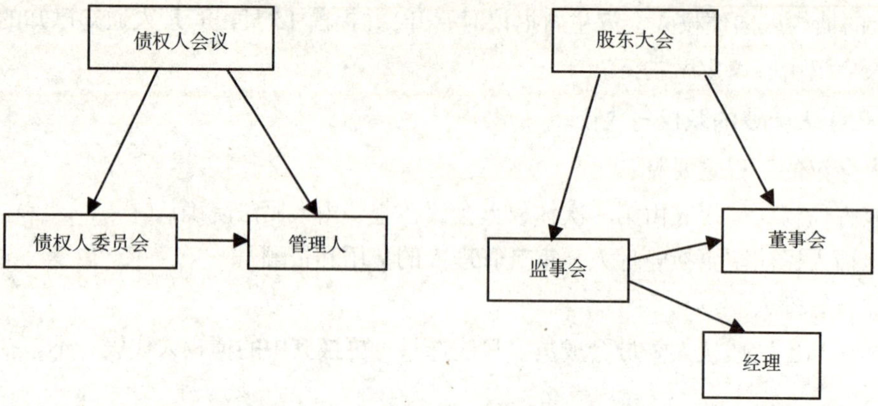

图 5-6 债权人委员会与监事会的比较

债权人委员会执行职务时，有权要求管理人、债务人的有关人员对其职权范围内的事务做出说明或者提供有关文件。

管理人、债务人的有关人员违反本法规定拒绝接受监督的，债权人委员会有权将监督事项请求人民法院做出决定，人民法院应当在 5 天内做出决定。

管理人实施下列行为，应及时报告债权人委员会或人民法院：

（1）涉及土地、房屋等不动产权益的转让。

（2）探矿权、采矿权、知识产权等财产的转让。

（3）全部库存或者营业的转让。

（4）借款。

（5）设定财产担保。

（6）债权和有价证券的转让。

（7）履行债务人和对方当事人均未履行完毕的合同。

（8）放弃权利。

（9）担保物的取回。

（10）对债权人的利益有重大影响的其他财产处分行为。

拓展阅读

北京利达海洋生物馆有限公司（简称利达公司）是 1993 年经批准成立的中外合作经营企业，其投资经营的北京海洋馆于 1999 年正式开业。北京海洋馆集观赏、旅游、科普、教育和休闲娱乐为一体，是北京旅游行业的名片工程。由于利达公司经营不善，公司内部管理混乱，各类有效资产被法院采取了司法保全措施，客观上已经直接危及北京海洋馆的正常经营。截至 2003 年 7 月，利达公司的资产总额为人民币 6.55 亿元，负债总额为人民币 21 亿元，资产负债率高达 320%，属严重资不抵债。同月，经债权人北京国际信托投资有限公司申请，北京市高级人民法院依法受理了利达公司破产清算一案。

2007 年 6 月 1 日开始实施的《企业破产法》规定了重整制度，基于对北京海洋馆仍具有良好的持续运营和持续盈利能力的价值分析，北京高院与监管组多次与债权人协商沟通，力争通过重整程序对利达公司进行拯救。利达公司的多数债权人系金融机构债权人，没有通过利达公司进行的相关重整安排。加之利达公司管理混乱，存在一系列历史遗留问题，导致重整投资人疑虑重重而陆续放弃。

2013 年 10 月 30 日，北京高院裁定宣告利达公司破产。基于对利达公司下属的北京海洋馆经营事业进行拯救的目的，北京高院指导管理人采取在企业持续经营的状态下，将利达公司的全部财产、业务、正在履行的合同等整体打包，通过公开拍卖的方式变价处置。该变价方案在债权人会议表决中获全票通过。经过公开拍卖，北京信沃达海洋科技有限公司整体承接了利达公司的全部资产。承接后，北京海洋馆名称不变。拍卖价款用于清偿全体债权人，职工债权、税收债权 100%清偿，普通债权清偿率 37.60%，307 名企业职工全部得到了安置。在破产财产分配工作全部完结后，2014 年 12 月 19 日，北京高院依法裁定终结破产程序。利达公司在破产清算程序终结后予以注销。

【工作实例】导入案例中的金星公司被申请宣告破产，开广公司以债权人身份申报 100 万元债权，根据是两公司 3 年前签订的买卖合同。开广公司按合同交付了货物，但金星公司一直未付 100 万元货款。金星公司负责人向管理人说明：之所以未向开广公司付货款，是因为货物质量不合格，正要求退货。

【温馨提示】

开广公司可向破产管理人申报债权，如果金星公司对债权有异议，可向法院提起民事诉讼要求确认债权数额。

【延伸思考】

比较以下几个机构的职责分工：

（1）接受申报债权——管理人。

（2）核查债权——债权人会议。

（3）确认债权——法院。

第五节 抓住最后的机会——重整与和解

在某些情况下，企业陷入困境不一定是因为其技术落后或经营不善，外来的因素如市场波动、经济萧条或其他意外风险也可能使一些素质优良的企业陷入债务困境。而且，当企业被清算时，往往会伴随巨大的财产流失（高额的清算费用、一部分财产难以变现或者只能低价变现等）。在这种情况下，拯救企业往往成为理智的选择。为此，现代破产法设立了重整、和解等制度，以帮助企业恢复生机。

一、重整

重整是指对已经或可能发生破产原因但又有挽救希望的债务人企业，通过对各方利害关系人的利益协调，借助法律强制进行营业重组与债务清理，以使其避免破产、获得重生的法律制度。

（一）重整申请和重整期间

债务人或者债权人可以依法直接向人民法院申请对债务人进行重整。债权人申请对债务人进行破产清算的，在人民法院受理破产申请后、宣告债务人破产前，债务人或者出资额占债务人注册资本 1/10 以上的出资人，可以向人民法院申请重整。债务人提出申请的，还须提交通过重整程序，能够恢复生机、摆脱困境、偿还债务的可行性报告。

人民法院经审查认为重整申请符合法律规定的，应当裁定债务人重整，并予以公告。

重整期间为人民法院裁定债务人重整之日起至重整程序终止。具体来说，就是重整申请受理至重整计划草案得到债权人会议分组表决通过和人民法院审查批准，或重整计划草案未能得到债权人会议分组表决通过或人民法院不予批准的期间，不包括重整计划得到批准后的执行期间，具体如图 5-7 所示。

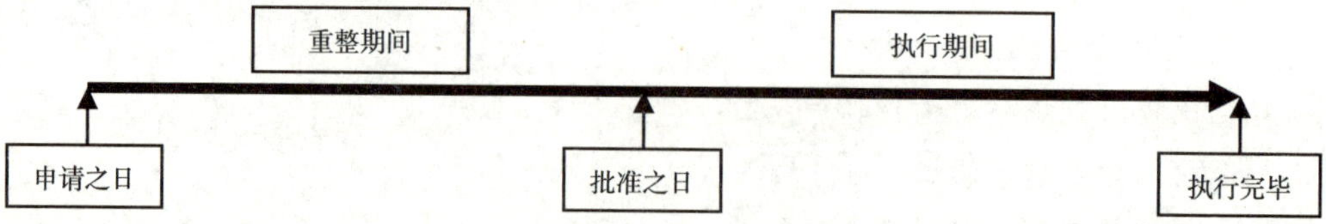

图 5-7 重整期间的划分

在重整期间，债务人的财产管理和营业事务执行，可以由债务人或管理人负责。经债务人申请，人民法院批准，债务人可以在管理人的监督下自行管理财产和营业事务。管理人负责管理财产和营业事务的，可以聘任债务人的经营管理人员负责营业事务。

在重整期间，为保障重整的顺利进行，对债务人的特定财产享有的担保权暂停行使。

债务人或管理人为继续营业而借款的，可以为该项借款设定担保。债务人在重整期间为重整进行而发生的费用与债务，原则上属于共益债务，可以随时从债务人财产中清偿。债务人的出资人不得请求投资收益分配；债务人的董事、监事、高级管理人员不得向第三人转让其持有的债务人的股权（经人民法院同意的除外）。

在重整期间，有下列情形之一的，经管理人或者利害关系人请求，人民法院应当裁定终止重整程序，并宣告债务人破产：

（1）债务人的经营状况和财产状况继续恶化，缺乏挽救的可能性。

（2）债务人有欺诈、恶意减少债务人财产或者其他显著不利于债权人的行为。

（3）由于债务人的行为致使管理人无法执行职务。

（二）重整计划的制订和批准

1. 重整计划的制订

当事人的重整申请被受理之后，应当在法定期限内提交重整计划草案。债务人自行管理财产和营业事务的，由债务人制作重整计划草案；管理人负责管理财产和营业事务的，由管理人制作重整计划草案。债务人或者管理人应当自人民法院裁定债务人重整之日起 6 个月内（期限届满，有正当理由的，人民法院可以裁定延期 3 个月），同时向人民法院和债权人会议提交重整计划草案。

重整计划草案应当包括下列内容：

① 债务人的经营方案。

② 债权分类。

③ 债权调整方案。

④ 债权受偿方案。

⑤ 重整计划的执行期限。

⑥ 重整计划执行的监督期限。

⑦ 有利于债务人重整的其他方案。

2. 重整计划草案的表决与批准

人民法院应当自收到重整计划草案之日起 30 日内召开债权人会议。债权人根据各自在重整计划中的差别利益进行分类，各类债权人分组对重整计划草案进行表决。分组情况如下：

① 对债务人的特定财产享有担保权的债权。

② 债务人所欠职工的工资和医疗、伤残补助、抚恤费用，所欠的应当划入职工个人账户的基本养老保险、基本医疗保险费用，以及法律、行政法规规定应当支付给职工的补偿金。

③ 债务人所欠税款。

④ 普通债权。

人民法院在必要时可以决定在普通债权组中设小额债权组对重整草案进行表决。

根据案件的具体情况，法院还可以决定设置其他级别，如公司债债权人组等。

出席债权人会议的同一表决组的债权人过半数同意重整计划草案，并且其所代表的债权数额占该组债权总额的 2/3 以上的，即该组通过重整计划草案。各表决组均通过重整计划草案时，重整计划即通过。自重整计划通过之日起 10 日内，债务人或者管理人应当向人民法院提出批准重整计划的申请。人民法院经审查认为符合规定的，应当自收到申请之日起 30 日内裁定批准，终止重整程序并予以公告。

为保障重整程序能够顺利进行，《企业破产法》规定，部分表决组未通过重整计划草案的，债务人或者管理人可以同该组进行协商，该表决组可以在协商后再表决一次。双方协商的结果不得损害其他表决组的利益。该未通过重整计划草案的表决组拒绝再次表决或者再次表决仍未通过的，但重整计划符合下列条件的，债务人或者管理人可以申请人民法院批准重整计划草案：

① 按照重整计划草案，对债务人的特定财产享有担保权的债权就该特定财产将获得全额清偿，其因延期清偿所受的损失将得到公平补偿，并且其担保权未受到实质性损害，或者该表决组已经通过重整计划草案。

② 按照重整计划草案，债务人所欠职工的各项费用和补偿金、债务人所欠税款将获得全额清偿，或者相应表决组已经通过重整计划草案。

③ 按照重整计划草案，普通债权所获得的清偿比例，不低于其在重整计划草案被提请批准时依照破产清算程序所能获得的清偿比例，或者该表决组已经通过重整计划草案。

④ 重整计划草案对出资人权益的调整公平、公正，或者出资人组已经通过重整计划草案。

⑤ 重整计划草案公平对待同意表决组的成员，不违反所规定的债权清偿顺序。

⑥ 债务人的经营方案具有可行性。

重整计划草案未获得通过且未依法获得人民法院的强制批准，或者已通过的重整计划未获得批准的，人民法院应当裁定终止重整程序，并宣告债务人破产。

重整计划的表决与批准如表 5-1 所示。

表 5-1　重整计划的表决与批准

表决组（如 4 组）	债权人会议	法　院	结　果
1. 全部通过	√√√√	√	√
2. 全部通过	√√√√	×	×
3. 部分通过	√√××	√	√
4. 部分通过	√√××	×	×
5. 全部未通过	××××	无此程序	×

注：√表示“通过”或“认可”；×表示“不通过”或“不认可”。

（三）重整计划的执行

重整计划由债务人负责执行。人民法院裁定批准重整计划后，已接管财产和营业事务的管理人应当向债务人移交财产和营业事务。在重整计划规定的监督期内，由管理人监督重整计划的执行，具体如表 5-2 所示。在监督期限届满时，管理人应当向人民法院提交监督报告。

表 5-2 重整计划的制订与执行

营业管理	计划制订	执行	监督
管理人	管理人	债务人	管理人
债务人	债务人		

经人民法院批准的重整计划，对债务人和全体债权人均有约束力，包括对债务人的特定财产享有担保权的债权人。债权人对债务人保证人和其他连带债务人所享有的权利，不受重整计划的影响，可以依据合同约定行使权利。

债务人不能执行或者不执行重整计划的，人民法院经管理人或者利害关系人请求，应当裁定终止重整计划的执行，并宣告债务人破产。

人民法院裁定终止重整计划执行的，债权人在重整计划中做出的债权调整的承诺失去效力。债权人因执行重整计划所受的清偿仍然有效，债权未受清偿的部分作为破产债权。在重整计划执行中已经接受清偿的债权人，只有在其他同顺位债权人与自己所受的重整清偿达到同一比例时，才能继续接受破产分配。

按照重整计划减免的债务，自重整计划执行完毕时起，债务人不再承担清偿责任。

拓展阅读

深圳中华自行车（集团）股份有限公司（简称深中华）系上市的中外合资股份有限公司，成立于 1984 年 8 月 24 日，注册资本及实收资本均为人民币 5.5 亿余元。深中华生产的自行车曾远销欧美，但随着市场环境发生变化，企业深陷亏损境地。2012 年 10 月 12 日，广东省深圳市中级人民法院（简称深圳中院）根据债权人申请，裁定受理深中华破产重整案。

2012 年 10 月 29 日，深圳中院审查后批准深中华在管理人的监督下自行管理财产和营业事务。

2013 年 8 月 22 日，债权人会议表决重整计划，普通债权组未能表决通过，税款组、出资人组均表决通过。深圳中院在综合考察深中华的现状后，指导管理人积极作为，针对仍存疑虑的债权人进行沟通和释法，充分阐释通过重整企业原本无法变现资产的清偿率可以获得大幅提升，通过获取股权可以分享重组收益等有利因素，取得了债权人的支持。在同年 10 月 15 日的第二次表决中，高比率通过重整计划。同日，深圳中院裁定批准重整计划。同年 12 月 27 日，执行重整计划完毕。

深中华的重整计划草案经历了两次表决，法院在面临可能需要强制批准的情况下，没有简单化处理问题，而是指导管理人积极作为，以利益导向、发展导向促成债权人的态度转化。

重整程序的基本流程如图 5-8 所示。

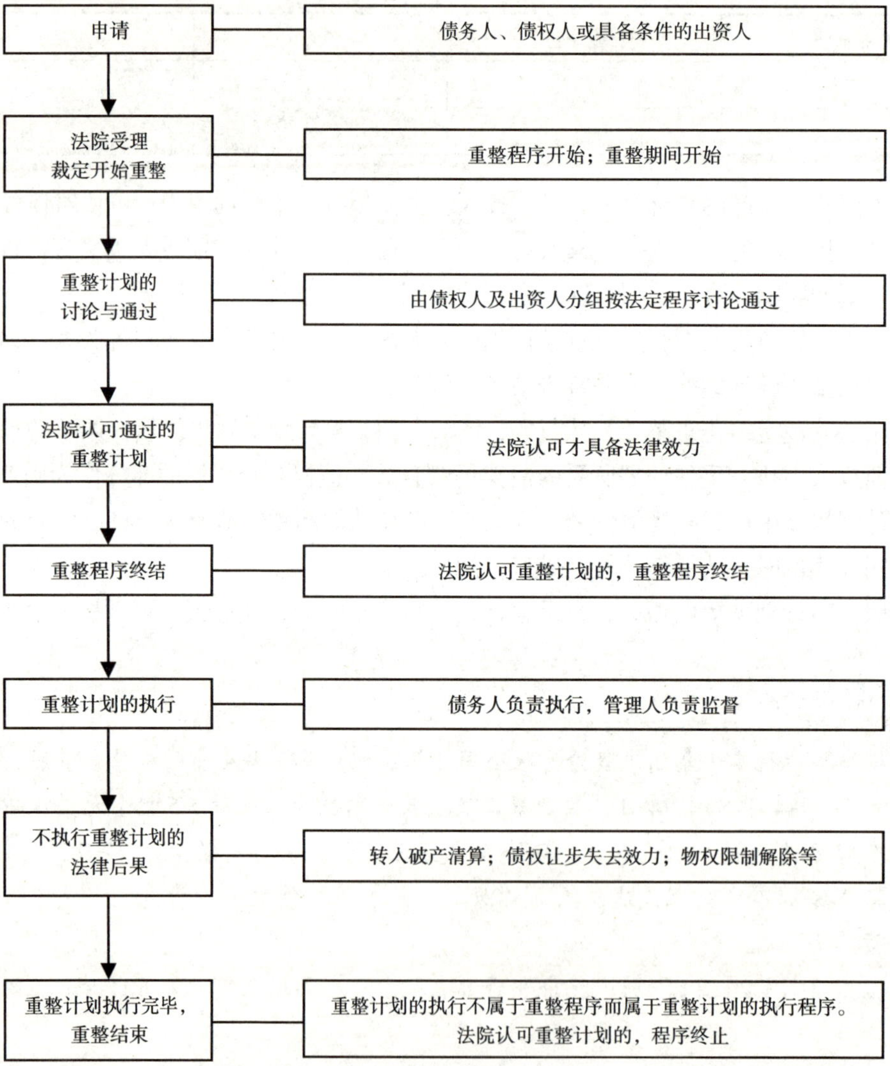

图 5-8　重整程序的基本流程

二、和解

《企业破产法》在重整程序之后，为能够给债务人提供更多的避免破产的方式与机会，又设置了和解制度。

和解申请只能由债务人一方提出。在发生破产原因时，债务人可以依法直接向人民法院申请和解，也可以在人民法院受理破产申请后、宣告破产前，向人民法院申请和解。

债务人申请和解，应当提出和解协议草案。人民法院经审查认为和解申请符合规定的，应当受理其申请，裁定和解，予以公告，并召集债权人会议讨论和解协议草案。和解程序对就债务人特定财产享有担保权的债权人无约束力。

债权人会议通过和解协议的决议，由出席会议的有表决权的债权人过半数同意，并且其所代表的债权额占无财产担保债权总额的2/3以上。对债务人特定财产享有担保权的债权人，对此事项无表决权。

债权人会议通过和解协议的决议，由人民法院裁定认可，终止和解程序，并予以公告。和解协议草案经债权人会议表决未获通过，或者已经债权人会议通过但未获得人民法院认可的，人民法院应当裁定终止和解程序，并宣告债务人破产。

和解协议草案的通过与认可如表5-3所示。

表5-3 和解协议草案的通过与认可

债权人会议	法院	结果
√	√	√
√	×	×
×	无此程序	×

注：√表示“通过”或“认可”； ×表示“不通过”或“不认可”。

和解协议的效力表现在多个方面：

1. 和解协议对债务人与和解债权人的效力

经人民法院裁定认可的和解协议，对债务人和全体和解债权人（无担保债权人）均有约束力。债务人应当按照和解协议规定的条件清偿债务。按照和解协议减免的债务，自和解协议执行完毕时起，债务人不再承担清偿责任。

2. 和解协议对债务人的保证人和其他连带债务人的效力

和解协议对债务人的保证人和其他连带债务人所享有的权利，不受和解协议的影响。和解债权人对债务人所做的债务减免清偿或延期清偿的让步，效力不及于债务人的保证人或连带债务人。

重整与和解对相关当事人的约束力如表5-4所示。

表 5-4 重整与和解对相关当事人的约束力

相关当事人＼程序	重整	和解
债务人	有	有
保证人	无	无
无担保债权人	有	有
有担保债权人	有	无

债务人不能执行或者不执行和解协议的，人民法院经和解债权人请求，应当裁定终止和解协议的执行，并宣告债务人破产。

人民法院裁定终止和解协议执行的，和解债权人在和解协议中做出的债权调整的承诺失去效力，但债务人方面为和解协议的执行提供的担保继续有效。和解债权人因执行和解协议所受的清偿仍然有效，不予退回。和解债权未受清偿的部分作为破产债权。上述债权人只有在其他债权人同自己所受的和解清偿达到同一比例时，才能继续接受破产分配。

【工作实例】导入案例中金星公司被债权人申请进入破产程序，公司员工普遍非常悲观失望，感到公司破产、自己失业、老无所依、非常可怕。金星公司是否只有注销、终止这一条出路了？

【温馨提示】

破产程序中有和解与重整制度，给了债务人最后的机会。如果债务人和债权人能够达成和解，或者债务人经重整获得成功，则可以避免破产清算。

【延伸思考】

从和解与重整制度分析，为什么说破产法既保护债权人利益又保护债务人利益？

第六节 妥善处理“后事”——破产清算

一、破产宣告

破产宣告，是人民法院对债务人不能清偿到期债务的事实做出的法律上的判定。根据《企业破产法》规定，在以下三种情况下，人民法院应当以书面裁定宣告债务人企业破产：

① 企业不能清偿到期债务，又不具备法律规定的不予宣告破产条件的。

② 企业被依法终结重整、和解的。

③ 重整期满，不能按照和解协议清偿债务的。

人民法院宣告企业破产，应自裁定做出之日起 5 日内通知债务人和管理人，自裁定做出之日起 10 日内通知债权人，并予以公告。

二、破产财产的变价和分配

1. 破产财产的变价

破产财产的分配以货币形式为主，所以在债务人被宣告破产后，管理人应当及时拟订破产财产变价方案，提交债权人会议讨论。根据债权人会议通过或者人民法院裁定的变价方案，管理人应当适时变价出售破产财产。

变价出售破产财产应通过拍卖方式进行，但债权人会议另有决议的除外。

2. 破产财产的分配

破产财产的分配应当遵守法定的分配顺序和分配方法，管理人应及时拟订破产财产分配方案，提交债权人会议讨论。破产财产分配方案应当载明下列事项：

① 参加破产财产分配的债权人名称或者姓名、住所。

② 参加破产财产分配的债权额。

③ 可供分配的破产财产数额。

④ 破产财产分配的顺序、比例及数额。

⑤ 实施破产财产分配的方法。

债权人会议通过破产财产分配方案后，由管理人将该方案提请人民法院裁定认可。破产财产分配方案经人民法院裁定认可后，由管理人执行。

破产财产在优先清偿破产费用和共益债务后，依照下列顺序清偿：

① 破产人所欠职工的工资和医疗、伤残补助、抚恤费用，所欠的应当划入职工个人账户的基本养老保险、基本医疗保险费用，以及法律、行政法规规定应当支付给职工的补偿金。

② 破产人欠缴的除前项规定以外的社会保险费用和破产人所欠税款。

③ 普通破产债权。

破产财产不足以清偿同一顺序的清偿要求的，按照比例分配。

破产企业的董事、监事和高级管理人员在破产申请受理前拖欠的工资，按照该企业拖欠职工工资的平均期间、以同期职工平均工资为标准计算。

破产财产的分配如表 5-5 所示。

表 5-5　破产财产的分配

人民法院受理破产申请时全部财产的变现价值（A）	人民法院受理破产申请时负债总额（J）
+管理人事后通过行使撤销权等追回的财产（B）	-有担保的债权得到清偿的部分（D） -工资、保险（F） -社会保险费用、税款（G）
=破产财产（C=A+B）	
-担保物拍卖价款中支付给债权人的部分（D） -破产费用、共益债务（E） -工资、保险（F） -社会保险费用、税款（G）	
=可以支付普通债权的财产 H（H=C-D-E-F-G）	=普通债权 K（K=J-D-F-G）

注：H/K=清偿率。破产财产不足以清偿同一顺序的清偿要求的，按照清偿率分配。

需要注意的是：对债权人未受领的破产财产分配额，管理人应当提存。债权人自最后分配公告之日起满 2 个月仍不领取的，视为放弃受领分配的权利，管理人或者人民法院应当将提存的分配额分配给其他债权人。破产财产分配时，对于诉讼或者仲裁未决的债权，管理人应当将其分配额提存。自破产程序终结之日起满 2 年仍不能受领分配的，人民法院应当将提存的分配额分配给其他债权人。

三、破产终结

破产财产分配完毕后，由管理人提请人民法院终结破产程序。人民法院应在接到申请后 15 日内做出裁定。裁定终结的，管理人应当自破产程序终结之日起 10 内，向破产企业原登记机关办理破产企业注销登记，并将办理情况及时通告人民法院。破产企业注销登记完毕的次日，管理人终止执行任务。但是存在诉讼或者仲裁等未决情况的除外。

在破产程序因债务人财产不足以支付破产费用而终结，或者因破产人无财产可供分配或破产财产分配完毕而终结时，自终结之日起 2 年内，有下列情形之一的，债权人可以请求人民法院按照破产财产分配方案进行追加分配：

（1）发现在破产案件中有可撤销行为、无效行为或者债务人的董事、监事和高级管理人员利用职权从企业获取非正常收入和侵占企业财产的情况，应当追回财产的。

（2）发现破产人有应当供分配的其他财产的。

对造成企业破产以及违反破产法的行为，要追究相应的法律责任。企业董事、监事或者高级管理人员违反忠实义务、勤勉义务，致使所在企业破产的，依法承担民事责任，并自破产程序终结之日起 3 年内不得担任任何企业的董事、监事、高级管理人员。

对债务人、管理人违反破产法的行为，人民法院可以对直接责任人员依法进行处罚，构成犯罪的，依法追究刑事责任。

拓展阅读

浙江玻璃股份有限公司（简称浙江玻璃）成立于1994年5月，2001年12月在香港联合交易所上市。由于经营不善，浙江玻璃及其四家关联公司生产经营遭遇巨大困难，陷入债务危机。2010年5月3日，浙江玻璃因未能如期公布2009年度财务报告被香港联合交易所处以暂停交易。鉴于浙江玻璃已具备破产原因，且作为一家尚具生产能力的境外上市股份公司，具有一定的重整价值，2012年6月28日，浙江省绍兴市中级人民法院裁定受理债权人对浙江玻璃的重整申请并指定管理人，启动破产重整程序。2012年7月，绍兴中院组织召开合并重整听证会，听取各方对合并重整的意见。经听证，大部分债权人代表及浙江玻璃及其关联公司支持合并重整。

2013年3月10日，在前期继续经营、成功招募重整投资人的基础上，浙江玻璃及其四家关联公司破产案召开第三次债权人会议，分组表决重整计划草案。受多种客观因素影响，普通债权组未通过重整计划草案，导致重整计划草案未能获得债权人会议通过。绍兴中院裁定终止重整程序，转入破产清算。

转入破产清算后，继续维持生产的压力更加突出。玻璃生产具有特殊性，一旦生产线停产，将涉及停火冷窑、危化品处置等安全问题，并将导致资产大幅贬值和维护费用大幅增加。为此，经管理人在债权人会议中广泛征求意见，采取"托管经营"的方式，委托第三方公司继续生产经营，实现了破产清算条件下的正常生产。2013年4月，第四次债权人会议表决通过《破产财产变价方案》。经公开拍卖或变卖，公司的资产变价金额合计约23.02亿元。9月，第五次债权人会议表决通过了《破产财产分配方案》。10月10日，绍兴中院裁定认可破产财产分配方案。12月12日，经管理人申请，绍兴中院裁定终结破产程序。

第五章

【工作实例】导入案例中的金星公司被依法宣告破产，经查，其财产尚余100万元，应支付的破产费用5万元，欠职工工资等10万元，欠各种税款5万元，欠五个债权人发展银行、城市银行、江山公司、双丰集团、东兴工具厂共计600万元，其中欠发展银行的50万元贷款及利息以价值60万元的设备作抵押。其余四个债权人可受偿多大比例？

【温馨提示】

金星公司100万元破产财产，首先以抵押的设备折价清偿抵押权人50万元欠款，然后支付破产费用5万元，所余款项依次支付欠职工的工资10万元，欠税款5万元，尚余30万元，不足清偿全部普通债权，则按比例偿还：30/600=1/20，每个债权人受偿其债权总额的1/20。

关于导入案例：管理人在收回欠款中发现经纬公司股东存在虚假出资情况，出资人是以认缴的而不是实缴的出资对公司债务承担责任，在企业清算时，出资人必须立即缴纳认缴而未如实缴纳的出资。所以银丰公司应在 50 万元出资范围内对经纬公司承担责任，40 万元欠款可以收回。

【延伸思考】

企业经营失败的结果，不仅自己承担，更是由债权人承担。那么，破产制度给了我们什么启示呢？

本章小结

本章主要介绍了我国破产制度的主要内容，包括一般规则、破产申请与受理、重整与和解、债务人财产、债权申报、债权人会议、破产清算等基本规定和操作程序。当实践中遇到债务人经营确实陷入困境难以还债，或本企业负债累累难以正常维持的情况下，考虑申请破产（清算、和解或重整）不失为一种保护自身合法权益的理性选择。

思考与练习

一、单项选择题

1. 根据《企业破产法》的规定，下列主体中，可以担任管理人的是（　　）。

A. 与债权人有尚未了结债务的人

B. 曾被吊销注册会计师证书的人

C. 破产案件受理的 4 年前曾担任债务人董事的人

D. 破产案件受理前 2 年内曾担任债务人法律顾问的人

2. 根据《企业破产法》的规定，下列各项中，不属于破产管理人的职责的是（　　）。

A. 接管债务人的账簿等资料

B. 决定债务人的日常开支

C. 代表债务人参加诉讼

D. 在第一次债权人会议召开后，决定继续债务人的营业

3. A 公司因不能清偿到期债务，被债权人 B 公司申请破产，法院指定甲律师事务所为管理人。根据破产法律制度的规定，下列各项中，错误的是（　　）。

A. 甲律师事务所在第一次债权人会议召开之前，有权决定继续或者停止 A 公司的营业

B. 甲律师事务所有权处分 A 公司的财产

C. 甲律师事务所有权因担任管理人而获得报酬

D. 如甲律师事务所不能胜任职务，债权人会议有权罢免其管理人资格

4. 人民法院受理甲企业的破产申请后，乙企业有权对出租给甲企业的机器设备行使取回权。乙企业行使取回权的下列方式中，符合企业破产法律制度规定的是（　　）。

A. 自行取回

B. 通过债权人会议取回

C. 通过管理人取回

D. 申请人民法院裁定取回

5. 人民法院受理甲企业的破产申请后，管理人决定解除甲企业与乙公司签订的尚未履行完毕的合同。该合同约定，甲企业不履行合同时，应向乙公司按合同金额的 20%支付违约金。下列对该项违约金的处理方式中，正确的是（　　）。

A. 作为破产费用从破产财产中优先拨付

B. 作为普通破产债权清偿

C. 作为有财产担保的债权优先清偿

D. 不予清偿

二、多项选择题

1. 根据《企业破产法》的规定，下列财产中，属于债务人财产的有（　　）。

A. 破产申请受理时属于债务人的房屋

B. 破产宣告后破产人得到的银行存款利息

C. 破产申请受理时债务人用于抵押担保的财产

D. 破产申请受理后至破产程序终结前债务人取得的财产

2. 根据《企业破产法》的规定，人民法院受理破产申请前 1 年内，下列涉及债务人财产的行为中，属于破产管理人有权请求人民法院予以撤销的有（　　）。

A. 债务人无偿转让财产的行为

B. 债务人以明显不合理的价格进行交易的行为

C. 债务人对未到期的债务提前清偿的行为

D. 债务人为逃避债务隐匿财产的行为

3. 假设人民法院于 2007 年 9 月 10 日受理某企业法人破产案件，12 月 10 日做出破产宣告裁定。在破产企业清算时，下列选项中，管理人可依法行使撤销权的有（　　）。

A. 该企业于 2007 年 3 月 1 日对应于同年 10 月 1 日到期的债务提前予以清偿

B. 该企业上级主管部门于2007年4月1日从该企业无偿调出价值10万元的机器设备一套

C. 该企业于2007年5月8日与其债务人签订协议，放弃其15万元债权

D. 该企业于2007年7月10日将价值25万元的车辆作价8万元转让他人

4. 根据企业破产法律制度的规定，下列各项中，属于共益债务的是（　　）。

A. 因管理人请求对方当事人履行双方均未履行完毕的合同所产生的债务

B. 因债务人不当得利所产生的债务

C. 为债务人继续营业而应支付的劳动报酬和社会保险费用

D. 管理、变价和分配债务人财产的费用

5. 根据《企业破产法》的规定，债权人会议表决的下列事项中，对债务人的特定财产享有担保权且未放弃优先受偿权利的债权人享有表决权的有（　　）。

A. 通过重整计划

B. 通过和解协议

C. 通过破产财产的分配方案

D. 通过破产财产的变价方案

三、案例分析

某贸易有限责任公司（简称贸易公司）由甲公司和乙公司分别出资300万元和200万元设立，贸易公司实际到位的注册资本为400万元，甲公司尚有100万元出资因公司章程规定的出资期限未到而没有完全履行出资义务。贸易公司在经营中因投资决策发生严重失误，造成重大损失，不能清偿到期债务，向其所在地的人民法院申请破产。人民法院于2015年2月8日受理了该破产申请后，指定了管理人全面接管贸易公司。经审理，人民法院于2016年1月8日依法宣告贸易公司破产。管理人对贸易公司的相关事项清理如下：

（1）2014年4月20日向丙公司无偿赠与一批物资，价值30万元。

（2）2014年1月24日向丁银行借款10万元，借期2年。其借款利息截至2015年2月8日为8万元，其后截至2016年1月8日为5万元。

（3）2014年12月16日与甲公司签订一份买卖合同，约定甲公司为贸易公司定制一批特殊规格的服装，合同标的额为68万元，由甲公司于2016年4月上旬交货，货到付款。现双方均尚未履行该合同，管理人决定解除该合同，由此造成甲公司实际经济损失为10万元。

（4）债权人A因参加债权人会议发生差旅费1万元，债权人B为参加贸易公司的破产清算而聘请律师产生费用2万元。

（5）2015年6月19日贸易公司的一幢危房突然倒塌，致路人戊不幸受到伤害，遭到损失3万元。

（6）除上述事项外，贸易公司经评估确认尚有资产1 200万元（变现价值）；负债2 800万元（其中，应付工资300万元、基本养老保险费用60万元、补充养老保险费用40万元、

基本医疗保险费用 30 万元、补充医疗保险费用 20 万元、应缴税金 400 万元、其他流动负债 650 万元、长期负债 1 300 万元）；破产费用 100 万元。

根据以上事实和破产法律制度的规定，分别计算、分析回答下列问题：

（1）甲公司享有的破产债权是多少？其尚未缴纳的出资是否应补缴？分别说明理由。

（2）贸易公司向丙公司赠与物资的行为是否可以撤销？说明理由。

（3）丁银行享有的破产债权是多少？说明理由。

（4）丁银行享有的破产债权在破产清算中能得到清偿的具体数额是多少？（小数点保留两位）

第六章

合同法实务

学习目标

知识学习目标：合同法是市场经济的基本法律制度，也是应用非常广泛的法律制度。通过对合同法一般原理及具体制度的学习，认识合同的基本特征，系统掌握合同法的基本原则、基本制度。其中，要约承诺制度、合同抗辩权、缔约过失、合同无效和预期违约责任等制度是本章的重点、难点。

技能训练目标：培养运用合同法原理和知识以及相关法律、法规分析和解决经济生活中的实际问题的能力。学会订立合法有效的合同；能够依法履行、变更和解除合同；懂得为合同设立有效担保；能够运用违约责任相关规定解决实际问题。

导入案例

郑州市政府规定：凡年满60岁的老人，均免费乘坐公共汽车。王老太太年近七十，一日乘坐公共汽车外出，公共汽车在行驶途中，为紧急避让行人突然急刹车，将王老太太从座位上甩到车厢地板上，造成多处骨折。经采取手术治疗、放置人工关节等措施，一年后才勉强可以站立走动。所花费6万多元治疗费用，应由谁负担？

乘客自上车时起，就与公交公司之间形成客运合同关系，乘客有义务付车费，公交公司有义务将乘客安全、准时送到目的地。王老太太与公交公司之间就是这种合同关系（政府埋单），公交公司没有尽到义务，构成违约，应赔偿乘客因此所受的损失6万元。（当然，此案情形下，王老太太也可选择依据《中华人民共和国侵权责任法》来追究对方的侵权责任，二者可选其一。这就是所谓侵权责任与违约责任的竞合。）

第一节 法定权利与义务的主要载体——认识合同

一、合同

经济主体在市场经济条件下，主要以合同为媒介进行各种生产经营活动，实现自己的经济利益。作为普通公民，我们每天也都在和各种各样的合同打交道，衣、食、住、行各方面的需要都是通过合同来得到满足的。合同，就是平等主体的自然人、法人、其他组织之间设立、变更、终止民事权利义务关系的协议（《合同法》第二条）。

合同的基本法律特性，主要表现在以下几个方面：

（1）合同是民事法律行为。合同依法成立后受法律保护，合同当事人要接受所签合同的约束，违反合同就要承担相应的法律责任。

（2）合同是根据当事人约定在当事人之间确立的特定权利义务关系。在这种合同法律关系中，主体双方的法律地位完全平等，这成为《合同法》上的合同与行政合同、劳动合同的显著区别。当事人在合同订立和履行时意思自治，任何一方不得凭借有利地位将自己的意志强加于对方。合同所包含的内容应当对等，不能显失公平。

（3）合同是两个或两个以上当事人意思表示一致的民事法律行为。多方法律行为是指两个以上当事人意思表示相一致所构成的民事法律行为，也称共同法律行为，如股东合作协议或多方联营协议。双方民事法律行为是指由两个当事人意思表示一致而构成的民事法律行为，如买卖、租赁、借贷等合同关系。

（4）合同得产生相应法律后果。合同作为一种法律行为，是以实现一定的民事权利义务关系为目的的。合同一旦成立，在当事人之间就确立、变更、终止了一定的民事权利义务关系。合同所包含的权利义务对合同当事人有法律上的拘束力，如果合同当事人不能按照合同的约定履行义务，就要承担相应的合同法律责任。

拓展阅读

所谓合同自由，又称契约自由，是指当事人有依合同负担义务并受强制之履行的自由。合同之精髓是当事人自由意志之汇合，只要不违反法律、道德和公共秩序，每个人都享有完全的合同自由，这种自由被概括为著名的合同自由原则。按照合同自由原则，当事人可以按照自己的意志去自由地决定是否订立合同，自由地决定对方当事人，自由地决定合同的内容，自由地决定合同的形式。其核心和实质是由当事人的意思决定当事人之间的权利义务。

合同法制是保障合同当事人的合法权益的重要法律手段。我国《合同法》于 1999 年 3

月 15 日通过，1999 年 10 月 1 日起施行。《合同法》适用平等、自愿、公平、诚实信用、遵守法律和社会公共秩序等基本原则。

劳动、婚姻、收养、监护、抚养、离婚、遗赠等有身份关系的协议不适用《合同法》。

二、合同的分类

合同因交易方式繁杂而类型多样。对合同做出科学的分类，使我们不仅可以针对不同的合同确定不同的规则，并且有助于人民法院和仲裁机关准确适用合同法律，正确地处理合同纠纷。

（一）双务合同与单务合同

根据合同内容将合同划分为双务合同与单务合同。双务合同是指当事人双方互负对等给付义务的合同，如买卖、互易、租赁合同。单务合同是指合同当事人仅有一方负担给付义务的合同。例如，在借用合同中，只有借用人负有按约使用并归还借用物的义务。

区分双务合同与单务合同的主要意义在于合同的履行。由于双务合同所产生的当事人间的权利义务具有对价关系，因此它可能会产生一些单务合同所不具有的法律后果，如先履行抗辩权。

（二）诺成合同与实践合同

根据合同当事人意思表示一致后，是否必须交付合同标的物作为合同成立条件为标准，将合同分为诺成合同和实践合同。诺成合同是指当事人双方的意思表示一致，即产生法律效力的合同。实践合同是指除当事人双方意思表示一致以外，尚须实际交付标的物才能成立生效的合同。如保管合同，必须要寄存人将寄存的物品交给保管人，合同才能成立并生效。实践中绝大多数合同都是诺成合同，而实践合同的确认则必须有法律的特别规定。

区分诺成合同和实践合同，对于确定合同的成立时间、标的物所有权与使用权转移时间及风险转移时间都有重要意义。

（三）有偿合同与无偿合同

根据当事人从合同中获取某种利益是否需要支付相应对价，可将合同分为有偿合同与无偿合同。有偿合同是指一方当事人依照合同获取某种利益，必须向对方支付相应对价的合同。这类合同是商品交换最典型的法律形式。无偿合同是指一方当事人依照合同获得某种利益，但不需支付任何对价的合同。要说明的是，无偿合同并非单务合同，无偿方也要承担义务，如借用人无偿借用他人物品，负有正当使用和按期返还的义务。

区分有偿合同与无偿合同的意义在于，无偿合同因一方当事人履行义务是无偿的，因此其在承担责任上应与有偿合同有所区别。

（四）要式合同与不要式合同

依合同的成立是否应以一定的形式要件为依据，可将合同分为要式合同与不要式合同。要式合同是指必须依照法律规定或当事人约定的方式才能订立生效的合同，如房屋抵押合同必须办理登记才能生效。不要式合同是指当事人不需要采取特定的方式，仅凭自己的意愿就可订立生效的合同。

正确认识要式合同与不要式合同，对于认定合同成立、生效的条件有重要意义，要式合同需要具备形式条件，而不要式合同则相反。

（五）有名合同与无名合同

凡是合同法及相关法规明确规定名称的合同为有名合同，其他则为无名合同。合同法规定的常见的有名合同有买卖合同、借款合同等 15 种。

区分有名合同与无名合同的意义在于，有名合同当事人可直接按照合同法规来确定当事人的权利义务及其法律责任；无名合同当事人发生纠纷，则可按照《合同法》中“适用本法总则的规定，并可以参照本法分则或者其他法最相类似的规定”以及《民法通则》相关的规定，解决无名合同的争议。

（六）为自己利益的合同与为第三人利益的合同

为自己利益的合同是指当事人直接为自己设定权利，谋取利益的合同。大多数合同属于此类。然而在特殊情况下，合同当事人并非为自己设定权利，而是为第三人的利益订立合同，这类合同就是为第三人的利益订立的合同。例如，人身意外保险合同，投保人和保险人约定第三人作为合同的受益人，这类合同称为第三人利益合同。

区分这两种合同的意义在于，为第三人利益订立的合同，第三人接受权利后便具有了合同当事人的地位，独立享有合同规定的权利。

【工作实例】小王大学毕业后应聘到一家公司做销售工作，双方签订了劳动合同。一日，小王在上班途中遭遇车祸受伤，因休息养伤等问题与公司产生纠纷。他应该研究《合同法》来寻求解决途径吗？

【温馨提示】

劳动关系不属于《合同法》的调整范围，他应该研究《劳动合同法》、《劳动法》等。

【延伸思考】

如果你没有在一份合同书上签过字，是否就没有结成过合同关系？

第二节 设立权利与义务——订立合同

一、订立合约的原则

合同的订立是指当事人就设立、变更、终止民事权利义务关系达成一致的过程，包括要约和承诺两个基本步骤。

订立合同应遵循以下原则：

1. 合同自愿原则

合同自愿原则是合同法的基本原则。即当事人是否缔结合同，同谁缔结合同，采用何种形式和内容，只要不违背公序良俗，可凭自己意愿决定。除法律强行规定外，当事人对合同有极大的选择空间。

2. 遵守诚实信用原则

合同法要求当事人在缔约中，相互负有协力、保护、通知、保密等附随义务。违反这些义务，即构成缔约上过失。因此给对方造成损害的，应当赔偿。

二、订立合同的程序

（一）订立合约的一般程序

当事人订立合同的过程就是协商一致的过程，表现为要约和承诺两个阶段。

一）要约

要约是指当事人一方向另一方发出的订立合同的意思表示。其中，提出要约的一方为要约人，接受要约的一方为受要约人。在具体商贸活动中，要约通常体现为报价、发盘等。

1. 要约的构成要件

（1）要约人的意思表示是以订立合同为目的。

（2）要约的意思表示应包括足以使合同成立的主要内容。

（3）要约必须是向相对人发出的意思表示。要约的相对人可以是特定的人，也可以是不特定的人。向特定的人发出要约，通常是某一具体的法人或自然人。向不特定的人发出要约，通常是向社会公众发出的要约，如商店对店内商品标价陈列。

（4）表示愿意接受要约的约束。

实践中，应注意要约和要约邀请的区别。“要约邀请”也叫“要约引诱”，是希望他人向自己发出要约的意思表示。寄送的价目表、拍卖公告、招标公告、招股说明书、商业广告等为要约邀请。它与要约不同：要约是缔约的必经程序或阶段，要约邀请则处于订立合同前的准备阶段；要约的目的是和他人订立合同，要约邀请的直接目的只是希望他人向自己发出要约；要约的内容具体确定，即包括足以使合同成立的主要内容，要约邀请只要具备邀请他人向自己发出邀约的意思表示即可；要约针对承诺方发出，要约一旦到达受要约人就会产生法律效力，不得随意变更和撤回，而要约邀请针对不特定的主体发出，没有法律拘束力。

商品房的销售广告和宣传资料为要约邀请，但是出卖人就商品房开发规划范围内的房屋及相关设施所做的说明和允诺具体确定，并对商品房买卖合同的订立以及房屋价格的确定有重大影响的，应当视为要约。该说明和允诺即使未载入商品房买卖合同，亦应当视为合同内容，当事人违反的，应当承担违约责任。

2. 要约的效力

要约的效力包括对要约人的效力和对受要约人的效力两个方面。对要约人的效力表现为：要约一经发出生效，要约人不得随意撤回或者撤销。对承诺方的效力主要表现为：要约到达受要约人，受要约人就取得依要约做出承诺的资格，如果要约得到了承诺，合同即成立。

《合同法》第十六条第一款规定："要约到达受要约人时生效。"要约的传递方式主要表现为三种：一是要约人当面直接送达；二是要约人以寄送方式送达；三是要约人采用数据电文（如传真、电子邮件）的方式送达。第一种情况，送达即生效。第二种情况，应当以邮局加盖的送达邮戳注明的到达日期为送达的生效日期。第三种情况，当事人采用数据电文形式订立合同，收件人指定特定系统接收数据电文的，该数据电文进入该特定系统的时间，视为到达时间；未指定特定系统的，该数据电文进入收件人的任何系统的首次时间，视为到达时间。具体如图 6-1 所示。

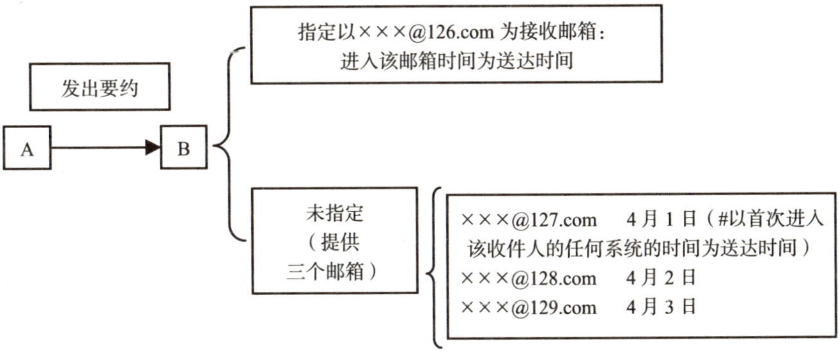

图 6-1 采用数据电文方式送达生效时间的界定

要约到达受要约人，并不是指要约一定实际到达受要约人（或者其代理人）手中，要约只要送达到受要约人通常的地址、住所或者能够控制的地方（如信箱）即为送达。

3. **要约的撤回与撤销**

要约发出后，要约人可以撤回或撤销要约，但必须符合一定的条件。

（1）要约的撤回。要约可以撤回，撤回要约的通知应当在要约到达受要约人之前或者与要约同时到达受要约人。要约在发出后、生效前是可以撤回的。

（2）要约的撤销。要约在生效后也是可以撤销的，但撤销的前提条件是，撤销要约的通知应当在受要约人发出承诺通知前到达受要约人。并非所有的要约都可撤销，为了防止要约人滥用这项权利损害受要约人的利益，我国《合同法》第十九条明确规定："有下列情形之一的，要约不得撤销：要约人确定了承诺期限或者以其他形式明示要约不可撤销的；受要约人有理由认为要约是不可撤销的并已经为履行合同做了准备工作。"具体示例如图6-2所示。

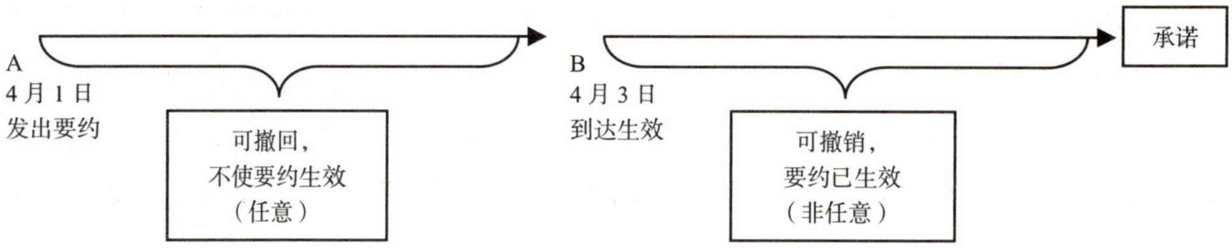

图6-2　要约撤回与撤销的适用时间

4. **要约的失效**

要约失效是指特定的事由发生后，使要约失去法律效力。有下列情形之一的要约失效：① 拒绝要约的通知送达到要约人；② 要约人依法撤销要约；③ 承诺期限届满，受要约人未做出承诺；④ 受要约人对要约的内容做出实质性变更。受要约人只要对要约中有关合同的标的、数量、质量、价款或者报酬、履行期限、履行地点、履行方式、违约责任和解决争议的方法等内容做出修改，均应视为对要约的内容做出了实质性变更，形成新的要约，原要约因此失去法律效力。

二）承诺

承诺是指受要约人同意要约的意思表示。只要受要约人对要约中实质性内容同意即可认为是承诺。

1. **承诺的构成要件**

（1）由受要约人向要约人做出。要约到达目标，受要约人便享有承诺的权利。如果要约是向特定的人发出的，特定的人为受要约人，具有承诺资格；如果要约是向不特定的人发出的，不特定的受要约人均具有承诺资格。

（2）承诺应当在有效期限内做出。承诺有效期限就是要约有效期间，到期未予承诺，要约即行失效。受要约人的超期承诺，应视为一种新的要约。《合同法》第二十三条第一款明确规定："承诺应当在要约确定的期限内到达要约人。"如果要约没有确定承诺期限，要约以对话方式做出的，应当即时做出承诺，但当事人另有约定的除外。当要约人用口头形式、书面形式或其他形式发出了不需立即答复但又没有确定承诺期限的要约，受要约人应当在合理期限内做出承诺。这里的合理期限，应根据要约的内容、目的、性质以及交易习惯等具体情况来理解和确定。

要约以信件做出的，承诺期限自信件载明的日期起开始计算；如果信件未载明日期的，承诺期限自要约人投寄该信件的邮戳日期开始计算。要约以电报做出的，承诺期限自电报交发之日开始计算。要约以电话、传真等快速通信方式做出的，承诺期限自要约到达受要约人时开始计算。

（3）承诺的内容应当与要约的内容一致。即承诺原则上应是受要约人无条件地接受要约的全部内容的意思表示。如果承诺的内容与要约的内容不一致，视为受要约人拒绝原要约，并发出新要约，原受要约人则转变为新的要约人。“一致”并不是指承诺与要约的内容一字不差，而是指承诺的内容与要约的实质内容相同，我国《合同法》第三十一条规定：“承诺对要约内容做出非实质性变更的，除要约人及时表示反对或者要约人表明承诺不得对要约内容做出任何变更的以外，该承诺有效，合同的内容以承诺内容为准。”

2. 承诺的方式

我国《合同法》第二十二条规定：“承诺应当以通知方式做出，但根据交易习惯或者要约表明可以通过行为做出承诺的除外。”通知的具体方法可以是书面通知和口头通知。

3. 承诺的效力

我国《合同法》第二十五条规定：“承诺生效时合同成立。”承诺生效的时间就是合同成立的时间，承诺的地点就是合同成立的地点，承诺生效的内容就是合同的内容。

（1）承诺生效的时间。《合同法》第二十六条规定：“承诺通知到达要约人时生效。承诺不需要通知的，根据交易习惯或者要约的要求做出承诺的行为时生效。”承诺生效的时间因承诺方式的不同而不同。如承诺采取通知方式的，承诺通知送达就是承诺生效的基本形式，送达时间就是生效时间。采用数据电文形式订立合同的，承诺到达的时间与要约到达的规定相同。如果承诺不需要通知的，根据交易习惯或者要约的要求做出承诺的行为时生效，这是对承诺生效时间的例外规定。

（2）承诺的无效。出现下列两种情况，承诺不发生效力：

一是承诺的撤回。承诺可以撤回，撤回承诺的通知应当在承诺通知到达要约人之前或与承诺同时到达要约人。

二是过期承诺。它是指超过承诺期限到达的承诺。承诺迟到因产生的原因不同而有不同的处理方式。承诺过期原因主要有两种：因过期发出而迟到的（迟延承诺）；因第三人传送迟延而迟到（迟到承诺）。对于前者，《合同法》第二十八条规定：“受要约人超过承诺期限发出承诺的，除要约人及时通知受要约人该承诺有效的以外，视为新要约。”对于后者，《合同法》第二十九条则规定：“受要约人在承诺期限内发出承诺，按照通常情形能够及时到达要约人，但因其他原因承诺到达要约人时超过承诺期限的，除要约人及时通知受要约人因承诺超过期限不接受该承诺的以外，该承诺有效。”这一规定强调了要约人的及时通知义务，要约人如没有将不愿接受过期承诺的意思及时通知对方，该过期承诺可以视为有效。具体示例如图 6-3 所示。

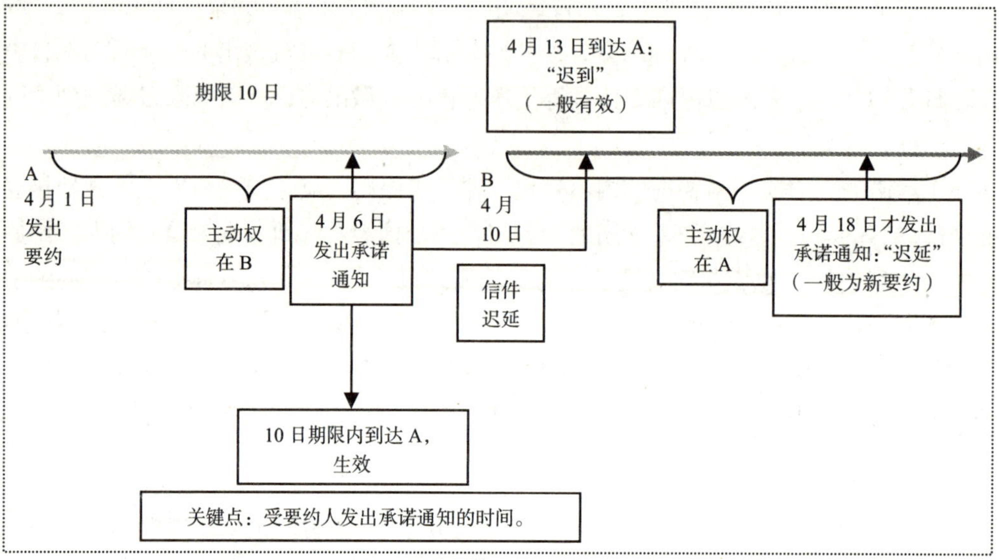

图 6-3　承诺有效与无效的适用时间

（二）订立合同的竞争程序

对于涉及较大经济利益的合同，为了更能体现市场经济的公平，可以引入竞争机制来签订。通常，合同成立的竞争程序主要有招标和拍卖两种。

1. 招标

通过招标方式订立合同，目前主要应用于建筑业、企业承包、政府采购等多方面。它包括三个方面的步骤：发布招标公告、投标、定标。

招标公告是订立合同的当事人一方以公告、通知等方法，向公众公布订立合同的标准和条件的意思表示。它一般是向具有特定条件的、不特定的主体发出，其法律性质是要约引诱。

投标是投标方按照招标公告提出的要求，在规定期间内向招标方发出的包含订立合同全部具体内容的意思表示。投标法律性质属于要约，产生要约的法律拘束力。

定标是招标方从投标方中决定中标方的过程。为了保证竞争的公平性，此过程应当公开开标、评标、定标，从中选定中标人，意味着招标方对标书内容的完全同意。定标从法律性质上应当属于对投标的承诺。

经过招投标程序，最后签订确认书，合同即成立。

2. 拍卖

拍卖是拍卖人在众多竞买人的报价中，选择出价最高者订立买卖合同的一种特殊买卖方式。拍卖主体可以是标的物的所有人，也可以是所有人的委托代理人，在特殊情况下也可以是法院和有关国家机关。拍卖程序包括以下三个基本阶段：发布拍卖公告、竞买、拍定。

拍卖公告是在进行正式拍卖之前，通过一定的形式（如广告、公告）将拍卖标的物的数量、质量、底价、拍卖场所、日期等事项做出宣示。其法律属性应当是要约引诱。

竞买是依照拍卖公告意欲购买拍卖标的的民事主体，以竞争的方式进行报价的意思表示。竞买方的报价意思表示具备要约的性质和条件，是要约。

拍定是在竞买方出价至无人复加时，拍卖人即行拍定。拍卖人的拍定在性质上属于承诺。拍定之后，竞买人有义务以出价与拍卖方签订买卖合同，不得反悔，否则须承担缔约过失赔偿责任。

经过拍卖程序，最后签订确认书，合同即成立。

（三）订立合同的涉外程序

涉外合同是指具有涉外因素的合同。涉外因素主要是指合同主体、客体具有涉外因素，即合同的主体一方或者各方是外国人、外国法人，或者合同的客体在中国领域外，为涉外合同。

在签订涉外合同时，除遵守合同订立的一般规则外，还应当注意以下几个问题。

1. 有些涉外合同须经国家批准才能成立

涉外合同如果涉及国家利益，除当事人意思表示相一致之外，还应报经有关国家机关审核批准才能成立生效，如中外合资经营企业合同、中外合作经营企业合同、技术引进合同、中外合作开采海洋石油合同等。

2. 当事人可自愿选择合同准据法

按照“意思自治”原则，在涉外合同中，当事人有权自行选择解决合同纠纷所依据的法律，即合同准据法。《民法通则》第一百四十五条第一款对此做出了明确规定：“涉外合同的当事人可以选择处理合同争议所适用的法律，法律另有规定的除外。”当然，合同当事人选择合同准据法也是有限制的，依照《合同法》第一百二十六条第二款的规定：“在中华人民共和国境内履行的中外合资经营企业合同、中外合作经营企业合同、中外合作勘探自然资源合同，应当适用中华人民共和国法律。”当事人不得选择适用其他法律。

涉外合同的当事人没有选择准据法的，适用与合同最有密切联系的国家的法律，包括合同缔结地法、合同履行地法、标的物所在地法、当事人的属人法、法院地法、仲裁地法等。

3. 优先适用国际惯例和国际条约

国际惯例是指在国际实践中反复使用形成的，具有固定内容的，未经立法程序制定的，如为一国所承认或当事人采用，就对其具有约束力的一种习惯做法或常例。

国际条约是指国家与国家缔结的确定、变更或者终止它们之间权利义务关系的协议，包括双边条约和多边条约。我国缔结或者参加的国际条约同国内民事、经济法律有不同规定的，适用国际条约的规定，但中华人民共和国声明保留的条款除外。

三、确定合同的内容

合同的内容，就是合同的条款，它是确定当事人的权利义务关系的依据。合同的内容由当事人约定，只要不违背法律、行政法规的禁止性规定，当事人可自由决定合同的条款。《合同法》列举的条款仅具有提示性。就《合同法》提示的八个条款，具体介绍如下。

（1）当事人的名称或者姓名和住所。这对确定合同效力和诉讼管辖有重要意义，同时它也是涉外合同确定准据法的依据。

（2）标的。标的是合同当事人权利义务的物质承载体，主要包括财物、行为和智力成果。因它直接体现当事人签订合同的目的，成为合同的必备条款。合同的标的不能是禁止流通物和限制流通物，否则合同无效。

（3）数量。数量是对标的数字属性的确认。

（4）质量。质量是合同标的内在质的规定性，通常以标的的规格、性能、等级、成分、型号、款式等技术指标体现出来。

（5）价款和报酬。价款和报酬条款是有偿合同的特有条款。当事人在约定该条款时，应当明确约定价款和报酬的数额、计算标准、结算方式、支付条件和日期等内容。有国家统一定价的，应当执行国家定价；有国家指导价的，当事人应当在国家最高限价和最低保护价的范围内协商确定；没有国家定价和指导价的，当事人可以参考市场价格，自行约定价格条款。

（6）履行期限、地点和方式。履行期限一旦确定，当事人应当准时履行合同义务，提前履行或迟延履行合同均是违约。履行地点关系到履行合同的费用、风险责任、管辖、违约责任等问题，因此当事人在合同中对上述问题应有明确约定，避免发生歧义。履行方式一般可以分为一次履行和分次履行，当事人应当根据合同的性质和内容，从提高效率和防止欺诈等方面考虑，对合同的履行方式做出具体的约定。

（7）违约责任。当事人可在合同中约定承担违约责任的方式和标准。违约条款的设定对督促当事人自觉适当履行合同，保护守约方的合法权益，及时解决合同纠纷都有重要意义。违约责任是法定责任，不管当事人是否具体约定，违约方都应当按照法律承担相应的违约责任。但若欲以违约金方式承担违约责任，需要在合同中约定。

（8）争议解决方法。主要指当合同当事人发生纠纷时，是适用仲裁还是诉讼的问题。合同争议解决条款的效力具有独立性，即使合同无效、被撤销或终止，也不影响该条款的效力。

四、采用正确的合同形式

合同的形式是合同内容的外在表现形式。当事人订立合同，有书面形式、口头形式和其他形式。法律、行政法规规定采用书面形式的，应当采用书面形式。

（一）口头形式

口头形式是指当事人以语言（面谈、电话）为意思表示方式所达成的协议。合同的口头形式具有简便、易行、快捷的优点，但因缺乏书面依据，一旦发生纠纷，当事人难以举证，不易分清责任。因此，对于标的较大，权利义务关系复杂以及不能即时清结的合同，一般不宜采用口头形式。

（二）书面形式

书面形式是指文字及数据电文（包括电报、电传、传真、电子数据交换和电子邮件）等可以有形地表现所载内容的形式。该形式的主要优点在于有确切权利义务的记载，具有备忘作用，在发生纠纷时便于举证。因此为保障交易安全，合同法要求合同应当以书面形式为主。

按照成立生效的条件，书面合同可分为一般书面合同和特殊书面合同。一般书面合同，只要当事人意思表示相一致就可成立生效。特殊书面合同，除合同当事人就合同事项达成协议之外，还必须具备法律规定或约定的形式条件，才能成立生效。如根据法律的规定或合同的约定办理公证、鉴证、认证、审批、登记等相关手续。

（三）格式条款

格式条款是指一方当事人为重复使用而预先拟定、在订立合同时不与对方协商的条款。现实生活中商品房买卖合同、电信合同、车船票、保险合同、拍卖成交确认书等多采用格式条款和格式合同（见图 6-4）。

格式条款和合同应当遵循两项原则：一是格式合同条款提供方不得以定式条款免除自己的责任，或者非法限制对方当事人的权利，加重对方的责任。二是对格式合同的理解有争议的，应当按照通常理解予以解释；对格式条款有两种以上解释的，应当做出不利于提供格式条款一方的解释；格式条款和非格式条款不一致的，应当采用非格式条款。

合同书

甲　　方：　　　　　　　　　　　　合同编号：

签订地点：

乙　　方：　　　　　　　　　　　　签订时间：

一、产品名称、数量、规格如下：

品名	款式	面料	数量	单价	金额	备注
合计						
大写：						

二、验收标准：____________________

三、交货时间：____________________

四、结算方式及期限：____________________

五、质量异议期限：____________________

六、违约责任：____________________

七、本公司付款方式以银行转账方式结算，不收取现金，否则一切后果均由甲方负责。

八、本合同一式两份，甲乙双方各执一份，自合同双方代表签订之日起生效，未尽事宜双方协商处理。

甲　　方：　　　　　　　　　　　　乙　　方：

单位地址：　　　　　　　　　　　　单位地址：

甲方代表：　　　　　　　　　　　　乙方代表：

开 户 行：　　　　　　　　　　　　开 户 行：

银行账户：　　　　　　　　　　　　银行账户：

个人账户：

年　　月　　日

图 6-4　格式合同示例

五、了解缔约过失责任

缔约过失责任是指在合同订立过程中，一方当事人违反诚实信用原则，故意或者过失地违反先合同义务，造成对方当事人信赖利益的损失时，依法应当承担的民事赔偿责任。先合同义务是指缔约人双方订立合同，依诚信原则而产生的注意义务，它包括互相协作、保护、通知、忠诚、保密等义务。

关于缔约过失责任的构成要件。《合同法》第四十二条规定："当事人在订立合同过程中有下列情形之一，给对方造成损失的，应当承担损害赔偿责任。① 假借订立合同，恶意进行磋商；② 故意隐瞒与订立合同有关的重要事实或者提供虚假情况；③ 有其他违背诚实信用原则的行为。"第四十三条又规定："当事人在订立合同过程中知悉的商业秘密，无论合同是否成立，不得泄露或者不正当地使用。泄露或者不正当地使用该商业秘密给对方造成损失的，应当承担赔偿责任。"根据上述规定，缔约过失责任的具体构成要件有：

（1）缔约一方违反了先合同义务。如果缔约人在缔约过程中善尽其先合同义务，即使缔约相对方有损失也无须承担责任。

（2）未违反先合同义务的一方有损失的事实，且与违反先合同义务行为之间有因果关系。这里所说的“损失”主要是指缔约一方因信赖合同成立与有效，但由于合同不成立或无效所蒙受信赖利益的损失。它既包括直接损失，如支付各种费用等，也包括信赖人的间接损失，即预期利益的丧失。

（3）违反先合同义务的一方有过错。责任人主观上的过错，常见有以损害他人利益为目的而进行的恶意磋商；为自己的利益而故意隐瞒与订立合同有关的重要事实或提供虚假情况等。

缔约过失责任是一种法定责任，其救济措施和赔偿范围不由当事人约定，而是由法律来直接确定。《合同法》第四十二条规定，当事人在订立合同过程中给对方造成损失的，应当承担损害赔偿责任。

因为法定免责条件适用的前提是合同的成立生效，缔约过失责任不存在法定免责的问题。只有在缔约过程中存在混合过错的情况下，才可以减轻另一方的缔约过失责任。

拓展阅读

合同参考文本

商品买卖合同

供方：______________________________

地址：__________ 邮码：__________ 电话：__________

法定代表人：__________ 职务：__________

需方：______________________________

地址：__________ 邮码：__________ 电话：__________

法定代表人：__________ 职务：__________

为保护供需双方的合法权益，根据《中华人民共和国合同法》，经协商一致同意签订本合同。

第一条　产品的名称、品种、规格和质量

1. 产品的名称、品种、规格：______________。

2. 产品的技术标准（包括质量要求），按下列第（　　）项执行：

（1）按国家标准执行。

（2）按部颁标准执行。

（3）由甲乙双方商定技术要求执行。

第二条　产品的数量和计量单位、计量方法

1. 产品的数量：______。

2. 计量单位、计量方法：_______。

第三条　产品的包装标准和包装物的供应与回收

第四条　产品的交货单位、交货方法、运输方式、到货地点

1. 产品的交货单位：________。

2. 交货方法，按下列第（　　）项执行：

（1）乙方送货。

（2）乙方代运。

（3）甲方自提自运。

3. 运输方式：_______。

4. 到货地点和接货单位（或接货人）：________。

第五条　产品的交（提）货期限

第六条　产品的价格与货款的结算

1. 产品的价格，按下列第（　　）项执行：

（1）按甲乙双方的商定价格。

（2）按照订立合同时履行地的市场价格。

（3）按照国家定价履行。

2. 产品货款的结算：产品的货款、实际支付的运杂费和其他费用的结算，按照中国人民银行结算办法的规定办理。

第七条　验收方法

第八条　对产品提出异议的时间和办法

1. 甲方在验收中，如果发现产品的品种、型号、规格、花色和质量不合规定，应一面妥为保管，一面在30天内向乙方提出书面异议；在托收承付期内，甲方有权拒付不符合合同规定部分的货款。甲方怠于通知或者自标的物收到之日起2年内未通知乙方的，视为产品合乎规定。

2. 甲方因使用、保管、保养不善等造成产品质量下降的，不得提出异议。

3. 乙方在接到需方书面异议后，应在10天内负责处理，否则，即视为默认甲方提出的异议和处理意见。

第九条　乙方的违约责任

1. 乙方不能交货的，应向甲方偿付不能交货部分货款的___%的违约金。

2. 乙方所交产品品种、型号、规格、花色、质量不符合规定的，如果甲方同意利用，应当按质论价；如果甲方不能利用的，应根据产品的具体情况，由乙方负责包换或包修，并承担修理、调换或退货而支付的实际费用。

3. 乙方因产品包装不符合合同规定，必须返修或重新包装的，乙方应负责返修或重新包装，并承担支付的费用。甲方不要求返修或重新包装而要求赔偿损失的，乙方应当偿付甲方该不合格包装物低于合格包装物的价值部分。因包装不符合规定造成货

物损坏或灭失的，乙方应当负责赔偿。

4. 乙方逾期交货的，应比照中国人民银行有关延期付款的规定，按逾期交货部分货款计算，向甲方偿付逾期交货的违约金，并承担甲方因此所受的损失费用。

5. 乙方提前交货的产品、多交的产品的品种、型号、规格、花色、质量不符合规定的产品，甲方在代保管期内实际支付的保管、保养等费用以及非因甲方保管不善而发生的损失，应当由乙方承担。

6. 产品错发到货地点或接货人的，乙方除应负责运交合同规定的到货地点或接货人外，还应承担甲方因此多支付的一切实际费用和逾期交货的违约金。

7. 乙方提前交货的，甲方接货后，仍可按合同规定的交货时间付款；合同规定自提的，甲方可拒绝提货。乙方逾期交货的，乙方应在发货前与甲方协商，甲方仍需要的，乙方应照数补交，并负逾期交货责任；甲方不再需要的，应当在接到乙方通知后15天内通知乙方，办理解除合同手续。逾期不答复的，视为同意发货。

第十条 甲方的违约责任

1. 甲方中途退货，应向乙方偿付退货部分货款___%的违约金。

2. 甲方未按合同规定的时间和要求提供应交的技术资料或包装物的，除交货日期得顺延外，应比照中国人民银行有关延期付款的规定，按顺延交货部分货款计算，向乙方偿付顺延交货的违约金。如果不能提供的，按中途退货处理。

3. 甲方自提产品未按供方通知的日期或合同规定的日期提货的，应比照中国人民银行有关延期付款的规定，按逾期提货部分货款总值计算，向乙方偿付逾期提货的违约金，并承担乙方实际支付的代为保管、保养的费用。

4. 甲方逾期付款的，应按中国人民银行有关延期付款的规定向乙方偿付逾期付款的违约金。

5. 甲方违反合同规定拒绝接货的，应当承担由此造成的损失和运输部门的罚款。

6 甲方如错填到货地点或接货人，或对乙方提出错误异议，应承担乙方因此所受的损失。

第十一条 不可抗力

甲乙双方的任何一方由于不可抗力的原因不能履行合同时，应及时向对方通报不能履行或不能完全履行的理由，以减轻可能给对方造成的损失，在取得有关机构证明以后，允许延期履行、部分履行或者不履行合同，并根据情况可部分或全部免予承担违约责任。

第十二条 其他

按本合同规定应该偿付的违约金、赔偿金、保管保养费和各种经济损失的，应当在明确责任后10天内，按银行规定的结算办法付清，否则按逾期付款处理。但任何一方不得自行扣发货物或扣付货款来充抵。

本合同如发生纠纷，当事人双方应当及时协商解决，协商不成时，任何一方均可请业务主管机关调解或者向仲裁委员会申请仲裁，也可以直接向人民法院起诉。

本合同自____年__月__日起生效，合同执行期内，甲乙双方均不得随意变更或解除合同。合同如有未尽事宜，须经双方共同协商，做出补充规定，补充规定与合同具有同等效力。本合同正本一式二份，甲乙双方各执一份；合同副本一式__份，分送甲乙双方的主管部门、银行（如经公证或签证，应送公证或签证机关）等单位各留存一份。

购货单位（甲方）：_____（公章）
法定代表人：__________（公章）
地址：____________________
开户银行：________________
账号：____________________
电话：____________________
____年__月__日________________

供货单位（乙方）：___（公章）
法定代表人：__________（盖章）
地址：____________________
开户银行：________________
账号：____________________
电话：____________________
____年__月__日________________

【工作实例】飞天软件公司开发了一款杀毒软件，在安装程序中声明：本软件可能存在风险，继续安装视为同意由安装者本人承担一切风险。张云峰购买了一份该正版软件，安装至该声明时点击“同意”完成安装。结果该软件把张云峰电脑硬盘上的一些重要文件误认为病毒而删除，导致损失1万多元。由于张云峰同意了飞天公司的免责声明，可免除或减轻飞天公司的赔偿责任吗？

【温馨提示】

飞天公司作为提供格式合同的一方，通过“声明”等形式免除自己的责任、加重对方风险，是无效的；因合同当事人一方的违约行为导致对方遭受损失的，应依合同法承担违约责任，或者依照其他法律承担侵权责任。

【延伸思考】

如果订立合同的程序没有完成，或者合同重要内容缺乏，会有什么法律后果？

第三节 让合同产生法定效力——合同有效与无效

一、合同生效

合同生效是指已经成立的合同在当事人之间产生约定的法律拘束力。依法订立的合同因符合法律规定的条件，产生法律拘束力。合同双方当事人应当严格依照合同约定履行合同，否则就要承担法律规定和合同约定的法律后果。

合同成立与合同生效，是两个紧密相连而又截然不同的概念。合同的成立是指缔约当事人就合同的主要条款，按照合同订立的程序，所达成的意思表示一致的合意。只要双方当事人按照合同法规定的程序和步骤完成了双方关于权利义务的约定，该合同就可以认为"成立"了。合同的生效是指已经成立的合同在当事人之间产生的法律拘束力。合同成立后须具备一定的要件才能产生相应的法律效力。合同成立只强调当事人之间是否存在合同的事实，它是一种事实判断；合同生效则强调合同对当事人双方是否产生法律拘束力，它是一种价值判断。在多数情况下，合同成立时即具备了生效的要件，因而其成立和生效时间是一致的。《合同法》第四十四条第一款规定："依法成立的合同，自成立时生效。"但并不是成立的合同都一定能够产生相应的法律拘束力，根据其是否符合有效合同的条件，其效力判断的结果可为：有效、无效、效力待定、可变更撤销四种。

根据《民法通则》第五十五条关于民事法律行为生效要件的规定精神，合同生效的要件应当包括：① 行为人具有相应的民事行为能力。② 意思表示真实。③ 不违反法律或社会公共利益。这些规定也就是合同生效的一般要件，也称实质要件。有些合同还须具备特殊要件方能生效，《合同法》第四十四条第三款规定："法律、行政法规规定应当办理批准、登记等手续生效的，依照其规定。"

有些合同效力发生或消灭，取决于一定的条件和一定的期限，这就是附条件和附期限的合同。

1. 附条件的合同

附条件的合同是指当事人在合同中特别规定一定的条件，以条件的是否成就来决定合同的效力的发生或消灭的合同。例如，如果秋后丰收就偿还欠款。所附条件应当符合下列要求：① 条件必须是将来可能发生的；② 条件是不确定的事实；③ 条件是当事人议定而不是法定的；④ 条件必须是合法的；⑤ 条件不得与合同的主要内容相矛盾。

附条件的合同所附条件成就与不成就，决定合同的效力发生或消灭。所附条件成就合同就生效，所附条件不成就合同就不生效。在附条件合同成立后，当事人均不得为自己的利益恶意促成或阻止条件的成就，只能由条件事实自然发生。

2. 附期限的合同

附期限的合同是指当事人在合同中设定一定的期限，并把期限的到来作为合同效力的发生或消灭根据的合同。例如，秋收后偿还欠款。

二、合同无效

合同无效是指因合同违反合同法关于合同生效所必须具备的条件，致使合同不能对当事人双方产生相应的法律拘束力的效力状态。对此，《合同法》第五十二条以列举的方式，排列了合同无效主要包括的情形：

（1）一方以欺诈、胁迫的手段订立合同，损害国家利益。

（2）恶意串通，损害国家、集体或者第三人利益。

（3）以合法形式掩盖非法目的。

（4）损害社会公共利益。

（5）违反法律、行政法规的强制性规定。适用该项规定时，应当以全国人大及其常委会制定的法律和国务院制定的行政法规为依据，不得以地方性法规、行政规章为依据。

格式条款具有《合同法》规定的合同无效（损害社会公共利益、违反法律的强制性规定、以合法形式掩盖非法目的）和免责条款无效的情形时（造成对方人身伤害的、因故意或者重大过失造成对方财产损失的），该条款无效。提供格式条款的一方免除其责任，加大对方责任，排除对方主要权利的，该格式条款无效。

三、合同可撤销

可撤销合同是指当事人在订立合同的过程中，因一些主客观原因致使合同当事人意思表示不真实，依照法律的规定可予以撤销的合同。根据《合同法》第五十四条规定，下列合同当事人一方有权请求人民法院或者仲裁机构变更或者撤销：（一）因重大误解订立的；（二）在订立合同时显失公平的。第二款继续规定："一方以欺诈、胁迫的手段或者乘人之危，使对方在违背真实意思的情况下订立的合同，受损害方有权请求人民法院或者仲裁机构变更或者撤销。当事人请求变更的，人民法院或者仲裁机构不得撤销。"

（1）重大误解。行为人因对行为的性质、对方当事人、标的物的品种、质量、规格和数量的错误认识，使行为的后果与自己的意思相悖，并造成较大损失的，可以认定为重大误解。

（2）显失公平。合同约定的权利义务明显地违背了公平原则。

（3）因欺诈、胁迫而订立的合同。欺诈是合同当事人在签订合同时，故意隐瞒真相或虚构事实，使合同对方当事人陷入错误，受害人基于这种错误与对方签订合同的行为。胁迫是指合同一方当事人以现在或将来给对方造成某种伤害为要挟，迫使对方与自己签订违背公平原则的合同。

（4）乘人之危的合同。乘人之危是指合同一方当事人利用对方陷入某种危难之际，迫使对方与自己签订不利于对方的合同的行为。

拓展阅读

2013 年 12 月 1 日，原告重铁物流公司分别与被告龙翔公司、杉杉公司签订煤炭购销合同，由龙翔公司销售煤炭给重铁物流公司，重铁物流公司销售给杉杉公司，合同有效期为 2013 年 12 月 1 日起至 2014 年 12 月 31 日止。龙翔公司销售给重铁物流公司的煤炭到港后直接销售给杉杉公司，重铁物流公司委托杉杉公司对煤炭进行质量、数量验收；在重铁物流公司收到杉杉公司的货款后，应即向龙翔公司支付货款。合同签订后，龙翔公司向重铁物流公司出具了 9 份《水路货物运单》和 32 份增值税发票（总额为 30 942 450 元），杉杉公司亦向重铁物流公司出具《收货证明》5 份，表明原告与两被告之间共计有 48 414 吨煤炭交易完成。

实际上所有合同并未得到履行，相关各方并无真实煤炭交易发生。签订合同时，龙翔公司和杉杉公司的法定代表人均为王某一人，而杉杉公司提交的是法定代表人为陈某的营业执照，隐瞒了上述事实；合同签订后，王某伪造了货物运单并授意其工作人员虚开 32 份增值税发票和 5 份收货证明交予重铁物流公司，虚构了整个煤炭交易事实，并形成对原告 30 942 450 元的债权。王某凭此债权到银行办理了保理业务，将此笔应收账款向银行转让进行融资，使原告可能陷于被银行追索的风险。

原告以两被告恶意串通，以欺诈手段使原告在违背真实意思的情况下与两被告签订合同为由，要求撤销上述合同，得到法院支持。

根据《合同法》第五十五条的规定：具有撤销权的当事人自知道或者应当知道撤销事由之日起一年内行使撤销权，否则就丧失撤销权。

合同被认定无效或者被撤销后，因该合同取得的财产，应当予以返还；不能返还或者没有必要返还的，应当折价补偿。有过错的一方应当赔偿对方因此所受到的损失；双方都有过错的，应当各自承担相应的责任。当事人恶意串通，损害国家、集体或者第三人利益的，因此取得的财产收归国家所有或者返还集体、第三人。“取得的财产”，包括双方已经取得的财产，也包括双方约定取得的财产。也就是说，恶意串通的双方当事人在合同中约定的财产，即使尚未交付，也得予以追缴。

合同被确认无效或被撤销后，被撤销的合同自始没有法律效力。合同部分无效或被撤销，不影响其他部分效力的，其他部分仍然有效。同时合同无效、被撤销后，也不影响合同中独立存在的有关解决争议方法的条款的效力。

四、合同效力待定

效力待定合同是指因合同缺少相应有效要件，能否产生法律效力尚不确定，有待依其他行为确定效力的合同。效力待定的合同主要有以下几种。

1. 无民事行为能力人和限制民事行为能力人依法不能独立订立的合同

限制民事行为能力人订立的合同，经法定代理人追认后，该合同有效，但纯获利益的合同或者与其年龄、智力、精神健康状况相适应而订立的合同，不必经法定代理人追认。相对人可以催告法定代理人在一个月内予以追认。法定代理人未做表示的，视为拒绝追认。合同被追认之前，善意相对人有撤销的权利。撤销应当以通知的方式做出。

2. 无权代理人订立的合同

行为人没有代理权、超越代理权或者代理权终止后以被代理人名义订立的合同，未经被代理人追认，对被代理人不发生效力，由行为人承担责任。相对人可以催告被代理人在一个月内予以追认。被代理人未做表示的，视为拒绝追认。合同被追认之前，善意相对人有撤销的权利。撤销应当以通知的方式做出。

3. 无处分权人订立的合同

无处分权的人处分他人财产，经权利人追认或者无处分权的人订立合同后取得处分权的，该合同有效。

区分无权处分和无权代理可根据图 6-5 的示例加深理解。

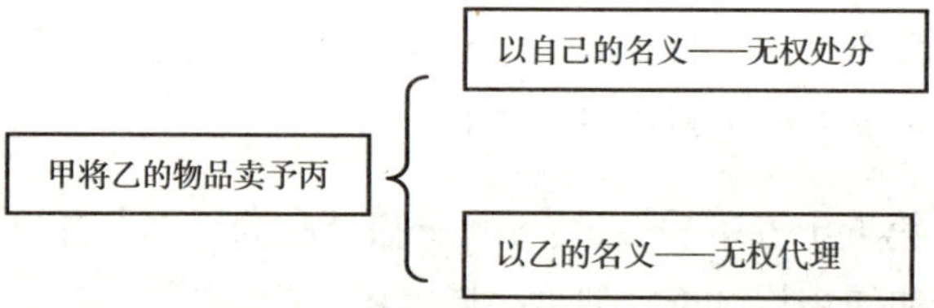

图 6-5 无权处分与无权代理的区别示例

【工作实例】明明调味品公司是佳佳便利超市的供货商。明明公司管理混乱，产品质量存在明显问题，但由于它提供的合作条件最为优惠，所以双方又签订了一份长期买卖合同，由明明公司每月向佳佳超市提供鲜明牌酱油，合同期限为 5 年。1 年后，有关部门组织的商品质量检查越来越严格，佳佳超市感到鲜明牌酱油存在被查处的可能，遂停止进货，并通知明明公司要求终止合同，遭到明明公司的拒绝。理由是：签订合同时，佳佳就认可了这种酱油的质量，并且已销售 1 年多均无异议；合同期限是 5 年，提前停止进货是违约行为，应立即恢复合同履行，并赔偿损失。经查，鲜明酱油是质量不合格产品。这个合同纠纷应如何处理？

【温馨提示】

佳佳超市明知明明公司产品质量存在问题，仍与它签订买卖合同，属双方恶意串通损害消费者利益的行为，双方所签合同由于损害社会公共利益和第三人利益而无效。无效合同不应当履行，所以不存在违约问题。按照法律规定，对双方取得或约定取得的财产应予以收缴。

【延伸思考】

签订一份合法有效的合同，需要特别注意哪些方面？

第四节 言而有信——履行合同

合同履行是指当事人双方按照合同的约定，全面、适当地完成其合同义务的行为过程。合同履行是合同制度的核心，主要包括合同履行的原则、合同履行的规则以及合同履行的抗辩三个方面的内容。

一、明确合同履行的原则

合同履行的基本原则主要有以下三个。

（1）全面履行的原则，又称适当履行原则或正确履行原则，是指当事人应当严格按照合同约定的标的的种类、质量、数量，由适当的履行主体，在适当的履行期限、地点，以适当的方式，全面履行合同义务的原则。

（2）协作履行原则，是指当事人双方在履行合同的过程中应当互相帮助、密切配合，共同完成合同所约定的义务。债务人履行合同义务时，债权人应适当受领，债务人并可要求债权人创造必要的条件或提供方便。一方因故不能履行或不能完全履行时，另一方应积极采取措施避免损失进一步扩大，否则就扩大的损失不能要求赔偿。

（3）经济合理原则，是指双方当事人履行合同时，要讲求经济效益，以最小的成本实现最大的合同利益。例如，选择适当的交货方式、地点、日期、运输、包装等。

二、认清合同履行的规则

合同履行的规则，是指在合同履行过程中当事人应当遵循的规则。它主要包括合同内容约定不明的规则、价格变动规则、第三人接受或者代位履行的规则等。

（一）合同内容约定不明的履行规则

当事人就有关合同内容约定不明确，依照合同法相关规定仍不能确定的，适用下列规则：

质量要求约定不明确的，按照国家标准、行业标准履行；没有国家标准、行业标准的，按照通常标准或者符合合同目的的特定标准履行。

价款或者报酬不明确的，按照订立合同时履行地的市场价格履行；依法应当执行政府定价或者政府指导价的，按照规定履行。

履行地点约定不明确，给付货币的，在接受货币一方所在地履行；交付不动产的，在不动产所在地履行；其他标的，在履行义务一方所在地履行。

履行期限不明确的，债务人可以随时履行，债权人也可以随时要求履行，但应当给对方必要的准备时间。

履行方式不明确的，按照有利于实现合同目的的方式履行。

履行费用的负担不明确的，由履行义务一方负担。

（二）合同的特殊履行规则

（1）价格变动的履行规则。执行政府定价或者政府指导价的，在合同约定的支付期限内，政府价格调整时，按照交付时的价格计价。逾期交付标的物的，遇价格上涨时，按照原价格执行；价格下降时，按照新价格执行。逾期提取标的物或者逾期付款的，遇价格上涨时，按照新价格执行；价格下降时，按照原价格执行。

（2）由第三人接受或者代位履行时的规则。按照合同一般要求当事人应亲自履行合同，但根据需要，当事人也可以约定由债务人向第三人履行合同（如小王与花店约定由花店把鲜花送给小李）或由第三人向债权人履行合同（如甲公司与乙公司约定由丙公司向买方甲公司发货，甲向乙付款）。为此《合同法》第六十四条规定："当事人约定由债务人向第三人履行债务的，债务人未向第三人履行债务或者履行债务不符合约定，应当向债权人承担违约责任。"第六十五条规定："当事人约定由第三人向债权人履行债务的，第三人不履行债务或者履行债务不符合约定，债务人应当向债权人承担违约责任。"

【特别提示】

不管是"由第三人"履行的合同还是"向第三人"履行的合同，第三人并不是合同的当事人，如有违约，应当"由债务人向债权人"承担违约责任，与第三人无关。

三、明确合同履行中的抗辩

合同履行中的抗辩是针对对方当事人的合同请求或否认其主张而进行的合法对抗行为。其作用在于抵制违约行为的发生，保障非违约方的合法利益不受侵害。合同法确立的抗辩形式有三种：同时履行抗辩、先履行抗辩和不安抗辩。

（一）同时履行抗辩权

当事人互负债务，没有先后履行顺序的，应当同时履行。一方在对方履行之前有权拒绝其履行要求。一方在对方履行债务不符合约定时，有权拒绝其相应的履行要求。

同时履行抗辩权的行使应当具备如下条件：

（1）必须是在同一双务合同中互负债务。单务合同不存在此问题。

（2）必须是对方未履行债务。

（3）对方的对等给付必须是可能履行的。如果互负债务的一方债务已经丧失了履行债务的可能性，就应当按照合同法的其他规定来处理，而不能适用同时履行抗辩。

同时履行抗辩权的效力在于，当对方当事人未履行或未适当履行其债务时，权利人有权拒绝履行自己的债务。当事人因行使同时履行抗辩权致使合同迟延履行的，迟延履行责任由对方当事人承担。需要说明的是，同时履行抗辩权只是暂时阻止对方当事人请求权的行使，而不是永久地终止合同。当对方当事人完全履行了合同义务，同时履行抗辩权即告消灭。

（二）先履行抗辩权

当事人互负债务，有先后履行顺序，先履行一方未履行的，后履行一方有权拒绝履行要求。先履行一方履行债务不符合约定的，后履行一方有权拒绝其相应的履行要求。

先履行抗辩应当具备以下要件：

（1）须双方当事人互负债务。

（2）两个债务须有先后履行顺序。如果两个对立的债务无先后履行顺序，就应当适用同时履行抗辩权。

（3）先履行一方未履行或其履行不符合合同约定。

后履行一方可通过先履行抗辩权的行使，对抗先履行一方的履行请求，产生暂时中止履行自己合同义务的效力，以此保护自己的利益。先履行抗辩权的行使不影响后履行一方主张违约责任。

（三）不安抗辩权

不安抗辩权是指在双务合同中，有履行的先后顺序，负有先给付义务的一方当事人发现对方当事人的经营状况严重恶化，转移财产、抽逃债务，严重丧失商业信誉，有丧失或者可能丧失履行债务的其他情形，难以履行对等给付的合同义务时，在对方当事人未对等给付或提供担保前，有权暂时拒绝履行自己的合同给付义务。

行使不安抗辩权，必须具备以下几个条件：

（1）双方当事人因同一双务合同而互负债务。

（2）合同一方当事人有先给付义务。

（3）后给付义务人的履行能力明显降低，有不能履行对等给付的现实危险。

依据我国《合同法》的规定，后给付方出现下列情况，即可视为履行能力明显下降：

① 经营状况严重恶化。

② 转移财产、抽逃资金，以逃避债务。

③ 丧失商业信誉。

④ 其他丧失或者可能丧失履行能力的情况。

（4）对方当事人没有提供担保。设立不安抗辩权的目的在于保证先履行合同一方交易的安全性，当对方已提供适当的担保后，先履行义务一方的交易安全已得到了保证，就不得再以此为由行使不安抗辩权，拒绝履行合同了。

在不安抗辩权的行使过程中，为保障后给付义务人的利益，《合同法》第六十九条规定："当事人依照本法第六十八条的规定中止履行的，应当及时通知对方。对方提供适当担保时，应当恢复履行。中止履行后，对方在合理期限内未恢复履行能力并且未提供适当担保的，中止履行的一方可以解除合同。"

后给付义务人对解除合同有异议时，请求人民法院或仲裁机构确认合同解除效力。

拓展阅读

2010年7月7日，周某（乙方）与A公司（甲方）签订了商品房买卖合同，约定价款26万元，周某应于当天支付25万元，余款于2011年7月31日前付清；A公司应在2011年7月30日前交房，如逾期交房超过30日而周某要求继续履行合同的，合同继续履行，A公司应当自约定的最后交付期限的第二天起至实际交付之日止按日向周某支付已付房款的4‰的违约金。合同第八条规定，如由于乙方原因，未能按期交付的，双方同意按以下方式处理：乙方付清全部房款（包括按揭贷款及面积差异退补款）、付清政府部门规定的费用（包括大修基金、税费）、且无银行按揭欠款，方可进行房屋交接。合同签订后，周某按照合同约定向A公司支付了房款和房屋专项维修金。2012年11月20日，A公司通知原告周某去接房。2014年3月12日，周某向被告A公司交付了余款。

另查明，在合同履行过程中，A公司的原法定代表人李某强［亦为重庆某城市建设（集团）有限公司的时任董事长］及股东李某因涉嫌串通投标罪被重庆市长寿区公安局立案侦查。2011年5月，A公司的财务资料、银行账户以及包括部分项目在内的资产先后被查封、冻结或扣押，后某小区建设工程停工。2012年5月7日，重庆市长寿区公安局解除了对A公司银行账户的强制措施。2012年11月19日，A公司通过了其建设的小区第10幢楼的重庆市建设工程竣工验收备案以及建设工程消防竣工验收备案。

后周某起诉要求A公司向其支付逾期交房479天的违约金51 477.55元，而A公司认为根据双方合同第八条规定的约定，交房的条件是周某应该先付清全部房款且无按揭欠款方可进行房屋交接，即原告有先履行义务，故不同意支付逾期交房违约金。

重庆市长寿区人民法院审理后认为，原告周某与被告A公司签订的《重庆市商品房买卖合同》合法有效。该合同第八条第二款约定了周某需付清全部房款、付清政府部门规定的费用且无银行按揭欠款方可进行房屋交接，由于周某2014年3月12日才付清房屋余款，且未提交相关证据证明A公司拒绝其履行付款义务，故一审法院驳回了原告周某的诉讼请求。周某对一审判决不服，上诉至重庆市第一中级人民法院，提出本案属于同时履行的合同，购房者没有先履行合同的义务，在看见所购小区的房屋停工停建，A公司董事长李某强被刑事调查，账户被查封的情况下，有理由怀疑A公司无法按期交房，可以单方面行使不安抗辩权，中止房屋尾款的交付。二审法院认为，双方签订的购房合同第八条第二款表达的含义为合同履行有先后顺序，乙方先付清所有合同价款，甲方才履行交房义务。周某称在合同约定的房款交付日期之前，发现A公司财务资料、银行账户以及包括部分项目在内的资产先后被查封、冻结或扣押等不能按期交房的情况出现时，未及时与对方沟通核实，在未通知对方的情况下就自行中止了合同的履行，不符合不安抗辩权的行使条件和履行规范。而A公司在未收到周某支付的全部价款之前，可以行使先履行抗辩权，有权利不履行交房义务。

四、合同的保全

合同保全制度，是指法律为防止因债务人财产的不当减少致使债权人债权的实现受到危害，而设置的保全债务人责任财产的法律制度。具体包括债权人代位权制度和债权人撤销权制度。

（一）代位权制度

代位权是指债务人怠于行使其对第三人享有的到期债权，当危及债权人债权实现时，债权人为保全自己的债权，以自己的名义向第三人行使债务人债权的权利。代位权着眼于解决债务人的消极行为侵害债权人债权的情况。

行使代位权应当符合以下条件：

（1）债权人对债务人存在合法债权，同时债务人对第三人也存在合法债权。这两个合法债权的存在是行使代位权的前提。

（2）债务人怠于行使其债权，对债权人造成损害。怠于行使债权是指债务人不履行其对债权人的到期债务，又不以诉讼方式或者仲裁方式向其债务人主张其享有的具有金钱给付内容的到期债权，致使债权人的到期债权未能实现。次债务人（债务人的债务人）不认为债务人有怠于行使其到期债权情况的，应当承担举证责任。

（3）债务人的债权已到期。债务人的债权未到期，债权人不得提前主张。

（4）债务人的债权不是专属于债务人自身的债权。专属于债务人自身的债权，是指基于扶养关系、抚养关系、赡养关系、继承关系产生的给付请求权和劳动报酬、退休金、养老金、抚恤金、安置费、人寿保险、人身伤害赔偿请求权等权利。

债权人向次债务人提起的代位权诉讼经人民法院审理后认定代位权成立的，由次债务人向债权人履行清偿义务，债权人与债务人、债务人与次债务人之间相应的债权债务关系即予消灭。债权人行使代位权的请求数额超过债务人所负债务额，或者超过次债务人对债务人所负债务额的，对超出部分不予支持，由债务人继续承担清偿责任。代位权诉讼费由次债务人负担，从实现的债权中优先支付。

另外，在代位权诉讼中，次债务人对债务人的抗辩，可以向债权人主张。

（二）撤销权制度

撤销权是指债务人与他人实施处分其财产或权利的行为危害债权的实现时，债权人得请求法院撤销债务人处分行为的权利。我国《合同法》第七十四条规定：“因债务人放弃其到期债权或者无偿转让财产，对债权人造成损害的，债权人可以请求人民法院撤销债务人的行为。债务人以明显不合理的低价转让财产，对债权人造成损害，并且受让人知道该情形的，债权人也可以请求人民法院撤销债务人的行为。撤销权的行使范围以债权人的债权为限。债权人行使撤销权的必要费用，由债务人负担。”

行使撤销权应当具备以下条件：

（1）债权人以自己的名义行使撤销权。

（2）债权人对债务人存在有效债权。债权人对债务人的债权可以到期，也可以不到期。

（3）债务人实施了危害债权的处分财产行为。具体主要是指债务人放弃其到期债权；无偿转让财产；债务人以明显不合理的低价转让财产三种危害债权人的行为。

（4）处分行为有害于债权人的债权实现。债务人的处置财产的行为直接导致债权人债权无法实现，如债务人虽然有上述处置行为，但不必然影响债权的实现，债权人则不能行使撤销权。

根据《合同法》第七十五条的规定，撤销权自债权人知道或者应当知道撤销事由之日起 1 年内行使。自债务人的行为发生之日起 5 年内没有行使撤销权的，该撤销权消灭。合同法关于撤销权的期限规定，在性质上是除斥期间，不适用民法的诉讼时效关于中止、中断和延长的规定。

如果债权人撤销权诉讼胜诉，债务人的财产处置行为无效，被处置的财产应当返还给债务人，债权人可就该财产受偿。需要说明的是，法律规定撤销权的立法精神是恢复债务人的承担债务能力，但没有规定债权人因此享有优先受偿的权利。撤销权诉讼费由败诉方承担。

【工作实例】星月电器厂与优益机械厂签订买卖合同一份，约定 2012 年全年供应优益机械厂电器元件 20 万只，每只价格 5 元钱，共计货款 100 万元。按月交货、货到付款，如有违约，支付不能履行部分总值 5%的违约金。1～5 月的合同顺利履行，6 月星月电器厂通知优益机械厂，本厂已转产，6 月以后的合同不能履行，要求解除合同。优益机械厂由于事先已与客户签订了合同，并安排了生产，为此造成损失 50 万元。合同能解除吗？损失怎么办？

【温馨提示】

合同不能解除，因其不符合解除条件。星月电器厂违约，应承担违约责任，支付约定的违约金。如果违约金不能弥补优益机械厂因此所受损失，则还要另行支付赔偿金。

【延伸思考】

你认为当前合同履行中存在的主要问题有哪些？应该如何解决？

第五节 合同不是僵化的——转让、变更与解除合同

一、转让合同

合同转让是指合同的一方当事人将合同的权利义务全部或部分转让给第三人的法律行为。合同转让实际就是履行合同的主体发生了变化，包括合同的权利转让、合同的义务转让和合同权利义务的一并转让三种状态。

（一）转让权利

权利转让是指合同债权人通过协议将其债权全部或部分地转让给第三人的行为。在债权转让法律关系中，将债权转让给第三人的为转让人，接受债权转让的第三人为受让人。

1. 权利转让的条件

首先，转让的合同权利必须是为法律所承认和保护的合法权利；同时转让人与受让人应就转让事项达成转让协议。其次，合同权利转让有明确的形式要求，《合同法》第八十条规定："债权人转让权利的，应当通知债务人。未经通知，该转让对债务人不发生效力。债权人转让权利的通知不得撤销，但经受让人同意的除外。"

转让的合同权利必须是依法可以转让的债权。根据我国《合同法》第七十九条的规定，下列合同权利不得转让：

其一，根据合同性质不得转让的合同权利，包括因个人信任关系而订立的合同，如技术开发合同等。

其二，按照当事人的约定不得转让的合同权利。

其三，法律规定不得转让的合同债权。如依我国担保法规定，设定最高额抵押的合同债权不得进行转让。

2. 权利转让的效力

合同权利一经转让，就由受让方承担合同的权利，同时也产生一系列的法律后果，具体表现在以下几个方面。

其一，从权利的转移。根据《合同法》第八十一条规定："债权人转让权利的，受让人取得与债权有关的从权利，但该从权利专属于债权人自身的除外。"这是民法主权利与从权利关系原理，在合同权利转让效力上的体现。

其二，抗辩权的转移。根据《合同法》第八十二条规定："债务人接到债权转让通知后，债务人对让与人的抗辩，可以向受让人主张。"合同的抗辩权是与请求权相伴而生的，并随请求权的转移而转移，当合同权利通过转让由受让人享有时，债务人即拥有了向受让人抗辩的权利。

其三，抵销权的转移。根据《合同法》第八十三条规定："债务人接到债权转让通知时，债务人对让与人享有债权，并且债务人的债权先于转让的债权到期或者同时到期的，债务人可以向受让人主张抵销。"抵销是合同终止的原因之一，合同权利转让后，受让人作为合同权利的享有者与合同义务人之间具备了约定的合同关系，当抵销的法定条件具备时，债务人可以抵销的方式终止合同或部分合同。

（二）转让义务

合同义务的转让是指合同当事人将合同义务转让给第三人的行为。将合同义务转让给第三人的为转让人，接受合同义务的第三人为受让人。

1. 义务转让的条件

首先，有效合同义务的存在是合同义务转让的前提。转让的合同义务不能是性质上不能或者法律禁止转让的合同义务，否则转让无效。

其次，转让人与受让人应当就有关转让的内容进行明确约定，并达成相关转让协议，这是合同义务转让的法律依据。

最后，合同义务的转移须有特殊的形式要求。《合同法》第八十四条规定："债务人将合同的义务全部或者部分转移给第三人的，应当经债权人同意。"未经债权人同意的债务转移，是没有法律效力的。这是因为合同义务人的资信情况对于合同权利人权利的实现影响很大。同时，《合同法》第八十七条还规定："法律、行政法规规定转让权利或者转移义务应当办理批准、登记等手续的，依照其规定。”

2. 义务转让的效力

合同义务一经转让，就由受让方承担合同的义务，同时产生其他相应法律后果：发生从债务的转移；抗辩权的转移；等等。

（三）权利义务一并转让

合同权利义务一并转让，是指合同当事人一方将合同权利义务一并转移给第三人，由第三人概括地继受这些权利义务。合同权利义务的一并转让主要有当事人约定转让和法律规定转让两种情形。

对于当事人约定合同权利义务一并转让的，根据《合同法》第八十八条的规定，应当经得对方的同意转让才能生效。同时还适用《合同法》有关权利性质、通知义务和转让的效力等方面的规定。

对于合同权利义务的一并转让的法定情形，《合同法》第九十条明确规定：“当事人订立合同后合并的，由合并后的法人或者其他组织行使合同权利，履行合同义务。当事人订立合同后分立的，除债权人和债务人另有约定的外，由分立的法人或者其他组织对合同的权利和义务享有连带债权，承担连带债务。”

二、变更合同

合同变更是指合同在成立生效后尚未履行和履行完毕前，因出现了相关法定事实，仅改变合同约定的权利义务内容而不变更合同主体的客观事实。当事人在法律许可的范围内，根据自己的意愿也是可以变更合同的。合同变更可以从以下方面来理解：

（1）合同变更的前提是合同成立有效。

（2）变更是对合同内容的变更。合同的变更是指合同当事人之间权利义务的变更，如履行期限、地点、交付方式、标的的数量和质量、价格、利息、担保、违约责任等内容的变动。合同要素的变更，如合同性质、主体、标的的变更不是合同变更，它将导致新合同的产生。

（3）合同的变更因一定的法律事实而发生。这些法律事实包括：当事人双方协商一致；法定情况的出现引起合同的变更，如胁迫、乘人之危等。

（一）合同变更的条件和程序

1. 当事人协商变更合同的条件和程序

《合同法》规定，当事人协商一致可以使合同变更，所以只要经过双方充分协商，意思表示一致就可完成合同的变更。如果原合同是特殊书面合同，需依照法律、行政法规规定，经批准或者履行其他法定手续才能成立生效的合同，其变更也应办理相应的变更手续。

2. 因出现法定情况而变更

引起合同变更的法定情况，散见于《合同法》不同章节及相关合同法规的规定之中，其共同特点是：要通过合同管理机关、仲裁机构和人民法院的特定程序才能实现合同变更。主要包括以下几种情形：

（1）情势变更。合同的建立和履行依赖于一定环境，环境发生了变化，使合同成立和履行的基础不再存在，继续履行该合同就会产生显失公平的后果。出现情势变更，当事人一方可提出变更合同，经人民法院或仲裁机构的裁决得变更或解除合同。

（2）重大误解、显失公平、欺诈、胁迫和乘人之危。根据《合同法》第五十四条规定，对于重大误解、显失公平，或者一方以欺诈、胁迫、乘人之危的手段损害另一方利益所签订的合同，当事人一方可向法院或仲裁机关提出变更的请求，经判决和裁决，合同变更。

（3）因债务人违约（包括预期违约、实际违约和迟延履行合同）致使合同没有履行必要，可以通过法院裁决的方式予以变更。

（二）合同变更的后果

合同变更后，当事人应按照变更后的合同内容去履行合同。变更的合同条款对已履行部分没有溯及力，已经履行的合同义务不因合同的变更而失去法律根据，当事人不得主张对已履行完毕的合同义务要求返还或重新履行。

合同当事人关于赔偿损失和解决争议方法的约定不因合同撤销和变更而改变。《民法通则》第一百一十五条规定："合同的变更或者解除，不影响当事人要求赔偿损失的权利。"

三、解除合同

合同解除是指在合同成立生效后，因出现了一定的法定和约定的解除事由，当事人自愿或依照一定法律程序，使合同的权利义务关系彻底归于消灭的行为。它包括约定解除和法定解除两种情况。

（1）约定解除。合同是当事人就双方民事权利义务所达成的协议，也完全可以再根据其意愿，以协议方式将其解除。但合同当事人以这种方式解除合同不得违反国家利益和社会公共利益。

（2）法定解除。法定解除是指当事人一方依据法律的直接规定，通过特定的方式解除合同。因法定解除合同行为是单方法律行为，当事人解除合同时，可不经对方同意，只要将解除合同的意思表示通知对方或者通过法院或仲裁机构向对方主张，即可发生合同解除的效果。

为防止合同法定解除权的滥用，我国《合同法》第九十四条规定了当事人行使解除权时应当遵循的法定条件和程序。

（1）不可抗力致使不能实现合同目的。不可抗力是不能预见、不可避免、不能抗拒的客观情况，它主要表现为一些自然现象和社会现象，如地震、火山爆发、台风洪水灾害、战争、罢工、骚乱等。当不可抗力导致合同目的不能实现，应当解除合同。

不可抗力发生后，要求解除合同方应当及时将遇到不可抗力无法履行合同的情况和证据，以合理的方式通知对方，不管对方是否同意即可形成解除合同的后果。如果对方对此提出异议可通过司法程序和仲裁来确定是否应当解除合同。

（2）在履行期限届满之前，当事人一方明确表示或者以自己的行为表明不履行主要债务。这是关于预期违约的规定。只要一方预期违约，就使合同的订立目的难以实现，不论是否给非违约方带来严重后果，非违约方都可以解除合同。

（3）当事人一方迟延履行主要债务，经催告后，在合理期限内仍未履行。根据《合同法》第九十四条的规定，一方迟延履行合同，导致合同目的无法实现，另一方则可以据此解除合同。

合同被解除后，即失去对双方当事人的法律拘束力。但合同的解除不影响当事人要求赔偿损失的权利，不影响合同中结算和清理条款的效力。这些条款在合同解除后继续有效，可以作为处理善后事宜的依据。

【工作实例】太乙公司欠甲天下公司 30 万元的到期货款，同时甲天下公司又欠太乙公司 20 万元的到期货款。甲天下公司在 2011 年 9 月 18 日与红石公司签订书面协议，转让其对太乙公司的 30 万元债权。2011 年 9 月 24 日，太乙公司接到甲天下公司关于转让债权的通知后，便主张 20 万元的抵销权。太乙公司有义务向红石公司清偿 30 万元吗？

【温馨提示】

转让债权，债权人只要通知债务人即可，故自接到债权转让通知时起，太乙公司即负有向红石公司清偿 30 万元的义务。但同时，太乙公司可以向红石公司主张 20 万元的抵销权，支付 10 万元即可。

【延伸思考】

举例说明：法律关于合同变更与解除的规定，是如何具体保护相关当事人权益的。

第六节 增进合同的约束力——合同的担保

担保是指根据法律规定或者当事人约定，为保障债务人履行债务，使债权人债权顺利实现，所采取的各种法律措施。《合同法》和《民法通则》中均对此做出了规定，《物权法》

还专门规定了担保物权制度。1995 年 6 月 30 日，全国人大会常务委员会又通过并公布了《中华人民共和国担保法》(简称《担保法》)，并于 1995 年 10 月 1 日开始施行。

担保行为与一般的民事行为相比有其不同的法律特征。

(1) 担保具有从属性。担保的效力应以其担保的债权的成立生效为前提，不能脱离主债权而单独成立生效；担保因其担保债权的消灭而终止，在债权尚存在的情形下，除超过担保有效期外，不能自动解除担保关系；担保必须与其担保的债权同时存在，其转移必须随其担保债权转移而转移，除当事人特别约定外，不得与债权分离而单独转移。《担保法》第五条规定："担保合同是主合同的从合同，主合同无效，担保合同无效。"

(2) 担保具有财产性。担保的目的是保障债的实现，债的关系是社会财产流转关系的反映，担保作为债权关系的从属社会关系，所反映的也必然是社会财产关系的内容。

(3) 担保责任的补充性。担保人承担担保责任，一般只有在债务人不能履行或没有履行合同义务时，才承担担保责任。只有在连带责任担保中，担保人才与债务人同步承担担保责任。

(4) 担保具有不可分性。在主债权部分消灭时，债权人仍可就担保物的全部价值主张担保债权；担保物部分消灭时，其余部分仍然可以担保债权的全部。

《担保法》规定了五种担保方式，即该法第二条的规定："本法规定的担保方式为保证、抵押、质押、留置和定金。"这五种担保方式适用于各种合同。

一、保证

保证，是指保证人和债权人约定，当债务人不履行债务时，保证人按照约定履行债务或者承担责任的行为。保证是以保证人的信誉所进行的担保，与其他物权方式的担保相比，它是人的担保。在保证法律关系中，享有权利的为主合同的债权人，承担义务的为主合同的债务人，提供保证并承担保证责任的债务人或第三人为保证人。

(一) 保证合同和保证方式

1. 保证合同的形式

《担保法》第十三条明确规定："保证人与债权人应当以书面形式订立保证合同。"保证作为一种较为复杂的民事行为应当以书面的形式进行，否则不产生法律效力。

2. 保证方式

通常来讲，保证人承担保证责任方式主要有两种，即一般保证和连带责任保证。

(1) 一般保证。一般保证是指当事人在保证合同中约定，债务人不能履行合同义务时，由保证人承担保证责任的保证。我国《担保法》第十七条明确规定："一般保证的保证人在主合同纠纷未经审判或者仲裁并就债务人财产依法强制执行仍不能履行债务前，对债权人可以拒绝承担保证责任，但是有下列情形之一的除外：① 债务人住所变更，致使债权人要求其履行债务发生重大困难的；② 人民法院受理债务人破产案件，中止执行程序的；③ 保证人以书面形式放弃前款规定的权利的。”

（2）连带责任保证。连带责任保证是指当事人在保证合同中约定保证人与合同义务人承担连带责任的保证。连带责任保证的债务人在主合同规定的债务履行期届满没有履行债务的，债权人可以要求债务人履行债务，也可以要求保证人在其保证范围内承担保证责任。连带责任保证人对合同权利人没有先诉抗辩权，合同权利人可以请求合同义务人履行债务，也可以直接请求保证人履行保证责任，保证人不得拒绝承担责任。

当事人对保证方式没有约定或者约定不明确的，按照连带责任保证承担保证责任。

（二）保证责任

1. 保证范围

保证范围即保证担保的主债权范围，是指在保证关系中保证人所承担的保证责任的范围。保证范围包括当事人约定的保证范围和法定的保证范围。当事人约定保证范围时，根据保证的从属性原则，保证范围不应超出主债权的范围。如果当事人对保证担保的范围没有约定或者约定不明确的，根据《担保法》第二十一条规定执行——“保证人应当对全部债务承担责任”。

2. 主债的转让、变更与保证责任

因为保证关系相对于合同关系具有从属性，所以主合同发生变动势必对担保关系产生影响。

首先，保证期间，债权人依法将主债权转让给第三人的，保证人在原保证担保的范围内继续承担保证责任。如果当事人就债权变更的保证责任另有特殊约定的，按照约定处理。

其次，保证期间，债权人许可债务人转让债务的，应当取得保证人书面同意，保证人对未经其同意转让的债务，不再承担保证责任。

最后，债权人与债务人协议变更主合同的，应当取得保证人书面同意，未经保证人书面同意的，保证人不再承担保证责任。

3. 保证期间

保证期间是指保证合同的有效期限。因担保的种类不同，担保法对其保证期间的规定也不同。

对一般保证和连带责任保证的保证期限，《担保法》第二十五条和第二十六条规定：保证关系当事人可以约定保证期限，有约定保证有效期限的按照当事人的约定处理。如果当事人在保证合同中对保证期间没有约定或约定不明确的，保证期间为主债务履行期届满之日起 6 个月，从主债务履行期届满之日，或债权人知道或应当知道债务人没有履行债务时开始计算。

在合同约定的保证期间和前款规定的保证期间，合同权利人未要求保证人承担保证责

任的，保证人保证责任免除。

（三）共同保证和最高额保证担保

1. 共同保证

共同保证是指两个或两个以上的保证人为同一个债务提供担保。由于共同担保的保证人为多人，为此必须明确共同保证人之间的法律责任，《担保法》第十二条规定："同一债务有两个以上保证人的，保证人应当按照保证合同约定的保证份额，承担保证责任。没有约定保证份额的，保证人承担连带责任，债权人可以要求任何一个保证人承担全部保证责任，保证人都负有担保全部债权实现的义务。已经承担保证责任的保证人，有权向债务人追偿，或者要求承担连带责任的其他保证人清偿其应当承担的份额。"

2. 最高额保证担保

最高额保证担保是指保证人在最高额债权限度内，对一定期间连续发生的债的关系所提供的保证担保。这种担保通常适用于当事人间的经常性的、同类性质业务往来所需的合同担保，如对经常性的借款合同或者某项商品交易合同关系的担保。最高额保证担保方式，可以减少每一份主合同都需订立一个保证合同所带来的不便，提高交易的效率。

与一般保证相比，最高额保证担保有着其独特的法律特征。因其是对一定期间内连续发生的债务进行担保，在保证设立时所担保的债可能已经发生，也可能没有发生，保证人的担保责任是否生效与被保证的债务无直接关系，所担保债务的清偿期仅对债务清偿有意义，并不影响保证人承担保证责任。所以在最高额保证担保中应当明确有效期限和结算期限。如果最高额担保合同没有明确约定担保期限的，执行《担保法》第二十七条规定："未约定保证期间的，保证人可以随时书面通知债权人终止保证合同，但保证人对于通知到债权人前所发生的债权，承担保证责任。"

二、抵押

抵押是指债务人或者第三人不转移对某一特定财产的占有，将该财产作为合同债权的担保，当债务人不履行债务时，债权人有权依照法律规定以该财产折价或者以拍卖、变卖该财产的价款优先受偿。在抵押法律关系中，合同债务人或者第三人为抵押人，合同债权人为抵押权人，提供担保的财产为抵押物，因抵押法律关系所产生的权利为抵押权。

抵押除了具有一般担保关系的法律特征之外，还具有以下特性：

（1）抵押权是一种物权担保方式。担保种类可以按照其性质分为物权担保和债权担保，保证是债的担保方式，而抵押权是合同债权人为保障合同权利实现而在合同义务人的财产上设置的一种民事权利，从性质上来讲，是一种他物权。

（2）抵押通常为要式法律行为。当事人设置财产抵押的，很多情况下应当办理抵押物登记。

（3）抵押不转移占有抵押物。抵押与质押相比，其突出特征就是抵押人继续占有，而抵押权人不占有抵押物。对抵押权人来讲，在设置抵押登记制度的同时，是否占有抵押物并不影响抵押目的的实现。

（一）抵押物

1. 可设定抵押的财产

可以设定抵押的财产既包括动产也包括不动产，既包括实体财产利益也包括财产权利。根据《担保法》第三十四条和《物权法》第一百八十条规定，债务人或者第三人有权处分的下列财产可以抵押：建筑物和其他土地附着物；建设用地使用权；以招标、拍卖、公开协商等方式取得的荒地等土地承包经营权；生产设备、原材料、半成品、产品；正在建造的建筑物、船舶、航空器；交通运输工具；法律、行政法规未禁止抵押的其他财产。

需要强调的是，由于法律规定的"房随地走、地随房移"的权利转让规则，对于房屋和土地使用权其中之一进行的抵押，其连带的相应房屋所有权或土地使用权也应当一并抵押。

2. 不可设定抵押的财产

根据《担保法》第三十七条和《物权法》第一百八十四条规定，禁止流通的和限制流通的财产不得抵押，具体如下：土地所有权；耕地、宅基地、自留地、自留山等集体所有的土地使用权，但法律规定可以抵押的除外；学校、幼儿园、医院等以公益为目的的事业单位、社会团体的教育设施、医疗卫生设施和其他社会公益设施；所有权、使用权不明或者有争议的财产；依法被查封、扣押、监管的财产；法律、行政法规规定不得抵押的其他财产。

3. 抵押物价值减少的救济

抵押担保设立后，由于抵押物由抵押人继续使用所产生的自然折旧，以及因为市场行情的变动，都可能导致抵押物价值出现波动。如果抵押期间抵押物价值降低，就危及抵押权的完全实现，为此《担保法》第五十一条规定："抵押人的行为足以使抵押物价值减少的，抵押权人有权要求抵押人停止其行为。抵押物价值减少时，抵押权人有权要求抵押人恢复抵押物的价值，或者提供与减少的价值相当的担保。"

（二）抵押合同和抵押登记

1. 抵押合同

抵押合同是抵押人与主债中的债权人（抵押权人）签订的合同。抵押合同必须采用书面形式。根据《担保法》第三十九条规定，抵押合同的内容通常来讲应当包括以下几个方面：被担保的主债权种类、数额；债务人履行债务的期限；抵押物的名称、数量、质量、状况、所在地、所有权权属或者使用权权属；抵押担保的范围；当事人认为需要约定的其他事项。

如果抵押合同对被担保的主债权种类、抵押财产没有约定或约定不明确，根据主合同和抵押合同的性质和内容又不能补正或者无法推定的，抵押不成立。

2. 抵押登记

抵押登记分为法定必须登记和自愿登记两种。

法定必须登记的抵押，在效力上又可分为登记设立和登记对抗第三人两种。

关于法定登记设立情形，《物权法》第一百八十七条做出规定：建筑物和其他土地附着物；建设用地使用权；以招标、拍卖、公开协商等方式取得的荒地等土地承包经营权；以及正在建造的建筑物抵押的，应当办理抵押登记。抵押权自登记时设立。

关于法定对抗第三人登记，《物权法》第一百八十八条规定：以生产设备、原材料、半成品、产品；正在建造的船舶、航空器；交通运输工具抵押的，抵押权自抵押合同生效时设立。未经登记的，不得对抗第三人。

对于上述抵押登记的管理部门分别为：以无地上定着物的土地使用权抵押的，为核发土地使用权证书的土地管理部门；以城市房地产或者乡（镇）、村企业的厂房等建筑物抵押的，为县级以上地方人民政府规定的部门；以林木抵押的，为县级以上林木主管部门；以航空器、船舶、车辆抵押的，为运输工具的登记部门；以企业的设备和其他动产抵押的，为财产所在地的工商行政管理部门。

对于自愿登记的抵押，《担保法》第四十三条规定："当事人以其他财产抵押的，可以自愿办理抵押物登记，抵押合同自签订之日起生效"，"当事人办理抵押物登记的，登记部门为抵押人所在地的公证部门"。对于自愿办理登记，"当事人未办理抵押物登记的，不得对抗第三人"。

（三）抵押的效力

1. 抵押担保的责任范围

抵押担保的范围是指当债务人不履行债务时，抵押权人按照抵押合同约定或法律的规定，就抵押物变价所得的价款优先受偿的债权范围。对此当事人可以根据交易的需要进行事先约定，如果没有约定或约定不明确的，我国《担保法》第四十六条对此做出规定："抵押担保的范围包括主债权及利息、违约金、损害赔偿金和实现抵押权的费用。"

2. 抵押物的孳息

因抵押关系不转移抵押物的占有的特点，抵押的财产仍由抵押人行使使用权和收益权，故抵押物所产生的孳息归抵押人所有。但因债务人不履行债务，抵押物被人民法院扣押的，根据我国《担保法》第四十七条的规定：自扣押之日起抵押权人有权收取由抵押物分离的天然孳息以及抵押人就抵押物可以收取的法定孳息。

3. 抵押物的出租和转让

抵押期间抵押人并不因此丧失对抵押物的所有权，所以抵押人对抵押物进行合理使用和处分是合法的。但由于出租和转让抵押物可能影响抵押权人的利益，故法律规定：抵押人出租和转让抵押财产的，应当书面告知承租人、受让人，对于转让抵押物的还要通知抵押权人，经抵押权人同意方可转让，如果抵押权人没有尽到上述通知义务，相应的出租和转让行为无效。《物权法》第一百九十一条规定：“抵押期间，抵押人未经抵押权人同意，不得转让抵押财产，但受让人代为清偿债务消灭抵押权的除外。”

《担保法》第五十条规定：“抵押权不得与债权分离而单独转让或者作为其他债权的担保。”

转让抵押物所得的价款应承担提前清偿义务，超过债权数额的部分，归抵押人所有，不足部分由债务人清偿。

（四）抵押权的实现

1. 抵押权实现的一般方式和程序

根据《物权法》第一百九十六条规定，依法设定的抵押，当债务履行期届满，债权未实现；抵押人被宣告破产或者被撤销；当事人约定的实现抵押权等情形出现时，抵押财产确定。抵押权人可以将抵押物折价或变卖，以折价或变卖的价款优先受偿。具体有两种实现方式：一是抵押关系当事人双方协商；二是以诉讼，即抵押权人向人民法院提起诉讼或仲裁，再通过人民法院的执行程序实现抵押权。

抵押权行使中，可以对抵押物折价、拍卖或变卖。折价就是直接将抵押物充抵给抵押权人，以其价值抵偿债权的过程；拍卖则是通过拍卖机构按照拍卖程序进行拍卖，将所得拍得的款项在扣除有关拍卖费用后，清偿债权的过程；变卖是指以一般的买卖方式将抵押物出售，以所得价款清偿债权的过程。因处理抵押物所得与主债权的价额不一定完全一致，当所得价款不足债权数额的，债务人应当以其他财产继续清偿；所得价款超过债权数额的，超过部分归抵押人所有。

2. 一物数押时抵押权的实现

根据《担保法》规定，当抵押物价值较高时，抵押人可以在该抵押物上设置数个抵押物权，即我们通常所讲的“一物数押”。 虽然我国《担保法》对一物数押有不超过抵押物价值的限制性规定，但由于抵押期间抵押物可能出现折价或价值的贬损，这对一物数押的多个抵押权的实现有较大影响。因此我们必须明确抵押物所担保的债权受清偿的顺序。《担保法》第五十四条规定：对于登记生效的抵押合同，按照抵押登记的先后顺序清偿债权；对同一顺序的抵押债权，按照债权比例同时清偿。对于不需登记生效的抵押合同，按照合同生效时间的先后顺序清偿，顺序相同的按照债权比例清偿。对于一物数押的抵押权，有抵押权经登记的，有没登记的，已登记的先于未登记的抵押债权受偿。从上述规则可以看出，抵押物是否办理登记以及登记的先后顺序，对于抵押权的实现具有非常重要的意义。

3. 抵押权实现的特殊规定

一是对抵押国有划拨土地使用权的处理。根据现行土地制度，获得国有土地使用权的方式分为划拨和出让两种。其中划拨土地是根据行政指令无偿取得土地使用权。鉴于此，《担保法》第五十六条规定：“拍卖划拨的国有土地使用权所得的价款，在依法缴纳相当于应缴纳的土地使用权出让金的款额后，抵押权人有优先受偿权。”

二是对城市已抵押国有土地使用权上新增房屋的处理。《担保法》第五十五条规定：“城市房地产抵押合同签订后，土地上新增的房屋不属于抵押物。需要拍卖该抵押的房地产时，可以依法将该土地上新增的房屋与抵押物一同拍卖，但对拍卖新增房屋所得，抵押权人无权优先受偿。”

三是对抵押的承包农村荒地使用权和乡（镇）、村企业建筑物占用土地使用权的处理。《担保法》第五十五条第二款规定：“依照本法规定以承包的荒地的土地使用权抵押的，或者以乡（镇）、村企业的厂房等建筑物占用范围内的土地使用权抵押的，在实现抵押权后，未经法定程序不得改变土地集体所有和土地用途。”

（五）最高额抵押

根据《物权法》第二百零三条规定，最高额抵押是指为担保债务的履行，债务人或者第三人对一定期间内将要连续发生的债权提供财产担保，债务人不履行到期债务或者发生当事人约定的实现抵押权的情形，抵押权人有权在最高债权额限度内就该担保财产优先受偿。

最高额抵押的实现，必须具备两个条件：一是抵押权担保的债权数额已确定；二是债权已到履行期。就最高额抵押而言，债权数额的确定是其中的主要问题。《物权法》第二百零六条规定了确定抵押权人债权的情形：约定的债权确定期间届满；没有约定债权确定期间或者约定不明确，抵押权人或者抵押人自最高额抵押权设立之日起满 2 年后请求确定债权；新的债权不可能发生；抵押财产被查封、扣押；债务人、抵押人被宣告破产或者被撤销；法律规定债权确定的其他情形。

需要注意的是，《物权法》修正了《担保法》关于最高额抵押的主合同债权不能转让的规定，确立了在最高额抵押担保的债权确定前，可以转让债权或部分债权，但转让出去的债权不享有最高额抵押权。

拓展阅读

李某诉段某民间借贷纠纷案

（一）基本案情

2015 年 2 月 5 日，被告向原告借款，原告为保证其到期能实现债权，与被告签订了《房屋买卖合同》一份。合同约定，原告以 100 万元的价格向被告购买位于曲靖市的别墅，被告于 2015 年 5 月 6 日前到房屋产权登记机关配合原告办理产权过户登记手续。同日，原告向被告汇款 94.5 万元，被告向原告出具收条一份。收条载明，被告已收到原告支付的别墅转让款 100 万元，其中转账支付 94.5 万元，现金支付 5.5 万元。另查明，原、被告双方未出具书面借条，未约定利息及还款时间，被告为购买本案诉争房屋缴纳房款 183 万余元。原告的原诉请为由被告于判决生效后立即为原告办理房屋过户手续，经法庭释明后，原告诉请变更为由被告偿还原告借款本金 100 万元。

（二）裁判结果

判令由被告段某于判决生效后30日内偿还原告李某借款本金100万元。

（三）典型意义

1. 贯彻司法解释的立法意图

民间借贷实践中，借贷双方当事人通过签订买卖合同作为借贷合同的担保，是比较典型的纠纷类型。一旦借款期限届满债务人无法偿还借款本息时，债权人往往要求履行买卖合同，从而直接取得标的物的所有权。债权人撇开主合同而要求直接履行作为从合同的买卖合同，实际上是颠倒了主从合同关系，故《最高人民法院关于审理民间借贷案件适用法律若干问题的规定》第二十四条对此做出了明确规定，认为此类案件应按照民间借贷法律关系进行审理。

2. 保持物权法理论的一致性

"禁止流押"是物权法中的一大原则，旨在防止债权人利用优势地位损害债务人的利益，造成对抵押人实质上的不公平。在买卖合同担保借贷合同的交易模式下，债权人通过买卖合同在债务到期前就固定了担保物的价值，且由于预售登记的存在，债务人不可能另行通过交易途径实现担保物的市场价值，买卖合同事实上达到了流押的效果，有违"禁止流押"的强制性规定。

3. 保护当事人的合法权益

债权人为保证其债权的顺利实现，签订的买卖合同标的物的价值通常都高于借贷合同的标的。如债权人直接取得买卖合同标的物的所有权，往往会给债务人带来一定的经济损失，同时可能会对其他债权人的合法权益造成损害。实践中，建议可在诉讼过程中对买卖合同标的物进行诉讼保全，通过合法手段保证债权人实现债权的可能性，对各方当事人的利益予以均衡保护。

三、质押

质押是指债务人或第三人将其动产或者权利移交债权人占有，担保债务人履行债务，当债务人不履行债务时，债权人有权处分该动产或者权利，并就其价款优先受偿。在质押法律关系中，债务人或第三人为出质人，债权人为质权人。由于用作出质的利益分为动产和权利，所以将质押分为动产质押和权利质押。

（一）动产质押

动产质押是指债务人或者第三人将其动产移交债权人占有，担保债务人履行合同义务，债务人不履行合同义务或者发生当事人约定的实现质权的情形时，债权人有权就该动产优先受偿。在动产质押关系中，其中债务人或者第三人为出质人，债权人为质权人，移交的动产为质物，因动产质押法律关系所生的权利为质权。

1. 动产质押的法律特征

（1）动产质押的标的是动产。质押因其转移占有的特性，所以只针对动产设立，相比之下，抵押则可以针对动产也可以针对不动产，但主要是不动产。

（2）质押转移质物的占有。在质押关系中，出质人应当将质物交由质权人占有，对于质物所产生的孳息也由质权人收取，在债务人履行债时抵偿债务，但质权人不得使用质物。

（3）质押合同是实践性合同。质押合同除质押关系当事人之间达成协议外，质押人必须将质物实际交付给质权人，质押合同才能开始生效。对于只签订了质押合同，但是出质人没有实际交付质物的，质押合同虽然成立，但是不产生法律效力。

2. 动产质押合同

质押合同是出质人与主债中的债权人（质权人）签订的合同。质押合同必须采用书面形式。根据《担保法》第六十五条的规定，质押合同应当包括以下内容：被担保的主债权种类、数额；债务人履行债务的期限；质物的名称、数量、质量、状况；质押担保的范围；质物移交的时间；当事人认为需要约定的其他事项。对于已经签订的质押合同不完全具备上述条款的，可以补正。

3. 动产质押效力

（1）动产质押担保的范围。质押担保的范围可由当事人在质押合同中约定，当事人未做约定或约定不明确的，应当根据担保法来确定。《担保法》第六十七条规定："质押担保的范围包括主债权及利息、违约金、损害赔偿金、质物保管费用和实现质权的费用。质押合同另有约定的，按照约定。"

（2）质物的保管和孳息。因为质押转移占有的特点，质权人取得了质物的占有权，在当事人没有约定或约定不明确的情况下，质物所产生的孳息归质权人收取。在债权实现后，质权人应当返还质物，在扣除收取孳息的费用后以所收取的孳息抵偿担保债权。

在占有质物期间，质权人应当妥善保管质物。如果因质权人原因导致质物灭失或者毁损的，质权人应当承担赔偿责任。如果未经出质人同意，擅自使用、出租，处分质物，因此给出质人造成损失的，质权人应当承担赔偿责任。

（3）质物价值明显减少的救济。当因为不可归责于质权人的原因，质物有损坏或者价值明显减少，并足以危害质权人权利的，质权人可以要求出质人提供相应的担保。出质人不提供的，质权人可以拍卖或者变卖质物，并与出质人协议将拍卖或者变卖所得的价款用于提前清偿所担保的债权或者向与出质人约定的第三人提存。

4. 质权的实现

当债务履行期届满债务人不履行债务的，质权人与出质人可协商将质物折价抵偿担保债权，也可以通过诉讼和仲裁方式将质物依法拍卖和变卖，将拍卖、变卖的所得价款抵偿担保债权，价款不足抵偿担保债权的，债务人应当继续清偿；价款超过担保债权数额的，超出部分归出质人所有。为债务人质押担保的第三人，在质权人实现质权后，有权向债务人行使代为求偿权。

（二）权利质押

权利质押为质押的一种，它是以所有权以外的可让与的财产权作为质权的标的，以担保债权实现的一种担保方式。

1. 可以设定质押的权利

可以设定质押的权利主要包括以下几类：汇票、支票、本票；债券、存款单；仓单、提单；可以转让的基金份额、股权；可以转让的注册商标专用权、专利权、著作权等知识产权中的财产权；应收账款；法律、行政法规规定可以出质的其他财产权利。

2. 权利质押合同

权利质押合同因出质权利的不同而有不同的特性，有的是实践性合同，有的是要式合同。具体来讲，对以汇票、支票、本票、债券、存款单、仓单、提单出质，应当在合同约定的期限内将权利凭证交付质权人的，质押合同在交付权利凭证之日起生效；以基金份额、证券登记结算机构登记的股权出质的，质权自证券登记结算机构办理出质登记时设立；以其他股权出质的，质权自工商行政管理部门办理出质登记时设立；以依法可以转让的商标专用权，专利权、著作权中的财产权出质的，应到其主管部门办理出质登记；以应收账款出质的，质权自信贷征信机构办理出质登记时设立。

3. 权利质押效力

在债务人没有履行债务时，质权人可与出质人协商以出质的财产权利抵偿担保债权，也可通过司法程序将出质的财产权利进行拍卖和变卖，将拍卖、变卖的价款优先抵偿担保债权。其担保范围和实现方式与动产质押基本一致。

四、留置与定金

（一）留置

留置是指债权人依照法律或合同约定占有债务人的动产，债务人不履行合同义务时，债权人有权依照法律规定留置该财产，经过一定宽展期后，通过处置留置财产优先受偿。在留置法律关系中，债权人所享有的权利为留置权，债权人因对留置权的享有而成为留置权人。

1. 留置权适用范围与留置担保范围

留置权的适用范围是指留置担保可以适用的民事法律行为范围。根据《担保法》第八十四条规定："因保管合同、运输合同、加工承揽合同发生的债权，债务人不履行债务的，债权人有留置权。”这条规定列举了留置担保适用的合同范围。除此之外，其他法律规定可以留置的，当事人也可以行使留置权。当事人对于合同约定不能留置的物，不得行使留置权。

《担保法》第八十三条规定：“留置担保的范围包括主债权及利息、违约金、损害赔偿金，留置物保管费用和实现留置权的费用。”

2. 留置权的实现

留置权的实现是指在债权人留置财产后的一定期限内，债务人不履行债务，债权人可以处置留置物并优先受偿的过程。与抵押权和质权实现的不同，留置权的实现在债务人不履行债务时，必须给债务人一定宽限期，只有过了宽限期债务人仍不履行债务的，留置权人方可实现留置权。《担保法》第八十七条规定：“债权人与债务人应当在合同中约定，债权人留置财产后，债务人应当在不少于 2 个月的期限内履行债务。债权人与债务人在合同中未约定的，债权人留置债务人财产后，应当确定 2 个月以上的期限，通知债务人在该期限内履行债务。债务人逾期仍不履行的，债权人可以与债务人协议以留置物折价，也可以依法拍卖、变卖留置物。”留置物变卖后所得的价款不足抵偿担保债权的，债务人应当继续清偿；价款超过担保债权数额的，超出部分归债务人所有。

3. 留置权的消灭

《担保法》第八十八条规定了两个方面的原因，一个是主债权消灭，作为从权利的留置权也随之消灭。主债权消灭的原因包括清偿、抵销、免除、提存、混同五个方面。另一个是债务人另行提供担保并被债权人接受。在留置期间，如果债务人为了生产和生活的需要，另行提供的担保，并经留置权人的同意，可解除留置。

（二）定金

定金是当事人在合同订立时或者对价支付期限以前，为担保合同的履行，由一方向对方支付的金钱。定金应当以书面形式约定，定金合同从实际交付定金之日起生效。

1. 定金的种类与作用

（1）成约定金。成约定金是指作为合同成立的要件，一方向另一方支付的定金。因通常情况下定金不应作为合同成立的要件，是否交付定金不应影响当事人所订立的主合同的成立，因此成约定金应当由当事人特别约定。

（2）证约定金。证约定金是指为证明合同成立并对双方产生法律拘束力，一方向另一方支付的定金。证约定金的作用是为证明合同关系的成立，不是合同成立的要件。

（3）解约定金。解约定金是指合同当事人保留单方解除合同的权利而交付的定金，也就是说交付定金的当事人以放弃定金，接受定金的当事人则以双倍返还定金的方式解除合同关系。

（4）违约定金。违约定金是指以交付定金金额为准，对违约当事人给予经济惩罚所支付的定金。对此《担保法》第八十九条、《合同法》第一百一十五条均规定了对违约行为的定金处罚，其作用就是保障对主债权的履行。通常来讲如果合同当事人没有特别约定定金的种类和作用，就应当认定为违约定金。

2. 定金罚则

依照法律的规定或者按照当事人的约定，当事人可采用定金方式担保债务的履行。当债务人履行债务后，定金应当抵作价款或者收回。给付定金的一方不履行债务时，无权要求返还定金；接受定金的一方不履行债务时，应当双倍返还定金。

适用定金规定对违约方进行处罚的时候要注意定金与违约金的关系。根据我国《合同法》第一百一十六条的规定："当事人既约定违约金，又约定定金的，一方违约时，对方可以选择适用违约金或者定金条款。"所以在同一法律关系中不能既适用定金又适用违约金，只能选择其中之一。

【工作实例】东大公司与瑞丰公司签订买卖合同，合同约定东大公司的付款期限是2012年2月5日，义利公司作为东大公司的连带保证人，保证东大公司履行付款义务。2011年11月5日，东大公司与瑞丰公司约定将付款期限延至2012年12月1日，并通知了义利公司，义利公司对此未置可否。如果2012年12月1日后东大公司未付款，义利公司是否承担代替还款的义务？

【温馨提示】

债权人与债务人对合同履行期限协商变动，如果未经保证人书面同意，保证期间为原合同约定的或法律规定的期间。本案合同中没有约定保证期间，法律规定的保证期间为主债务履行期限届满之日起6个月，即为2012年8月5日，这是瑞丰公司向义利公司主张权利的截止日期。如果2012年12月1日后东大公司未付款，则义利公司不再承担代替还款的义务。

【延伸思考】

实践中常见的合同担保方式有哪些？在适用中常见的问题有哪些？

第七节 不守约要承担后果——违约责任

一、认识违约责任

违约责任是指合同当事人不履行合同义务或者履行合同义务不符合约定所承担的法律责任。我国《合同法》第一百零七条规定："当事人一方不履行合同义务或者履行合同不符合约定条件的，应当承担继续履行、采取补救措施或者赔偿损失等违约责任。"

违约责任具有以下几个特点。

1. 违约责任是一种财产责任

合同当事人往往是为实现一定的经济目的而订立合同的，违反合同义务损害的一般也是对方的经济利益，故以财产责任为主体内容就成为必然。

2. 违约责任只能在合同当事人之间发生

当事人约定由债务人向第三人履行债务的，债务人未向第三人履行债务或者履行债务不符合约定，债务人应当向债权人承担违约责任。同样，当事人约定由第三人向债权人履行债务的，第三人不履行债务或者履行债务不符合约定，债务人应当向债权人承担违约责任。由此可见，合同关系以外的人不承担合同责任，合同当事人也不对合同以外的人承担违约责任。

3. 违约责任具有任意性和法定的双重性

违约责任的任意性，是指合同双方当事人可以对违约责任进行约定及选择，《合同法》第一百一十四条规定，当事人可以约定一方违约时向对方支付一定数额的违约金，也可以约定因违约产生的损失赔偿额的计算方法。同时，不管当事人是否约定，当发生违约事实时，都可以根据《合同法》的规定追究违约方的合同责任，这是违约责任的法定性。

二、违约责任的归责原则

归责原则是违约责任制度中的核心问题，它是指确定违约行为人应当承担民事责任的基本准则。合同责任的归责原则，主要有"过错责任原则"与"严格责任原则"两种观点。过错责任原则是指违约人是否承担违约责任，以及承担违约责任的大小，以违约人是否有主观过错和过错的程度为依据的归责方式。严格责任原则是指不管行为人是否有过错，只要其有违约行为，并给他方当事人造成损害，即须承担责任的归责原则。

《合同法》第一百零七条规定："当事人一方不履行合同义务或者履行合同义务不符合约定的，应当承担继续履行、采取补救措施或者赔偿损失等违约责任。"这项规定显然确立了“严格责任”归责原则，即违约当事人除有法定免责事由或免责条款外，只要有违约并因此给对方造成损害，即使能证明自己没有过错也应当承担违约责任。但同时，《合同法》也例外地承认了过错责任原则的适用，在有关赠与合同、运输合同、保管合同、委托合同、租赁合同、承揽合同、仓储合同的责任归责的有关规定均能体现。

三、违约责任的抗辩事由

由于合同法对违约责任采取了严格责任原则，那么免除违约责任的法定事由和约定条款就更为合同当事人所关注。出现以下情况违约人可不承担违约责任。

1. 不可抗力

因不可抗力不能履行合同的，根据不可抗力的影响，部分或者全部免除责任。

有些情况下，依据法律的具体规定，即使发生不可抗力也不能免除其责任，如当事人在迟延履行后发生不可抗力的不能免责。

因不可抗力不能履行合同的当事人，应当及时通知对方，以减轻可能给对方造成的损失，并应当在合理的期限内提供证明。

2. 约定免责条款

免责条款是当事人双方在合同中预先约定的，旨在限制或免除其违约责任的条款。债务人因归责原则应当承担违约责任，但由于当事人事先做出明确的免除特定责任的意思表示，可以免除承担违约责任。

免责条款可以通过多种方式约定，根据合同自由原则，一般承认其效力。但两类免责条款无效：一是提供格式条款的一方免除自己责任的无效；二是约定造成对方人身伤害和因故意或重大过失造成对方财产损失的免责条款无效。

四、承担违约责任的形式

（一）继续履行

当事人一方在对方不履行合同时有权请求人民法院或仲裁机构强制违约方实际履行合同义务，而不得以其他方式替代履行。它包括两层含义：一是当事人有权要求违约方在承担了其他违约责任后，按照合同的约定继续履行；二是当事人有权向人民法院或者仲裁机构提起实际履行诉讼，要求违约方按合同的规定履行。

应当注意的是，继续履行的要求应当在合理期限内提出；继续履行的债务也必须在事实上和法律上都有继续履行的可能。

（二）采取补救措施

当合同一方当事人履行合同有瑕疵时，可通过要求违约方采取补救措施的方式承担违约责任。补救措施是违约方根据法律规定或者当事人的要求，采取有针对性的措施以减少或弥补给对方造成的损失。《合同法》第一百一十一条规定："质量不符合约定的，应当按照当事人的约定承担违约责任。对违约责任没有约定或者约定不明确，依照本法第六十一条[1]的规定仍不能确定的，受损害方根据标的的性质以及损失的大小，可以合理选择要求对方承担修理、更换、重作、退货、减少价款或者报酬等违约责任。"这就是一种补救措施。

（三）赔偿损失

赔偿损失是违约方以支付金钱的方式弥补因违约而给对方所造成的财产或利益的减少。《合同法》第一百一十二条规定："当事人一方不履行合同义务或者履行合同义务不符合约定的，在履行义务或者采取补救措施后，对方还有其他损失的，应当赔偿损失。"所以赔偿损失是承担违约责任的基本形式。

《合同法》第一百一十三条规定："当事人一方不履行合同义务或者履行合同义务不符合约定，给对方造成损失的，损失赔偿额应当相当于因违约所造成的损失，包括合同履行后可以获得的利益，但不得超过违反合同一方订立合同时预见到或者应当预见到的因违反合同可能造成的损失。"由此可见，赔偿损失的范围应当包括直接损失和间接损失。直接损失是违约行为给对方当事人造成的现有物质财富的直接减少。间接损失是违约行为而造成对方当事人合同履行后可以取得的利益的丧失。

但是，合同法对损失赔偿的范围也做出了限制性的规定，如《合同法》第一百一十九条规定："当事人一方违约后对方应当采取措施防止损失的扩大；没有采取适当措施致使损失扩大的不得就扩大的损失要求赔偿。"同时合同法还对受害人的过错造成的损失，按照过错相抵的原则做出了赔偿的限制性规定，《合同法》第一百二十条规定："当事人双方都违反合同的，应当各自承担相应的责任。"即如果损失是受害方也有过错的，应当根据其过错的大小，减轻违约方的损失赔偿责任。

（四）支付违约金

违约金是当事人一方违反合同时，依照当事人的约定向对方支付一定数额的金钱。《合同法》第一百一十四条前款规定："当事人可以约定一方违约时应当根据违约情况向对方支付一定数额的违约金，也可以约定因违约产生的损失赔偿额的计算方法。"

关于违约金的性质，根据《合同法》第一百一十四条规定："约定的违约金低于造成的损失的，当事人可以请求人民法院或者仲裁机构予以增加；约定的违约金过分高于造成的损失的，当事人可以请求人民法院或者仲裁机构予以适当减少。当事人就迟延履行约定违约金的，违约方支付违约金后，还应当履行债务。"由此来看，《合同法》规定的违约金具有补偿性为主和惩罚为辅的特点。当违约金弥补损失时，就具有补偿性；当违约金在没有造成实际损害时适用，或违约金的数额超过了损失的价值，违约金就具有惩罚性。违约

---

① 合同生效后，当事人就质量、价款或者报酬、履行地点等内容没有约定或者约定不明确的，可以协议补充；不能达成补充协议的，按照合同有关条款或者交易习惯确定。

金的惩罚性是它与赔偿损失的基本区别。

为体现公平分配合同责任的思想，合理确定违约方的合同责任，《合同法》第一百一十六条规定为："当事人既约定违约金，又约定定金的，一方违约时，对方可以选择适用违约金或者定金条款。"该规定赋予守约方使用违约金或者定金的选择权，即在同一合同中，违约金和定金不能同时并用，从而使两者的关系更加合理。

处理合同纠纷时，可按照图 6-6 所示的思路由左至右进行。

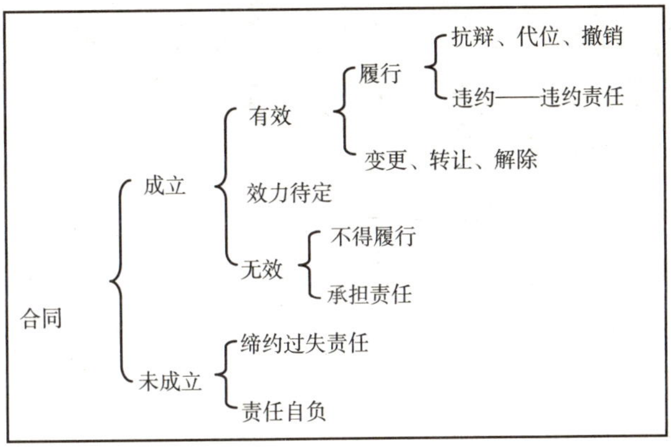

图 6-6　处理合同纠纷的思路

五、违约责任和侵权责任竞合

违约责任和侵权责任的竞合，是指一个民事违法行为同时具备违约责任和侵权责任的构成要件，形成两类责任方式冲突的现象。如购销合同，供方的产品质量给对方造成损害，既符合违约责任的构成条件又符合侵权责任的构成条件。

《合同法》借鉴各国的立法经验，首次对民事责任竞合问题做了概括性的规定。该法第一百二十二条规定："因当事人一方的违约行为，侵害对方人身财产权益的，受损害方有权选择依照本法要求其承担违约责任或者依照其他法律要求其承担侵权责任。"同时为了保护消费者的利益，又在其第一百一十三条第二款中规定："经营者对消费者提供商品或服务有欺诈行为的，依照《中华人民共和国消费者权益保护法》的规定承担损害赔偿责任"这一规定实现了理论与实际相结合，赋予债权人行使双重请求权，既加重了对违约方的民事责任，又防止对违约方的过度惩罚。

【工作实例】东大公司与瑞丰公司签订买卖合同，合同约定瑞丰公司交货之后，东大公司支付货款的期限是 2012 年 2 月 5 日，逾期付款应支付违约金 20 万元。到期后，东大公司无力支付货款，理由是其债务人拖欠严重，致使公司资金周转困难。东大公司认为自己并非不愿支付货款，相反还积极努力想办法，但是由于客观存在的外部原因使自己不能够支付，待情况好转支付货款及利息即可，不应再支付违约金。

【温馨提示】

东大公司的认识是错误的。违约就应承担违约责任，债务人拖欠不是免责事由。

本章小结

合同是民事主体实现其意志自由的主要方式，合同法是市场经济的基本交易规则。本章全面阐述了合同订立、效力、履行、变更、转让及终止等基本问题。合同法属于自治法，重在维护合同当事人对自身利益的判断；但是从维护市场经济运行机制的角度，又要维护市场交易秩序。

思考与练习

一、单项选择题

1. 远大公司通过电视发布广告，称其有100辆某型号汽车，每辆价格15万元，广告有效期10天。兴盛公司于该则广告发布后第5天自带汇票去远大公司买车，但此时车已全部售完，无货可供。下列选项正确的是（　　）。

A. 远大公司构成违约

B. 远大公司应承担缔约过失责任

C. 远大公司应承担侵权责任

D. 远大公司不应承担民事责任

2. 甲商场向乙企业发出采购100台电冰箱的要约，乙企业于5月1日寄出承诺信件，5月8日信件寄至甲商场，时逢其总经理外出，5月9日总经理知悉了该信内容，遂于5月10日电话告知乙收到承诺。根据合同法律制度的规定，该承诺的生效时间是（　　）。

A. 5月1日　　B. 5月8日

C. 5月9日　　D. 5月10日

3. 甲乙订立买卖合同约定：甲向乙交付200吨铜材，货款为200万元；乙向甲支付定金20万元；如任何一方不履行合同应支付违约金30万元。甲因将铜材卖给丙而无法向乙交货。在乙向法院起诉时，既能最大限度保护自己的利益，又能获得法院支持的诉讼请求是（　　）。

A. 请求甲双倍返还定金40万元

B. 请求甲支付违约金30万元

C. 请求甲支付违约金30万元，同时请求甲双倍返还定金40万元

D. 请求甲支付违约金30万元，同时请求返还定金20万元

4. 甲与乙签订了一份买卖合同，约定甲将其收藏的一幅名画以20万元卖给乙。其后，甲将其对乙的20万元债权转让给丙并通知了乙。甲将名画依约交付给乙前，该画因不可抗力灭失。根据《合同法》的规定，下列判断中，正确的有（　　）。

A. 乙对甲主张解除合同，并拒绝丙的给付请求

B. 乙对甲主张解除合同，但不得拒绝丙的给付请求

C. 乙不得对甲主张解除合同，但可以拒绝丙的给付请求

D. 乙不得对甲主张解除合同，但不得拒绝丙的给付请求

5. 甲对乙享有10万元的合同债权，该债权具有可转让性，甲将其债权转让给丙。根据合同法律制度的规定，下列表述中，正确的是（　　）。

A. 如果甲未取得乙的同意，甲与丙之间的债权转让协议无效

B. 如果甲未通知乙，甲与丙之间的债权转让协议无效

C. 如果甲未通知乙，甲与丙之间的债权转让协议有效，但对乙不发生效力

D. 如果甲未通知乙，甲与丙之间的债权转让协议有效，该协议对甲、乙、丙均发生效力

二、多项选择题

1. 甲与乙签订销售空调100台的合同，但当甲向乙交付时，乙以空调市场疲软为由，拒绝受领，要求甲返还货款。根据合同法律制度的规定，下列表述中，正确的是（　　）。

A. 甲可以向有关部门提存这批空调

B. 空调在向当地公证机关提存后，因遇火灾，烧毁5台，其损失应由甲承担

C. 提存费用应由乙支付

D. 若自提存之日起5年内乙不领取空调，则归甲所有

2. 某热电厂从某煤矿购煤200吨，煤矿交付后，热电厂经检验发现煤的含硫量远远超过约定标准，根据政府规定不能在该厂区燃烧。基于上述情况，热电厂的下列主张中，有法律依据的是（　　）。

A. 行使先履行抗辩权　　B. 要求煤矿承担违约责任

C. 行使不安抗辩权　　D. 解除合同

3. 甲欠乙5 000元钱，乙多次催促，甲拖延不还。后乙通知甲必须在半个月内还钱，否则将对甲提起诉讼。甲立即将家中仅有的九成新电冰箱和彩电各一台以15元的价格卖给知情的丙，被乙发现。根据合同法律制度的规定，下列表述中，正确的是（　　）。

A. 乙可书面通知甲、丙，撤销该买卖合同

B. 如乙发现之日为2015年5月1日，则自2006年5月2日起，乙不再享有撤销权

C. 如乙的撤销权成立，则乙为此支付的律师代理费、差旅费应由丙承担

D. 如乙的撤销权成立，则乙为此支付的律师代理费、差旅费应由甲、丙承担

4. 根据《合同法》的规定，下列各项中，属于合同成立的情形有（　　）。

A. 甲向乙发出要约，乙做出承诺，该承诺除对履行地点提出异议外，其余内容均与要约一致

B. 甲、乙约定以书面形式订立合同，但在签订书面合同之前甲已履行主要义务，乙接受了履行

C. 甲、乙约定采用合同书形式订立一合同，但在双方签章之前，甲履行了主要义务，乙接受了履行

D. 甲于5月10日向乙发出要约，要约规定承诺期限截止于5月20日，乙于5月28日发出承诺信函，该信函5月30日到达甲

5. 根据合同法律制度的规定，属于无效格式条款的有（　　）。

A. 有两种以上解释的格式条款

B. 恶意串通损害国家利益的格式条款

C. 损害社会公共利益的格式条款

D. 违反法律强制性规定的格式条款

三、案例分析

1. 甲公司欠乙公司100万元到期货款无力偿还。乙公司经过调查后得知下列情况：丙公司与甲公司之间存在买卖合同，甲公司已经付款，但丙公司未按期交货；甲公司与丁公司之间存在大型机器设备买卖合同，丁公司分期付款，在付清全部货款之前甲公司保留该机器设备的所有权，现丁公司已有两笔到期货款尚未支付，甲公司未采取任何措施。乙公司可采取何种法律措施保障自己的合法权益？

2. 王利与夏斌协商，向其借款17万元用于进货，还款期限6个月，夏斌要求王利提供借款抵押。王利的好朋友陈明愿以自己的房产作为王利的借款抵押物，并与夏斌签订了以房屋作为借款抵押物的合同，但并未办理抵押登记。由于经营不善，6个月期满王利无钱归还借款，夏斌持借款抵押合同找到陈明，要求陈明按合同履行。陈明认为借款人是王利，与己无关。无奈，夏斌诉至法庭，要求法院判决王利归还借款、陈明承担抵押担保责任。法院判决：

一、王利在判决生效10日内归还夏斌借款17万元。

二、陈明不承担抵押担保责任。

请思考并评析。

第七章

知识产权法实务

学习目标

知识学习目标：通过学习本章内容，对我国知识产权保护与管理制度有较为全面与详细的了解，掌握知识产权相关法律制度，认识知识产权的重要价值和对其进行保护的必要性，从而在工作中自觉应用法律知识开发好、利用好、保护好知识产权权益。

技能训练目标：认识著作权，判断其权利归属与保护制度，了解著作权的邻接权。认识专利制度，掌握专利申请条件与程序，正确使用和保护专利权。认识商标制度，能够完成商标的申请、正确使用和保护商标权。对相关法律知识有较为全面的掌握，并能运用解决实践问题。

导入案例

可口可乐饮料行销全球已有百年，但其产品一直没有申请专利权，为什么？迪士尼的动画形象家喻户晓，市场上出现这些动画形象的商品多不可数，是否可以任意使用？

第一节 无形资产越来越重要——认识知识产权

一、知识产权的概念

知识产权是知识经济时代最重要的权利之一。在科技开发与创新对经济发展贡献越来越大、“中国制造”正努力向“中国创造”发展的今天，智力成果的价值和地位愈加显得重要。知识产权就是与智力成果相关的权利。法律对知识产权的保护，不仅是对当事人合法权益的保护，同时也是对未来文明发展的保护。

知识产权是公民、法人和其他组织对于自己的智力活动创造的成果和经营管理活动中的标记、信誉等依法享有的民事权利。它主要包括工业产权与著作权。一般来说，工业产权主要是指专利权、商标权及其他相关权利。

拓展阅读

国家知识产权局

国家知识产权局（State Intellectual Property Office of the P.R.C，SIPO）的标志如图 7-1 所示。

图 7-1　国家知识产权局标志

该标志是由五星和英文字母“IP”组成。标志的左半部分是由一颗大星和四颗小星构成的红五星图案，象征国家知识产权局的国家性和权威性。五星对外又代表中华人民共和国。标志的右半部分是由英文字母“IP”演变而来，字母“IP”是英文 Intellectual Property（知识产权）的字母缩写，体现知识产权领域的工作范畴和性质，加强了运用于国际范围时的可识别性。标志采用红蓝两色相配，红色代表中国，蓝色表示知识和信息。标志的整体造型稳重、向上，并充满现代感和动感，象征国家知识产权局作为国家级的知识产权保护机构，代表国家行使权力，保护知识产权，为国家的科技进步和经济发展做出更大的贡献。同时，稳重向上的感觉，又喻示着国家知识产权局的事业蓬勃发展，蒸蒸日上。整个图案呈椭圆形宇宙星际运行轨道，寓意知识的无限性。

二、知识产权的特征

1. 无形性

知识产权是一种有别于财产所有权的无形财产权。知识产权的客体即知识产品，是一种没有形体的精神财富，客体的非物质性是知识产权的本质属性所在。

2. 专有性

专有性即知识产权所具有的排他性和绝对性，表现为：第一，知识产权为权利人所独占，没有法律规定或未经权利人许可，任何人不得使用权利人的知识产品；第二，对同一项知识产品，不允许有两个或两个以上同一属性的知识产权并存；第三，排斥非专有人对知识产品进行不法仿制、假冒或剽窃。知识产权的独占性是相对的，往往要受到权能方面的限制（如著作权中的合理使用、专利权中的临时过境使用、商标权中的先用权人使用等），同时，该项权利的独占性只在一定空间地域和有效期限内发生效力。

3. 地域性

地域性是指根据一国或地区的知识产权法所取得的知识产权的效力只限于本国境内，不具有域外效力。知识产权的这一特点有别于有形财产权。例如，某人从中国带一个物品到美国，在美国该物品的所有权仍然受到法律的保护，不存在地域性问题。而知识产权则不同，按照一国法律取得的知识产权不一定会在另一国受到保护，除非有相关国家共同参加的国际公约或双边互惠协定的依据。

4. 时间性

时间性是指知识产权仅在法律规定的期限内受到保护，一旦超过法律规定的有效期限，这一权利就自行消灭，相关知识产品即成为整个社会的共同财富。知识产权的时间性主要针对知识产权中的财产权部分，而不针对人身权部分。

拓展阅读

世界知识产权组织

世界知识产权组织的标志如图 7-2 所示。

图 7-2　世界知识产权组织标志

世界知识产权组织（World Intellectual Property Organization，WIPO）是一个致力于促进使用和保护人类智力作品的国际组织。总部设在瑞士日内瓦的世界知识产权组织，是联合国组织系统中的 16 个专门机构之一。它管理着涉及知识产权保护各个方面的 24 项（16

部关于工业产权，7 部关于版权，加上建立世界知识产权组织公约）国际条约。目前成员国有 183 个国家。[①]

知识产权法是调整因知识产品而产生的各种社会关系的法律规范的总和。具体而言，是指在调整因创造、使用智力成果而产生的，以及在确认、保护与行使智力成果所有人的知识产权的过程中，所发生的各种社会关系的法律规范的总称。

我国知识产权法律体系一般包括著作权、专利权、工业版权、商标权、商号权、产地标记权等各项法律制度。

【特别提示】

对智力成果加以保护已形成共识，但保护的方法不能一概而论，而是要具体情况具体分析。有的适合以取得著作权的方法来保护（如本章学习结束时“案例分析”部分所介绍的餐巾折法的发明），有的适合专利权（如售出后别人可反推制造方法的产品），有的可能不通过知识产权保护制度而是采用严格保密的方法更有效（如可口可乐的配方）。

保护智力成果的方法很多情况下可多措并举，如著作权与商标权结合（迪士尼动画形象）、专利权与商标权结合等。

可口可乐饮料配方如果要申请专利权，首先就需要公开，因为专利制度就是这样：发明创造者向社会公开自己的发明创造，使大家明白具体内容、方法，然后由法律保护其他人不可实施。

迪士尼的动画形象受到著作权法和商标法的保护，未经许可擅自在生产、经营中使用的行为很可能构成侵权。

【延伸思考】

法律对人们的智力劳动成果加以保护的意义是什么？

① 资料来源：WWW.WIPO.INT。参阅日期：2012 年 6 月 9 日。

第二节 作者对作品的权利——认识著作权法

一、认识著作权与著作权法

著作权也称版权，有狭义和广义之别，狭义的著作权指作者或者其他著作权人依法对其文学、艺术和科学领域内的作品所享有的专有权利，包括著作人身权和著作财产权。广义的著作权，还包括著作邻接权（我国著作权法称其为“与著作权有关的权利”），即作品传播者依法所享有的权利。著作邻接权也包括人身权利和财产权利两个部分。本章所讲的著作权是狭义的著作权。

著作权法是调整著作权法律关系的法律规范的总称。著作权法律关系是指著作权取得、使用、使用许可、转让和保护各环节中所产生的各种具有法律权利义务内容的社会关系。

拓展阅读

著作权法制度是18世纪欧洲资产阶级革命时期出现的，一般认为英国1709年颁布、1710年实施的《安娜女王法令》是世界上第一部现代意义上的著作权法。此后许多国家都逐渐接受并承认了作者对其作品应拥有专有的权利。现在，世界上绝大多数国家都颁布了著作权法，并且著作权法律保护开始趋于国际化，许多专项国际条约、公约诞生并发挥着日益重要的作用，如《保护文学艺术作品的伯尔尼公约》、《世界版权公约》等。

《中华人民共和国著作权法》（简称《著作权法》）1990年9月7日由第七届全国人民代表大会常务委员会第15次会议通过，并于2001年10月27日第九届全国人民代表大会常务委员会第24次会议和2010年2月26日第十一届全国人民代表大会常务委员会第13次会议进行2次修正。我国《著作权法》的制定和修改遵循以下基本指导思想和原则。

1. 保护作者权益的原则

作者是从事创造性智力劳动的劳动者，是社会精神财富的创造者。由于作者是作品赖以产生的源泉，所以维护作者的合法权益，就是保护创作的源泉。维护作者的权益在著作权法中主要体现在维护著作权人的人身权和财产权，对侵害著作权人合法权益的各种侵权行为给予制裁。

2. 鼓励作品传播的原则

广泛深入地传播作品，使之满足社会公众在物质和精神上的需求，是文学艺术和科学作品创作的根本目的。作品的广泛传播离不开大众媒体和传播者的劳动。对他们的劳动成果进行相应的保护也是著作权制度必不可少的内容。我国《著作权法》专门规定了作品传播者的权利，对表演者、录音录像制作者、广播电视组织及出版者的权利等都给予保护。

3. 作者利益和公共利益协调一致的原则

作者作为智力成果的创造者，对其创作成果充分享有专有的权利，是著作权追求的目的。但所有的作者在追求作者利益时，不能将自己的权利绝对化，从而妨碍社会文化艺术和科学事业的进步。也正因为如此，著作权法在保护作者和作品传播者利益的同时，还要对他们的权利进行一些必要的限制。

二、判断著作权的主体与归属

（一）著作权主体

著作权主体，又称著作权人，是指依法对文学、艺术和科学作品享有著作权的人。根据我国《著作权法》的规定和对司法实际经验的总结，著作权人主要包括以下三类。

1. 作者

作者是对作品做出创造性劳动的人。“创造性劳动”是指直接产生文学、艺术和科学作品的智力活动。为他人创作进行组织工作，提供咨询意见、物质条件，或者进行其他辅助性的工作和劳务，均不视为创造性的劳动。我国《著作权法》第二条第一款规定：“中国公民、法人或者其他组织的作品，不论是否发表，依照本法享有著作权。”这条规定确定了一般情况下著作权属于作者享有的原则。除此之外，代表法人或者其他组织意志，由法人或者其他组织主持创作，并由法人或者其他组织承担责任的作品，法人或者其他组织视为作者。被视为作者的自然人、法人或其他组织可被认定为著作权的主体。

2. 外国人、无国籍人

随着国际经济文化的深入交流，外国作品不断传入中国，对于外国人可否享有著作权的问题，《著作权法》第二条分若干情况，分别做出了规定：对外国人、无国籍人的作品，首先应当看其作品是否在中国首次发表，如果“外国人、无国籍人的作品首先在中国境内出版的，依照本法享有著作权”。其次，要看该外国人、无国籍人所属国与中国签订的国际条约，《著作权法》第二条第三款和第四款规定，非中国首次发表的外国作品，“根据其作者所属国或者经常居住地国同中国签订的协议或者共同参加的国际条约享有的著作权，受本法保护”，“未与中国签订协议或者共同参加国际条约的国家的作者以及无国籍人的作品首次在中国参加的国际条约的成员国出版的，或者在成员国和非成员国同时出版的，受本法保护”。据此，具备一定条件的外国人和无国籍人也可以成为我国《著作权法》的主体。

3. 作者以外其他依法享有著作权的公民、法人、其他组织或国家

除作者基于创作最初取得著作权外，作者以外的公民、法人和其他组织乃至国家，还可以通过继承、转让的方式，从原著作权人那里取得著作权，我们称为著作权的继受取得。

《著作权法》第十九条规定：公民死亡后，其著作权的财产权利可由其继承人继承。除此之外，作者以外的人、法人或组织，也可以通过法律的直接规定和合同等方式从原著作权人那里取得著作权，国家在特殊情况下也可以成为著作权的继受主体。

（二）几种特殊作品的著作权归属

对以下几种特殊作品，由于著作权主体比较复杂，为确认其著作权的归属，《著作权法》第二章对此做出了专门规定。

1. 演绎作品

演绎作品是指以改编、翻译、注释、整理方式对已有作品进行再创作而产生的作品。因演绎者在演绎作品的创作中付出了创造性的劳动，所以演绎作品的著作权由改编、翻译、注释、整理人享有。但演绎作品的著作权独立于原作品著作权之外，演绎者在行使演绎作品著作权时，不得侵犯原作品的著作权。第三人在使用演绎作品时，应取得原作品作者和演绎作品作者的许可，并支付报酬。例如，《红楼梦》的白话缩写版（见图 7-3）。

图 7-3　《红楼梦》的演绎作品

2. 合作作品

合作作品是指两人以上共同创作所完成的作品。这种作品是基于合作作者的个人创作与集体协作而形成的，所以我国著作权法将其分为两种情况：一是合作作品不可以分割使用的，其著作权由各合作作者共同享有。在共同行使著作权有争议时，可协商解决；协商不成的，任何一方不得阻止他方行使除转让以外的其他权利，但是所得收益应当合理分配给所有合作作者。二是合作作品可以分割使用的，对于可以分割使用的部分，作者对其可单独享有著作权，但行使著作权时不得侵犯合作作品整体的著作权。

3. 汇编作品

汇编若干作品、作品的片段或者不构成作品的数据或者其他材料，对其内容的选择或者编排体现独创性的作品，为汇编作品。汇编作品的著作权由汇编人享有，但行使著作权时，不得侵犯原作品的著作权。

4. 电影作品和以类似摄制电影的方法创作的作品（影视作品）

电影作品和以类似摄制电影的方法创作的作品，是指摄制在一定介质上，由一系列有伴音或者无伴音的画面组成，并且借助适当装置放映或者以其他方式传播的作品，如电影、电视剧等，我们通常把这类作品称为影视作品。影视作品是一种复合艺术形式，包括多种艺术形式。由于创作主体复杂，所以我国《著作权法》第十五条对此做出专门规定：影视作品的著作权由制片人享有，但编剧、导演、摄影、作词、作曲等作者享有署名权，并有权按照与制片者签订的合同获得报酬。同时也明确了："电影作品和以类似摄制电影的方法创作的作品中的剧本、音乐等可以单独使用的作品的作者有权单独行使其著作权。"

在制片人享有影视作品的著作权的同时，应当尊重原著作者的著作权。制片人在创作影视作品时，虽然可以对其原著作品进行必要的改动，但是这种改动不得歪曲篡改原作品。

5. 职务作品

公民为完成法人或者其他组织工作任务所创作的作品是职务作品。这里所讲的"工作任务"是指公民在该法人或者该组织中应当履行的职责，包括本职工作任务和非本职工作任务。对职务作品的著作权归属《著作权法》区分情况分别做出以下规定。

在一般情况下，根据著作权应当归由作者拥有的原则，《著作权法》第十六条规定：职务作品的著作权由作者享有，但法人或者其他组织有权在其业务范围内有优先的垄断的使用权。作品完成 2 年内，未经作者所属单位同意，作者不得许可第三人以与其所属单位使用的相同方式使用该作品。这样既保证了职务作品作者的权益，也兼顾了所属单位的利益不因作者享有著作权而受到损害。

对于创作职务作品的特殊情形，《著作权法》则采用分享的方式做出了规定：作者享有署名权，著作权的其他权利由作者所属单位享有，作者所属单位应当尊重作者的智力劳动，给予作者以奖励。它主要包括以下几种情形：

（1）主要是利用法人或者其他组织的物质技术条件创作，并由法人或者其他组织承担责任的工程设计图、产品设计图、地图、计算机软件等职务作品。这里所说的"物质技术条件"是指该法人或者该组织为公民完成创作专门提供的资金、设备或者资料。

（2）法律、行政法规规定或者合同约定著作权由法人或者其他组织享有的职务作品。

6. 委托作品

受委托创作的作品是指当事人一方委托另一方所创作出的作品。对于委托作品，其著作权应由委托人和受托人通过合同协商确定。如果合同未做明确约定或者没有订立合同的，根据作品著作权应当归属作者的原则，确定著作权属于受托人。

三、著作权的客体

著作权的客体就是作品。作品是指文学、艺术和科学领域内，具有独创性并能以某种有形形式复制的智力创造成果。一般认为，作品应当具备“独创性”和“可复制性”两个条件。

依照《著作权法》第三条的规定，在文学、艺术和自然科学、社会科学、工程技术等领域内创作的作品，均属于著作权法保护的范围。具体包括下列几类作品：

（1）文字作品。

（2）口述作品。

（3）音乐、戏剧、曲艺、舞蹈、杂技艺术作品。

（4）美术、建筑作品。

（5）摄影作品。

（6）电影作品和以类似摄制电影的方法创作的作品。

（7）工程设计、产品设计图、地图、示意图等图形作品和模型作品。

（8）计算机软件。

（9）法律、行政法规规定的其他作品。

此外，民间文学艺术作品也是著作权法保护的对象，由于此类作品的特殊性，作者难以确定，我国国务院将对这类作品制定专门的保护规范。

需要强调指出的是，并非所有创作作品都受法律保护。《著作权法》对以下四个方面的作品不赋予著作权：

（1）违反宪法和法律，损害公共利益和道德的作品。根据《著作权法》第四条的规定：违反宪法、法律和公共利益的作品禁止出版、传播。

（2）法律、法规，国家机关的决议、决定、命令和其他具有立法、行政、司法性质的文件，及其官方正式译文。

（3）时事新闻。这里讲的“时事新闻”是指通过报纸、期刊、广播电台、电视台等媒体报道的单纯事实消息。

（4）历法、通用数表、通用表格和公式。

四、著作权的内容

根据《保护文学艺术作品的伯尔尼公约》和我国《著作权法》的规定，著作权包括两个方面的内容，即著作人身权和著作财产权。

（一）著作人身权

著作人身权是指作者对其作品所享有的各种与人身相联系而无直接财产内容的权利。我国《著作权法》第十条第一款至第四款对著作人身权的内容做出了明确规定，具体包括："发表权"，指著作权人有权决定作品是否公之于众，或以什么方式公之于众；"署名权"，指著作权人表明作者身份，并在作品上署名或不署名的权利；"修改权"，指著作权人有权修改自己的作品，或者授权他人修改自己的作品，他人未经著作权人同意不得擅自修改他人作品；"保护作品完整权"，指著作权人有保护作品不受歪曲、篡改的权利。共四项权能。

（二）著作财产权

著作财产权是指作者及其他著作权人通过某种形式使用作品而依法获得经济报酬的权利。著作财产权主要包括使用许可权和获得报酬权，具体包括复制权、发行权、出租权、展览权、表演权、放映权、广播权、信息网络传播权、摄制权、改编权、翻译权和汇编权等 13 项权能。

"复制权"是指著作权人以印刷、复印、拓印、录音、录像、翻录、翻拍等方式将作品制作一份或者多份的权利。

"发行权"是指著作权人以出售或者赠与方式向公众提供作品的原件或者复制件的权利。

"出租权"是指著作权人有偿许可他人临时使用电影作品和以类似摄制电影的方法创作的作品、计算机软件的权利，计算机软件不是出租的主要标的的除外。

"展览权"是指著作权人公开陈列美术作品、摄影作品的原件或者复制件的权利。

"表演权"是指著作权人公开表演作品，以及用各种手段公开播送作品的表演的权利。

"放映权"是指著作权人通过放映机、幻灯机等技术设备公开再现美术、摄影、电影和以类似摄制电影的方法创作的作品等的权利。

"广播权"是指著作权人以无线方式公开广播或者传播作品，以有线传播或者转播的方式向公众传播广播的作品，以及通过扩音器或者其他传送符号、声音、图像的类似工具向公众传播广播的作品的权利。

"信息网络传播权"是指著作权人以有线或者无线方式向公众提供作品，使公众可以在其个人选定的时间和地点获得作品的权利。

"摄制权"是指著作权人以摄制电影或者以类似摄制电影的方法将作品固定在载体上的权利。

"改编权"是指著作权人改变作品，创作出具有独创性的新作品的权利。

"翻译权"是指著作权人将作品从一种语言文字转换成另一种语言文字的权利。

"汇编权"是指著作权人将作品或者作品的片段通过选择或者编排，汇集成新作品的权利。

除上述 13 项权能外，还包括根据法律规定，著作权人对作品可以享有的其他权利。

五、著作权的限制

著作权的限制，是指著作权人行使对作品的专有权的例外情况。根据我国《著作权法》的规定，它主要包括著作权的合理使用和法定许可使用两个方面。

1. 合理使用

合理使用是指在特定的条件下，法律允许他人自由使用享有著作权的作品而不必征得著作权人的同意，也无须向著作权人支付报酬的制度。根据我国《著作权法》第二十二条规定，在下列情况下使用作品，可以不经著作权人许可，不向其支付报酬。

（1）为个人学习、研究或者欣赏，使用他人已经发表的作品。

（2）为介绍、评论某一作品或者说明某一问题，在作品中适当引用他人已经发表的作品。

（3）为报道时事新闻，在报纸、期刊、广播电台、电视台等媒体中不可避免地再现或者引用已经发表的作品。

（4）报纸、期刊、广播电台、电视台等媒体刊登或者播放其他报纸、期刊、广播电台、电视台等媒体已经发表的关于政治、经济、宗教问题的时事性文章，但作者声明不许刊登、播放的除外。

（5）报纸、期刊、广播电台、电视台等媒体刊登或者播放在公众集会上发表的讲话，但作者声明不许刊登、播放的除外。

（6）为学校课堂教学或者科学研究，翻译或者少量复制已经发表的作品，供教学或者科研人员使用，但不得出版发行。

（7）国家机关为执行公务在合理范围内使用已经发表的作品。

（8）图书馆、档案馆、纪念馆、博物馆、美术馆等为陈列或者保存版本的需要，复制本馆收藏的作品。

（9）免费表演已经发表的作品，该表演未向公众收取费用，也未向表演者支付报酬。

（10）对设置或者陈列在室外公共场所的艺术作品进行临摹、绘画、摄影、录像。

（11）将中国公民、法人或者其他组织已经发表的以汉语言文字创作的作品翻译成少数民族语言文字作品在国内出版发行。

（12）将已经发表的作品改成盲文出版。

需要说明的是，以上使用他人作品的情形，虽然可以不经著作权人同意，也可不向其支付报酬，但在使用过程中必须指明作者姓名、作品名称，并且不得侵犯著作权人依照著作权享有的其他权利，如邻接权。

2. 法定许可使用

法定许可使用，是指依照著作权法的规定，使用者在利用他人已经发表的作品时，可以不经著作权人的许可，但应向其支付报酬，并尊重著作权人其他权利的制度。《著作权法》第二十条规定：为实施九年制义务教育和国家教育规划而编写出版教科书，除作者事先声明不许使用的外，可以不经著作权人许可，在教科书中汇编已经发表的作品片段或者短小的文字作品、音乐作品或者单幅的美术作品、摄影作品，但应当按照规定支付报酬，指明作者姓名、作品名称，并且不得侵犯著作权人依照本法享有的其他权利。

六、著作权的许可使用和转让

（一）著作权的许可使用

著作权的许可使用是指著作权人将自己的作品许可他人以一定的方式在一定的地域或期限内使用的法律行为。《著作权法》第二十条明确规定："使用他人作品应当同著作权人订立许可使用合同，本法规定可以不经许可的除外。"著作权的许可使用应当通过订立书面许可合同的方式来实现。

著作权许可使用合同包括下列主要内容：① 许可使用的权利种类；② 许可使用的权利是专有使用权或者非专有使用权；③ 许可使用的地域范围、期间；④ 付酬标准和办法；⑤ 违约责任；⑥ 双方认为需要约定的其他内容。

（二）著作权的转让

著作权的转让是指著作权人将自己拥有的著作权转让给其他第三人的法律行为。著作权转让后权利人将丧失著作权中除人身权益的各项权能。转让著作权应当通过订立书面的权利转让合同来实现。权利转让合同包括下列主要内容：① 作品的名称；② 转让的权利种类、地域范围；③ 转让价金；④ 交付转让价金的日期和方式；⑤ 违约责任；⑥ 双方认为需要约定的其他内容。

需要说明的是，在著作权的许可使用和转让合同中，如对部分权利许可和转让没有约定或约定不明确的，依照《著作权法》第二十七条规定："许可使用合同和转让合同中著作权人未明确许可、转让的权利，未经著作权人同意，另一方当事人不得行使。"如果付酬标准没有约定或约定不明确的，依照《著作权法》第二十八条规定：按照国务院著作权行政管理部门会同有关部门制定的付酬标准支付报酬。

七、著作权的保护

（一）著作侵权行为及处罚

1. 应当承担民事责任的侵权行为

我国《著作权法》第四十六条列举了未经著作权人许可而侵犯著作权的行为进行了列举，如侵犯著作权人展览权、出租权、表演权、演绎权等侵权行为。同时强调，应当根据情况，追究侵权人停止侵害、消除影响、赔礼道歉、赔偿损失等民事责任。

2. 应当承担民事责任、行政责任直至刑事责任的侵权行为

我国《著作权法》第四十七条还列举了如下几种严重侵犯著作权，损害公共利益的侵权行为。

（1）未经著作权人许可，复制、发行、表演、放映、广播、汇编、通过信息网络向公众传播其作品的，本法另有规定的除外。

（2）出版他人享有专有出版权的图书的。

（3）未经表演者许可，复制、发行录有其表演的录音录像制品，或者通过信息网络向公众传播其表演的，本法另有规定的除外。

（4）未经录音录像制作者许可，复制、发行、通过信息网络向公众传播其制作的录音录像制品的，本法另有规定的除外。

（5）未经许可，播放或者复制广播、电视的，本法另有规定的除外。

（6）未经著作权人或者与著作权有关的权利人许可，故意避开或者破坏权利人为其作品、录音录像制品等采取的保护著作权或者与著作权有关的权利的技术措施的，法律、行政法规另有规定的除外。

（7）未经著作权人或者与著作权有关的权利人许可，故意删除或者改变作品、录音录像制品等的权利管理电子信息的，法律、行政法规另有规定的除外。

（8）制作、出售假冒他人署名的作品的。

对上述侵权行为，除追究民事责任以外，还可以由著作权行政管理部门处以责令停止侵权行为；没收违法所得；没收、销毁侵权复制品；罚款；没收用于制作侵权复制品的材料、工具、设备等行政处罚。对构成犯罪的，依法追究刑事责任。我国《刑法》第二百一十七条明确规定，严重侵犯著作权的行为应当承担刑事责任，即根据情节的不同，对犯罪行为人处以有期徒刑或者拘役，并处或者单处罚金。上述处罚方式，既可以单独适用，也可以合并适用。

（二）著作权的保护期限

《著作权法》对著作权的保护期限在做出基本规定的同时，也针对著作权内容的双重性和不同作品的主体特点，对其保护期限做了不同规定。对于著作人身权，我国《著作权法》第二十条规定："作者的署名权、修改权、保护作品完整权的保护期不受限制。"这是因为我国对公民人身权的保护"始于出生，终于死亡"，并且在公民死亡后，依然享有部分人身权，这一民法原理所决定的。

对于著作权中的财产权利和作品的发表权，《著作权法》第二十一条做出了一般性规定：公民的作品的发表权、使用和获得物质报酬权的保护期为作者终生及其死亡后 50 年，截止于作者死亡后第 50 年的 12 月 31 日。这是一个关于著作权保护期的基本规定。同时，著作权法还对几种特殊情况做了变通规定。

（1）合作作品由于有多个作者，其保护期应当为所有作者终生，加最后死亡的作者死亡后50年，截止于该作者死亡后第50年的12月31日。

（2）职务作品和法人或者其他组织享有著作权的作品保护期，为50年，截止于作品首次发表后第50年的12月31日，但作品自创作完成后50年内未发表的，不再保护。

（3）电影作品和以类似摄制电影的方法创作的作品、摄影作品的保护期为50年，截止于作品首次发表后第50年的12月31日，但作品自创作完成后50年内未发表的，不再保护。

八、邻接权

邻接权是与著作权相邻近的权利，其确切含义应是作品传播者所享有的权利。在我国《著作权法》中，邻接权包括出版者权、表演者权、录制者权和广播电视组织权。

（一）出版者权

出版者权是指图书出版者按照合同约定对著作权人交付出版的作品享有的专有出版权。主要内容包括：① 出版者对其出版的图书和期刊的版式设计享有的专有权；② 版式设计权；③ 作品文字修改权；④ 报刊出版者的投稿选登权；⑤ 报纸杂志出版者的作品转载、摘编权；⑥ 图书出版者的重印、再版作品权。

（二）表演者权

表演者权是指表演者依法对其表演所享有的专有权利。主要内容包括：① 表明表演者身份；② 保护表演形象不受歪曲；③ 许可他人从现场直播和公开传送其现场表演，并获得报酬；④ 许可他人录音录像，并获得报酬；⑤ 许可他人复制，发行录有表演者表演的录音录像，并获得报酬；⑥ 许可他人通过网络向公众传播其表演，并获得报酬。被许可人以前款第③项至第⑥项规定的方式使用作品，还应当取得著作权人许可，并支付报酬。

（三）录制者权

录制者权是录音录像制作者对其制作的录音录像的录音录像制品所享有的专有权利。录音录像制作者对其制作的录音录像制品，享有许可他人复制、发行、出租、通过信息网络向公众传播并获得报酬的权利。

（四）广播电视组织权

广播电视组织权是指广播电台、电视台对其播放的广播、电视节目享有的专有权利。从广义上讲，广播电视组织的权利包括两类，一类是对广播电视组织自己创作的作品的权利；另一类是其作为单纯的传播者对其播放的广播电视节目享有的权利。第一类权利是著作权范畴的问题，第二类权利才是邻接权范畴的问题。广播电视组织权包括以下两项内容：① 转播权。它是指未经其许可不得转播其播放的广播电视节目。② 录制权和复制权。它是指未经其许可不得将其播放的广播电视节目临时录制在音像载体上以及复制该音像载体的权利。

【工作实例】2008 年 10 月，上海市第一中级人民法院对著名画家刘旦宅起诉铁通公司侵权著作权纠纷案做出一审判决：铁通公司侵犯了原告的著作权，赔偿 2 万元。

1981 年，刘旦宅创作《黛玉葬花》美术作品，并制作成邮票（见图 7-4）。随后，刘旦宅发现，铁通公司下属武汉分公司和荆门分公司发行的充值电话卡使用了题为《黛玉》的人物画像，画中人物与自己的美术作品《黛玉葬花》基本一致。为此，刘旦宅以铁通公司侵犯了自己享有的著作权为由诉至法院。上海一中院审理后做出上述判决。[①]

图 7-4　刘旦宅与其作品《黛玉葬花》

【工作实例】刘旦宅是我国著名画家，对《黛玉葬花》美术作品享有著作权，依法应受保护。铁通公司未经刘旦宅许可，擅自复制、修改刘的美术作品，既未表明作者身份，又未支付报酬，侵犯了刘旦宅对该作品享有的著作权，应承担赔礼道歉、赔偿损失等民事责任，综合考虑刘旦宅的知名度、涉案美术作品在系争电话卡发行中所体现的价值和作用、铁通公司的主观过错程度、侵权情节、后果以及合理的律师费等因素酌情做出上述判决。

【延伸思考】

网络技术和数字技术的发展给著作权保护带来了新的课题，你认为都有哪些方面的挑战呢？

① 资料来源：WWW.SIPO.GOV.CN。参阅日期：2016 年 6 月 9 日。

第三节 发明者对发明创造的权利——认识专利法

一、认识专利与专利法

专利即专利权，是指国务院专利行政部门根据发明创造人或其权利受让人的申请，经严格审查，依法授予其对某一发明创造成果在一定期限内享有的独占权。

专利法是调整在确认和保护发明创造的专有权以及在利用专有的发明创造过程中产生的社会关系的法律规范的总称。1984 年 3 月 12 日,《中华人民共和国专利法》(简称《专利法》) 在人大常委会上获得通过，自 1985 年 4 月 1 日起施行。1992 年 9 月 4 日、2000 年 8 月 25 日、2008 年 12 月 27 日人大常委会分别通过了三个《关于修改〈中华人民共和国专利法〉的决定》。

二、确定专利权的主体

专利权主体即专利权人，是指能够申请并取得专利，享有专利权并同时承担相应义务的自然人、法人和其他组织。按照我国《专利法》规定，发明人或者设计人、职务发明创造的单位、外国人和外国企业或者外国其他组织都可以成为专利权的主体。

（一）发明人或者设计人

发明人或设计人是指对发明创造的实质性特点做出创造性贡献的人。发明人、设计人的认定不受其行为能力限制，但只是为发明创造提供了服务和做辅助性工作的人员不是发明人或设计人。

两个以上单位或者个人合作完成的发明创造、一个单位或者个人接受其他单位或者个人委托所完成的发明创造，除另有协议的以外，申请专利的权利属于完成或者共同完成的单位或者个人；申请被批准后，申请的单位或者个人为专利权人。

（二）职务发明创造的单位

职务发明创造，是指执行本单位任务或主要是利用本单位的物质条件所完成的发明创造。职务发明的专利申请权属于单位。

凡符合下列条件之一的，均属于职务发明创造：

（1）在本职工作中做出的发明创造。

（2）履行本单位交付的本职工作之外的任务所做出的发明创造。

（3）退休、调离原单位后或者劳动、人事关系终止后 1 年内做出的，与其在原单位承担的本职工作或者原单位分配的任务有关的发明创造。单位包括临时工作单位。

（4）主要利用本单位的物质技术条件（如资金、设备、原材料或不对外公开的技术资料等）完成的发明创造。

（三）外国人、外国企业或者外国其他组织

在中国有经常居所或营业所的外国人、外国企业或外国其他组织在中国申请专利的，根据《保护工业产权巴黎公约》的规定和国际惯例，享受我国国民待遇。在中国没有居所的，依照其所属国同中国签订的协议或共同参加的国际条约，或者依照互惠原则依法处理。外国主体在中国申请专利和办理其他专利事务的，应当委托依法设立的专利代理机构办理。

三、了解可以申请专利权的发明创造

（一）发明

专利法所称的发明，是指对产品、方法或者其改进所提出的新的技术方案。

发明分为产品发明和方法发明。其中，产品发明包括制造产品的发明、材料物品的发明、具有特定用途的物品发明；方法发明包括制造产品方法的发明，使用产品方法的发明，测量方法、通讯方法的发明等。两种发明的主要区别在于产品发明专利权仅及于其产品本身，而方法发明专利权不仅及于其方法本身，而且及于使用该方法直接获得的产品。

（二）实用新型

实用新型，是指对产品的形状、构造或者二者的结合所提出的适于实用的新的技术方案。

实用新型仅限于产品，且须具有固定的形状或构造。

（三）外观设计

外观设计，是指对产品的形状、图案、色彩或者其结合所做出的富有美感并适于工业上应用的新设计。

外观设计只涉及美化产品的外表和形状，而不涉及产品的制造和设计技术。法律所保护的对象是该设计本身，而不是负载该设计的物品。

四、授予专利权的条件

（一）授予专利权的发明和实用新型应当符合的条件

根据《专利法》第二十二条的规定，授予专利权的发明和实用新型，应当具备新颖性、创造性和实用性。

1. 新颖性

既是“发明创造”就不能是已有的技术，新颖性要求是指：在申请日以前没有同样的发明或实用新型在国内外出版物上公开发表过、在国内公开使用过或以其他方式为公众所知，也没有同样的发明或实用新型由他人向专利局提出过申请，并记载在申请日以后公布

的专利申请文件中。

根据《专利法》的规定，申请专利的发明创造在申请日前6个月内，有下列情形之一的，不丧失新颖性：在中国政府主办或者承认的国际展览会上首次展出的；在规定的学术会议或者技术会议上首次发表的；他人未经申请人同意泄露其内容的。

“中国政府承认的国际展览会”，是指国际展览会公约规定的在国际展览局注册或者由其认可的国际展览会。“规定的学术会议或者技术会议”，是指国务院有关主管部门或者全国性学术团体组织召开的学术会议或者技术会议。

2. 创造性

创造性是指同申请日以前已有的技术相比，该发明有突出的实质性特点和显著的进步，该实用新型有实质性特点和进步。

实质性特点是指发明创造具有一个或几个技术特征，与现有技术相比有本质区别，所属技术领域的普通技术人员不能直接从现有技术中归纳出该发明创造的全部必要技术特征。进步是指与现有技术相比有所发展和前进，如克服了现有技术存在的缺点和不足，或代表了新的技术趋势等。

3. 实用性

实用性是指一项发明或实用新型能够制造和使用，并能产生积极效果。

（二）授予专利权的外观设计应当符合的条件

根据我国《专利法》的规定，外观设计取得专利权的实质条件主要是新颖性。由于外观设计主要是产品外在的东西，本身不涉及技术创新和进步，它能否获得专利权更多取决于与同类产品相比是否新颖方面。外观设计的新颖性在判断标准上与发明、实用新型的新颖性标准基本相同。

（三）不授予专利权的项目

并非所有发明创造都可申请专利。根据我国《专利法》的规定，下列各项不授予专利权。

1. 科学发现

科学发现不是发明创造，它是对前所未知的自然规律的认识。做出科学发现的人通常称为科学家，而做出发明创造的人则称为发明家。

2. 智力活动的规则和方法

智力活动的规则和方法，如体育竞赛规则、游戏规则、计算方法等，不能被授予专利权，但根据这些规则、方法设计制造的仪器、用品，进行智力活动的设备、装置等，则不受此限。

3. 疾病的诊断和治疗方法

疾病的诊断和治疗方法不适用专利方法保护，但对于血液、毛发、司法机关等脱离了人体的物质的化验方法，用于诊断或治疗疾病的仪器、设备或者器械等，如果具备专利条件，是可以授予专利权的。

4. 动物和植物品种

动植物品种本身不能授予专利权，但是动植物品种的生产方法是可以获得专利权的。

5. 用原子核变换方法获得的物质

用原子核变换方法获得的物质，关系国防和国家重大利益，不宜为人垄断，故不授予专利权。

6. 对平面印刷品的图案、色彩或者二者的结合做出的主要起标识作用的设计

申请专利的发明创造涉及国家安全或者重大利益需要保密的，按照国家有关规定办理。例如，专利申请涉及国防利益需要保密的，由国防专利机构受理并进行审查。

国务院专利行政部门认为其受理的发明或者实用新型专利申请涉及国防利益以外的国家安全或者重大利益需要保密的，应当及时做出按照保密专利申请处理的决定，并通知申请人。保密专利申请的审查、复审以及保密专利权无效宣告的特殊程序，由国务院专利行政部门规定。保密专利申请经审查没有发现驳回理由的，国务院专利行政部门应当做出授予保密专利权的决定，颁发保密专利证书，登记保密专利权的有关事项。

对申请专利的发明创造要充分公开，是专利制度的一大特点，目的是促进发明创造的推广和应用，同时也可以避免竞争者在同样的技术问题上进行重复研究。但同时专利法应当规定例外情形，有的发明创造属于国防专用技术或关系到国家的重大利益，一经公布，将会涉及国家安全或给国家造成重大经济损失，在这种情况下，一种办法是将发明创造保密，在解密前不授予专利权；另一种办法是将发明创造申请专利，在内部有控制地推广使用。涉及国家安全的发明创造，是指国防专用或在国际上有重大价值的发明创造；国家重大利益是指对于国家经济建设有重大利害关系的发明创造，一旦公布后会给国家造成较重大的经济损失，削弱在国际市场上的经济实力。保密专利受专利法的保护，在专利权期限内，一旦发生泄密或侵权行为违法行为人要受到法律制裁。

对违反法律、社会公德或者妨害公共利益的发明创造，不授予专利权。

对违反法律、行政法规的规定获取或者利用遗传资源，并依赖该遗传资源完成的发明创造，不授予专利权。专利法所称遗传资源，是指取自人体、动物、植物或者微生物等含有遗传功能单位并具有实际或者潜在价值的材料；专利法所称依赖遗传资源完成的发明创造，是指利用了遗传资源的遗传功能完成的发明创造。就依赖遗传资源完成的发明创造申请专利的，申请人应当在请求书中予以说明，并填写国务院专利行政部门制定的表格。

五、专利权的取得、终止和无效

（一）申请取得专利权

专利申请应遵循的原则主要有以下几项。

1. 一项发明创造一项专利权的原则

属于一个总的发明构思的两项以上的发明或者实用新型，可以作为一件申请提出。

一件外观设计专利申请应当限于一项外观设计。同一产品两项以上的相似外观设计，或者用于同一类别并且成套出售或者使用的产品的两项以上外观设计，可以作为一件申请提出。

2. 申请在先原则

申请在先原则即两个或两个以上的人分别就同样的发明创造申请专利时，专利权授予最先申请的人。如果两个以上申请人在同一日分别就同样的发明创造申请专利的，应当在收到专利行政管理部门的通知后自行协商确定申请人。协商确定的申请人可以是一方（另一方放弃权利并得到适当补偿），也可以是多方作为共同申请人；若协商不成，则都不授予专利权。申请日就是专利局收到申请文件之日，以文件递交日或寄出的邮戳日为准。

3. 优先权原则

申请人自发明或实用新型在国外第一次提出专利申请之日起 12 个月内，或自外观设计在国外第一次提出专利申请之日起 6 个月内，又在中国就相同主题提出专利申请的，依照该国同中国签订的协议或共同参加的国际条约，或依照互相承认优先权原则，可享有优先权，即以第一次提出专利申请的日期作为其申请日。

申请发明或者实用新型专利的，应当提交请求书、说明书及其摘要和权利要求书等文件。请求书应当写明发明或者实用新型的名称，发明人的姓名，申请人的姓名或者名称、地址，以及其他事项。说明书应当对发明或者实用新型做出清楚、完整的说明，以所属技术领域的技术人员能够实现为准；必要的时候，应当有附图。摘要应当简要说明发明或者实用新型的技术要点。权利要求书应当以说明书为依据，清楚、简要地限定要求专利保护的范围。依赖遗传资源完成的发明创造，申请人应当在专利申请文件中说明该遗传资源的直接来源和原始来源；申请人无法说明原始来源的，应当陈述理由。

申请外观设计专利的，应当提交请求书、该外观设计的图片或者照片以及对该外观设计的简要说明等文件。申请人提交的有关图片或者照片应当清楚地显示要求专利保护的产品的外观设计。

发明专利的审批程序包括下列几个步骤：

（1）初步审查并公布。对发明专利的申请，专利局进行形式审查后，于收到后 18 个月内予以公布，也可根据申请人的请求早日公布其申请。实用新型和外观设计只进行形式审查。

（2）实质审查。发明专利申请自申请日起 3 年内，专利局可根据申请人随时提出的请求对其申请按照授予专利权的条件进行实质审查。自发明专利申请公布之日起至公告授予专利权之日止，任何人均可以对不符合专利法规定的专利申请向国务院专利行政部门提出意见，并说明理由。

（3）授予专利权。经实质审查没有发现驳回理由的，主管部门做出授予发明专利权的决定，以给发明专利证书，并登记和公告。发明专利权自公告之日起生效。

（4）复审和起诉。专利申请人对驳回申请的决定不服的，可自收到通知之日起 3 个月内，向专利复审委员会请求复审。对复审决定不服的，可向法院起诉。

发明专利申请的程序如图 7-5 所示。

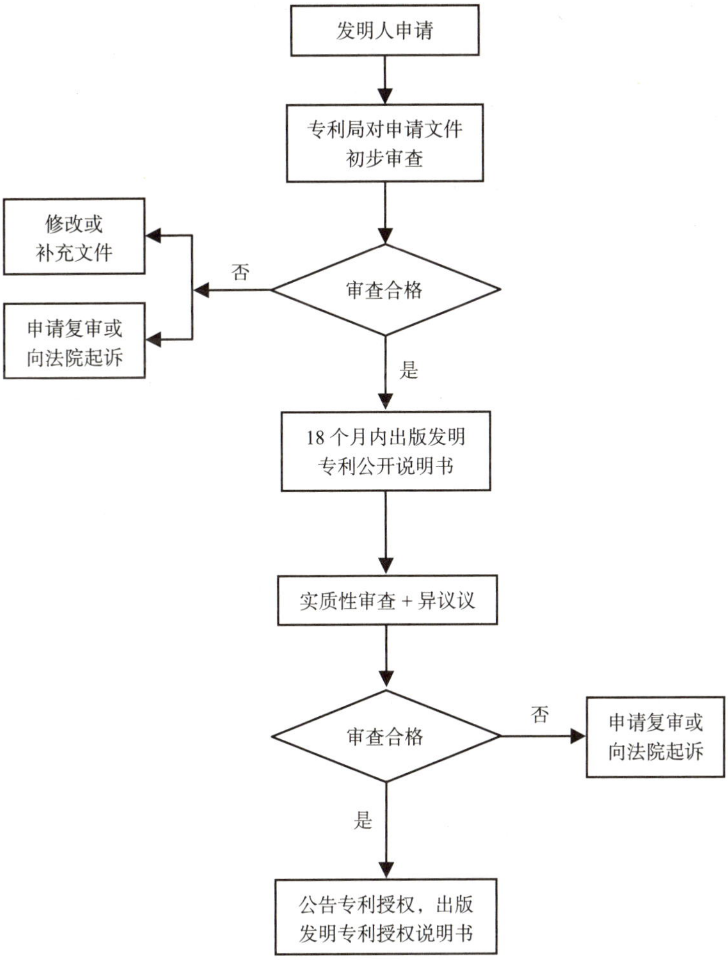

图 7-5 发明专利申请的程序

实用新型和外观设计专利申请经初步审查没有发现驳回理由的，由国务院专利行政部门做出授予实用新型专利权或者外观设计专利权的决定，发给相应的专利证书，同时予以登记和公告。实用新型专利权和外观设计专利权自公告之日起生效。

发明和实用新型专利权被授予后，除《专利法》另有规定的以外，任何单位或者个人未经专利权人许可，都不得实施其专利，即不得为生产经营目的制造、使用、许诺销售、销售、进口其专利产品，或者使用其专利方法以及使用、许诺销售、销售、进口依照该专利方法直接获得的产品。

外观设计专利权被授予后，任何单位或者个人未经专利权人许可，都不得实施其专利，即不得为生产经营目的制造、许诺销售、销售、进口其外观设计专利产品。

任何单位或者个人实施他人专利的，应当与专利权人订立实施许可合同，向专利权人支付专利使用费。被许可人无权允许合同规定以外的任何单位或者个人实施该专利。专利权人与他人订立的专利实施许可合同，应当自合同生效之日起3个月内向国务院专利行政部门备案。以专利权出质的，由出质人和质权人共同向国务院专利行政部门办理出质登记。

根据自2012年5月1日起施行的《专利标识标注办法》的规定，在授予专利权之后的专利权有效期内，专利权人或经专利权人同意享有专利标识标注权的被许可人可以在其专利产品、依照专利方法直接获得的产品、该产品的包装或该产品的说明书等材料上标注专利标识。具体应当标明下列内容：采用中文标明专利权的类别，即中国发明专利、中国实用新型专利、中国外观设计专利；国家知识产权局授予专利权的专利号。

（二）专利权的保护期限与终止

专利权人对其发明创造所享有的独占权，仅在法定的期限内受到法律的保护，超过有效期就自行终止，这个发明创造就成为全社会的公共财富，任何人都可以自由地利用已超过保护期的专利。

发明专利权的期限为20年，实用新型专利权和外观设计专利权的期限为10年，均自申请日起计算。自申请日起算，可使发明创造自申请至取得专利权的阶段同样受到保护。

专利权的终止有两种情况：

（1）期限届满终止，称为正常终止。

（2）期限届满以前终止，称为提前终止。提前终止或者由于专利权人没有按期缴纳年费，或者由于专利权人以书面声明放弃专利权。

专利权终止应由国务院专利行政部门登记和公告。

（三）专利权的无效

自国务院专利行政部门公告授予专利权之日起，任何单位或者个人认为该专利权的授予不符合法律有关规定的，可以请求专利复审委员会宣告该专利权无效。专利复审委员会对宣告专利权无效的请求应当及时审查和做出决定，并通知请求人和专利权人。宣告专利权无效的决定，由国务院专利行政部门登记和公告。

对专利复审委员会宣告专利权无效或者维持专利权的决定不服的，可以自收到通知之日起3个月内向人民法院起诉。

专利权三类客体申请与保护情况比较如表 7-1 所示。

表 7-1　专利权三类客体申请与保护情况比较

项　目 专利类型	申请条件	申请程序	保护期限
发明	与实用新型相同		
实用新型	与发明相同	与外观设计相同	与外观设计相同
外观设计		与实用新型相同	与实用新型相同

六、强制许可实施专利权的情形

专利实施的强制许可，是指国务院专利行政部门依据法律规定的情形，不经专利权人同意而允许他人实施其发明专利或实用新型专利的行政强制措施。被强制许可的专利只涉及发明和实用新型，而不包括外观设计。

有下列情形之一的，国务院专利行政部门根据具备实施条件的单位或个人的申请，可以给予专利实施强制许可。

（1）专利权人自专利权被授予之日起满 3 年，且自提出专利申请之日起满 4 年，无正当理由未实施或者未充分实施其专利的。

未充分实施其专利，是指专利权人及其被许可人实施其专利的方式或者规模不能满足国内对专利产品或者专利方法的需求。

（2）专利权人行使专利权的行为被依法认定为垄断行为，为消除或者减少该行为对竞争产生的不利影响的。

依照上述第（2）项规定，申请强制许可的单位或个人，应当提出未能以合理条件与专利权人签订实施许可合同的证明。

在国家出现紧急状态或者非常情况时，或者为了公共利益，国务院专利行政部门可直接强制许可；为了公共健康目的，对取得专利权的药品，国务院专利行政部门可以给予制造并将其出口到符合中华人民共和国参加的有关国际条约规定的国家或者地区的强制许可。

一项取得专利权的发明或者实用新型比前已经取得专利权的发明或者实用新型具有显著经济意义的重大技术进步，其实施又有赖于前一发明或者实用新型的实施的，国务院专利行政部门根据后一专利权人的申请，可以给予实施前一发明或者实用新型的强制许可。

在依照前款规定给予实施强制许可的情形下，国务院专利行政部门根据前一专利权人的申请，也可以给予实施后一发明或者实用新型的强制许可。

取得实施强制许可的单位或者个人不享有独占的实施权，并且无权允许他人实施。取得实施强制许可的单位或者个人应当付给专利权人合理的使用费。

七、保护专利权

发明或者实用新型专利权的保护范围以其权利要求的内容为准，说明书及附图可以用于解释权利要求的内容。外观设计专利权的保护范围以表示在图片或者照片中的该产品的外观设计为准，简要说明可以用于解释图片或者照片所表示的该产品的外观设计。

未经专利权人许可，实施其专利，即侵犯其专利权，引起纠纷的，由当事人协商解决；不愿协商或者协商不成的，专利权人或者利害关系人可以向人民法院起诉，也可以请求管理专利工作的部门处理。管理专利工作的部门处理时，认定侵权行为成立的，可以责令侵权人立即停止侵权行为，当事人不服的，可以自收到处理通知之日起 15 日内依照《中华人民共和国行政诉讼法》向人民法院起诉；侵权人期满不起诉又不停止侵权行为的，管理专利工作的部门可以申请人民法院强制执行。进行处理的管理专利工作的部门应当事人的请求，可以就侵犯专利权的赔偿数额进行调解；调解不成的，当事人可以依照《中华人民共和国民事诉讼法》向人民法院起诉。

侵害专利权的行为所呈现的特点是：① 未经专利权人许可；② 以生产经营为目的；③ 实施了受法律保护的有效专利。其主要包括以下几类。

1. 未经专利权人许可，实施其专利的行为

任何单位或个人未经专利权人许可，以生产经营为目的制造、使用、许诺销售、销售、进口其专利产品或者使用其专利方法以及使用、许诺销售、销售、进口依照该专利方法直接获得的产品的行为是专利侵权行为。“许诺销售”是以做广告、在商店货架或展销会陈列等方式做出销售商品的意思表示。

未经专利权人许可，以生产经营为目的制造、销售、进口其外观设计专利产品的行为也是专利侵权行为。

2. 假冒专利的行为

根据《专利法实施细则》的规定，下列行为属于《专利法》第六十三条规定的假冒专利的行为：

① 在未被授予专利权的产品或者其包装上标注专利标识，专利权被宣告无效后或者终止后继续在产品或者其包装上标注专利标识，或者未经许可在产品或者产品包装上标注他人的专利号。

② 销售第①项所述产品。

③ 在产品说明书等材料中将未被授予专利权的技术或者设计称为专利技术或者专利设计，将专利申请称为专利；或者未经许可使用他人的专利号，使公众将所涉及的技术或者设计误认为是专利技术或者专利设计。

④ 伪造或者变造专利证书、专利文件或者专利申请文件。

⑤ 其他使公众混淆，将未被授予专利权的技术或者设计误认为是专利技术或者专利

设计的行为。

专利权终止前依法在专利产品、依照专利方法直接获得的产品或者其包装上标注专利标识，在专利权终止后许诺销售、销售该产品的，不属于假冒专利行为。

3. 侵犯发明创造人专利申请权及其他权益的行为

根据《专利法》第六十九条的规定，有下列情形之一的，不视为侵犯专利权：

① 专利产品或者依照专利方法直接获得的产品，由专利权人或者经其许可的单位、个人售出后，使用、许诺销售、销售、进口该产品的。

② 在专利申请日前已经制造相同产品、使用相同方法或者已经做好制造、使用的必要准备，并且仅在原有范围内继续制造、使用的。

③ 临时通过中国领陆、领水、领空的外国运输工具，依照其所属国同中国签订的协议或者共同参加的国际条约，或者依照互惠原则，为运输工具自身需要而在其装置和设备中使用有关专利的。

④ 专为科学研究和实验而使用有关专利的。

⑤ 为提供行政审批所需要的信息，制造、使用、进口专利药品或者专利医疗器械的，以及专门为其制造、进口专利药品或者专利医疗器械的。

为生产经营目的使用、许诺销售或者销售不知道是未经专利权人许可而制造并售出的专利侵权产品，能证明该产品合法来源的，不承担赔偿责任。

侵害专利权行为人应承担的法律责任，包括民事责任，如停止侵害、消除影响、赔偿损失等；行政责任，如责令停止侵权行为、责令改正、没收违法所得、罚款、所在单位或上级主管机关给予行政处分等；刑事责任只限于假冒他人专利且情节严重的情形。

侵犯专利权的诉讼时效为 2 年，自专利权人或者利害关系人得知或者应当得知侵权行为之日起计算。发明专利申请公布后至专利权授予前使用该发明未支付适当使用费的，专利权人要求支付使用费的诉讼时效为 2 年，自专利权人得知或者应当得知他人使用其发明之日起计算，但是，专利权人于专利权授予之日前即已得知或者应当得知的，自专利权授予之日起计算。

【工作实例】小李在商场购物时，看到有些商品上显著位置标明“专利产品·专利申请号××××××××”，还有的标“中国实用新型专利产品，专利号××××××”，不知有什么区别。请给小李提供咨询意见。

【温馨提示】

第一种商品标注方法是违规的，如果是正在申请专利的产品，应当在标明专利申请类别、申请号的同时，标明“专利申请，尚未授权”字样。第二种商品标注正确，表明该产品获得了实用新型专利，具有新颖性、创造性和实用性。

第四节 经营者对其标志的权利——认识商标法

一、认识商标及商标法

商标，俗称“牌子”，是商品和服务项目的特定标记。它是商品生产者或经营者用以标明自己所生产或销售的商品和商业服务者用以标明自己所提供的服务，与其他人生产或销售的同类商品和提供的同类服务相区别的标记。

拓展阅读

我国商标的雏形出现于春秋战国时期的兵器上，如“干将”、“莫邪”等宝剑。现存最早且较完整的商标出现于北宋，当时山东刘家“功夫针铺”使用“白兔”标记。

商标具有排他性、标记性、地域性和竞争性等特征。目前，商标，尤其是驰名商标，已经成为日趋激烈的市场竞争活动中不可缺少、威力强大的重要工具。

商标通常由文字、图形、字母、数字、三维标志和颜色组合以及上述诸多要素的组合来构成，并置于商品表面或其包装上、服务场所及服务说明书上。根据不同的标准，可以对商标做出以下分类。

1. 平面商标和立体商标

平面商标是指由文字、图形、字母、数字、颜色的组合，或者前述诸要素的相互组合而构成的商标。

立体商标是指由产品的容器、包装、外形及其他具有立体外观的三维标志构成的商标。

2. 商品商标和服务商标

商品商标是指用在商品或其外包装上、用来区别不同生产者和经营者的商标。

服务商标是指用在服务项目上、用来区别服务提供者的商标。

3. 集体商标和证明商标

集体商标是指以团体、协会或者其他组织名义注册，供该组织成员在商事活动中使用，以表明其身份的标志。如行业协会可以申请注册集体商标，核准之后由协会会员共同使用。

证明商标是指由某种商品或服务具有监督能力的组织所控制，而由该组织以外的单位或个人用于其商品或服务，用以证明商品或服务的原产地、原料、制造方法、质量、精确度或者其他特定品质的标志。如国际羊毛局的“纯羊毛”标志（见图 7-6）、农业部管理下的“绿色食品”标志（见图 7-7）等。

图 7-6 国际羊毛局的“纯羊毛”标志　　图 7-7 农业部管理下的“绿色食品”标志

拓展阅读

绿色食品标志提醒人们要保护环境和防止污染，通过改善人与环境的关系，创造自然界新的和谐。它注册在以食品为主的共九大类食品上，并扩展到肥料等绿色食品相关类产品上。 绿色食品标志作为一种产品质量证明商标，其商标专用权受《中华人民共和国商标法》保护。

地理标志是指标示某商品来源于某地区，该商品的特定质量、信誉或者其他特征，主要由该地区的自然因素或者人文因素所决定的标志。地理标志，可以依照《商标法》和相关条例的规定，作为证明商标或者集体商标申请注册。以地理标志作为证明商标注册的，其商品符合使用该地理标志条件的自然人、法人或者其他组织，可以要求使用该证明商标，控制该证明商标的组织应当允许。以地理标志作为集体商标注册的，其商品符合使用该地理标志条件的自然人、法人或者其他组织，可以要求参加以该地理标志作为集体商标注册的团体、协会或者其他组织，该团体、协会或者其他组织应当依据其章程接纳为会员；不要求参加以该地理标志作为集体商标注册的团体、协会或者其他组织的，也可以正当使用该地理标志，该团体、协会或者其他组织无权禁止。

4. 普通商标和驰名商标

驰名商标是由商标局（其标志见图 7-8）认定的，在市场上享有较高声誉并为相关公众所熟知的商标。认定驰名商标应当考虑下列因素：

① 相关公众对该商标的知晓程度。

② 该商标使用的持续时间。

③ 该商标的任何宣传工作的持续时间、程度和地理范围。

④ 该商标作为驰名商标受保护的记录。

⑤ 该商标驰名的其他因素。

商标法是调整在确认、保护商标专用权和商标使用过程中发生的社会关系的法律规范的总称。1982 年 8 月 23 日，第五届全国人民代表大会常务委员会第二十四次会议通过了《中华人民共和国商标法》（简称《商标法》），于 1983 年 3 月 1 日起施行。1993 年 2 月，2001 年 10 月第七届、第九届全国人大常委会分别通过了两个修正案。《商标法实施条例》也相应做了修订。

图 7-8　我国商标局标志

二、认识商标权

商标权是商标专用权的简称，是指商标注册人依法支配其注册商标并禁止他人侵害的权利，一般包括商标注册人对其注册商标的排他使用权、收益权、处分权、续展权和禁止他人侵害的权利。

商标权主体即商标权人，是指依法享有注册商标专用权并同时承担相应义务的自然人、法人或其他组织。外国人和外国企业在我国也可申请商标注册，但应按其所属国和我国签订的协议或共同参加的国际条约办理或按对等原则办理。

商标权客体是我国《商标法》的保护对象，即国家商标主管机关核准的注册商标。在我国，未注册商标得不到法律的保护，其使用人也不享有商标专用权。

使用注册商标，可以在商品、商品包装、说明书或者其他附着物上标明“注册商标”或者注册标记。注册标记包括“注”外加“○”（见图 7-9）和“R”外加“○”（见图 7-10）。使用注册标记，应当标注在商标的右上角或者右下角（示例见图 7-11）。

图 7-9　注册标记一

图 7-10　注册标记二

图 7-11　注册标记在商标中的位置示例

注册商标必须符合下列条件：① 具备法律规定的构成要素，即商标要由文字、图形、字母、数字、三维标志和颜色组合所构成，具有可视性。气味、音响标志等不能成为注册商标。② 要有显著的特征，即要与他人的商标区别开来，并不得与他人在先取得的合法权利相冲突。③ 商标使用在商品或者服务项目上客观效果良好，不会产生不良影响。④ 不得使用法律禁止使用的文字、图形。

我国《商标法》第十条规定了不得作为商标使用的标志，包括注册商标和非注册商标。

（1）同中华人民共和国的国家名称、国旗、国徽、军旗、勋章相同或者近似的，以及同中央国家机关所在地特定地点的名称或者标志性建筑物的名称、图形相同的。

（2）同外国的国家名称、国旗、国徽、军旗相同或者近似的，但该国政府同意的除外。

（3）同政府间国际组织的旗帜、徽记、名称相同或者近似的，但经该组织同意或者不易误导公众的除外。如“APEC”、“WTO”、“UN”等，均不得作为商标使用。

（4）与表明实施控制、予以保证的官方标志、检验印记相同或者近似的，但经授权的除外。

（5）同“红十字”（见图 7-12、图 7-13）、“红新月”（见图 7-14）的名称、标志相同或者近似的。

红十字组织和红新月组织均是国际卫生组织，后者是伊斯兰国家间国际卫生组织。

图 7-12 “红十字”标志

图 7-13 我国红十字会标志

图 7-14 “红新月”标志

如“红十字”药房、“红新月”牌创可贴等均不被许可。在我国沿用已久的医院红十字标志也悄然更改成了如图 7-15 所示的样式。

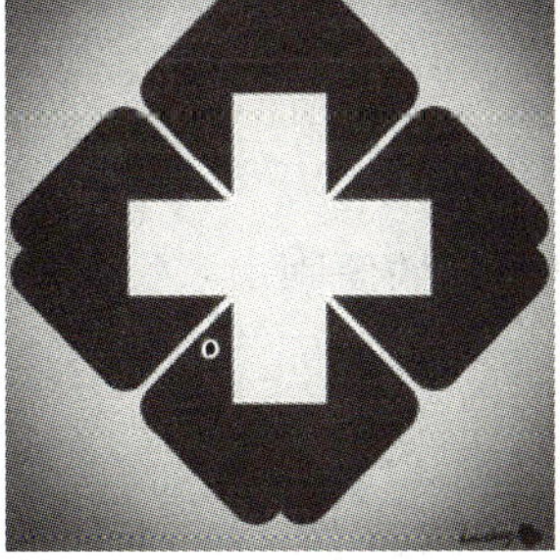

图 7-15 我国医院红十字标志

（6）带有民族歧视性的。

（7）夸大宣传并带有欺骗性的。如“绿色”卷烟、“起死回生”药品等均属此类。

（8）有害于社会主义道德风尚或者有其他不良影响的。

县级以上行政区划的地名或者公众知晓的外国地名，不得作为商标。但是地名具有其他含义或者作为集体商标、证明商标组成部分的除外，已经注册使用的地名商标继续有效。

此外，下列标志不得作为商标注册：

① 仅有本商品的通用名称、图形、型号的。如“啤酒”牌啤酒等均属此类。

② 仅直接表示商品的质量、主要原料、功能、用途、重量、数量及其他特点的。如“钢铁”保险柜、“坚固”挂锁、“准确”手表等均属此类。

③ 缺乏显著特征的。

如果这些标志经过使用取得显著特征，并便于识别的，可以作为商标注册。

注册商标中含有的本商品的通用名称、图形、型号，或者直接表示商品的质量、主要原料、功能、用途、重量、数量及其他特点，或者含有地名，注册商标专用权人无权禁止他人正当使用。

以三维标志申请注册商标的，仅由商品自身的性质产生的形状、为获得技术效果而需有的商品形状或者使商品具有实质性价值的形状，不得注册。

未经授权，代理人或者代表人以自己的名义将被代理人或者被代表人的商标进行注册，被代理人或者被代表人提出异议的，不予注册并禁止使用。

商标中有商品的地理标志，而该商品并非来源于该标志所标示的地区，误导公众的，不予注册并禁止使用；但是，已经善意取得注册的继续有效。

【延伸思考】

“酸酸乳”商标可以注册吗？如果不注册可以使用吗？

三、申请商标注册

（一）明确基本原则

根据我国《商标法》的规定，商标注册应遵循以下基本原则。

1. 自愿注册为主、强制注册为辅的原则

自愿注册原则是指商标使用人对其使用的商标是否注册，完全听其自愿，国家不加干预。

强制注册原则在我国体现为对于一些关系到人民生命健康的特殊商品必须使用注册商标，目前主要有人用药品和烟草制品两类。

2. 申请在先的原则

我国《商标法》规定，两个或两个以上的商标注册申请人，在同一种商品或类似商品上，以相同或近似的商标申请注册的，初步审定并公告申请在先的商标。申请先后的确定以申请日为准。同一天申请的，初步审定并公告使用在先的商标。申请人在接到商标局通知后 30 日内提交第一次使用该商标的日期的证明。同日使用或均未使用的，各申请人可以自收到商标局通知之日起 30 日内自行协商，并将书面协议报送商标局；不愿协商或者协商不成的，商标局通知各申请人以抽签的方式确定一个申请人，驳回其他人的注册申请。商标局已经通知但申请人未参加抽签的，视为放弃申请，商标局应当书面通知未参加抽签的申请人。商标注册的申请日期，以商标局收到申请书件的日期为准。

3. 一件商标一份申请的原则

一份申请只能请求注册一件商标，不能在一份申请中提出注册两件或两件以上的商标，但允许申请注册的同一商标使用于不同类别的商品上。

4. 优先权原则

商标注册申请程序中的优先权表现在两个方面：一是商标注册申请人自其商标在外国第一次提出商标注册申请之日起 6 个月内，又在中国就相同商品以同一商标提出商标注册申请的，依照该外国同中国签订的协议或者共同参加的国际条约，或者按照相互承认优先权原则，可以享有优先权。二是商标在中国政府主办的或者承认的国际展览会展出的商品上首次使用的，自该商品展出之日起 6 个月内，该商标的注册申请人可以享有优先权。

【工作实例】"春园"面包是郑州三叶面包房的产品，由于坚持少用添加剂、口味纯正朴实而逐渐受到居民欢迎，由默默无闻到畅销市场，但其使用的商标并未注册。它主要采用在各社区便利店、便民摊点销售的方式。后来居民不断发现所买到的"春园"面包质量下降、香精味大，细心人辨认出许多种面包虽都是使用"春园"商标、包装相似，但实际上生产厂家并不相同，有的根本就没有厂名、厂址。由于真假难辨，很多人慢慢不敢再买这个牌子的面包了。几年后，"春园"面包在市场上销声匿迹。

【温馨提示】

经营者在市场上提供商品或服务，其商标可以注册也可以不注册，但只有注册商标才受到法律保护，商标所有人具有独占使用权。"春园"没有注册，当它成为一定范围内的知名商标后，就引来一些仿冒者，从而破坏了它的市场形象，使它最终被迫退出市场。三叶面包房应当及时将商标注册，以保护自己努力创造的良好声誉及市场份额。

（二）提出申请

申请商标注册，不得损害他人的在先权利，也不得以不正当手段抢先注册他人已经使用并有一定影响的商标。

申请商标注册的，应当按规定的商品分类表填报使用商标的商品类别和商品名称。商品名称或者服务项目未列入商品和服务分类表的，应当附送对该商品或者服务的说明。

商标注册申请人在不同类别的商品上申请注册同一商标的，应当按商品分类表提出注册申请。注册商标需要在同一类的其他商品上使用的，应当另行提出注册申请。

商标注册的申请日期，以商标局收到申请文件的日期为准。申请手续齐备并按照规定填写申请文件的，商标局予以受理并书面通知申请人；申请手续不齐备或者未按照规定填写申请文件的，商标局不予受理，书面通知申请人并说明理由。申请手续基本齐备或者申请文件基本符合规定，但是需要补正的，商标局通知申请人予以补正，限其自收到通知之日起 30 日内，按照指定内容补正并交回商标局。在规定期限内补正并交回商标局的，保留申请日期；期满未补正的，视为放弃申请，商标局应当书面通知申请人。

（三）审查核准

受理申请后，商标主管机关就申请注册的商标是否符合《商标法》的规定而进行的一系列活动称为审查核准。它主要包括形式审查、实质审查、公告核准阶段。对于有争议的商标，还可能发生复审或者裁定。

1. 形式审查

形式审查的内容主要包括：申请手续是否齐备；申请人是否具备申请资格；申请文件是否齐全；填写是否正确；是否按规定缴纳了申请注册费等。

2. 实质审查

实质审查的内容提要主要包括：申请注册的商标是否具有显著特征；是否与已注册在相同或类似商品或服务上的商标相同或近似；是否违背《商标法》的禁止规定等。

3. 公告核准

凡合法的商标注册申请，由商标局初步审定，予以公告。不合法的，由商标局驳回申请，不予公告。对初步审定的商标，自公告之日起 3 个月内，任何人均可以提出异议。公告期满无异议或异议不成立，予以核准注册，发给商标注册证并公告。

商标局认为商标注册申请内容应当修正的，申请人应在收到审查意见书之日起 15 日内修正完善；仍不符合要求的，驳回申请。

4. 复审或裁定

对驳回申请、不予公告的申请，申请人不服的，可自收到通知之日起 15 日内向商标评审委员会申请复审；对复审决定仍不服的，可自收到复审决定通知之日起 30 日内向人民法院起诉。

对初步审定公告的商标提出异议的，商标局应当听取异议人和被异议人陈述事实和理由，做出裁定。当事人不服的，可以自收到通知之日起 15 日内向商标评审委员会申请复审，由其做出裁定；仍不服的，可以自收到通知之日起 30 日内向人民法院起诉。人民法院应当通知商标复审程序的对方当事人作为第三人参加诉讼。

商标注册流程如图 7-16 所示。

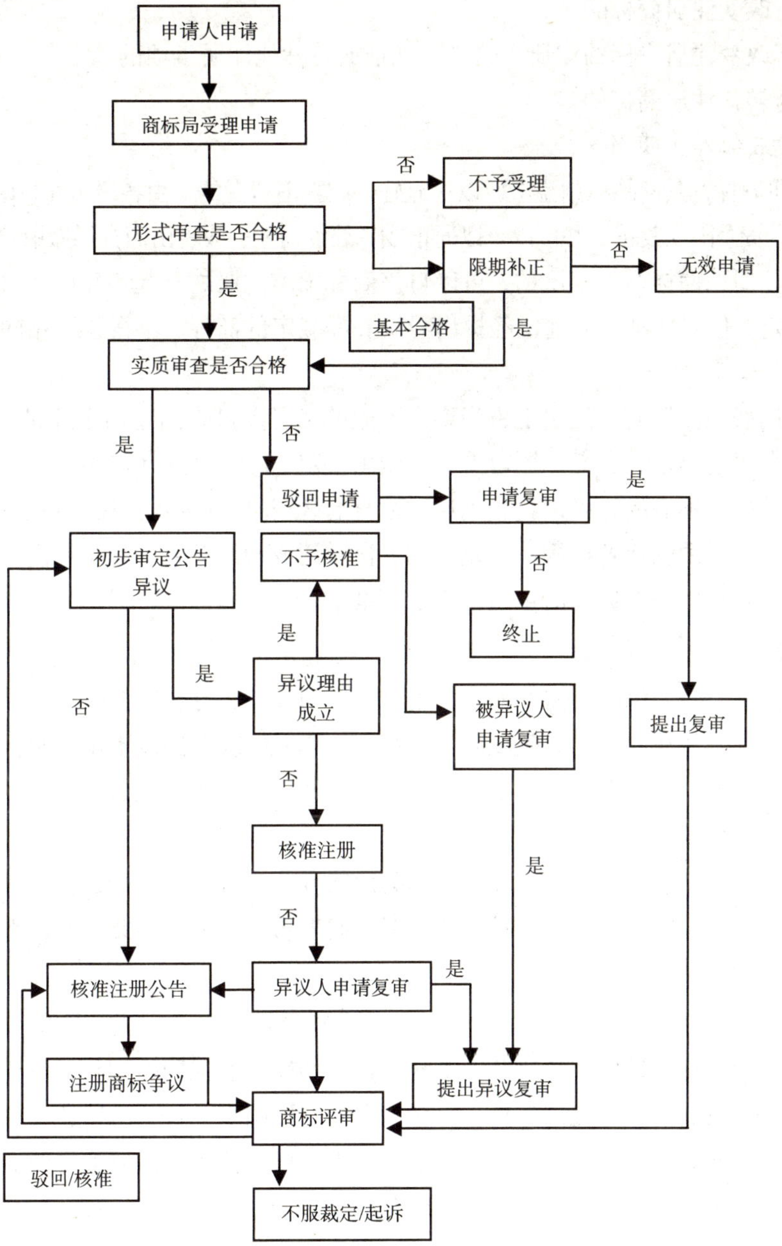

图 7-16　商标注册流程

四、正确使用注册商标

（一）使用管理

商标注册后，权利人获得商标专用权，但须正确使用注册商标。如有下列行为之一的，由商标局责令限期改正或者撤销其注册商标：

第七章

① 自行改变注册商标的。

② 自行改变注册商标的注册人名义、地址或者其他注册事项的。

③ 自行转让注册商标的。

④ 连续 3 年停止使用的。

使用注册商标，其商品粗制滥造，以次充好，欺骗消费者的，由各级工商行政管理部门分别不同情况，责令限期改正，并可以予以通报或者处以罚款，或者由商标局撤销其注册商标。

对已经注册的商标产生争议的，可以自该商标核准注册之日起 5 年内，向商标评审委员会申请裁定，但对核准注册前已经提出异议并经裁定的商标，不得再以相同的事实和理由申请裁定。

对商标局撤销注册商标的决定，当事人不服的，可以自收到通知之日起 15 日内向商标评审委员会申请复审，由商标评审委员会做出决定，并书面通知申请人。当事人对商标评审委员会的决定不服的，可以自收到通知之日起 30 日内向人民法院起诉。

注册商标被撤销的或者期满不再续展的，自撤销或者注销之日起 1 年内，商标局对与该商标相同或者近似的商标注册申请，不予核准。

（二）续展

在注册商标有效期满时，需要继续使用该注册商标的，可经过办理法定手续延长商标专用权的有效期。每次续展的有效期限为 10 年，续展的次数法律不做限制。续展注册商标有效期自该商标上一届有效期满次日起计算。因此，只要商标注册人愿意，其注册商标专用权可以一直延续下去。

注册商标的续展申请，应在商标有效期满前的 6 个月内向商标局提出，如果因故不能在规定期限内提出，可以给予 6 个月的宽展期。如果超过 6 个月的宽展期仍未提出续展申请，注销注册，商标专用权即告丧失。

（三）转让

注册商标的转让，是指商标注册人将其所拥有的注册商标的专用权，依照法定程序移转给他人的法律行为。注册商标的转让，必须在自愿原则下进行，由转让人和受让人签订转让协议，共同向商标局提出转让申请。受让人应当保证使用该注册商标的商品质量。转让注册商标经核准后，予以公告。受让人自公告之日起享有商标专用权。

转让注册商标时，使用注册商标的商品必须是受让人合法生产、经营的商品；转让国家规定的人用药品和烟草制品上的注册商标，受让人应提供有关部门的证明文件。

对可能产生误认、混淆或者其他不良影响的转让注册商标申请，商标局不予核准，书面通知申请人并说明理由。

注册商标专用权因转让以外的其他事由发生移转的，接受该注册商标专用权移转的当事人应当凭有关证明文件或者法律文书到商标局办理注册商标专用权移转手续。

注册商标专用权移转的，注册商标专用权人在同一种或者类似商品上注册的相同或者近似的商标，应当一并移转；未一并移转的，由商标局通知其限期改正；期满不改正的，视为放弃该移转注册商标的申请，商标局应当书面通知申请人。

（四）许可他人使用

注册商标的使用许可，是指注册商标所有人通过订立许可使用合同，许可他人使用其注册商标的法律行为。

注册商标使用许可的形式主要有三种：一是独占使用许可，是指许可人允许被许可人在规定的地区和指定的商品上独占地、排他地使用注册商标。在合同规定的范围内，许可人不能再允许第三人使用其注册商标，许可人自己也不能使用。二是排他使用许可，被许可人使用该注册商标，同时许可人自己也可使用，但不得再许可他人使用。三是普通使用许可，是指许可人可以允许不同的人同时使用某一注册商标，同时自己也可使用的许可方式。目前实践中，较多存在的是普通使用许可。

注册商标使用许可时，应同时遵循下列条件：

（1）许可人是注册商标的所有人或有充分处置权的人，被许可使用的商品必须是注册商标核定使用的商品中的部分或全部。同时，被许可人有生产使用许可所涉及商品的资格。

（2）被许可人使用的商标，必须与核准注册的商标一致，不得改变注册商标的文字、图形等构成元素或其组合。

（3）许可使用商标的期限，不能超过注册商标的专用权期限。

（4）未经许可人的授权，被许可人不得擅自转让、注销或变更获得许可使用的注册商标，也不得将商标许可第三人使用。

许可人应当监督被许可人使用其注册商标的商品质量；被许可人则应当保证使用该项注册商标的商品质量。经许可使用他人注册商标的，必须在使用该注册商标的商品上标明被许可人的名称和商品产地。

五、保护注册商标专用权

依照我国《商标法》第五十一条的规定，商标专用权的保护，以核准注册的商标和核定使用的商品为限。实践中，法律对商标权的保护延伸到了与注册商标相同或者近似的商标和与核定使用的商品相同或者类似的商品。

（一）侵犯注册商标专用权的行为

根据《商标法》第五十一条的规定，以下行为属于商标侵权行为：

（1）未经商标注册人的许可，在同一种商品或者类似商品上使用与其注册商标相同或者近似的商标。

（2）销售侵犯他人注册商标专用权的商品。

（3）伪造、擅自制造他人注册商标标识或者销售伪造、擅自制造的注册商标标识的行为。

（4）未经商标注册人同意，变更其注册商标并将该更换商标的商品又投入市场的行为。

（5）给他人的注册商标专用权造成其他损害的。主要包括：将与他人注册商标相同或者相似的文字作为企业的字号在相同或者类似商品上突出使用，易使相关公众产生误认的；复制、摹仿、翻译他人注册的驰名商标或其主要部分在不相同或者不相类似商品上作为商标使用，误导公众，致使该驰名商标注册人的利益可能受到损害的；将与他人注册商标相同或者相近似的文字注册为域名，并且通过该域名进行相关商品交易的电子商务，易使相关公众产生误认的。商标侵权行为示例如图 7-17 所示。

图 7-17　商标侵权行为示例

由于驰名商标是企业重要的无形资产，它的含金量远远高于普通商标，因此对驰名商标加以特殊的保护。例如，对驰名商标的保护不受地域性的限制。有些国内外的驰名商标虽暂时未在我国注册，但我国《商标法》仍禁止下列恶意抢注行为：申请注册人就相同或者类似商品申请注册的商标是复制、模仿或者翻译他人未在中国注册的驰名商标，容易导致混淆的；就不相同或者不相类似商品申请注册的商标是复制、模仿或者翻译他人已经在中国注册的驰名商标，误导公众，致使该驰名商标注册人的利益可能受到损害的。各类商标的保护情况如图 7-18 所示。

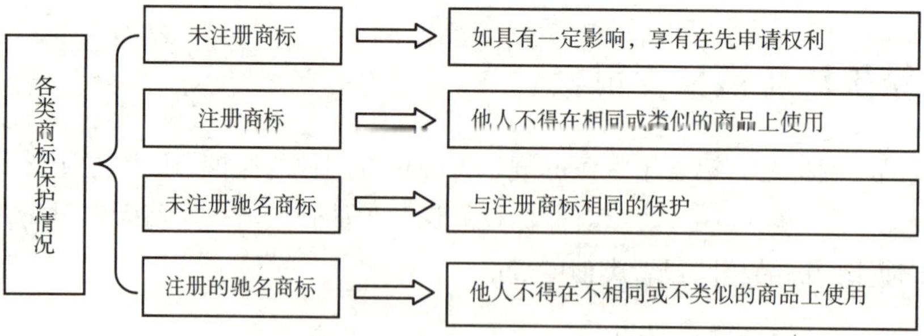

图 7-18　各类商标的保护情况

拓展阅读

2006 年 4 月，内蒙古呼和浩特市中级人民法院对蒙牛乳业（集团）股份有限公司（简称蒙牛集团）诉董某、白雪公主乳业有限公司商标侵权和不正当竞争纠纷一案做出宣判，对蒙牛集团乳饮料上的“酸酸乳”未注册商标进行了司法认定，确认其为驰名商标，并依据《商标法》和《反不正当竞争法》的有关规定裁判二被告对此商标的使用构成对蒙牛集团的侵权，要求其停止使用。

本案的起因是蒙牛集团发现呼和浩特市业主董某的超市销售一种“酸酸乳”饮品，该饮品与蒙牛集团生产的瓶装“酸酸乳”乳饮料外观设计、外包装、颜色及美术字等方面都非常相似，还特别突出使用“超级女声”和“酸酸乳”字样，足以使消费者对商品出处造成混淆。据此，蒙牛集团认为两被告销售及生产这种产品的行为已构成对蒙牛集团该同类产品的侵权，并提起诉讼。而蒙牛集团认为，虽然其持有的“酸酸乳”商标为未注册商标，但经过多年的经营和品牌宣传，该商标实质上已为驰名商标，因此根据我国《商标法》第十三条的规定，未注册的驰名商标应受保护，禁止其他相同或类似商品注册或使用。

该案对未注册商标的司法认定确属一个亮点，也引起了相关商家和消费者的关注。但从法律角度分析，能够引起我们思考和研究的却不止这些，对国内外驰名商标的认定标准、未注册驰名商标的保护以及侵犯商标权的相关问题而言，本案都是一个值得研究的案例。

（二）商标侵权行为的法律后果

根据我国《商标法》的规定，追究侵犯商标权的法律责任包括民事责任、行政责任和刑事责任三种形式。承担民事责任的方式主要有停止侵害、消除影响、赔偿损失；承担行政责任的方式主要有责令立即停止侵权行为、封存或收缴其商标标识、罚款等；刑事责任方面，犯罪人将会被处以 3 年以下有期徒刑、拘役或管制，并处或单处罚金，情节特别严重的，处 3 年以上 7 年以下有期徒刑，并处罚金。

本章小结

知识产权主要由著作权、专利权和商标权构成，本章对这三类权利的取得、行使和保护做了介绍，帮助学习者认识知识产权、学会利用知识产权并尊重与保护知识产权。

思考与练习

一、单项选择题

1. 某研究所的研究员王某利用本单位的物质技术条件完成了一项发明，之前王某与研究所就该项发明有一份协议，约定了专利申请权和专利权归王某。根据《专利法》的规定，以下关于该项发明专利申请权和专利权归属的说法，正确的是（　　）。

A. 专利申请权和专利权归研究所

B. 专利申请权归研究所，专利权归王某

C. 专利申请权和专利权归王某

D. 专利申请权归王某，专利权归研究所

2. 甲、乙、丙、丁四人合作创作一部小说，甲欲许可电影公司改编后拍成电影，乙则想把小说许可给某网站在互联网上传播，丙对甲、乙的想法均反对，丁没有明确意见。下列说法中正确的是（　　）。

A. 甲、乙的想法均不能实施，因为丙坚持反对

B. 即使丙反对，甲、乙也可实施自己的想法

C. 如果丁同意，则丙的反对就无效了

D. 如果丁也反对，则甲、乙不能将作品许可他人使用

3. 2009年6月1日，国家知识产权局收到了甲公司递交的一项方法发明专利申请，6月5日收到乙公司相同方法的发明专利申请，乙公司的申请是邮寄的，邮戳日为6月1日。根据专利法律制度的规定，该项专利应授予（　　）。

A. 首先完成该方法的当事人

B. 首先使用该方法的当事人

C. 甲公司

D. 由甲、乙公司协商确定的申请人

4. 甲公司获得一项外观设计专利。乙公司未经甲公司许可，以生产经营为目的制造该专利产品。丙公司的下列行为中，构成专利侵权的是（　　）。

A. 购买乙公司制造的该专利产品后自己使用

B. 购买甲公司制造的该专利产品后自己使用

C. 购买乙公司制造的该专利产品后销售给丁公司

D. 购买甲公司制造的该专利产品后许诺销售给丁公司

5. 某公司于1993年12月10日申请注册“海天”商标，1994年3月20日该商标被核准注册。根据商标法的规定，该公司第一次申请“海天”商标续展注册的最后期限应为（　　）。

A. 2004年1月10日

B. 2004年2月10日

C. 2004年3月20日

D. 2004年9月20日

二、多项选择题

1. 甲提供资金和工作条件，乙组织丙和丁以乡村女教师冯小红为原型创作了一部小说，丙拟定提纲，丁负责初稿，丙修改定稿，冯老师提供了生活素材，乙提供了许多写作建议。下列说法中错误的是（　　）。

A. 甲是作者，他提供的资金是完成作品的物质保障

B. 乙是作者，他对创作进行了组织，并提供了意见

C. 冯老师作为原型与素材提供者，是作者

D. 丁是作者

2. 甲是乙公司的研发人员，经长期研究，完成单位交付的研发任务，开发出了一种抗癌新药，现欲申请专利。以下关于该成果权利归属的说法中，正确的是（　　）。

A. 专利申请权及专利权均归乙公司

B. 专利申请权归乙公司，专利权归甲

C. 专利申请权归甲，专利权归乙公司

D. 乙公司转让专利权时，甲在同等条件下有优先受让权

3. 甲于2008年8月1日向国务院专利行政部门提出一个关于吸尘器的发明专利申请。在甲申请专利之前发生的下列事实中，不会影响甲专利申请新颖性的有（　　）。

A. 2008年3月15日，甲在中国政府主办的一个国际展览会上首次展出了这种吸尘器

B. 2008年4月10日，应当承担保密义务的工作人员乙，未经甲同意擅自在一个学术会议上公布了该发明

C. 2008年5月12日，甲在国家商务部组织召开的一个技术会议上首次发表了介绍该发明的演讲

D. 2008年6月18日，甲在某国际性学术刊物上首次刊登了介绍该发明的学术论文

4. 根据《专利法》的规定，下列情形中，可以导致专利权终止的有（　　）。

A. 专利权人有严重侵犯他人专利权的行为

B. 专利权人没有按照规定缴纳年费

C. 专利权人以书面声明放弃其专利

D. 专利权人拒绝执行已经生效的专利实施强制许可决定

5. “花果山”市出产的鸭梨营养丰富，口感独特，远近闻名。根据商标法律制度的规定，当事人拟对其采取的保护措施中，不合法的是（　　）。

A. 将“花果山”申请注册为集体商标的组成部分，使用于鸭梨上

B. 将“花果山”申请注册为证明商标的组成部分，使用于鸭梨上

C. 将鸭梨的形状申请注册为三维商标，使用于鸭梨上

D. 将“香梨”申请注册为文字商标，使用于鸭梨上

工作实训

1. 实训项目名称：工业产权的发展现状及加强保护的建议。

实训目的：通过实训使学生真正了解我国工业产权的立法状况和世界对工业产权的保护程度；熟悉商标专用权和专利权的取得条件和程序；学会用工业产权的相关法律来保护企业自身的合法权益。

实训内容：

（1）组织学生旁听当地人民法院对专利案件或商标案件的公开庭审，了解法院审理的庭审过程，掌握有关专利纠纷或者商标纠纷的解决途径和解决方法。

（2）针对企业工业产权的现状和发展趋势，组织学生到当地企业进行一次考察学习活动，并要求撰写考察报告。

实训考核：实训结束后，由主讲教师根据学生对工业产权法掌握的熟练程度和所提交的考察报告的质量进行评分，并有针对性地进行课堂总结和点评。

2. 据报道我国年龄最小的一个发明专利权人所发明的项目是餐巾的多种折法，分析这项专利申请是否能够成功。

第八章

市场秩序法实务

学习目标

知识学习目标：通过本章的学习，对我国维护市场秩序方面的立法有一个基本了解，掌握不正当竞争行为的具体表现形式，判断形成垄断的条件与垄断行为的具体种类，认识经营者在产品质量方面的义务与责任，明确消费者的基本权利与法律给予的基本保护措施。

技能训练目标：能够区分正常的竞争行为与不合法的竞争行为，知晓经营者在产品、服务质量方面的基本义务与责任，增强维护消费者权益的观念与能力。

导入案例

绿叶油漆公司（简称绿叶公司）与江海涂料公司（简称江海公司）都是生产船用特种油漆的厂家，两家公司多年来在市场上竞争激烈。由于江海公司掌握某种对外保密的特殊工艺，在新产品开发、产品质量等方面总是胜出一筹。后来绿叶公司提供高薪、住房等优厚条件，吸引江海公司一名掌握核心技术的工程师刘东跳槽到本公司，绿叶公司很快也向市场推出了与江海公司类似的新产品。

商业秘密作为具有一定甚至很高市场价值的经营信息、技术信息，是一项重要的市场竞争手段，受到法律保护。绿叶公司以利诱方式获取他人商业秘密，刘东为高额利益所诱惑，违反了权利人有关保守商业秘密的要求，使用和允许他人使用了别人的商业秘密，都是违反法律规定的行为。根据《中华人民共和国反不正当竞争法》第二十五条的规定，监督检查部门应当责令停止违法行为，并可以根据情节处以 1 万元以上 20 万元以下的罚款。

第一节 防止过度竞争——认识反不正当竞争法

竞争机制是市场经济最基本的运行机制，在正常的竞争秩序下，价格才有可能围绕价值上下波动，价值规律才能发挥调节作用。破坏正常竞争秩序的行为主要表现为两个极端：一个极端是恶性竞争、过度竞争，即市场主体使用不正当的手段进行竞争，扰乱市场秩序，损害竞争者权益，并最终损害消费者的利益；另一个极端是限制竞争、禁止竞争，即市场主体利用优势地位实施垄断行为。为制止这两种破坏竞争秩序的行为，我国分别制定了反不正当竞争法和反垄断法。《中华人民共和国反不正当竞争法》(简称《反不正当竞争法》)1993 年 9 月 2 日由第八届全国人大常委会第三次会议通过，1993 年 12 月 1 日起施行。

一、认识不正当竞争行为

不正当竞争行为是指经营者违反法律的规定，损害其他经营者的合法权益，扰乱社会经济秩序的行为。

不正当竞争行为具有以下特征：

（1）实施不正当竞争行为的主体是经营者。

（2）不正当竞争行为表现为侵害其他经营者的合法权益。

（3）不正当竞争行为造成的后果是损害其他经营者的合法权益，扰乱社会经济秩序。

拓展阅读

一般认为，“反不正当竞争”的概念于 1850 年首先在法国出现。1883 年的《保护工业产权巴黎公约》也使用了这个概念。该公约第十条之二“不正当竞争”第二项规定：“凡在工商业活动中违反诚实经营的竞争行为即构成不正当竞争的行为。”并在其后特别列举了三种禁止的不正当竞争行为。1896 年德国制定了世界上第一部反不正当竞争法。

《反不正当竞争法》规定的不正当竞争行为主要有以下 11 种。

1. 假冒或仿冒行为

假冒或仿冒行为是指经营者采用假冒或仿冒的标志将自己销售的商品同他人的商品相混同，诱使消费者误认、误购，牟取非法利益，因而损害其他经营者和消费者合法权益的行为。

假冒或仿冒行为的表现形式有以下四种。

（1）假冒他人的注册商标。

（2）擅自使用知名商品特有的名称、包装、装潢，或者使用与知名商品近似的名称、包装、装潢，造成和他人的知名商品相混淆，使购买者误认为是该知名商品。

知名商品是指在我国境内具有一定的市场知名度，为相关公众所知悉的商品。在不同地域范围内使用相同或者近似的知名商品特有的名称、包装、装潢，在后使用者能够证明其善意使用的，不构成此项不正当竞争行为。因后来的经营活动进入相同地域范围而使其商品来源足以产生混淆，在先使用者请求责令在后使用者附加足以区别商品来源的其他标识的，人民法院应当予以支持。知名商品特有的名称、包装、装潢中含有本商品的通用名称、图形、型号，或者直接表示商品的质量、主要原料、功能、用途重量、数量以及其他特点，或者含有地名，他人因客观叙述商品而正当使用的，不构成侵权。

由经营者营业场所的装饰、营业用具的式样、营业人员的服饰等构成的具有独特风格的整体营业形象，可以认定为“装潢”。如图 8-1 所示。

图 8-1　商品的“装潢”侵权示例

（3）擅自使用他人的企业名称或者姓名，引人误认为是他人的商品。

企业名称或经营者姓名是区别商品或者服务来源的重要营业标志，体现了经营者通过付出努力和资本所获得的无形财产，保护它就是保护附着于其上的商业信誉。

具有一定的市场知名度、为相关公众所知悉的自然人的笔名、艺名等，可以认定为上述据称的“姓名”。

（4）在商品上伪造或者冒用认证标志、名优标志等质量标志，伪造产地，对商品质量做引人误解的虚假表示。

认证标志是指质量认证机构准许经其认证产品质量合格的企业在产品或者其包装上使用的质量标志。名优标志是指经国际或国内有关机构或社会组织评定为名优产品而授予经营者的质量荣誉标志。

部分国内认证标志、名优标志如图 8-2 所示。

2. 商业贿赂行为

商业贿赂行为是指经营者为销售或购买商品而采用财物或其他手段贿赂对方单位或个人的行为。

图 8-2 国内认证标志

财物，是指现金和实物，包括经营者为销售或者购买商品，假借促销费、宣传费、赞助费、科研费、劳务费、咨询费、佣金等名义，或者以报销各种费用等方式，给付对方单位或者个人的财物；其他手段，是指提供国内外各种名义的旅游、考察等给付财物以外的其他利益的手段。

《反不正当竞争法》第八条规定，经营者不得采用财物或者其他手段进行贿赂以销售或者购买商品。在账外暗中给予对方单位或者个人回扣的，以行贿论处；对方单位或者个人在账外暗中收受回扣的，以受贿论处。经营者销售或者购买商品，可以以明示方式给对方折扣，可以给中间人佣金。经营者给对方折扣、给中间人佣金的，必须如实入账。接受折扣、佣金的经营者必须如实入账。

回扣是商业贿赂的主要形式之一，它是经营者为了不正当地获得利益或优惠条件而直接向缔约对方或者有关方面及其人员暗中提供的金钱或有价证券，其特点一是账外，二是暗中。

3. 虚假宣传行为

虚假宣传行为是指经营者利用广告或其他方法，对商品的质量、制作成分、性能、用途、生产者、有效期，产地等的内容做引人误解的宣传，使消费者产生误解，从而损害其他经营者和消费者合法权益的行为。广告的经营者不得在明知或者应知的情况下，代理、设计、制作、发布虚假广告。

对商品做片面的宣传或者对比的；将科学上未定论的观点、现象等当作定论的事实用于商品宣传的；以歧义性语言或者其他引人误解的方式进行商品宣传的，都属于引人误解的虚假宣传行为（见图 8-3）。但以明显的夸张方式宣传商品，不足以造成相关公众误解的，不属于引人误解的虚假宣传行为（见图 8-4）。

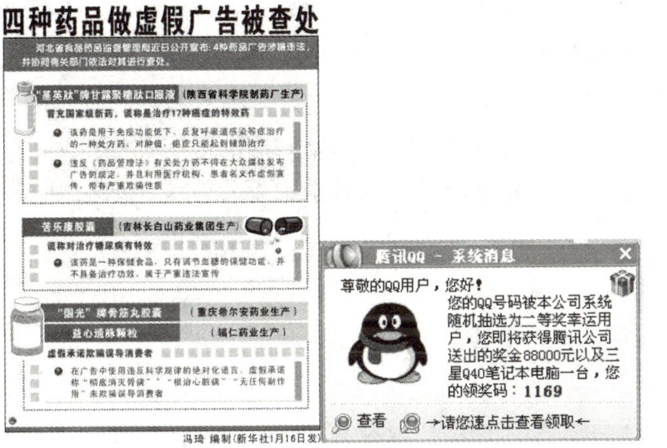

图 8-3 虚假宣传行为示例

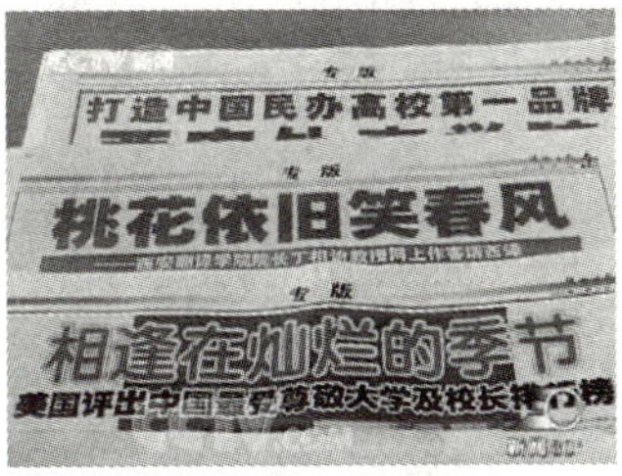

图 8-4 夸张方式宣传行为示例

4. 侵犯商业秘密行为

商业秘密是指不为公众所知悉、能为权利人带来经济利益、具有实用性并经权利人采取保密措施的技术信息和经营信息。商业秘密具有秘密性、经济价值性的特征。侵犯商业秘密行为是指经营者通过不正当手段获取、泄露或者使用他人商业秘密，损害他人利益的行为。

我国《反不正当竞争法》第十条规定，经营者不得采用下列手段侵犯商业秘密：

（1）以盗窃、利诱、胁迫或者其他不正当手段获取权利人的商业秘密。

（2）披露、使用或者允许他人使用以前项手段获取的权利人的商业秘密。

（3）违反约定或者违反权利人有关保守商业秘密的要求，披露、使用或者允许他人使用其所掌握的商业秘密。

第三人明知或者应知以上违法行为，获取、使用或者披露他人的商业秘密，视为侵犯商业秘密。

5. 压价倾销行为

压价倾销行为是指经营者以排挤竞争对手为目的，以低于成本的价格销售商品的行为。压价倾销行为使经济实力较弱的竞争对手被排挤出市场，最终的受害者将是其他经营者和消费者。《反不正当竞争法》第十一条对此做了明确规定。

有下列情形之一的，不属于不正当竞争行为：

（1）销售鲜活商品。

（2）处理有效期限即将到期的商品或者其他积压的商品。

（3）季节性降价。

（4）因清偿债务、转产、歇业降价销售商品。

6. 不正当有奖销售行为

有奖销售是指经营者销售商品或者提供服务，附带性地向购买者提供物品、金钱或者其他经济上的利益的行为。有奖销售分为两种形式，第一种是奖励所有购买者的附赠式有奖销售；第二种是奖励部分购买者的抽奖式有奖销售。不正当有奖销售是指经营者使用违反法律法规规定的手段，向消费者提供各种条件的奖励，推销其商品或服务的行为。

根据我国反不正当竞争法及相关法律的规定，不正当有奖销售有以下几种类型：

（1）采用谎称有奖或者故意让内定人员中奖的欺骗方式进行有奖销售。

（2）利用有奖销售的手段推销质次价高的商品。

（3）抽奖式的有奖销售，最高奖的金额超过 5 000 元。

7. 诋毁商誉行为

商业信誉是从商业角度对经营者的能力和品德、对其商品品质的积极的社会评价，是经营者通过参与市场竞争的活动逐渐形成的无形财产。良好商誉的形成需要经营者投入大量的市场活动才能取得，是经营者在市场竞争中取得优势地位的重要条件。

诋毁商誉行为是指经营者通过捏造、散布虚假事实等不正当竞争手段，损害竞争对手的商业信誉和商品声誉，削弱对手竞争能力为自己牟取不正当利益的行为。

8. 限制排挤行为

公用企业或者其他依法具有独占地位的经营者，限定他人购买其指定的经营者的商品，排斥其他经营者的行为就是限制排挤行为。

这类不正当竞争行为的主体通常是公用企业或者其他依法具有独占地位的经营者。公用企业，是指其商品或服务涉及消费者的基本物质生活需要的行业，如供水、供电、供气、邮政、交通运输等行业。其他依法具有独占地位的经营者，是指由国务院规范性文件规定的，某一特定领域某一特定产品只由某一企业或少数几个企业生产经营的经营者。在反垄断法上，这类行为属于滥用市场支配地位的类别。

9. 滥用行政权力行为

滥用行政权力行为也可称为行政性垄断行为，是指政府及所属部门、其他政府职能部门凭借其政治权力，排挤、限制或者妨碍竞争的行为。

滥用行政权力的行为包括地区封锁和行政强制交易行为。地区封锁是指地方政府及其所属部门为了保护本地区的经济利益，滥用行政权力，限制外地商品进入本地市场或者限制本地商品流向外地市场的行为。行政强制交易行为是指政府及其所属部门滥用行政权力限定他人购买指定的经营者的商品或者限制其他经营者正当的经营活动的行为。滥用行政权力的行为也是反垄断法重点规制的行为。

10. 附条件销售行为

附条件销售行为又称搭售，是指经营者利用其经济优势，违背购买者的意愿，在销售一种商品或提供一种服务时，要求消费者以购买另一种商品或接受另一种服务为条件，或者就商品或服务的价格、销售对象、销售地区等进行不合理的限制的行为。违背购买者的意愿，是认定该行为违法的基本条件。该行为也受反垄断法规制，属于滥用市场支配地位。

11. 串通投标行为

串通投标行为，是指在招、投标活动中，投标者之间串通投标或者投标者和招标者之间相互勾结以排挤竞争对手，从而抬高或者压低标价的行为。

串通投标行为主要包括以下两种：

（1）投标者之间串通投标，抬高标价或者压低标价。

（2）投标者和招标者相互勾结，以排挤竞争对手的公平竞争。

二、对不正当竞争行为的监督检查

县级以上人民政府工商行政管理部门对不正当竞争行为进行监督检查；法律、行政法规规定由其他部门监督检查的，依照其规定。

监督检查部门在监督检查不正当竞争行为时，有权行使下列职权。

（1）按照规定程序询问被检查的经营者、利害关系人、证明人，并要求提供证明材料或者与不正当竞争行为有关的其他资料。

（2）查询、复制与不正当竞争行为有关的协议、账册、单据、文件、记录、业务函电和其他资料。

（3）检查与本法规定的不正当竞争行为有关的财物，必要时可以责令被检查的经营者说明该商品的来源和数量，暂停销售，听候检查，不得转移、隐匿、销毁该财物。

监督检查部门工作人员监督检查不正当竞争行为时，应当出示检查证件。监督检查部门在监督检查不正当竞争行为时，被检查的经营者、利害关系人和证明人应当如实提供有关资料或者情况。

三、实施不正当竞争行为应承担的法律责任

（一）民事责任

《反不正当竞争法》第二十条明确规定，经营者违反本法规定，给被侵害的经营者造成损害的，应当承担损害赔偿责任，被侵害的经营者的损失难以计算的，赔偿额为侵权人在侵权期间因侵权所获得的利润；并应当承担被侵害的经营者因调查该经营者侵害其合法权益的不正当竞争行为所支付的合理费用。被侵害的经营者的合法权益受到不正当竞争行为损害的，可以向人民法院提起诉讼。

（二）行政责任

反不正当竞争法规定的行政责任，通过不正当竞争行为的监督检查部门对不正当竞争行为的查处来实现。主要行政责任形式包括罚款、没收违法所得、责令停止违法行为、责令改正、消除影响、停业整顿以及吊销营业执照等形式。此外还规定了与不正当竞争行为有关的国家机关工作人员违法的行政处分。

（三）刑事责任

刑事责任是对违法行为进行的最为严厉的法律制裁，适用于那些对其他经营者、消费者和社会经济秩序损害严重、情节恶劣的不正当竞争行为。反不正当竞争法对于不正当竞争行为的刑事责任的规定都是原则性的，具体的刑事责任当由《刑法》相关条款来确定。

拓展阅读

北京奇虎科技有限公司（简称奇虎公司）和奇智软件（北京）有限公司（简称奇智公司）是360安全卫士的经营者。北京百度网讯科技有限公司（简称百度网讯公司）和百度在线网络技术（北京）有限公司（简称百度在线公司）是百度网（www.baidu.com）的经营者。

2012年2月和3月，360安全卫士在百度网搜索结果页面上有选择地插入了红底白色感叹号图标作为警告标识，以警示用户该搜索结果对应的网站存在风险。360安全卫士不仅在搜索结果页面进行了插标，还逐步引导网络用户点击安装360安全浏览器，对其浏览器产品进行推广。2012年3月和4月，奇虎公司在其网址导航网站（hao.360.cn）网页上嵌入百度搜索框，通过修改百度网在其搜索框上向用户提供的下拉提示词，引导用户访问本不在相关关键字搜索结果中靠前位置的，甚至与用户搜索目的完全不同的奇虎公司经营的影视、游戏等页面。

百度网讯公司和百度在线公司一审起诉至北京市第一中级人民法院。该院一审认为360安全卫士在搜索结果页面插标的行为和修改搜索框提示词的行为构成不正当竞争，应当承担相应责任，判决其停止不正当竞争行为，刊登声明消除影响，赔偿经济损失40万元和诉讼合理支出5万元。奇虎公司不服一审判决提起上诉，北京市高级人民法院二审认

为：互联网产品或服务之间原则上不得相互干扰。确实出于保护网络用户等社会公众的利益的需要，网络服务经营者在特定情况下不经网络用户知情并主动选择以及其他互联网产品或服务提供者同意，也可干扰他人互联网产品或服务的运行，但是，应当确保并证明干扰手段的必要性和合理性。上述原则简称为非公益必要不干扰原则。奇虎公司并未证明360安全卫士对搜索结果网页进行插标和修改搜索框提示词的行为具有必要性和合理性，违反了非公益必要不干扰原则，因此构成不正当竞争。北京市高级人民法院判决：驳回上诉，维持原判。

第二节 防止限制竞争——认识反垄断法

一、认识垄断及反垄断立法

垄断是竞争的对立面，经济学上的垄断是指一个经营者独占某一市场的结构状态，或少数大企业或经济组织之间为攫取高额利润，利用正当或不正当竞争手段，彼此达成协议独占某种商品的生产和销售等。法律上的垄断，是指经营者违反国家法律、法规、政策和社会公共利益，通过合谋性协议、安排和协同行动，或者通过滥用经济优势地位，排斥或者控制其他经营者正当的经济活动，在相关市场内实质上限制竞争的行为。

反垄断法中所称相关市场，是指经营者在一定时期内就特定商品或者服务（统称商品）进行竞争的商品范围和地域范围。垄断是个相对概念，在一定范围的市场内的垄断，如果放在更大范围的市场内进行考察，就不一定是垄断。恰如其分地界定相关市场，是判断经营者之间是否存在竞争关系、经营者的市场地位，进而评估垄断行为对竞争的影响的前提与条件。

对相关市场的界定，一般从三个方面进行：

（1）相关商品市场。它是指具有紧密的相互替代关系的商品构成同一个市场。确定商品市场，可以明确哪些商品之间存在竞争关系。

（2）相关地域市场。它是指相同或具有替代关系的商品相互竞争的地理区域。一般来说，相关地域市场被界定为一国的全部或部分，随着经济全球化程度加深，有时还需要超越国界。我国地域辽阔，交通和物流业尚不够发达，区域经济发展不均衡，确定地域市场就更为复杂，有些商品可能在全国市场销售，有些则仅限于国内某个区域。

（3）相关时间市场。它是指相同或具有可替代性的商品在同一区域内相互竞争的时间范围。它并不是确定相关市场的主要依据，但当商品的生产周期、使用期限、季节性、流行性或知识产权保护期限等因素已构成商品不可忽视的特征时，时间因素就变得更加重要了。

垄断有如下特征：① 形成垄断的主要方式是独占或有组织的联合行动；② 垄断者之所以能形成垄断势力凭借的是其经济优势或行政权力；③ 垄断的结果是限制和排斥了竞争。

拓展阅读

如图 8-5 所示，2011 年，中国电信、中国联通遭遇反垄断调查。

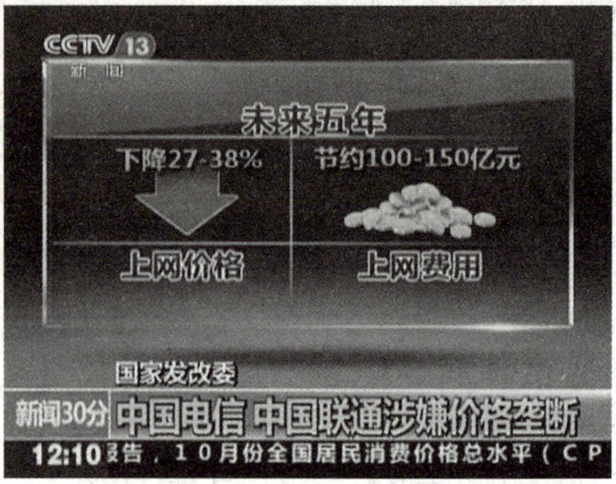

图 8-5　中国电信、中国联通遭遇反垄断调查

垄断扭曲市场竞争、扼杀经济活力、阻碍技术创新、损害消费者福利，应由反垄断法加以规制。

反垄断法是指在调整反垄断过程中所发生的各种社会关系的法律规范的总称。反垄断法与反不正当竞争法同属于竞争法的范畴，它们都是调整竞争关系的法律，都是为了维护公平的市场竞争秩序。但反不正当竞争解决的是竞争是否公平的问题，而反垄断解决的则是市场有无竞争的问题。

2007 年 8 月 30 日《中华人民共和国反垄断法》（简称《反垄断法》）颁布，自 2008 年 8 月 1 日起正式施行，是我国制定的第一部专门的反垄断法法律。除此之外，有关禁止限制竞争行为的法律规范也散见于我国《反不正当竞争法》等法律中。

《反垄断法》第一条规定："为了预防和制止垄断行为，保护市场公平竞争，提高经济运行效率，维护消费者利益和社会公共利益，促进社会主义市场经济健康发展，制定本法。"

在中华人民共和国境内从事经济活动的经营者的垄断行为，适用反垄断法；在中华人民共和国境外经营者的垄断行为，对境内相关行业市场竞争产生排除、限制影响的，也适用本法。

但是，农业生产者及农村经济组织在农产品生产、加工、销售、运输、储存等经营活动中实施的联合或者协同行为，以及正当行使知识产权的行为，不适用反垄断法。

二、认识主要的垄断行为

(一) 垄断协议

垄断协议是指同行业具有竞争关系的经营者或与经营者有交易行为的相对人之间为排除、限制竞争而达成的协议、决定或者其他协同行为。达成垄断协议是实现市场垄断最直接、最快捷的一种方式，所以禁止垄断协议是各国反垄断法的重要任务。

1. 反垄断法禁止的横向垄断协议

横向垄断协议也称卡特尔，是指生产或销售同类商品的经营者通过垄断协议停止竞争，共同分享市场，使经营者获得垄断利润。我国《反垄断法》第十三条明确规定，禁止具有竞争关系的经营者达成下列垄断协议。

(1) 固定或者变更商品价格。这种协议也称价格卡特尔，它通过人为操纵否定市场价格形成机制，扭曲了价格信号，使市场调节无法进行。而且所固定的往往是不合理的高价，直接损害消费者利益。

(2) 限制商品的生产数量或者销售数量。这种协议又称限制数量协议，经营者通过限制数量来间接控制商品的价格，从而获得超额垄断利润。

(3) 分割销售市场或者原材料采购市场。这种垄断协议又称划分市场的协议，它通常通过划分地域、划分客户和划分产品等形式实现。统一开放的市场是保证有效竞争的基础，只有消除各种市场进入障碍，资源在价格、利润的信号指挥下自由进出，市场机制才是健康的。如果经营者人为地对市场进行划分，在各自的市场“领地”内就能够取得垄断地位，从而破坏了市场的调节作用。

(4) 限制购买新技术、新设备或者限制开发新技术、新产品。有效的市场竞争可以刺激经营者不断进行技术创新和应用以提升竞争力，限制协议保护落后、阻碍创新，是被法律禁止的。

(5) 联合抵制交易。这种行为是指具有竞争关系的经营者联合起来，共同拒绝与其他的特定经营者进行交易。例如，某产品的多个供货商联合起来，对违反供货商关于产品销售价格的限制、自行降价的销售商，采取一致拒绝供货的惩罚。具有限制竞争、减少消费者选择机会、抬高商品价格等反竞争效果。

(6) 国务院反垄断执法机构认定的其他垄断协议。某项垄断协议即使没有被明示列举，只要其具有反竞争属性，损害市场效率和消费者福利，就可以经反垄断执法机构认定为非法。

行业协会应加强行业自律，引导本行业的经营者依法竞争，不得组织本行业的经营者从事法律禁止的包括各种垄断协议在内的垄断行为。

【延伸思考】

在新闻出版总署有关部门的主导下，由中国出版工作者协会、中国书刊发行业协会、中国新华书店协会制定的《图书公平交易规则》(简称《规则》)，2010 年 1 月 8 日正式在北京发布。《规则》规定出版一年内的新书（以版权页出版时间为准），进入零售市场时，须按图书标定实价销售；新书网售不得低于 8.5 折。其制定背景是制止如下混乱现象：一是图书高定价、低折扣，不讲诚信；二是伪书、盗印、剽窃、抄袭；三是书店之间恶性价格战等。但北京市消费者协会、市律师协会 2010 年 15 日发出联合声明，称“限折令”涉嫌违反《反垄断法》，建议有关部门介入调查。

请关注并思考。

2. 反垄断法禁止的纵向垄断协议

纵向垄断协议发生在处于不同的生产经营阶段或者环节的经营者之间，是上下游经营者之间的协议。它与横向垄断协议不同。首先，横向垄断协议的行为主体是相互竞争各方，纵向垄断协议的行为主体之间并不存在真正意义上的竞争，只是存在交易关系，是上游经营者对下游经营者经营自由的限制。其次，纵向垄断协议对竞争的限制，一般通过经营者与交易相对人达成协议，要求交易相对人实施特定行为来实现。这有别于横向垄断协议中经营者共同实施市场行为，达到排除、限制竞争的目的。一般来说，横向垄断协议具有一致对外性，经营者有共同的目的，而达成纵向垄断协议的经营者和交易相对人之间则具有一定的限制关系，不存在共同的目的。

纵向垄断协议既可能对市场产生不利影响，如可能促成价格卡特尔，导致市场进入障碍等；又可能具有一定的积极效果，如生产商要求销售商在销售中不能超过一定的价格水平，则这种纵向的价格约束有利于避免商品价格上涨，保护了消费者的福利。鉴于纵向垄断协议的经济效果比较模糊，故《反垄断法》对它的规制更加谨慎，只有那些消极效果明显大于积极效果的才被禁止。

《反垄断法》第十四条规定，禁止经营者与交易相对人达成下列垄断协议：

（1）固定向第三人转售商品的价格。

（2）限定向第三人转售商品的最低价格。

（3）国务院反垄断执法机构认定的其他垄断协议。

3. 可被反垄断法豁免的垄断协议

如果出现一些例外情形，经营者能够证明其所达成的协议属于这些类型并证明其所达成的协议不会严重限制相关市场的竞争，而是能够使消费者分享由此产生的利益，就认为其达成协议的行为没有违反规定。这些情形包括：

（1）为改进技术、研究开发新产品的。这类垄断协议称为技术性卡特尔。由于新技术和新产品开发耗资和风险巨大，个别企业难以承受，故企业间就此达成合作协议可以得到豁免。

（2）为提高产品质量、降低成本、增进效率，统一产品规格、标准或者实行专业化分工的。这类垄断协议也称标准化卡特尔和专业化卡特尔。

（3）为提高中小经营者经营效率，增强中小经营者竞争力的这类垄断协议也称中小企业合作卡特尔。中小企业是维持市场竞争活力的重要力量，它们之间在生产、融资、研发、采购等领域达成的合作协议，可豁免于《反垄断法》。

（4）为实现节约能源、保护环境、救灾救助等社会公共利益的。

（5）因经济不景气，为缓解销售量严重下降或者生产明显过剩的。此类协议也称不景气卡特尔，或结构危机卡特尔。在经济困境中，为避免恶性竞争造成的更大的损害，企业间达成限制或排除竞争的协议可以得到豁免。

（6）为保障对外贸易和对外经济合作中的正当利益的。此类协议主要表现为出品卡特尔，是指国内经营者为了确保或促进产品出口，就出口商品价格和国际市场划分等达成的限制竞争的协议。

（7）法律和国务院规定的其他情形。

（二）滥用市场支配地位

市场支配地位是指经营者在相关市场内具有能够控制商品价格、数量或其他交易条件，或者能够阻碍、影响其他经营者进入相关市场能力的市场地位。

【延伸思考】

2011年，河北唐山人人信息服务有限公司把一册厚达91页16开本的《反垄断调查申请书》送到了国家工商总局反垄断处官员手中，申请对百度（见图8-6）滥用市场支配地位进行反垄断调查，并处1.7亿元罚款。这是反垄断法实施以来，发生在网络领域的第一例。

图8-6　百度搜索

请关注并思考。

通常情况下，企业通过正当的市场竞争或依据法律规定等合法手段取得市场优势并获得支配地位，法律一般不会禁止，但如果经营者凭借其所具有的这种市场优势限制竞争，就会成为反垄断法制裁的对象。《反垄断法》列举的滥用市场支配的行为有以下几种。

（1）以不公平的高价销售商品或者以不公平的低价购买商品。在市场交易中，当卖方拥有市场支配地位时，可能以不公平的高价来盘剥买方；当买方拥有支配地位时，可能以不公平的低价盘剥卖方。其目的不是在于排挤竞争对手，而是为了获取超额利润。

（2）没有正当理由，以低于成本的价格销售商品。这也称掠夺性定价，目的是排挤竞争对手，强化自己的市场支配地位。关于“正当理由”，可参考《反不正当竞争法》相关规定。

（3）没有正当理由，拒绝与交易相对人进行交易。此种行为往往发生在上下游企业之间。例如，具有市场支配地位的企业拒绝向买方出售商品，会使买方受到排挤，而使其他销售商获得垄断市场的机会；或生产商以拒绝供货作要挟，强迫经销商按其规定的价格销售商品，这会限制经销商之间在该商品上进行价格竞争。

（4）没有正当理由，限定交易相对人只能与其进行交易或者只能与其指定的经营者进行交易。这是一种强制交易行为，经营者通过这种手段，达到抑制竞争者甚至将其排挤出市场的目的，或者实现阻碍竞争者进入市场的效果。

（5）没有正当理由搭售商品，或者在交易时附加其他不合理的交易条件。应当注意的是，被搭售的商品与第一种商品须是两个独立的对象，从功能或交易习惯上看不应被搭售。

（6）没有正当理由，对条件相同的交易相对人在交易价格等交易条件上实行差别待遇。一般来说，就差别待遇可能出现的合理性抗辩理由主要包括：回应竞争对手的竞争；成本不同。

（7）国务院反垄断执法机构认定的其他滥用市场支配地位的行为。判断经营者的行为是否属于滥用市场支配地位要权衡下列因素：① 该经营者在相关市场的市场份额，以及相关市场的竞争状况；② 该经营者控制销售市场或者原材料采购市场的能力；③ 该经营者的财力和技术条件；④ 其他经营者对该经营者在交易上的依赖程度；⑤ 其他经营者进入相关市场的难易程度；⑥ 与认定该经营者市场支配地位有关的其他因素。如果有以下情形之一，也可以推定经营者具有市场支配地位：① 一个经营者在相关市场的市场份额达到 1/2 的；② 两个经营者在相关市场的市场份额合计达到 2/3 的；③ 三个经营者在相关市场的市场份额合计达到 3/4 的。

判断的重要前提是该行为主体在市场上占有的份额，这是一个量化和相对客观的指标，当经营者的市场份额达到一定程度时，可不再考虑其他因素，直接推定具有市场支配地位。

（三）经营者集中

经营者集中是指经营者之间通过合并、取得股份或者资产、委托经营或联营，以及人事兼任等方式形成的控制与被控制状态。

一般情况下，在市场竞争中，企业本身有着扩大规模和市场份额的自然倾向，有利于提高企业的竞争力。但如果对这种集中不加任何控制，这些企业无限制地兼并，则可能产生个别企业垄断市场的情况。经营者集中包括下列情形：① 经营者合并；② 经营者通过取得股权或者资产的方式取得对其他经营者的控制权；③ 经营者通过合同等方式取得对其他经营者的控制权或者能够对其他经营者施加决定性影响。

现代各国反垄断法对经营者集中控制的主要途径是采取申报与核准制度。我国也实行这一制度。当然并非所有的经营者集中都要进行申报，达到下列标准之一的，经营者应当事先向国务院商务主管部门申报，未申报的不得实施集中：

（1）参与集中的所有经营者上一会计年度在全球范围内的营业额合计超过 100 亿元人民币，并且其中至少两个经营者上一会计年度在中国境内的营业额均超过 4 亿元人民币。

（2）参与集中的所有经营者上一会计年度在中国境内的营业额合计超过 20 亿元人民币，并且其中至少两个经营者上一会计年度在中国境内的营业额均超过 4 亿元人民币。

经营者集中有下列情形之一的，可以不进行反垄断申报：

（1）参与集中的一个经营者拥有其他每个经营者 50%以上有表决权的股份或者资产的。

（2）参与集中的每个经营者 50%以上有表决权的股份或者资产被同一个未参与集中的经营者拥有的。

国务院反垄断执法机构在规定的时间内对所接到的企业申报材料进行审查。审查过程中要考虑相关因素，做出是否禁止经营者集中的决定，并书面通知经营者，说明理由。审查期间，经营者不得实施集中。国务院反垄断执法机构应当将禁止经营者集中的决定或者对经营者集中附加限制性条件的决定，及时向社会公布。

拓展阅读

吉利收购沃尔沃通过欧盟反垄断机构审查（见图 8-7）

图 8-7　吉利与沃尔沃

北京时间 2010 年 3 月 28 日，中国浙江吉利控股集团有限公司（简称吉利集团）在瑞典哥德堡与福特汽车签署最终股权收购协议，获得沃尔沃轿车公司（简称沃尔沃轿车）100%的股权以及相关资产（包括知识产权）。

欧盟反垄断监管机构宣布，已经批准了中国汽车制造商吉利对瑞典标志品牌沃尔沃汽车的收购。欧洲委员会表示，吉利汽车从福特汽车手中收购沃尔沃的价值 18 亿美元的交易，不存在反垄断问题。吉利对沃尔沃的收购是与大庆市国有资产经营有限公司合作进行的。

（四）滥用行政权力排除、限制竞争

滥用行政权力排除、限制竞争，即通常的“行政性垄断”，是指行政机关和法律、法规授权的具有管理公共事务职能的组织滥用行政权力，限定或者变相限定单位或者个人参与本地同类行业竞争的行为。滥用行政权力排除限制竞争是我国反垄断法重要的规制对象。

滥用行政权力排除限制竞争的行为包括：

（1）对外地商品设定歧视性收费项目、实行歧视性收费标准，或者规定歧视性价格。

（2）对外地商品规定与本地同类商品不同的技术要求、检验标准，或者对外地商品采取重复检验、重复认证等歧视性技术措施，限制外地商品进入本地市场。

（3）采取专门针对外地商品的行政许可，限制外地商品进入本地市场。

（4）设置关卡或者采取其他手段，阻碍外地商品进入或者本地商品运出。

（5）妨碍商品在地区之间自由流通的其他行为。以设定歧视性资质要求、评审标准或者不依法发布信息等方式，排斥或者限制外地经营者参加本地的招标投标活动。

（6）采取与本地经营者不平等待遇等方式，排斥或者限制外地经营者在本地投资或者设立分支机构。

（7）强制经营者从事反垄断法规定的垄断行为。

（8）制定含有排除、限制竞争内容的规定。

三、反垄断的监督和调查制度

（一）反垄断的监督机构

国务院设立反垄断委员会，负责组织、协调、指导反垄断工作。国务院反垄断执法机构根据工作需要，可以授权省、自治区、直辖市人民政府相应的机构，依照法律规定负责有关反垄断执法工作。

分设在国家发改委、商务部和国家工商总局的反垄断执法机构将分别针对价格垄断协议行为、经营者集中行为和滥用市场支配地位及滥用行政权力排除限制竞争的行为进行查处。总体来说，三大部门分工执法，国务院组织协调。

我国反垄断执法体系如图 8-8 所示。

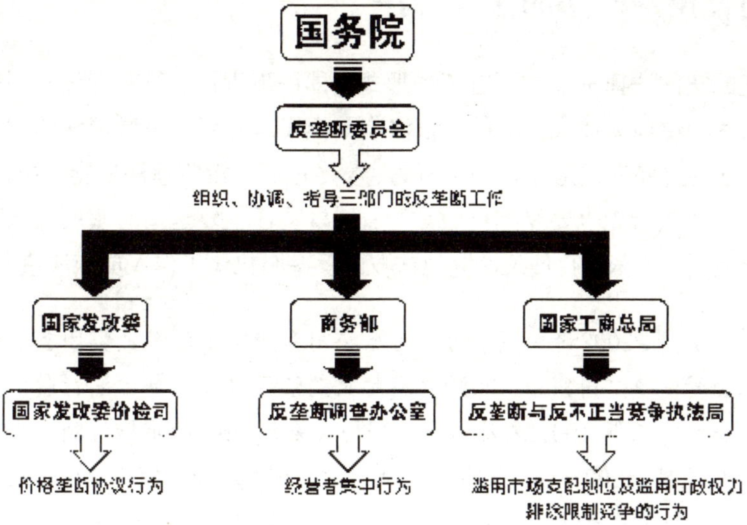

图 8-8　我国反垄断执法体系

（二）反垄断的调查制度

反垄断法规定了反垄断调查制度。由反垄断执法机构对涉嫌垄断的行为进行调查，同时也接受任何单位和个人的有关反垄断行为的举报，反垄断执法机构对举报人有保密义务。

反垄断执法机构进行调查时可采取一系列措施，被调查的经营者应当协助调查。调查情况核查属实后，认定构成垄断行为的，应依法做出处理决定并向社会公布。

我国反垄断审查程序（以经营者集中为例）如图 8-9 所示。

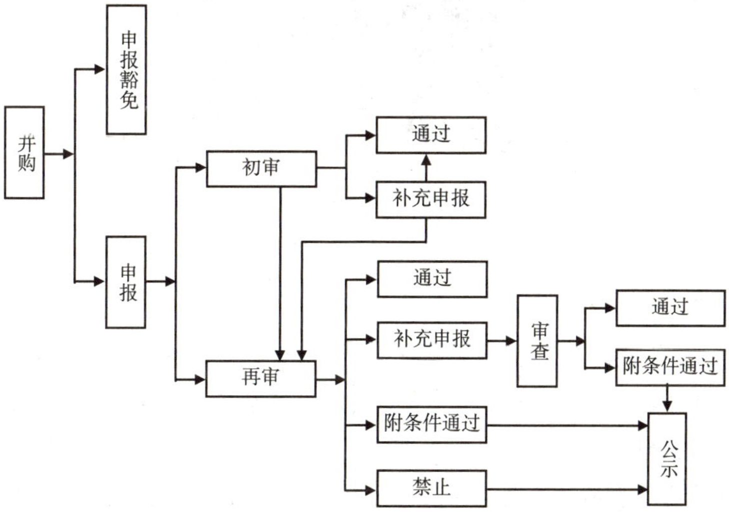

图 8-9　我国反垄断审查程序

四、违反反垄断法的法律责任

违反反垄断法的法律责任主要有三种形式，即民事责任、行政责任和刑事责任。经营者实施垄断行为，给他人造成损失的，依法应承担民事责任。民事责任的主要形式是赔偿责任；行政责任的主要形式是停止违法行为、责令改正、没收违法所得、罚款、撤销登记，行政执法人员的违法行为也要受到行政处分；刑事责任主要是指对违反反垄断法的垄断企业或其他经济组织、不依法行使反垄断执法权的反垄断执法工作人员依法追究其刑事责任。

【工作实例】2008年9月，可口可乐公司和中国汇源果汁集团有限公司发布公告称，可口可乐全资附属公司将以179.2亿港元收购汇源果汁全部已发行股份及全部未行使可转换债券。当时，汇源100%果汁占据了国内纯果汁46%的市场份额，中高浓度果汁占据近40%的市场份额。2007年，汇源果汁销售79万吨，营业额26.56亿元。可口可乐旗下的“酷儿”、“美汁源”等果汁饮料在中国饮料市场也有一定的影响力。全部可口可乐品牌在中国的销售额早在2005年就已超过了100亿元。可口可乐公司按规定向商务部提交了申报材料。商务部经审查认为可口可乐公司的收购计划达到了规定的标准，所以进行立案审查。经调查、论证、座谈及听取有关各方意见，最后做出禁止此项经营者集中的决定（见图8-10）。

图8-10 可口可乐收购汇源失败

【温馨提示】

企业收购、合并是经营者集中的典型方式，由于经营者集中可能具有排除、限制竞争的效果，将对市场有效竞争和相关产业健康发展不利，反垄断法规定，经营者集中达到规定的申报标准的，经营者应当事先申报，接受反垄断审查。由于可口可乐公司有能力将其在碳酸软饮料市场上的支配地位传导到果汁饮料市场，对现有果汁饮料企业产生排除、限制竞争的效果，挤压了国内中小型果汁企业生存空间，并使竞争对手进入果汁饮料市场的障碍明显提高，不利于该市场的有效竞争。故做出上述决定。

第三节 让市场更安全——认识产品质量法

一、认识产品质量及其立法

产品质量的基本定义为产品的适用性，产品是为满足消费者的需要、社会的需要而生产的，产品的质量就是满足消费者需要、社会需要的程度。它体现国家有关法律、法规、质量标准以及合同约定的产品适用、安全和其他要求。产品质量包括产品的结构、性能、精度、纯度等内在质量，也包括形状、色彩等外观方面的质量。

产品应具有的基本质量特征有：

（1）适用性。即产品应该具有满足生产和生活需要的特征。这也是产品最基本的特征。

（2）安全性。它是指产品在使用过程中对人身、财产安全的保障能力。

（3）经济性。它是指产品在设计、制造、使用等方面具有高效率的特征。产品的经济性要求产品能以较低的成本取得较好的经济效益。

（4）环境性。它是指产品质量应考虑对环境的损害程度。要求生产者应从产品设计开始就关注他对环境的影响，从生产运输、使用、报废等环节减少对环境的危害。

产品质量法适用的产品，是经过加工、制作，用于销售的产品。它不适用于初级农产品，未经加工的天然物品，以及非用于出售的产品。另外，还有一些法律涉及特定产品的质量，则按有关法律的规定办理，如建筑工程质量由建筑法调整、食品卫生质量由食品卫生法规定、药品质量则由药品管理法规定。但建设工程使用的建筑材料、建筑构配件和设备，属于产品质量法所界定的产品范围的，则适用产品质量相关法律的规定（见图 8-11）。

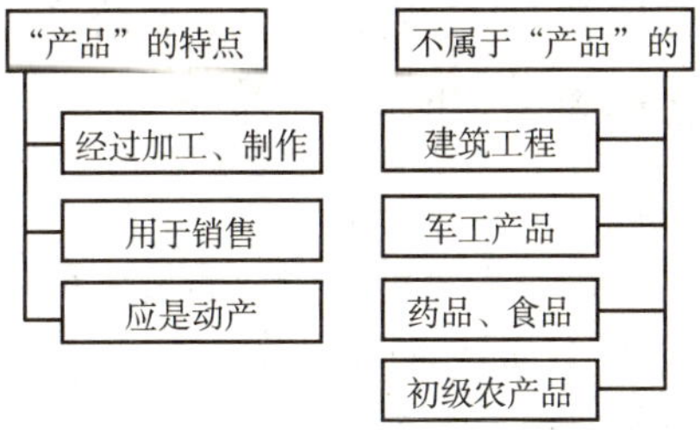

图 8-11 产品的特点及其范围

产品质量法是为了加强对产品质量的监督管理而制定的法律，它是调整在产品生产、流通、交换、消费以及监督管理过程中，因产品质量而发生的各种社会关系的法律规范的总称。《中华人民共和国产品质量法》（简称《产品质量法》）于 1993 年 2 月 22 日通过，于 1994 年 1 月 1 日正式实施。这是我国第一部系统、全面地规定产品质量的法律。2000 年 7 月 8 日第九届全国人大常委会第十六次会议通过了《关于修订〈产品质量法〉的决议》，对该法进行了全面的修订。

二、产品质量的监督管理

（一）我国产品质量监督管理体制

产品质量监督管理体制是指产品质量监督组织机构的设置及其职权划分制度的统称。

1. 国务院产品质量监督管理部门

国务院产品质量监督部门主管全国产品质量监督工作。国务院有关主管部门在各自的职责范围内负责产品质量监督工作。

国务院产品质量监督管理部门的主要职责是：对产品质量进行宏观的管理和指导，即统一制定有关产品质量管理的方针和政策，草拟或者发布有关质量的法规或规章；推广现代化质量管理方法；负责国家质量奖的评审和管理工作；负责国优产品的评审和评优管理工作；负责生产许可证的管理工作等。

2. 地方各级产品质量监督管理部门

县级以上地方产品质量监督部门主管本行政区域内的产品质量监督工作。县级以上地方人民政府有关部门在各自的职责范围内负责产品质量监督工作。

（二）我国产品质量监督制度

1. 产品标准化制度

国家鼓励推行科学的质量管理方法，采用先进的科学技术，鼓励企业产品质量达到并且超过行业标准、国家标准和国际标准。可能危及人体健康和人身、财产安全的工业产品，必须符合保障人体健康和人身、财产安全的国家标准、行业标准；未制定国家标准、行业标准的，必须符合保障人体健康和人身、财产安全的要求。禁止生产、销售不符合保障人体健康和人身、财产安全的标准和要求的工业产品。

2. 企业质量体系认证制度

国家根据国际通用的质量管理标准，推行企业质量体系认证制度。企业根据自愿原则可以向国务院产品质量监督部门认可的或者国务院产品质量监督部门授权的部门认可的认证机构申请企业质量体系认证。经认证合格的，由认证机构颁发企业质量体系认证证书。

拓展阅读

ISO 9000 认证简介

国际标准化组织（ISO）于1979年成立了质量管理和质量保证技术委员会（TC176），负责制定质量管理和质量保证标准。ISO 9000 系列标准自1987年发布以来，经历了1994版的修改和2000版的修改，形成了今天的 ISO 9001：2000 系列标准。2000版 ISO 9000

族标准包括以下一组密切相关的质量管理体系核心标准：

—ISO 9000《质量管理体系 基础和术语》

—ISO 9001《质量管理体系 要求》

—ISO 9004《质量管理体系 业绩改进指南》

—ISO 19011《质量和（或）环境管理体系审核指南》

ISO 9000 族标准是世界上许多经济发达国家质量管理实践经验的科学总结，且适用于各种类型、不同规模和提供不同产品的组织。实施 ISO 9000 族标准，可以促进组织质量管理体系的改进和完善，对提高组织的管理水平能够起到良好的作用。

GB 系列是中国有关部门依据 ISO 9000 族标准制定的国内质量体系认证标准，与 ISO 9000 族标准具有对应性。

3. 产品质量认证制度

国家参照国际先进的产品标准和技术要求，推行产品质量认证制度。企业根据自愿原则可以向国务院产品质量监督部门认可的或者国务院产品质量监督部门授权的部门认可的认证机构申请产品质量认证。经认证合格的，由认证机构颁发产品质量认证证书，准许企业在产品或者其包装上使用产品质量认证标志。在我国，产品质量认证分为安全认证（安全 S）和合格认证（质量 Q）。目前，我国国内经国务院产品质量监督部门批准的认证标志主要有 3 种：适用于电工产品的专用认证标志长城标志、适用于电子元器件产品的专用认证标志 PRC 标志，以及适用于其他产品的认证标志方圆标志、此外，一些较有影响的国际机构和外国的认证机构按照自己的认证标准，也对向其申请认证并经认证合格的我国国内生产的产品颁发其认证标志，如国际羊毛局的纯羊毛标志、美国保险商实验室的 UL 标志等。

产品质量认证的对象是企业的产品，依据的是产品标准，以证明产品是否符合标准；质量体系认证的对象是企业的质量体系，依据的是质量管理标准，是要证明企业质量体系是否符合质量管理标准。

4. 产品质量监督检查制度

国家对产品质量实行以抽查为主要方式的监督检查制度，对可能危及人体健康和人身、财产安全的产品，影响国计民生的重要工业产品以及消费者、有关组织反映有质量问题的产品进行抽查。抽查的样品在市场上或者企业成品仓库内的待销产品中随机抽取。

国家监督抽查的产品，地方不得另行重复抽查；上级监督抽查的产品，下级不得另行重复抽查。

根据监督抽查的需要，可以对产品进行检验。检验抽取样品的数量不得超过检验的合理需要，并不得向被检查人收取检验费用。监督抽查所需检验费用按照国务院规定列支。生产者、销售者对抽查检验的结果有异议的，可以自收到检验结果之日起 15 日内向实施监督抽查的产品质量监督部门或者其上级产品质量监督部门申请复检，由受理复检的产品质量监督部门做出复检结论。

监督抽查的产品质量不合格的，由实施监督抽查的产品质量监督部门责令其生产者、销售者限期改正。逾期不改正的，由省级以上人民政府产品质量监督部门予以公告；公告后经复查仍不合格的，责令停业，限期整顿；整顿期满后经复查产品质量仍不合格的，吊销营业执照。

5. 产品质量社会监督制度

报纸杂志、广播、电视等社会舆论单位，有权按照国家的有关规定，运用新闻媒介，对产品质量进行舆论监督。消费者有权就产品质量问题，向产品的生产者、销售者查询；向产品质量监督部门、工商行政管理部门及有关部门申诉，接受申诉的部门应当负责处理。

我国的产品质量监督管理制度总体如图 8-12 所示。

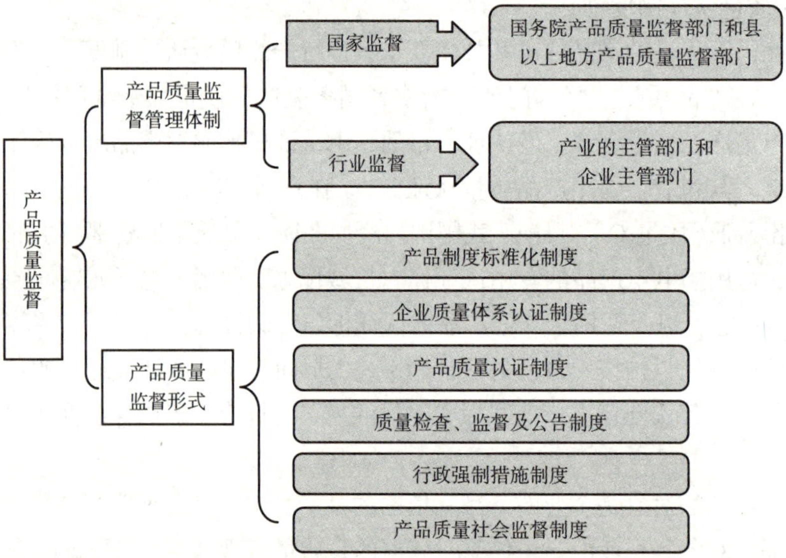

图 8-12 我国的产品质量监督

三、生产者和销售者承担的产品质量义务

《产品质量法》规定，生产者、销售者应当建立健全内部产品质量管理制度，严格实施岗位质量规范、质量责任以及相应的考核办法。国家鼓励推行科学的质量管理方法，采用先进的科学技术，鼓励企业产品质量达到并且超过行业标准、国家标准和国际标准。对产品质量管理先进和产品质量达到国际先进水平、成绩显著的单位和个人，给予奖励。如果不履行法定的保证产品质量的义务，则将会依法承担相应的法律后果。

按照我国标准化法的规定，国家标准由国务院标准化行政主管部门（现在为国家质量技术监督局）制定，行业标准由国务院有关行业主管部门制定，报国务院标准化行政主管部门备案。国际标准是指由国际标准化组织（ISO）和国际电工委员会（IEC）所制定的标准，以及国际标准化组织确认并公布的其他国际组织制定的标准。

（一）生产者的产品质量义务

1. 生产者应保证产品的内在质量

生产者应当对其生产的产品质量负责。产品质量应当符合下列要求。

（1）不存在危及人身、财产安全的不合理的危险，有保障人体健康和人身、财产安全的国家标准、行业标准的，应当符合该标准。这是法律对生产者保证产品质量义务的强制性规定，生产者不得以合同约定或者其他方式免除或减轻自己的此项法定义务。首先，应当在产品设计上保证安全、可靠。其次，在产品制造方面要保证符合规定的要求。制造是实现设计的过程，在实际经济生活中，制造上的缺陷往往是导致产品存在危及人身、财产安全的不合理的危险的主要原因。

（2）具备产品应当具备的使用性能，但是，对产品存在使用性能的瑕疵做出说明的除外。产品应当具有使用性能主要体现在两方面：一方面是在产品标准、合同、规范、图样和技术要求以及其他文件中明确规定的使用性能；另一方面是隐含需要的使用性能，即消费者对产品使用性能的合理期望，通常是被人们公认的、不言而喻的、不必做出规定的使用性能方面的要求。

（3）符合在产品或者其包装上注明采用的产品标准，符合以产品说明、实物样品等方式表明的质量状况。这是法律对生产者保证产品质量所规定的明示担保义务。

2. 生产者的产品标识应符合法律要求

产品标识是表明产品的名称、产地、质量状况等信息的表述和指示，产品标识可以标注在产品上，也可以标注在产品的包装上。生产者的产品或者其包装上的标识必须真实，并符合下列要求。

（1）有产品质量检验合格证明。

（2）有中文标明的产品名称、生产厂厂名和厂址。

（3）根据产品的特点和使用要求，需要标明产品规格、等级、所含主要成分的名称和含量的，用中文相应予以标明；需要事先让消费者知晓的，应当在外包装上标明，或者预先向消费者提供有关资料。

（4）限期使用的产品，应当在显著位置清晰地标明生产日期和安全使用期或者失效日期。

（5）使用不当，容易造成产品本身损坏或者可能危及人身、财产安全的产品，应当有警示标志或者中文警示说明。

裸装的食品和其他根据产品的特点难以附加标识的裸装产品，可以不附加产品标识。

针对易碎、易燃、易爆、有毒、有腐蚀性、有放射性等危险物品以及储运中不能倒置和其他有特殊要求的产品，国家规定其包装质量也必须符合相应要求，有警示标志或者中文警示说明，标明储运注意事项。

3. 几种被禁止的行为

（1）生产者不得生产国家明令淘汰的产品。

（2）生产者不得伪造产地，不得伪造或者冒用他人的厂名、厂址。

（3）生产者不得伪造或者冒用认证标志等质量标志。

（4）生产者生产产品，不得掺杂、掺假，不得以假充真、以次充好，不得以不合格产品冒充合格产品。

（二）销售者的产品质量义务

（1）销售者应当建立并执行进货检查验收制度，验明产品合格证明和其他标识。

（2）销售者应当采取措施，保持销售产品的质量。销售者不得销售国家明令淘汰并停止销售的产品和失效、变质的产品。

（3）销售者销售的产品的标识应当符合产品质量法的规定，不得伪造产地，不得伪造或者冒用他人的厂名、厂址；不得伪造或者冒用认证标志等质量标志。

（4）销售者销售产品，不得掺杂、掺假，不得以假充真、以次充好，不得以不合格产品冒充合格产品。

四、产品质量责任

产品质量责任的总体情况如图 8-13 所示。

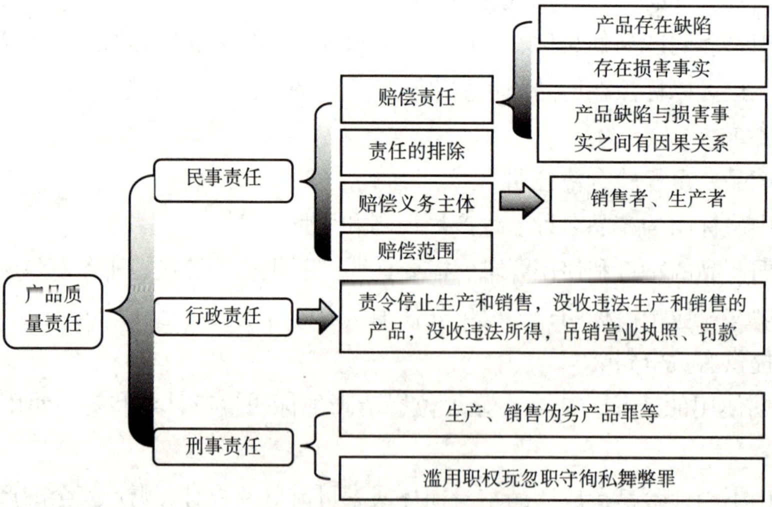

图 8-13 产品质量责任概述

（一）民事责任

产品质量民事责任是指产品的制造者或销售者因生产或者销售的产品质量不合格，使消费者受损失时应承担的责任。

承担产品质量责任应具备三个基本条件。

（1）产品缺陷，又称产品瑕疵，是产品存在危及人身、财产安全的不合理危险，产品有保障人体健康、人身财产安全的国家标准、行业标准的，是指不符合这些标准。一般有三个标准：一是标准化法确定的产品质量的国家标准、行业标准和地方标准；二是由产品质量法确定的标准；三是合同当事人双方约定的标准。

（2）有损害事实。一般来说，损害既包括产品本身造成的物质财富损失，也包括因产品缺陷所导致的死亡、人身伤害和财富损失以及其他重大损失。该类损失形成的客观状态称为损害事实。

（3）产品缺陷与损害结果之间有因果关系。产品缺陷是引起用户或消费者财产和人身损害的原因，用户和消费者的损失是产品缺陷造成的结果。

产品质量责任的形式主要是修理、更换、退货或者赔偿损失。赔偿范围限于因产品质量问题而造成产品本身的损失以及消费者因此而产生的运输费、交通费等经济损失。

因产品存在缺陷造成受害人人身伤害的，侵害人应当赔偿医疗费、治疗期间的护理费、因误工减少的收入等费用；造成残疾的，还应当支付残疾者生活自助具费、生活补助费、残疾赔偿金以及由其扶养的人所必需的生活费等费用；造成受害人死亡的，并应当支付丧葬费、死亡赔偿金以及由死者生前扶养的人所必需的生活费等费用。

因产品存在缺陷造成受害人财产损失的，侵害人应当恢复原状或者折价赔偿。受害人因此遭受其他重大损失的，侵害人应当赔偿损失。

由于销售者的过错使产品存在缺陷，造成人身、他人财产损害的，销售者应当承担赔偿责任。销售者不能指明缺陷产品的生产者也不能指明缺陷产品的供货者的，销售者应当承担赔偿责任。因产品存在缺陷造成人身、他人财产损害的，受害人可以向产品的生产者要求赔偿，也可以向产品的销售者要求赔偿。属于产品的生产者的责任，产品的销售者赔偿的，产品的销售者有权向产品的生产者追偿。属于产品的销售者的责任，产品的生产者赔偿的，产品的生产者有权向产品的销售者追偿。

因产品存在缺陷造成人身、缺陷产品以外的其他财产（简称他人财产）损害的，生产者应当承担赔偿责任。生产者能够证明有下列情形之一的，不承担赔偿责任：

（1）未将产品投入流通的。

（2）产品投入流通时，引起损害的缺陷尚不存在的。

（3）将产品投入流通时的科学技术水平尚不能发现缺陷的存在的。

因产品存在缺陷造成损害要求赔偿的诉讼时效期间为 2 年，自当事人知道或者应当知道其权益受到损害时起计算。因产品存在缺陷造成损害要求赔偿的请求权，在造成损害的缺陷产品交付最初消费者满 10 年丧失；但是，尚未超过明示的安全使用期的除外。

（二）行政责任与刑事责任

行政责任的形式主要有：责令停止生产和销售，没收违法生产和销售的产品，没收违法所得，吊销营业执照、罚款等。

与产品质量有关的常见罪名有：生产、销售伪劣产品罪；生产销售不符合案例标准的产品罪；生产、销售有毒、有害食品罪；生产、销售不符合卫生标准食品罪；生产、销售假药罪；生产、销售劣药罪；生产、销售劣质医疗器材罪；生产、销售伪劣农药、兽药、化肥、种子罪；以及生产、销售不符合卫生标准的化妆品罪。

【工作实例】李明以3 000元的价钱在某家电商场购买一台电冰箱，该冰箱没有产品检验合格证。使用半年后，冰箱起火，造成损失1万多元。经消费者协会调解，商场同意赔偿购物款3 000元。李明不同意，准备起诉商场，找技术监督部门做产品质量鉴定，却被告知：由于冰箱已完全烧毁且没有其他库存，无法进行鉴定。王明应该怎么办？

【温馨提示】

该冰箱没有合格证，就是不合格产品；生产、经销不合格产品，给消费者造成损失的，应当赔偿。赔偿范围包括因产品质量问题而造成产品本身的损失，以及消费者因此而产生的运输费、交通费等经济损失。故商场应当赔偿王明实际损失1万元。王明可与商场进行协商、请消费者协会进行调解，调解不成，即可向法院起诉。

第四节 让消费更安心——认识消费者权益保护法

一、认识消费者与消费者权益

消费者是指为满足生活需要而购买、使用商品或者接受服务的人。消费者既可以是商品、服务的购买者，也可以是商品的使用人。消费者必须是从市场上购买商品或接受服务，即消费者购买、使用的商品和接受的服务是由经营者提供的。

消费者权益是指消费者在有偿取得商品或接受服务时所应得到的正当权益，包括安全、卫生、经济适用等权益。

消费者为生活消费需要购买、使用商品或者接受服务；经营者为消费者提供其生产、销售的商品或者提供服务，适用《中华人民共和国消费者权益保护法》（简称《消费者权益保护法》）。农民购买、使用直接用于农业生产的生产资料，亦参照该法执行。

我国《消费者权益保护法》于1993年10月31日通过，1994年1月1日起施行。其基本原则如下。

（1）自愿、平等、公平、诚实信用的原则。消费者通过购买商品与服务的行为，同经营者形成合同关系，双方交易行为自然应当遵循这条基本的民事活动准则。

（2）特别保护消费者的原则。在消费活动过程中，消费者承担的风险大于经营者，利益的实现迟于经营者，消费者正确消费依赖于经营者，不论是对商品、服务的了解，还是对市场情况的把握等各个方面，消费者都相对处于弱势，须加以特别保护。

（3）惩罚性与补偿性相结合的原则。惩罚性是指对违法经营者，根据情节的轻重，分别追究民事责任、行政责任或刑事责任。补偿性是指当消费者的权益受到违法侵害、造成实际损失时，国家责令违法经营者给予适当的经济补偿。

（4）行政监督与社会监督相结合的原则。国家有关机关与部门负监督经营者行为，保护消费者权益的职责；同时社会力量也是一支重要的、不可或缺的监督、维权主体。《消费者权益保护法》第六条规定：保护消费者的合法权益是全社会的共同责任。国家鼓励、支持一切组织和个人对损害消费者合法权益的行为进行社会监督。大众传播媒介应当做好维护消费者合法权益的宣传，对损害消费者合法权益的行为进行舆论监督。

拓展阅读

每年的 3 月 15 日是“国际消费者权益日”（International Day for Protecting Consumers' Rights）。这一国际日最先由国际消费者联盟组织于 1983 年确定，以扩大消费者权益保护的宣传，使之在世界范围内得到重视，促进各国和地区消费者组织之间的合作与交往，在国际范围内更好地保护消费者权益。

二、明确消费者的权利和经营者的义务

（一）消费者的权利

《消费者权益保护法》为消费者设立了既相互独立又相互关联的九项权利。

1. 安全权

安全权是消费者最基本的权利，是指消费者在购买、使用商品和接受服务时享有人身、财产安全不受损害的权利。为了使这一权利真正得到实现，消费者有权要求经营者提供的商品和服务符合保障人身、财产安全的要求。

（1）在购买、使用家用电器、家用器械、燃气以及燃气用具、日用百货、文化用品、儿童玩具等生活消费品时，有权要求这些产品质量能够有安全性，或有安全性保障措施，不存在缺陷而使消费者受到保护。

（2）在购买、使用食品、药品、化妆品时，有权要求商品符合国家规定的安全、卫生标准。

（3）在接受服务时，有权要求相关的服务设施、服务用具和用品、服务环境、服务活

动及服务中所提供的产品或商品符合安全、卫生等要求，不致使消费者因此受到人身伤害或财产安全遭到威胁。

2. 知悉真情权

知悉真情权，是指消费者在购买、使用商品或接受服务时，依法享有知悉所购买商品或接受服务真实情况的权利。知悉真情权有以下三个方面的内容。

（1）有关商品或服务的基本情况，包括商品名称、商标、产地、生产者名称、生产日期等。

（2）有关技术状况的表示，包括商品用途、性能、规格、等级、所含成分、有效期限、使用说明书、检验合格证等。

（3）有关销售状况，包括售后服务、价格等。

3. 选择权

消费者有权自主选择提供商品或者服务的经营者，自主选择商品品种或者服务方式，自主决定购买或者不购买任何一种商品、接受或者不接受任何一项服务。消费者在自主选择商品或者服务时，有权进行比较、鉴别和挑选。

4. 公平交易权

公平交易权是指消费者购买商品或接受服务时，有权获得质量保障、价格合理、计量准确等公平交易条件。公平交易的核心是消费者以一定数量的货币可以换取同等价值的商品或服务。公平交易权的内容包括：

（1）质量保障，经营者必须向消费者提供符合产品质量法要求的产品，不得在销售的产品中掺杂、掺假，以假充真，以次充好。

（2）价格合理，要求商品或服务的价格应当与其价值大体相符，必须按照国家的法律法规规定商品的价格服务的收费标准，真正做到货有其价，价有所值。

（3）计量准确，计量器要求符合法律法规的规定，计量时应该做到准确无误，数量充足。

（4）拒绝强制交易，是指经营者违背消费者的意愿，采取各种手段强行推销产品。如威胁、引诱、胡搅蛮缠、先斩后奏等方法，都属于强制性交易，消费者对这些行为有权予以拒绝。

5. 依法求偿权

依法求偿权，是指消费者因购买、使用商品或者接受服务受到人身、财产损害时，依法享有的要求获得赔偿的权利。这是消费者的一项非常重要的权利，也是弥补消费者所受损害的必不可少的救济性权利。消费者人身及财产损害，通常包括以下六个方面：

（1）由于经营者未采取必要的安全措施或未提供必要的安全设施而使消费者购买商品时人身受到伤害或财产受到损失。

（2）由于服务经营者采用的服务方式不当而致使消费者人身或财产损害。

（3）由于不公平的交易条件而使消费者蒙受经济损失。

（4）购买商品、接受服务时遭受经营者的侮辱、殴打或其他不公平对待，而致其人身及财产的损害。

（5）由于商品瑕疵而致使消费者人身、财产遭受损害。

（6）因以上原因而发生的消费者与经营者之间争议过程中支出的必要费用支出，如车旅费、诉讼费等。对于这些损害，消费者都可以通过法定途径要求赔偿。

6. 结社权

结社权，是指消费者为了维护自身合法权益，而依法享有的组织成立社会团体的权利。

拓展阅读

中国消费者协会（其会徽见图 8-14）于 1984 年 12 月经国务院批准成立，是对商品和服务进行社会监督的保护消费者合法权益的全国性社会团体。它的宗旨是：对商品和服务进行社会监督，保护消费者的合法权益，引导广大消费者合理、科学消费，促进社会主义市场经济健康发展。

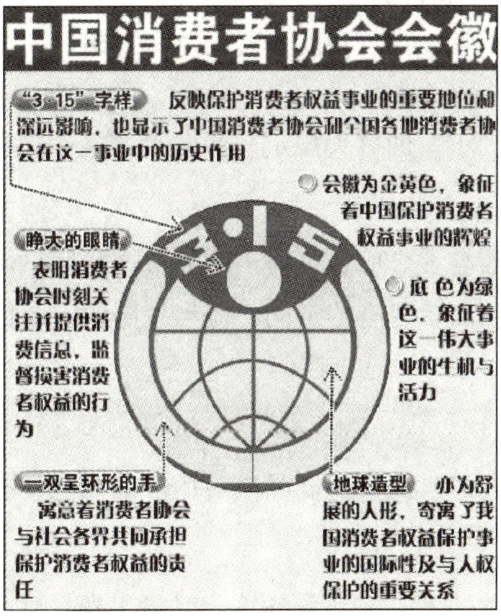

图 8-14 中国消费者协会会徽

1987 年 9 月，中国消费者协会被国际消费者联盟组织接受为正式成员。从这一年开始，每年的 3 月 15 日，中国消费者协会及地方各级协会都要联合各有关部门共同举办大规模的宣传活动，运用各种方式介绍消费知识和有关法律知识，宣传消费者的权利。

2000 年“3 · 15”期间，中国消费者协会推出“3 · 15 标志”。它是中消协推出的一种信誉认证，是对所有行业，商品、服务质量上乘，发生纠纷愿意接受消费者协会调解的骨干企业的认可和证明。任何产品申请使用“3 · 15 标志”，都必须经过严格的考察审核程序，从而确保“3·15标志”的权威性和公正性。

7. 获取知识权

获取知识权，是指消费者享有获得有关消费和消费者权益保护方面的知识的权利。消费者应当努力掌握所需商品或者服务的知识和使用技能，正确使用商品，提高自我保护意识。

8. 维护尊严权

维护尊严权，是指消费者在购买、使用商品和接受服务时，享有其人格尊严、民族风俗习惯得到尊重的权利。

9. 监督权

监督权，是指消费者享有对商品和服务以及消费者权益保护工作进行监督的权利。消费者有权检举、控告侵害消费者权益的行为和国家机关及其工作人员在消费者权益工作中违法失职的行为，有权对保护消费者权益工作提出批评和建议。

（二）经营者的义务

经营者是向消费者生产、销售商品或者提供服务的单位和个人，它是以营利为目的从事生产经营活动并与消费者相对应的另一方当事人。经营者的义务是经营者在生产经营活动中必定为一定行为或者不为一定行为的责任。消费者的权利在一定程度上是通过经营者的义务来实现的。

根据《消费者权益保护法》的有关规定，经营者的义务包括下列内容。

1. 法定义务和约定义务

经营者向消费者提供商品或者服务，应当依照《产品质量法》和其他有关法律、法规的规定履行义务。经营者和消费者有约定的，应当按照约定履行义务，但双方的约定不得违背法律、法规的规定。

2. 接受监督的义务

经营者应当听取消费者对其提供的商品或者服务的意见，接受消费者的监督。

3. 保障安全的义务

经营者应当保证其提供的商品或者服务符合保障人身、财产安全的要求。对可能危及人身、财产安全的商品和服务，应当向消费者做出真实的说明和明确的警示，并说明和标明正确使用商品或者接受服务的方法以及防止危害发生的方法。

经营者发现其提供的商品或者服务存在严重缺陷，即使正确使用商品或者接受服务仍然可能对人身、财产安全造成危害的，应当立即向有关行政部门报告和告知消费者，并采取防止危害发生的措施。

4. 提供真实信息的义务

经营者应当向消费者提供有关商品或者服务的真实信息，不得做引人误解的虚假宣传。经营者对消费者就其提供的商品或者服务的质量和使用方法等问题提出的询问，应当作为真实、明确的答复。

商店提供商品应当明码标价。

5. 标明名称和标记的义务

经营者应当标明其真实名称和标记。

租赁他人柜台或者场地的经营者，应当标明其真实名称和标记。

6. 出具购货凭证或者服务单据的义务

经营者提供商品或者服务，应当按照国家有关规定或者商业惯例向消费者出具购货凭证或者服务单据；消费者索要购货凭证或者服务单据的，经营者必须出具。

7. 保证商品或服务质量的义务

经营者应当保证在正常使用商品或者接受服务的情况下其提供的商品或者服务应当具有的质量、性能、用途和有效期限；但消费者在购买该商品或者接受该服务前已经知道其存在瑕疵的除外。

经营者以广告、产品说明、实物样品或者其他方式表明商品或者服务的质量状况的，应当保证其提供的商品或者服务的实际质量与表明的质量状况相符。

8. 三包义务

经营者提供商品或者服务，按照国家规定或者与消费者的约定，承担包修、包换、包退或者其他责任的，应当按照国家规定或者约定履行，不得故意拖延或者无理拒绝。

9. 公平、合理交易的义务

经营者不得以格式合同、通知、声明、店堂告示等方式做出对消费者不公平、不合理的规定，或者减轻、免除其损害消费者合法权益应当承担的民事责任。

格式合同、通知、声明、店堂告示等含有前款所列内容的，其内容无效。

10. 尊重消费者人格权的义务

经营者不得对消费者进行侮辱、诽谤，不得搜查消费者的身体及其携带的物品，不得侵犯消费者的人身自由。

三、了解国家与社会对消费者合法权益的保护

（一）国家对消费者权益的保护

1. 在立法方面的保护

立法保护，是指国家立法机关通过制定、颁布、修改、废止以消费者权益保护为内容的立法活动保护消费者的合法权益。《消费者权益保护法》第二十六条规定，国家制定有

关消费者权益的法律、法规和政策时，应听取消费者的意见和要求。

2. 在行政管理方面的保护

行政保护，是指国家行政部门通过有关关系到消费者权益方面的行政执法活动对消费者进行的保护。

各级人民政府应当加强领导，组织、协调、督促有关行政部门做好保护消费者合法权益的工作。各级人民政府应当加强监督，预防危害消费者人身、财产安全行为的发生，及时制止危害消费者人身、财产安全的行为。各级人民政府工商行政管理部门和其他有关行政部门应当依照法律、法规的规定，在各自的职责范围内，采取措施，保护消费者的合法权益。有关行政部门应当听取消费者及其社会团体对经营者交易行为、商品和服务质量问题的意见，及时调查处理。

除人民政府外，在保护消费者权益方面负有职责的部门主要有：工商行政管理部门、物价管理部门、技术监督部门、食品卫生监督管理部门、进出口商品检验部门等。

拓展阅读

“12315”是全国工商行政管理机关依托12315电话，受理消费者申诉举报，调解消费者权益纠纷，查处侵害消费者权益案件和制售假冒伪劣商品等经济违法行为，监督管理市场和行政执法的一项重要工作。国家工商行政管理局研究制定了全国工商行政管理机关“12315”工作的统一标识。“12315”标识（见图8-15）以蓝白两色作为主色调，蓝色象征公正，白色象征廉明，蓝白组合象征工商执法人员维护消费者权益公正廉明的形象。以红色镶边，与工商行政管理部门的“红盾”相呼应，橄榄枝围绕盾牌象征着工商执法人员是维护市场经济秩序和社会安全生活的使者。

图8-15 “12315”标识

3. 在惩处违法犯罪行为方面的保护

国家公安机关、检察机关、审判机关承担国家对消费者权益进行司法保护的职责，这也是国家消费者权益保护的最后一道防线。

（二）社会对消费者权益的保护

保护消费者的合法权益是全社会的共同责任，国家鼓励、支持一切组织和个人对损害消费者合法权益的行为进行社会监督。

开展保护消费者合法权益的工作，离不开消费者组织。目前，我国的消费者组织主要是中国消费者协会和地方各级消费者协会。

拓展阅读

常见消费者协会组织结构图（以武汉市消费者协会为例）如图 8-16 所示。

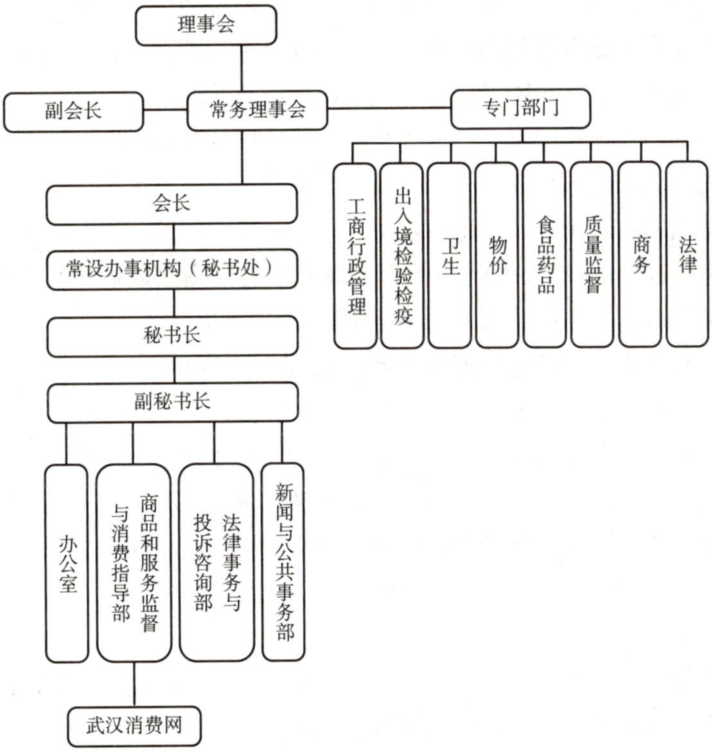

图 8-16　武汉市消费者协会组织架构

四、解决争议和认定法律责任

（一）确定最终承担损害赔偿责任的主体

（1）消费者在购买、使用商品时，其合法权益受到损害的，可以向销售者要求赔偿。

（2）消费者在购买、使用商品或者接受服务时，其合法权益受到损害，因原企业分立、合并的，可以向变更后承受其权利义务的企业要求赔偿。

（3）使用他人营业执照的违法经营者提供商品或者服务，损害消费者合法权益的，消费者可以向其要求赔偿，也可以向营业执照的持有人要求赔偿。

（4）消费者在展销会、租赁柜台购买商品或者接受服务，其合法权益受到损害的，可以向销售者或者服务者要求赔偿。

（5）消费者因经营者利用虚假广告提供商品或者服务，其合法权益受到损害的，可以向经营者要求赔偿。

（二）确定法律责任

经营者提供商品或者服务有下列情形之一的，依法承担民事责任：

（1）商品存在缺陷的。

（2）不具备商品应当具备的使用性能而出售时未做说明的。

（3）不符合在商品或者其包装上注明采用的商品标准的。

（4）不符合商品说明、实物样品等方式表明的质量状况的。

（5）生产国家明令淘汰的商品或者销售失效、变质的商品的。

（6）销售的商品数量不足的。

（7）服务的内容和费用违反约定的。

（8）对消费者提出的修理、重作、更换、退货、补足商品数量、退还货款和服务费用或者赔偿损失的要求，故意拖延或者无理拒绝的。

（9）法律、法规规定的其他损害消费者权益的情形。

经营者有下列情形之一，依法承担行政责任：

（1）生产、销售的商品不符合保障人身、财产安全要求的。

（2）在商品中掺杂、掺假，以假充真，以次充好，或者以不合格商品冒充合格商品的。

（3）生产国家明令淘汰的商品或者销售失效、变质的商品的。

（4）伪造商品的产地，伪造或者冒用他人的厂名、厂址，伪造或者冒用认证标志、名优标志等质量标志的。

（5）销售的商品应当检验、检疫而未检验、检疫或者伪造检验、检疫结果的。

（6）对商品或者服务做引人误解的虚假宣传的。

（7）对消费者提出的修理、重作、更换、退货、补足商品数量、退还货款和服务费用或者赔偿损失的要求，故意拖延或者无理拒绝的。

（8）侵害消费者人格尊严或者侵犯消费者人身自由的。

（9）法律、法规规定的对损害消费者权益应当予以处罚的其他情形。

与消费者权益保护有关的常见罪名有：生产销售伪劣产品罪；生产、销售不符合安全标准的产品罪；生产销售有毒、有害食品罪；生产、销售不符合卫生标准食品罪；生产、销售假药罪；生产、销售劣药罪；生产、销售劣质医疗、卫生器材罪；生产、销售伪劣农药、兽药、化肥、种子罪；生产、销售不符合卫生标准的化妆品罪；假冒注册商标罪；销售假冒注册商标的商品罪；非法制造、销售注册商标标识罪；虚假广告罪；非法搜查罪和侮辱罪。

【工作实例】2011 年 3 月，南京市民王朋购买了一张中通航空公司 13 日 20 时整飞往北京的七折电子机票，办理登机手续时，被告知他所持机票为超售票（为避免乘客退票或改签造成座位虚耗，实际销售的机票，略多于航班座位数），由于座位已经坐满而无法登机。根据航空公司内部规定，只能为乘客安排明天才有的后续航班，同时赔偿 200 元。王朋问："为什么买票的时候没有告诉我是超售票？"航空公司工作人员回答："超售票不是按照售票时间的先后而是按照领取登机牌的时间先后来确定的。"王朋为了赶时间，只好退票，多付 350 元改买其他航空公司机票，当天晚些时候终于成行。返回南京后，王朋要求中通公司赔偿损失，双方协商未果，王朋欲提起诉讼。他能得到赔偿吗？

【温馨提示】

乘客作为消费者，依法享有充分的知情权，虽然民航总局的网站上有关于超售票的介绍，但明显缺乏普及性和明确性，并不可以代替航空公司的明确告知义务。航空公司没有明确告知旅客，损害了消费者的知情权。航空公司关于赔偿的单方面、内部规定是无效的，王朋有权拒绝中通公司安排的第二天的航班，自行选择间隔最近的航班，中通公司应承担其中的差价。同时，王朋候机时间延长，身体劳顿，行程被打乱，应根据具体情况加以赔偿。由于中通公司并未虚假宣传和故意隐瞒，不构成欺诈，故不负双倍返还责任。

本章小结

在本章学习的都是维护市场秩序的基本法律，主要包括《反不正当竞争法》、《反垄断法》、《产品质量法》和《消费者权益保护法》。市场秩序立法旨在规范市场主体的市场经营行为，创造一个良好的市场环境，保障市场经济健康发展。

思考与练习

一、单项选择题

1. 商业贿赂的主要表现形式是（　　）。

A. 回扣　　B. 送礼　　C. 免费旅游　　D. 就业优惠

2. 抽奖式的有奖销售最高奖金金额不得超过（　　）元。

A. 10 000　　B. 5 000　　C. 3 000　　D. 4 000

3. 我国《反不正当竞争法》规定的对不正当竞争进行主管的机关是（　　）。

A. 工商部门　　B. 税务部门　　C. 物价部门　　D. 质量监督部门

4. 依照《产品质量法》的规定，下列属于该法所称产品的是（　　）。

A. 芝麻油　　B. 大坝　　C. 冰毒　　D. 房屋

5. 李某从星星商场买了一瓶春阳肉类加工厂生产的熟食罐头，吃后中毒住院，共花去住院费等共计 2 000 元。经查，该批罐头由星星商场委托快达运输公司运回，该运输公司未采取冷藏措施，致使罐头有一定程度的变质。运回后星星商场交由天天储存公司储存，天天公司也未采取冷藏措施，致使罐头进一步变质。本案中李某应向（　　）请求赔偿。

A. 星星商场或快达运输公司　　B. 星星商场或天天公司

C. 星星商场或春阳肉类加工厂　　D. 天天公司或快达运输公司

二、多项选择题

1. 产品的销售者销售不符合在产品或者其包装上注明采用的产品标准的，应当负责修理、更换、退货。拒不承担此责任的由（　　）责令其改正。

A. 各级人民政府　　B. 消费者协会

C. 产品质量监督部门　　D. 工商行政管理部门

2. 销售者在产品质量方面承担民事责任的具体形式有（　　）。

A. 修理　　B. 更换　　C. 退货　　D. 赔偿

3. 我国《反垄断法》禁止的垄断行为有（　　）。

A. 经营者拥有市场支配地位　　B. 经营者集中

C. 经营者达成垄断协议　　D. 经营者滥用市场支配地位

4. 经营者（　　）时，以低于成本价格销售，不属于不正当竞争行为。

A. 销售鲜活商品　　B. 销售有效期限将到期的商品

C. 销售积压商品　　D. 因清偿债务降价销售商品

5. 下列行为中，属于法律规定的不正当竞争行为的有（　　）。

A. 某市政府发文规定，由于最近本市连续发生多起煤气中毒事件，因此各部门必须统一使用本市煤气公司生产的煤气安全阀

B. 某商场为促销，张贴海报，宣传在年底举办有效销售，最高奖品为价值 4 000 元的彩电 1 台

C. 某市果品公司购进一大批水果，由于不便保存，决定降价销售，致使本市水果价格大幅度下降

D. 甲公司为提高本公司产品的市场占有率，通过座谈会的形式，向顾客宣传乙公司的产品不如甲公司

三、案例分析

1. 江某从甲贸易公司购买了一台电冰箱，回家后安装完毕准备试试怎么样，谁料刚插好电源，因冰箱漏电而将江某击倒在地，江某当即不省人事，经奋力抢救终于脱离危险，但因此住院一个多月。江某要求甲贸易公司和电冰箱厂赔偿其经济损失，但贸易公司说自己只负责电冰箱的销售，质量问题与己无关；电冰箱厂则说电冰箱出厂时有合格证，表明当时没有质量问题，既是贸易公司卖出去的，责任应在贸易公司。江某无奈只能诉至法院。法院受理后查明，电冰箱确实存在质量问题。

请问：江某的损失应由谁来承担？

2. 李小红开了一个精品服装店，从外地进了一批货，但在销售过程中发现由于不太适合本地气候，销路不畅。为了不占用太多资金，决定以低于进货成本的价格来处理。在低价热销的几天里，生意兴隆，而周围几家店的销售都不同程度受到影响。

请问：李小红的行为合法吗？

3. 2008 年 8 月 1 日（《反垄断法》实施），山城车主刘荣以涉嫌垄断为由将山城保险协会告上法庭，要求判决赔偿损失 1 元。起因在于“买车险，在山城周边地区投保要便宜得多”，由于山城保险行业协会制定了《山城市机动车辆保险行业自律公约》，把同一地域经营同一业务的经营者联合在一起，统一执行所谓价格规范，才造成了这种情况。这就是违法的价格联盟。

请针对上述情况做出分析。

4. 2009 年 12 月 5 日，国际矿业巨头澳大利亚的力拓与必和必拓两家公司，就成立一家合资企业的相关事宜签署协议，新成立的合资企业生产的铁矿石产量将占目前澳大利亚 80%的份额，总销量与全球最大的矿石生产商巴西淡水河谷公司相当。双方向欧盟委员会及澳大利亚竞争与消费者委员会提交了关于合资的申报材料，但没有向我国商务部提交申请。当时，中国从澳大利亚进口的铁矿石已占中国进口铁矿石的 41%，占据出口中国的第一大市场份额。欧洲钢铁工业联盟 2009 年 11 月 16 日曾发表声明，向欧洲反垄断机构呼吁阻止该合资计划，而早在 2008 年，欧盟委员会就曾以“担心将导致铁矿石市场被操纵”为由，否决了当时必和必拓全资收购力拓的计划；德国、韩国、日本等国也表示反对这一计划。力拓和必和必拓于 2010 年 10 月 18 日宣布放弃成立合资公司的计划。

请思考：我国反垄断法是否适用于该计划；反垄断法的域外效力及其意义。

5. 2004 年，格兰仕举办夏季空调促销活动，凡购买价格 2 680 元的格兰仕空调即赠送市场价为 2 880 元的手表。格兰仕近期发表的印刷品广告中表明：“买格兰仕空调赠送钻石手表，市场价 2 880 元／款，男女手表可任选一款，数量有限，送完为止。”据了解，格兰仕空调所赠的是深圳精时达表业公司生产的“米纳”牌手表，该公司目前准备大举开发国内市场。一般大型钟表生产企业一年的广告宣传费用都在亿元以上，若要迅速打响知名度投入更大。像深圳这家公司能找到格兰仕这样响的品牌结盟，通过格兰仕的全国大促销，可以省下上亿元的宣传推广费用，而且效果要比花亿元做出的广告要好。同时，通过格兰仕大规模采购及随其产品直入终端，表业公司还省去了大笔的流通和运输费用。虽然表的价值不菲，但该公司给格兰仕报出的交易价相当低。此项活动一经推出引发了很多争议，有人认为这是一项促销奇招，也有人认为这种促销存在不正当竞争行为。

请问：你支持哪一方的观点？并说出你的理由。

第九章

证券法实务

学习目标

知识学习目标：通过本章的学习，掌握证券发行的一般规定、股票的发行、公司债券的发行、证券投资基金的发行、证券交易的一般规则、证券上市、持续信息公开、禁止的交易行为、上市公司的收购等规定。

技能训练目标：熟悉证券的发行程序，能够对证券和证券市场的违法行为进行认定并分析其法律责任，具备证券业务法律咨询和合规性操作能力。

导入案例

鸿海股份有限公司希望通过广泛吸收社会资金，迅速扩大企业规模，提升企业知名度，增强企业竞争力，应当如何募集社会资金？

第一节 融资平台——认识证券与证券法

一、认识证券

（一）证券的概念

证券是指以证明或设定权利为目的所做成的一种书面凭证。它可以用以证明持有人有权依其记载的内容而取得相应的权益。

证券实质上是具有财产属性的民事权利表现在证券上，使权利与证券相结合，权利体现为证券，即权利的证券化。它是权利人行使权利的方式和过程用证券形式表现出来的一种法律现象，是社会信用发达的一种标志和结果。

在证券的发展过程中，最早表彰证券权利的基本方式是纸张，在专用的纸单上借助文字或图形来表示特定化的权利，因此证券也被称为“书据”、“书证”。

但随着经济的飞速前进，尤其是电子技术和信息网络的发展，出现了证券的“无纸化”，证券投资者已几乎不再拥有任何实物券形态的证券，其所持有的证券数量或者证券权利均相应地记载于投资者账户中。“证券有纸化”向“证券无纸化”的发展过程，揭示了现代证券概念与传统证券概念的巨大差异。

（二）我国的主要证券种类

证券主要分为有价证券和凭证证券。有价证券，是指标有票面金额，证明持有人有权按期取得一定收入并可自由转让和买卖的所有权或债权凭证，包括商品证券、货币证券和资本证券；凭证证券，是指认定持证人是某种私权的合法权利者，证明持证人所履行的义务有效的文件（存款单、借据、收据及定期存款存折等）。

《中华人民共和国证券法》（简称《证券法》）规范的证券仅限于资本证券的范畴。

商品证券是证明持券人有商品所有权或使用权的凭证（提货单、运货单、仓库栈单等）；货币证券是指能使持券人或第三人取得货币索取权的有价证券（汇票、本票和支票）；资本证券是指由金融投资或与金融投资有直接联系的活动而产生的证券（股票、债券及其衍生品种，如基金证券、可转换证券、期货合约等）。资本证券是有价证券的主要形式，狭义的有价证券即指资本证券。

拓展阅读

股票包括：① 人民币普通股（A 股），是指由中国境内注册的股份有限公司发行，供境内机构、组织或个人（不含台、港、澳地区投资者）以人民币认购和交易的普通股股票；② 境内上市外资股（B 股），是指在中国境内注册的股份有限公司向境内外投资者发行、募集外币资金并在中国境内证券交易所上市交易的股票；③ 境外上市外资股，是指在中国境内注册的公司在境外上市的股票（香港上市 H 股、纽约上市 N 股、伦敦上市 L 股、新加坡上市 S 股）。

债券，是指政府、金融机构、公司企业等单位依照法定程序发行的、约定在一定期限还本付息的有价证券。它是持有人拥有债权的书面证书。

证券投资基金份额，是指基金投资人持有基金单位的权利凭证。证券投资基金是指通过公开发售基金份额募集资金，由基金托管人托管，由基金管理人管理和运用资金，为基金份额持有人的利益，从事股票、债券等金融工具组合方式进行的一种利益共享、风险共担的集合证券投资方式。它包括：① 封闭式基金，是指经核准的基金份额总额在基金合同期限内固定不变，基金份额可以在依法设立的证券交易场所交易，但基金份额持有人合同期内不得申请赎回的基金；② 开放式基金，是指基金份额总额不固定，基金份额可以在基金合同约定的时间和场所中购或者赎回的基金。

认股权证，是指股份有限公司给予持证人的无限期或在一定期限内，以确定价格购买一定数量普通股份的权利凭证。其本身不是权利证明书，持有人不具备股东资格。

期货，是一种跨越时间的交易方式。买卖双方透过签订标准化合约（期货合约），同意按指定的时间、价格与其他交易条件，交收指定数量的现货。它包括：① 商品期货，是指标的物为实物商品的期货合约，主要包括农副产品、金属产品、能源产品等；② 金融期货，是指交易双方在金融市场上，以约定的时间和价格，买卖某种金融工具的具有约束力的标准化合约，主要有外汇期货、利率期货和股票指数期货。

二、我国证券法的基本原则

证券法是指调整证券发行与交易活动中以及证券监管过程中所发生的社会关系的法律规范的总称。任何机构和个人从事证券活动都要依法进行，必须符合证券法的基本原则。

（一）公开、公平、公正原则

证券的发行、交易活动，必须实行公开、公平、公正的原则。公开原则，是指有关证券发行、交易的信息不但要公开而且必须真实、准确、完整，不得有虚假记载、误导性陈述或者重大遗漏；公平原则，是指证券市场的所有参与者法律地位平等，在市场中机会平等；公正原则，是指证券的发行、交易活动执行统一的规则，适用统一的规范。证券市场参与者的合法权益受法律保护，违法行为同样受法律制裁。

（二）自愿、有偿、诚实信用原则

自愿原则，是指当事人有权按照自己的意愿参与证券活动，任何机构、组织或个人都不得非法干预，任何一方都不得把自己的意志强加给对方；有偿原则，是指在证券活动中，一方当事人不得无偿占有他方当事人的财产和劳动；诚实信用原则，是指参与民事活动要诚实、信守承诺。

（三）守法原则

当事人从事证券的发行、交易活动，必须遵守法律、行政法规；禁止欺诈、内幕交易和操纵证券市场等违法行为。

（四）分业经营、分业管理原则

证券业、银行业、信托业、保险业各有其特定的业务范围和经营方式，分业经营、分业管理有利于提高经营水平，加强监督管理，防范和化解金融风险。

（五）政府统一监管与行业自律原则

《证券法》规定，由证券监督委员会（简称证监会）依法对全国证券市场实行集中统一监督管理，根据需要可以设立派出机构，按照授权履行监督管理职责。在国家对证券发行、交易活动实行集中统一监督管理的前提下，依法设立证券业协会，实行自律性管理。

（六）国家审计监督原则

国家审计监督是由国家审计机关对证券交易所（简称证券交易所）、证券公司、证券登记结算机构、证监会依法进行审计监督，促使证券机构依法经营和从事证券活动，强化国家对证券市场的监督和保护投资者的利益。

三、证券监管

证监会是我国的证券监督管理机构，它是国务院直属事业单位，是全国证券、期货市场的主管部门。

（一）监管职责

（1）依法制定有关证券市场监督管理的规章、规则，并依法行使审批或者核准权。

（2）依法对证券的发行、上市、交易、登记、存管、结算进行监督管理。

（3）依法对证券发行人、上市公司、证券交易所、证券公司、证券登记结算机构、证券投资基金管理公司、证券服务机构的证券业务活动，进行监督管理。

（4）依法制定从事证券业务人员的资格标准和行为准则，并监督实施。

（5）依法监督检查证券发行、上市和交易的信息公开情况。

（6）依法对证券业协会的活动进行指导和监督。

（7）依法对违反证券市场监督管理法律、行政法规的行为进行查处。

（8）法律、行政法规规定的其他职责。

（二）监管措施

（1）对证券发行人、上市公司、证券公司、证券投资基金管理公司、证券服务机构、证券交易所、证券登记结算机构进行现场检查。

（2）进入涉嫌违法行为发生场所调查取证。

（3）询问当事人和与被调查事件有关的单位和个人，要求其对与被调查事件有关的事项做出说明。

（4）查阅、复制与被调查事件有关的财产权登记、通信记录等资料。

（5）查阅、复制当事人和与被调查事件有关的单位和个人的证券交易记录、登记过户记录、财务会计资料及其他相关文件和资料；对可能被转移、隐匿或者毁损的文件和资料，可以予以封存。

（6）查询当事人和与被调查事件有关的单位和个人的资金账户、证券账户和银行账户；对有证据表明已经或者可能转移或者隐匿违法资金、证券等涉案财产或者隐匿、伪造、毁损重要证据的，经证监会主要负责人批准，可以冻结或者查封。

（7）在调查操纵证券市场、内幕交易等重大证券违法行为时，经证监会主要负责人批准，可以限制被调查事件当事人的证券买卖，但限制期限不得超过 15 个交易日；案情复杂的，可以延长 15 个交易日。

【工作实例】鸿海股份有限公司在经营中因缺乏流动资金，其股东天翼有限公司主张发行股票，股东兰风有限公司主张发行债券，其他股东有的同意天翼有限公司的主张，有的同意兰风有限公司的主张。最后，通过股东会决议决定发行股票。

【温馨提示】

股票属于证券中的一种，只有首先了解证券的种类，以及股票、债券的性质及其法律后果有何不同，才能结合具体情况采用对企业最为有利的证券形式进行融资。

【延伸思考】

投资人持有公司股票与公司债券，与公司的身份关系是什么？

第二节 吸金池——证券的发行

证券发行是指政府、金融机构、企业等以募集资金为目的，经过法定程序，向投资者出售代表一定权利的有价证券的活动。

国家对证券发行大体可分为两种基本的发行管理制度，即证券发行登记制和证券发行核准制。

证券发行登记制，又称注册制、注册登记制，是指证券机关对证券发行不做实质条件的限制。凡是拟发行证券的发行人，必须将依法应当公开的、与所发行证券有关的一切信息和资料，合理制成法律文件并公之于众，其应对公布资料的真实性、全面性、准确性负责，公布的内容不得含有虚假陈述、重大遗漏或信息误导。证券主管机关不对证券发行行为及证券本身做出价值判断，其对公开资料的审查只涉及形式，不涉及任何发行实质条件。发行人只要依规定将有关资料完全公开，主管机关就不得以发行人的财务状况未达到一定标准而拒绝其发行。在一段时间内，在未对申报书提出任何异议的情况下，注册生效等待期满后，证券发行注册生效，发行人即可发行证券。

证券发行核准制下，由于政府主管机关在“实质条件”的审查过程中有权否决不符合规定条件的证券发行申请，从而可以在信息公开的条件下，把一些不符合要求的低质量发行人拒于证券市场之外，以保护投资者利益。

登记制是依靠相对健全的法律法规对发行人的发行行为进行约束。从核准制向登记制过渡，是证券市场发展日益成熟的标志。

我国目前采用的是核准制。

一、证券发行程序

公开发行证券，必须符合法律、行政法规规定的条件，并依法报经证监会核准；未经依法核准，任何单位和个人不得公开发行证券。

（一）做出决议

发行人发行股票、债券和基金，由公司董事会制订发行方案，由股东会或股东大会做出决议。

（二）发行人提出申请

发行人发行股票，必须依法向证监会提交募股申请及其他募股文件，主要包括招股说明书、审计报告、法律意见书和律师意见报告等；发行公司债券申请时报送募集说明书等文件；基金公司申请设立基金的申请文件，其内容应包括：申请书、拟申请设立基金名称、设立基金的必要性和可行性、基金类型、基金规模、存续时间，发行价格、发行对象、基金的交易或申购和赎回安排、拟委托的托管人，招募说明书、基金合同和托管协议等。

（三）保荐

发行人首次公开发行股票并上市，上市公司发行新股、可转换公司债券的，或者公开发行法律、行政法规规定实行保荐制度的其他证券的，应当聘请具有保荐资格的机构担任保荐人向证监会保荐。保荐机构依法对发行人的申请文件、证券发行募集文件进行核查，向证监会、证券交易所出具保荐意见。保荐机构应当保证所出具的文件真实、准确、完整。

证券公司经证监会核准可以从事证券发行上市保荐业务。同次发行的证券，其发行保荐和上市保荐应当由同一保荐机构承担。证券发行规模达到一定数量的，可以采用联合保荐，但参与联合保荐的保荐机构不得超过 2 家。

（四）核准发行

证监会设发行审核委员会，依照法定条件负责核准证券发行申请。发行人依照法定的格式、报送方式报送申请文件，证监会或者国务院授权的部门应当自受理股票、债券发行申请文件之日起 3 个月内，受理基金募集自申请之日起 6 个月内，依照法定条件和法定程序做出予以核准或者不予核准的决定，不予核准的，应当说明理由。

证监会核准后发现不符合法定条件或法定程序的，尚未发行的股票应当予以撤销，停止发行。已经发行尚未上市的，撤销核准决定，发行人应当按照发行价并加算银行同期存款利息返还证券持有人；保荐人应当与发行人承担连带责任，但是能够证明自己没有过错的除外，发行人的控股股东、实际控制人有过错的，应当与发行人承担连带责任。

（五）公告

股票发行申请经核准后，发行人应当在发行股票前 2～5 个工作日内，公告公开发行募集文件，并将该文件置备于证监会指定场所供公众查阅。发行股票的信息依法公开前，任何知情人不得公开或者泄露该信息。发行人不得在公告公开发行募集文件前发行股票；发行公司债券申请经批准后，应当公告募集办法，在发行公司债券前 2～5 个工作日内，将债券募集说明书摘要刊登在至少一种指定的报刊，同时刊登在指定的互联网网站；基金管理人应当在基金份额发售的 3 日前公布招募说明书、基金合同以及其他相关文件。

（六）委托证券经营机构发售

证券经营机构依照协议，以包销或者代销的方式向社会公开发行证券。发行人向不特定对象公开发行的证券，法律、行政法规规定应当由证券公司承销的，发行人应当同证券公司签订承销协议。向不特定对象公开发行的证券票面总值超过人民币 5 000 万元的，应当由主承销和参与承销的证券公司组成的承销团承销。证券的代销、包销期限最长不得超过 90 日。

股票发行采用代销方式，代销期限届满，向投资者出售的股票数量未达到拟公开发行股票数量 70%的，为发行失败。

基金份额的发售，由基金管理人负责办理，通过基金管理公司的直销网点、符合条件的银行或证券公司的营业网点发售基金单位。基金管理人应当自收到核准文件之日起 6 个月内进行基金募集。超过 6 个月开始募集，原核准的事项未发生实质性变化的，应当报证监会备案；发生实质性变化的，应当向证监会重新提交申请。开放式基金的设立募集期限不得超过 3 个月。设立募集期限自招募说明书公告之日起计算。

基金募集期限届满，封闭式基金募集的基金份额总额达到核准规模的 80%以上，开放式基金净销售额超过 2 亿元并且最低认购户数达到 100 人的，基金管理人应当自募集期限届满之日起 10 日内聘请法定验资机构验资，自收到验资报告之日起 10 日内，向证监会提交验资报告，办理基金备案手续，并予以公告。基金募集期限届满，不能满足上述条件的，基金管理人应当承担下列责任：以其固有财产承担因募集行为而产生的债务和费用；在基金募集期限届满后 30 日内返还投资人已缴纳的款项，并加计银行同期存款利息。

拓展阅读

股票主要有以下几种：

普通股，具有管理权，有权就公司重大问题进行发言和投票表决，股利不固定。

优先股，是指股份公司发行的在分配红利和剩余财产时比普通股具有优先权的股份。企业对优先股不承担法定还本义务。一般对股份公司的重大经营无投票权。

后分配股，在利益或利息分红及剩余财产分配时比普通股处于劣势的股票，一般是在普通股分配之后，对剩余利益进行再分配。

记名股票，向发行人、国家授权投资的机构、法人发行的股票应当为记名股票。

不记名股票，对社会公众发行的股票，可以为记名股票也可为不记名股票。

面值股票，具有额面面值的股票（见图 9-1）。

无面值股票，即额面不显示面值的股票。目前，我国《公司法》不承认无面值股票，并且面值股票的发行价格不得低于票面金额。

按发行对象和上市地区还可分为 A 股、B 股、H 股、N 股、S 股。

图 9-1　股票票面示例

二、发行股票的条件

（一）首次公开发行股票并上市的条件

首次公开发行股票并上市是指设立股份有限公司并且公开发行股票，其必须符合《证券法》、《公司法》规定的发行条件和证监会《首次公开发行股票并上市管理办法》规定的发行条件。

（1）首次公开发行股票并上市首先应当符合《公司法》规定的条件：① 发起人符合法定人数；② 发起人认购和募集的股本达到法定资本最低限额；③ 股份发行、筹办事项符合法律规定；④ 发起人制定公司章程，采用募集方式设立的经创立大会通过；⑤ 有公司名称，建立符合股份有限公司要求的组织机构；⑥ 有公司住所。

（2）首次公开发行股票并上市还应当符合《首次公开发行股票并上市管理办法》规定的条件：① 发行人应当是依法设立且合法存续的股份有限公司。发行人持续经营时间应当在 3 年以上，但经国务院批准的除外。发行人的股权清晰，注册资本已足额缴纳，主要资产不存在重大权属纠纷。发行人的生产经营合法，符合国家产业政策。发行人最近 3 年内主营业务和董事、高级管理人员没有发生重大变化，实际控制人没有发生变更。② 发行人应当具有完整的业务体系和直接面向市场独立经营的能力。发行人的资产完整、人员独立、财务独立、机构独立、业务独立，在独立性方面不得有其他严重缺陷。③ 发行人已经依法建立健全股东大会、董事会、监事会、独立董事、董事会秘书制度，相关机构和人员能够依法履行职责。④ 发行人资产质量良好，资产负债结构合理，盈利能力较强，现金流量正常。⑤ 募集资金应当有明确的使用方向，原则上应当用于主营业务。

拓展阅读

IPO，是指首次公开募股（Initial Public Offerings），通过证券交易所首次公开向投资者发行股票，以期募集用于企业发展资金的过程。公司发行证券必须首先符合法律规定的发行条件，经过证监会核准，按照法律规定的形式、程序来发行，不得擅自发行、欺诈发行。

（二）上市公司公开发行新股（增发）的条件

上市公司公开发行新股，应当符合《证券法》、《公司法》规定的发行条件和证监会《上市公司证券发行管理办法》等规定的发行条件。

（1）《证券法》规定上市公司公开发行新股应当具备的条件：① 具备健全且运行良好的组织机构；② 具有持续盈利能力，财务状况良好；③ 最近 3 年财务会计文件无虚假记载，无其他重大违法行为；④ 经证监会规定的其他条件。

公司对公开发行股票所募集资金，必须按照招股说明书所列资金用途使用。改变招股说明书所列资金用途，必须经股东大会做出决议。擅自改变用途而未做纠正的，或者未经股东大会认可的，不得公开发行新股，上市公司也不得非公开发行新股。

（2）《上市公司证券发行管理办法》规定的条件。一般规定：① 上市公司的组织机构健全、运行良好；② 上市公司的盈利能力具有可持续性；③ 上市公司的财务状况良好；④ 上市公司最近 36 个月内财务会计文件无虚假记载，且不存在重大违法行为；⑤ 上市公司募集资金的数额和使用符合《上市公司证券发行管理办法》的规定；⑥ 上市公司存在规定的不得公开发行证券的情形之一的，不得公开发行证券。

拓展阅读

配股，是指向原股东配售股份。除符合上述一般规定的条件外，配股还要符合下列条件：① 拟配售股份数量不超过本次配售股份前股本总额的 30%；② 控股股东应当在股东大会召开前公开承诺认配股份的数量；③ 采用证券法规定的代销方式发行。控股股东不履行认配股份的承诺，或者代销期限届满，原股东认购股票的数量未达到拟配售数量 70% 的（发行失败），发行人应当按照发行价并加算银行同期存款利息返还已经认购的股东。

增发，是指向不特定对象公开募集股份。除符合上述一般规定的条件外，增发还要符合下列条件：① 最近 3 个会计年度加权平均净资产收益率平均不低于 6%。扣除非经常性损益后的净利润与扣除前的净利润相比，以低者作为加权平均净资产收益率的计算依据。② 除金融类企业外，最近一期末不存在持有金额较大的交易性金融资产和可供出售的金融资产、借予他人款项、委托理财等财务性投资的情形。③ 发行价格应不低于公告招股意向书前 20 个交易日公司股票均价或前 1 个交易日的均价。

（三）上市公司非公开发行股票的规定

上市公司非公开发行新股，应当符合证监会规定的条件并报其核准。《上市公司证券发行管理办法》规定，非公开发行股票的特定对象必须符合股东大会决议规定的条件，而且发行对象不超过 10 名。发行对象为境外战略投资者的，应当经国务院相关部门事先批准。

（1）上市公司非公开发行股票，应当符合下列规定：① 发行价格不低于定价基准日前 20 个交易日公司股票均价的 90%。② 本次发行的股份自发行结束之日起，12 个月内不得转让；控股股东、实际控制人及其控制的企业认购的股份，36 个月内不得转让。③ 募集资金使用符合下列规定：募集资金数额不超过项目需要量；募集资金用途符合国家产业政策和有关环境保护、土地管理等法律和行政法规的规定；除金融类企业外，本次募集资金使用项目不得为持有交易性金融资产和可供出售的金融资产、借予他人、委托理财等财务性投资，不得直接或间接投资于以买卖有价证券为主要业务的公司；投资项目实施后，不会与控股股东或实际控制人产生同业竞争或影响公司生产经营的独立性；建立募集资金专项存储制度，募集资金必须存放于公司董事会决定的专项账户。④ 本次发行将导致上市公司控制权发生变化的，还应当符合证监会的其他规定。

（2）上市公司存在下列情形之一的，不得非公开发行股票。① 本次发行申请文件有虚假记载、误导性陈述或重大遗漏。② 上市公司的权益被控股股东或实际控制人严重损害且尚未消除。③ 上市公司及其附属公司违规对外提供担保且尚未解除。④ 现任董事、高级管理人员最近 36 个月内受到过证监会的行政处罚，或者最近 12 个月内受到过证券交易所公开谴责。⑤ 上市公司或其现任董事、高级管理人员因涉嫌犯罪正被司法机关立案侦查或涉嫌违法违规正被证监会立案侦查。⑥ 最近一年及一期财务报表被注册会计师出具保留意见、否定意见或无法表示意见的审计报告。保留意见、否定意见或无法表示意见所涉及事项的重大影响已经消除或者本次发行涉及重大重组的除外。⑦ 严重损害投资者合法权益和社会公共利益的其他情形。

【工作实例】2016 年，甲股份有限公司拟公开发行股票，甲公司股票发行申请已通过核准，在公告公开发行募集文件前，将拟发行股票总额的 15%自行卖给当地投资者，其余部分委托乙证券公司代销，并确定代销期限为 4 个月。请问：甲公司的哪些行为不符合规定？

【温馨提示】

不符合规定之处有：① 甲公司不应在公告公开发行募集文件前发行股票；② 甲公司不应私自将拟发行股票总额的 15%卖给当地投资者，而应通过证券公司承销；③ 代销证券的期限最长不应超过 90 天。

【延伸思考】

甲公司是可以自行销售发行股票的机构吗?

三、发行公司债券的条件

(一)公开发行公司债券的基本条件

(1)股份有限公司的净资产不低于人民币 3 000 万元，有限责任公司的净资产不低于人民币 6 000 万元。

(2)累计债券余额不超过公司净资产的 40%。

(3)最近 3 年平均可分配利润足以支付公司债券 1 年的利息。

(4)筹集的资金投向符合国家产业政策。

(5)债券的利率不超过国务院限定的利率水平。

(6)国务院规定的其他条件。

公开发行公司债券筹集的资金，必须用于核准的用途，不得用于弥补亏损和非生产性支出。上市公司发行可转换为股票的公司债券，除应当符合上述规定的条件外，还应当符合《证券法》、证监会规定的关于公开发行股票的其他条件，并报证监会核准。

(二)《公司债券发行试点办法》规定的条件

(1)公司的生产经营符合法律、行政法规和公司章程的规定，符合国家产业政策。

(2)公司内部控制制度健全，内部控制制度的完整性、合理性、有效性不存在重大缺陷。

(3)经资信评级机构评级，债券信用级别良好。

(4)公司最近一期末经审计的净资产额应符合法律、行政法规和证监会的有关规定。

(5)最近 3 个会计年度实现的年均可分配利润不少于公司债券 1 年的利息。

(6)本次发行后累计公司债券余额不超过最近一期末净资产额的 40%；金融类公司的累计公司债券余额按金融企业的有关规定计算。

(三)不得发行公司债券的情形

(1)最近 36 个月内公司财务会计文件存在虚假记载，或公司存在其他重大违法行为。

(2)本次发行申请文件存在虚假记载、误导性陈述或者重大遗漏。

(3)前一次公开发行的公司债券尚未募足。

(4)对已发行的公司债券或者其他债务有违约或者迟延支付本息的事实，仍处于继续状态。

(5)违反规定，改变公开发行公司债券所募资金的用途。

(6)存在严重损害投资者合法权益和社会公共利益的其他情形。

【工作实例】某股份有限公司董事会根据公司的实际情况，决定以发行债券的方式向社会筹集资金用于扩大生产经营活动和偿还债务，为此特制订了发行债券的方案，该方案有关要点如下：① 根据会计师事务所的审计结果，本公司的净产金额达到 4 500 万元，在此条件下，此次发行债券金额计划为 1 800 万元（不包括前次发行的 500 万元债券）；② 此次发行债券筹集的资金部分用于扩大生产经营规模，部分用于偿还前次发行债券应该偿还而尚未偿还的本息；③ 为了保证本次债券的发行成功，本公司发行的债券利率将高于国务院限定的利率水平 1 个百分点。

问题：分别根据证券法对上述要点进行分析。

【温馨提示】

① 根据公司净资产，累计债券余额不能超过 1 800 万元，所以新发计划最高只能是 1 300 万元；②“公开发行公司债券筹集的资金，必须用于核准的用途，不得用于弥补亏损和非生产性支出”，所以偿还以前债务是不允许的；③ 债券的利率不得超过国务院限定的利率水平。

【延伸思考】

股份公司选择发行公司债券或发行股票有何不同？对公司有哪些影响？对证券持有人呢？

四、基金发行活动中有关主体资格的要求

基金管理公司依照《证券投资基金法》发售基金份额募集资金，应当向证监会提交有关文件并经其核准才能发行。

证券投资基金由基金公司发行基金份额并且管理和运作。基金管理人由依法设立、经证券监督委员会核准的基金管理公司担任。基金托管人由依法设立并取得基金托管资格的商业银行担任。

（一）设立基金管理公司的条件

① 有符合《证券投资基金法》和《公司法》规定的章程；② 注册资本不低于 1 亿元人民币，且必须为实缴货币资本；③ 主要股东具有从事证券经营、证券投资咨询、信托资产管理或者其他金融资产管理的较好的经营业绩和良好的社会信誉，最近 3 年没有违法记录，注册资本不低于 3 亿元人民币；④ 取得基金从业资格的人员达到法定人数；⑤ 有符合要求的营业场所、安全防范措施和与基金管理业务有关的其他设施；⑥ 有完善的内部稽核监控制度和风险控制制度；⑦ 法律、行政法规规定的和证监会规定的其他条件。

（二）基金托管人的资格条件

申请取得基金托管资格，应当具备下列条件，并经证监会和国务院银行业监督委员会核准：① 净资产和资本充足率符合有关规定；② 设有专门的基金托管部门；③ 取得基金从业资格的专职人员达到法定人数；④ 有安全保管基金财产的条件；⑤ 有安全高效的清算、交割系统；⑥ 有符合要求的营业场所、安全防范设施和与基金托管业务有关的其他设施；⑦ 有完善的内部稽核监控制度和风险控制制度；⑧ 法律、行政法规规定的和证监会、国务院银行业监督委员会规定的其他条件。

证券投资基金管理人、证券投资基金托管人的董事、监事、高级管理人员及其内设业务部门、分支机构负责人，其他证券投资基金从业人员违反法律、行政法规或者证监会有关规定，情节严重的，证监会可以对有关责任人员采取 3～5 年的证券市场禁入措施；行为恶劣、严重扰乱证券市场秩序、严重损害投资者利益或者在重大违法活动中起主要作用等情节较为严重的，可以对有关责任人员采取 5～10 年的证券市场禁入措施，情节特别严重的采取终身禁入措施。

第三节 “游戏”规则——证券的交易

一、证券交易概述

证券交易主要指证券买卖，即证券持有人依照证券交易规则，将已依法发行的证券转让给其他证券投资者的行为。

证券交易的方式可以分为集中竞价交易和非集中竞价交易两种，分别适用于证券交易所和场外交易市场。集中竞价交易，是指所有有关购售某一证券的买主和卖主集中在证券交易所公开申报和竞价交易，实行价格优先、时间优先的原则。它包括两种方式：集合竞价，是指对一段时间内接受的买卖申报一次性集中撮合的集中竞价形式；连续竞价，是指对买卖申报逐笔连续撮合的竞价方式。

二、证券上市

证券上市是某种已发行证券获准成为证券交易所的交易对象的过程。

（一）股票上市条件

（1）股票经证监会核准已公开发行。

（2）公司股本总额不少于人民币 3 000 万元。

（3）公开发行的股份达到公司股份总数的 25%以上；公司股本总额超过人民币 4 亿元

的，公开发行股份的比例为10%以上。

（4）公司最近3年无重大违法行为，财务会计报告无虚假记载。

证券交易所可以规定高于上述规定的上市条件，并报证监会批准。

拓展阅读

股票申请上市应当向证券交易所报送下列文件：① 上市报告书；② 申请股票上市的股东大会决议；③ 公司章程；④ 公司营业执照；⑤ 依法经会计师事务所审计的公司最近3年的财务会计报告；⑥ 法律意见书和上市保荐书；⑦ 最近一次的招股说明书；⑧ 证券交易所上市规则规定的其他文件。

（二）债券上市条件

（1）公司债券的期限为1年以上。

（2）公司债券实际发行额不少于人民币5 000万元。

（3）公司申请债券上市时应符合法定的公司债券发行条件。

拓展阅读

债券申请上市应当向证券交易所报送下列文件：① 上市报告书；② 申请公司债券上市的董事长决议；③ 公司章程；④ 公司营业执照；⑤ 公司债券募集办法；⑥ 公司债券的实际发行数额；⑦ 证券交易所上市规则规定的其他文件。申请可转换为股票的公司债券上市交易，还应当报送保荐人出具的上市保荐书。

（三）证券投资基金上市条件

（1）基金的募集符合证券投资基金法的规定。

（2）基金合同期限为5年以上。

（3）基金募集金额不低于2亿元人民币。

（4）基金份额持有人不少于1 000人。

（5）基金募集期限届满，基金募集的基金份额总额达到核准规模的80%以上。

（6）基金份额上市交易规则规定的其他条件。

（四）证券上市流程

证券上市的流程如图9-2所示。

图9-2　证券上市流程

（五）暂停、终止证券上市

1. 暂停与终止股票上市

上市公司有下列情形之一的，由证券交易所决定暂停其股票上市交易：

（1）公司股本总额、股权分布等发生变化，不再具备上市条件。

（2）公司不按照规定公开其财务状况，或者对财务会计报告做虚假记载，可能误导投资者。

（3）公司有重大违法行为。

（4）公司最近 3 年连续亏损。

（5）证券交易所上市规则规定的其他情形。

上市公司有下列情形之一的，由证券交易所决定终止其股票上市交易：

（1）公司股本总额、股权分布等发生变化不再具备上市条件，在证券交易所规定的期限内仍不能达到上市条件。

（2）公司不按照规定公开其财务状况，或者对财务会计报告做虚假记载，且拒绝纠正。

（3）公司最近 3 年连续亏损，在其后 1 个年度内未能恢复盈利。

（4）公司解散或者被宣告破产。

（5）证券交易所上市规则规定的其他情形。

2. 暂停与终止公司债券上市

公司债券上市交易后，公司有下列情形之一的，由证券交易所决定暂停其公司债券上市交易：

（1）公司有重大违法行为。

（2）公司情况发生重大变化不符合公司债券上市条件。

（3）公司债券所募集资金不按照核准的用途使用。

（4）未按照公司债券募集办法履行义务。

（5）公司最近 2 年连续亏损。

公司有第（1）项、第（4）项所列情形之一经查实后果严重的，或者有第（2）项、第（3）项、第（5）项所列情形之一，在限期内未能消除的，由证券交易所决定终止其公司债券上市交易。公司解散或者被宣告破产的，由证券交易所终止其上市交易。

3. 暂停与终止证券投资基金上市

基金份额上市交易后，有下列情形之一的，由证券交易所暂停其上市交易：

（1）发生重大变更而不符合上市条件。

（2）违反国家法律、法规，证监会决定暂停上市。

（3）严重违反投资基金上市规则。

（4）证监会和证券交易所认为须暂停上市的其他情形。

基金份额上市交易后，有下列情形之一的由证券交易所终止其上市交易，并报证监会备案：

（1）不再具备《证券投资基金法》规定的上市交易条件。

（2）基金合同期限届满。

（3）基金份额持有人大会决定提前终止其上市交易。

（4）基金合同约定的或者基金份额上市交易规则规定的终止上市交易的其他情形。

拓展阅读

创业板，又称二板市场，即第二股票交易市场，是指主板之外的专为暂时无法上市的中小企业和新兴公司提供融资途径和成长空间的证券交易市场。在创业板市场上市的公司大多从事高科技业务，具有较高的成长性，成立时间较短，规模较小，业绩也不突出；同时也具有上市门槛相对较低，信息披露监管严格等特点，它的市场风险要高于主板。创业板于2009年10月23日正式开市。

三、信息披露

信息披露，又称信息公开制度，是证券发行人、上市公司及其他主体，依照法律规定的方式，将证券发行、交易及与之有关的重大信息予以公开的法律制度，包括证券发行的信息披露和持续信息公开。披露文件主要有招股说明书、募集说明书、公司债券募集办法、财务会计报告、上市公告书、上市公司定期报告（季报、中期报告和年度报告）和上市公司临时报告（重大事件公告）。

上市公司及其他信息披露义务人依法披露信息，应当将公告文稿和相关备查文件报送证券交易所登记，并在证监会指定的媒体发布，同时将其置备于公司住所、证券交易所，供社会公众查阅。在公司网站及其他媒体发布信息的时间不得先于指定媒体，不得以新闻发布或者答记者问等任何形式代替应当履行的报告、公告义务，不得以定期报告形式代替应当履行的临时报告义务。

（一）发行证券的信息披露要求

（1）发行人向证监会或者国务院授权的部门报送的证券发行申请文件，必须真实、准确、完整。不得有虚假记载、误导性陈述或者重大遗漏。上市公司在非公开发行新股后，应当依法披露发行情况报告书。

（2）发行人应当按照证监会的有关规定编制和披露招股说明书。发行人及其全体董事、监事和高级管理人员应当在招股说明书上签字、盖章，保证招股说明书的内容真实、准确、完整。

（3）保荐人及其保荐代表人应当对招股说明书的真实性、准确性、完整性进行核查，并在核查意见上签字、盖章。保荐人及其保荐代表人应当认真履行审慎核查和辅导义务，并对其所出具的发行保荐书的真实性、准确性、完整性负责。

（4）证券公司承销证券，应当对公开发行募集文件的真实性、准确性、完整性进行核查；发现有虚假记载、误导性陈述或者重大遗漏的，不得进行销售活动；已经销售的，必须立即停止销售活动，并采取纠正措施。

（5）为证券发行出具有关文件的证券服务机构和人员，即会计师事务所、资产评估机构、律师事务所、财务顾问机构、资信评级机构等，应当按照本行业公认的业务标准和道德规范，严格履行法定职责，并对其所出具的保荐书、审计报告、资产评估报告、法律意见书、财务顾问报告、资信评级报告等文件的真实性、准确性和完整性负责。

（二）持续信息公开

持续信息公开，是指证券上市交易过程中发行人、上市公司对证券上市交易及与证券交易有关的信息要进行持续的披露。该类信息披露文件主要有上市公司定期报告（季度报告、中期报告、年度报告）和上市公司临时报告（重大事件公告）。

1. 季度报告

上市公司应在会计年度前 3 个月、9 个月结束后的 1 个月内（每年 4 月、10 月）编制季度报告，并将季度报告正文刊登于至少 1 种证监会指定的报纸、网站上。第一季度报告的披露时间不得早于上一年度报告。季报一般不需经过审计，但证监会和上交所、深交所另有规定的除外。上市公司无法在规定期限内完成季报披露工作的，应当及时向证券交易所提交书面说明，同时公告未能如期披露的原因及延迟披露的最后期限。证券交易所可以对未按规定披露季报的上市公司的股票及其衍生品种实施停牌，直至其披露季报，同时对上市公司及其相关人员予以公开谴责。

2. 中期报告

上市公司和公司债券上市交易的公司，应当在每一会计年度的上半年结束之日起 2 个月内（每年 7～8 月），向证监会和证券交易所报送记载以下内容的中期报告，并予公告：① 公司财务会计报告和经营情况；② 涉及公司的重大诉讼事项；③ 已发行的股票、公司债券变动情况；④ 提交股东大会审议的重要事项；⑤ 证监会规定的其他事项。

3. 年度报告

上市公司和公司债券上市交易的公司，应当在每一会计年度结束之日起 4 个月内（每年 1～4 月），向证监会和证券交易所报送记载以下内容的年度报告，并予公告：① 公司概况；② 公司财务会计报告和经营情况；③ 董事、监事、高级管理人员简介及其持股情况；④ 已发行的股票、公司债券情况，包括持有公司股份最多的前 10 名股东名单和持股数额；⑤ 公司的实际控制人；⑥ 证监会规定的其他事项。

4. 重大事件公告

发生可能对上市公司股票交易价格产生较大影响的重大事件，投资者尚未得知时，上市公司应当立即将有关该重大事件的情况向证监会和证券交易所报送临时报告并予公告。

拓展阅读

重大事件主要包括：① 公司的经营方针和经营范围的重大变化；② 公司的重大投资行为和重大的购置财产的决定；③ 公司订立重要合同，可能对公司的资产、负债、权益和经营成果产生重要影响；④ 公司发生重大债务和未能清偿到期重大债务的违约情况；⑤ 公司发生重大亏损或者重大损失；⑥ 公司生产经营的外部条件发生的重大变化；⑦ 公司的董事、1/3 以上监事或者经理发生变动；⑧ 持有公司 5%以上股份的股东或者实际控制人，其持有股份或者控制公司的情况发生较大变化；⑨ 公司减资、合并、分立、解散及申请破产的决定；⑩ 涉及公司的重大诉讼，股东大会、董事会决议被依法撤销或者宣告无效；⑪ 公司涉嫌犯罪被司法机关立案调查，公司董事、监事、高级管理人员涉嫌犯罪被司法机关采取强制措施；⑫ 证监会规定的其他事项。

（三）信息披露管理

（1）上市公司董事、高级管理人员应当对公司定期报告签署书面确认意见。上市公司监事会应当对董事会编制的公司定期报告进行审核并提出书面审核意见。上市公司董事、监事、高级管理人员应当保证上市公司所披露的信息真实、准确、完整。

（2）发行人、上市公司公告的招股说明书、公司债券募集办法、财务会计报告、上市报告文件、年度报告、中期报告、临时报告以及其他信息披露资料，有虚假记载、误导性陈述或者重大遗漏，致使投资者在证券交易中遭受损失的，发行人、上市公司应当承担赔偿责任；发行人、上市公司的董事、监事、高级管理人员和其他直接责任人员以及保荐人、承销的证券公司，应当与发行人、上市公司承担连带赔偿责任，但是能够证明自己没有过错的除外；发行人、上市公司的控股股东、实际控制人有过错的，应当与发行人、上市公司承担连带赔偿责任。

（3）证监会对上市公司年度报告、中期报告、临时报告以及公告的情况进行监督，对上市公司分派或者配售新股的情况进行监督，对上市公司控股股东及其他信息披露义务人的行为进行监督。证监会、证券交易所、保荐人、承销的证券公司及有关人员，对公司依照法律、行政法规规定必须做出的公告，在公告前不得泄露其内容。证券交易所决定暂停或者终止证券上市交易的，应当及时公告，并报证监会备案。

四、限制的交易行为

证券交易当事人依法买卖的证券，必须是依法发行并交付的证券。非依法发行的证券，不得买卖。

（1）证券交易所、证券公司和证券登记结算机构的从业人员、证监会的工作人员以及法律、行政法规禁止参与股票交易的其他人员，在任期或者法定期限内，不得直接或者以化名、借他人名义持有、买卖股票，也不得收受他人赠送的股票。

（2）为股票发行出具审计报告、资产评估报告或者法律意见书等文件的证券服务机构和人员，在该股票承销期内和期满后 6 个月内，不得买卖该种股票。除上述规定外，为上市公司出具审计报告、资产评估报告或者法律意见书等文件的证券服务机构和人员，自接受上市公司委托之日起至上述文件公开后 5 日内，不得买卖该种股票。

（3）公司董事、监事、高级管理人员应当向公司申报所持有的本公司的股份及其变动情况，在任职期间每年转让的股份不得超过其所持有本公司股份总数的 25%；所持有公司股份自公司股票上市交易之日起 1 年内不得转让。上述人员离职后半年内，不得转让其所持有的本公司股份。公司章程可以对公司董事、监事、高级管理人员转让其所持有的本公司股份做出其他限制性规定。

（4）上市公司董事、监事、高级管理人员、持有上市公司股份 5%以上的股东，将其持有的该公司的股票在买入后 6 个月内卖出，或者在卖出后 6 个月内又买入，由此所得收益归公司所有，公司董事会应当收回其所得收益。董事会不按照规定执行的，股东有权要求董事会在 30 日内执行，董事会仍不执行的，股东有权以自己的名义直接向人民法院提起诉讼。公司董事会不按照规定执行的，负有责任的董事依法承担连带责任。但证券公司因包销购入售后剩余股票而持有 5%以上股份的，卖出该股票不受 6 个月时间限制。

（5）发起人持有的本公司股份，自公司成立之日起 1 年内不得转让。公司公开发行股份前已发行的股份，自公司股票在证券交易所上市交易之日起 1 年内不得转让。

五、禁止的交易行为

（一）内幕交易行为

内幕交易，是指证券交易内幕信息的知情人和非法获取内幕信息的人员，利用内幕信息买卖其所持有的该公司的证券，或者泄露该信息或建议他人买卖该证券的行为。

1. 内幕信息的知情人

内幕信息的知情人主要包括以下几种。

（1）发行人的董事、监事、高级管理人员。

（2）持有公司 5%以上股份的股东及其董事、监事、高级管理人员，公司的实际控制人及其董事、监事、高级管理人员。

（3）发行人控股的公司及其董事、监事、高级管理人员。

（4）由于所任公司职务可以获取公司有关内幕信息的人员。

（5）证监会工作人员以及由于法定职责对证券的发行、交易进行管理的其他人员。

（6）保荐人、承销的证券公司、证券交易所、证券登记结算机构、证券服务机构的有关人员。

（7）证监会规定的其他人。

证券交易内幕信息的知情人和非法获取内幕信息的人，在内幕信息公开前，不得买卖该公司的证券，或者泄露该信息，或者建议他人买卖该证券。

2. 内幕信息

内幕信息，是指证券交易活动中，涉及公司的经营、财务或者对该公司证券的市场价格有重大影响的尚未公开的信息。

内幕信息主要包括：

（1）《证券法》第六十七条第二款所列重大事件（“信息披露”部分所列的重大事件）。

（2）公司分配股利或者增资的计划。

（3）公司股权结构的重大变化。

（4）公司债务担保的重大变更。

（5）公司营业用主要资产的抵押、出售或者报废一次超过该资产的30%。

（6）公司的董事、监事、高级管理人员的行为可能依法承担重大损害赔偿责任。

（7）上市公司收购的有关方案。

（8）证监会认定的对证券交易价格有显著影响的其他重要信息。

证券交易所、期货交易所、证券公司、期货经纪公司、基金管理公司、商业银行、保险公司等金融机构的从业人员以及有关监管部门或者行业协会的工作人员，利用因职务便利获取的内幕信息以外的其他未公开的信息，违反规定，从事与该信息相关的证券、期货交易活动，或者明示、暗示他人从事相关交易活动，情节严重的，处5年以下有期徒刑或者拘役，并处或者单处违法所得1倍以上5倍以下罚金。

（二）操纵市场行为

操纵证券市场，是指以获取利益或减少损失为目的，利用手中掌握的资金等优势影响证券市场价格，制造证券市场假象，诱导或者致使投资者在不了解事实真相的情况下做出证券投资决定，扰乱证券市场秩序的行为。

禁止任何人以下列手段操纵证券市场：① 单独或者通过合谋，集中资金优势、持股优势或者利用信息优势联合或者连续买卖，操纵证券交易价格或者证券交易量；② 与他人串通，以事先约定的时间、价格和方式相互进行证券交易，影响证券交易价格或者证券交易量；③ 在自己实际控制的账户之间进行证券交易，影响证券交易价格或者证券交易量；④ 以其他手段操纵证券市场。

（三）制造虚假信息行为

制造虚假信息行为包括虚假陈述和信息误导。虚假陈述，是指信息披露义务人违反证券法律规定，在证券发行或者交易过程中，对重大事件做出违背事实真相的虚假记载、误导性陈述，或者在披露信息时发生重大遗漏、不正当披露信息的行为。它主要包括：① 虚假记载，是指披露义务人在披露信息时，将不存在的事实在披露文件中予以记载的行为；② 误导性陈述，是指虚假陈述行为人在信息披露文件中或者通过媒体，做出使投资人对其投资行为发生错误判断并产生重大影响的陈述；③ 重大遗漏，是指披露义务人在披露文件中，未将应当记载的事项完全或者部分予以记载；④ 不正当披露，是指披露义务人未在适当期限内或者未以法定方式公开披露应当披露的信息。

证券服务机构为证券的发行、上市、交易等证券业务活动制作、出具审计报告、资产评估报告、财务顾问报告、资信评级报告或者法律意见书等文件，有虚假记载、误导性陈述或者重大遗漏，给他人造成损失的，应当与发行人、上市公司承担连带赔偿责任，但是能够证明自己没有过错的除外。其他禁止交易行为给投资者造成损失的，行为人应当依法承担赔偿责任。

（四）欺诈客户行为

欺诈客户，是指证券公司及其从业人员在证券交易及相关活动中，进行的违背客户真实意思表示、损害其利益的行为。

禁止证券公司及其从业人员从事下列损害客户利益的欺诈行为：① 违背客户的委托为其买卖证券；② 不在规定时间内向客户提供交易的书面确认文件；③ 挪用客户所委托买卖的证券或者客户账户上的资金；④ 未经客户的委托，擅自为客户买卖证券，或者假借客户的名义买卖证券；⑤ 为牟取佣金收入，诱使客户进行不必要的证券买卖；⑥ 利用传播媒介或者通过其他方式提供、传播虚假或者误导投资者的信息；⑦ 其他违背客户真实意思表示，损害客户利益的行为。

（五）其他有关规定

禁止法人非法利用他人账户从事证券交易；禁止法人出借自己或者他人的证券账户；禁止资金违规流入股市；禁止任何人挪用公款买卖证券。其他内幕交易行为、操纵证券市场行为和欺诈客户行为给投资者或客户造成损失的，行为人承担赔偿责任。

【工作实例】2015 年 5 月初，甲证券公司以 100 多人的名义开设自营账户炒作 M 股票，成为炒作 M 股票的庄家。5 月底，甲证券公司大量买入 M 股票，持仓量由 5 月初占总股本的 15%，增加到 5 月底的 19%，至 6 月底，再次大量建仓，持仓量占股票总股本的 22%。甲证券公司用自营账户买卖 M 股票，运用资金共 5.2 亿元，并使用不同的账户对 M 股票做价格数量相近，方向相反的交易，拉高股票价格，使该股票价格由 6.42 元升至 13.74 元，该证券公司实际上已操纵了 M 股票价格的涨跌。

【温馨提示】

使用不同的账户对股票做价格数量相近、方向相反的交易，提高股票价格，是集中资金优势连续买卖证券操纵证券交易价格的行为。以自己为交易对象进行不转移所有权的自买自卖，影响证券价格，属于在自己实际控制的账户之间进行证券交易，影响证券交易价格或者证券交易量的行为。

【延伸思考】

甲证券公司的行为属于什么证券交易行为？甲证券公司可能承担什么样的法律责任？

第四节 “大鱼”吃“大鱼”——上市公司收购

一、上市公司收购概述

上市公司收购，是指收购人依法通过取得股份的方式成为一个上市公司的控股股东，或通过投资关系、协议、其他安排的途径成为一个上市公司的实际控制人，或同时采取上述方式和途径取得上市公司控制权的行为。上市公司的收购包括要约收购和协议收购。

（一）视为已获得或拥有上市公司控制权的情形

（1）投资者为上市公司持股50%以上的控股股东。

（2）投资者可以实际支配上市公司股份表决权超过30%。

（3）投资者通过实际支配上市公司股份表决权能够决定公司董事会半数以上成员选任。

（4）投资者依其可实际支配的上市公司股份表决权足以对公司股东大会的决议产生重大影响。

（5）证监会认定的其他情形。

（二）收购人不得收购上市公司的情形

（1）收购人负有数额较大债务，到期未清偿，且处于持续状态。

（2）收购人最近3年有重大违法行为或者涉嫌有重大违法行为。

（3）收购人最近3年有严重的证券市场失信行为。

（4）收购人为自然人的，存在《公司法》规定的不得担任公司董事、监事、高级管理人员的5种情形（见公司法部分）。

（5）法律、行政法规规定以及证监会认定的不得收购上市公司的其他情形。

二、要约收购

要约收购，是指投资者向目标公司的所有股东发出要约，表明愿意以要约中的条件购买目标公司的股票，以期达到对目标公司控制权的获得或巩固。

（一）发出收购要约

通过证券交易所的证券交易，投资者持有或者通过协议、其他安排与他人共同持有一个上市公司已发行的股份达到30%时，继续进行收购的，应依法向该上市公司所有股东发出收购全部或者部分股份的要约。但是，经证监会免除发出要约的除外。

发出收购要约，收购人必须事先向证监会报送上市公司收购报告书，并载明下列事项：① 收购人的名称、住所；② 收购人关于收购的决定；③ 被收购的上市公司名称；④ 收购目的；⑤ 收购股份的详细名称和预定收购的股份数额；⑥ 收购期限、收购价格；⑦ 收购所需资金额及资金保证；⑧ 报送上市公司收购报告书时持有被收购公司股份数占该公司已发行的股份总数的比例。

（二）收购要约的期限、变更与适用

收购人在依照上述规定报送上市公司收购报告书之日起 15 日后，公告其收购要约。在上述期限内，证监会发现上市公司收购报告书不符合法律、行政法规规定的，应当及时告知收购人，收购人不得公告其收购要约。

收购要约约定的收购期限不得少于 30 日，不得超过 60 日。在收购要约确定的承诺期限内，收购人不得撤销其收购要约。收购人需要变更收购要约的，必须事先向证监会及证券交易所报告，经批准后可以允许变更。

收购要约应当约定，被收购公司股东承诺出售的股份数额超过预定收购的股份数额的，收购人按比例进行收购。

收购要约提出的各项收购条件，适用于被收购公司的所有股东。采取要约收购方式的，收购人在收购期限内，不得卖出被收购公司的股票，也不得采取要约规定以外的形式和超出要约的条件买入被收购公司的股票。

三、协议收购

协议收购，是指投资者在证券交易所外与目标公司的股东就股票的价格、数量等方面进行协商，购买目标公司的股票，以期达到对目标公司控制权的获得或巩固。

以协议方式收购上市公司达成协议后，收购人必须在 3 日内将该收购协议向证监会及证券交易所做出书面报告，并予公告。在公告前不得履行收购协议。

采取协议收购方式的，协议双方可以临时委托证券登记结算机构保管协议转让的股票，并将资金存放于指定的银行。

【工作实例】喜羊羊的出现改变了中国动漫长期被外国动漫垄断的局面。2011年年初，第三部喜羊羊系列电影票房高达 1.5 亿元。2011 年 2 月 22 日，这只史上最贵的羊已经被香港上市公司意马国际以 8.14 亿～10.47 亿港元的价格收购。香港上市公司意马国际是收购方，动漫火车公司是被收购方。而喜羊羊的内容创作方和版权所有者原创动力公司则属于第三方。动漫火车公司通过与原创动力公司的协议，负责喜羊羊系列产品的消费品授权业务。

【温馨提示】

从形式上看，意马国际收购的是动漫火车公司，而喜羊羊的版权仍由原创动力公司所有，来自电视制作及播放、电影制作等方面的收入也仍均归原创动力公司所有。因此，喜羊羊在法律上并没有被收购。

【延伸思考】

如果动漫火车公司是原创动力公司的全资子公司，意马国际的收购行为对原创动力公司的股份与资产变化有影响吗？

四、披露上市公司收购权益

投资者收购上市公司，要依法披露其在上市公司中拥有的权益，包括登记在其名下的股份和虽未登记在其名下但该投资者可以实际支配表决权的股份。投资者及其一致行动人在一个上市公司中拥有的权益应当合并计算。

（一）一致行动和一致行动人

一致行动，是指投资者通过协议、其他安排，与其他投资者共同扩大其所能够支配的一个上市公司股份表决权数量的行为或者事实；一致行动人，是指在上市公司的收购及相关股份权益变动活动中有一致行动情形的投资者，互为一致行动人。投资者认为其与他人不应被视为一致行动人的，可以向证监会提供相反证据。

拓展阅读

投资者有下列情形之一的为一致行动人：① 投资者之间有股权控制关系；② 投资者受同一主体控制；③ 投资者的董事、监事或者高级管理人员中的主要成员，同时在另一个投资者担任董事、监事或者高级管理人员；④ 投资者参股另一投资者，可以对参股公司的重大决策产生重大影响；⑤ 银行以外的其他法人、其他组织和自然人为投资者取得相关股份提供融资安排；⑥ 投资者之间存在合伙、合作、联营等其他经济利益关系；⑦ 持有投资者 30%以上股份的自然人，与投资者持有同一上市公司股份；⑧ 在投资者任职的董事、监事及高级管理人员，与投资者持有同一上市公司股份；⑨ 持有投资者 30%以上股份的自然人和在投资者任职的董事、监事及高级管理人员，其父母、配偶、子女及其配偶、配偶的父母、兄弟姐妹及其配偶、配偶的兄弟姐妹及其配偶等亲属，与投资者持有同一上市公司股份；⑩ 在上市公司任职的董事、监事、高级管理人员及其前项所述亲属同时持有本公司股份的，或者与自己或者其前项所述亲属直接或者间接控制的企业同时持有本公司股份；⑪ 上市公司董事、监事、高级管理人员和员工与其所控制或者委托的法人或者其他组织持有本公司股份；⑫ 投资者之间具有其他关联关系。

（二）权益披露

（1）通过证券交易所的证券交易，投资者持有或者通过协议、其他安排与他人共同持有一个上市公司已发行的股份达到 5%时，应当在该事实发生之日起 3 日内，向证监会、证券交易所做出书面报告，通知该上市公司，并予公告；在上述期限内，不得再行买卖该上市公司的股票。

前述投资者及其一致行动人拥有权益的股份达到一个上市公司已发行股份的 5%后，通过证券交易所的证券交易，其拥有权益的股份占该上市公司已发行股份的比例每增加或者减少 5%，应当依照上述规定进行报告和公告。在报告期限内和做出报告、公告后 2 日内，不得再行买卖该上市公司的股票。

（2）通过协议转让方式，投资者及其一致行动人在一个上市公司中拥有权益的股份拟达到或者超过一个上市公司已发行股份的 5%时，应当在该事实发生之日起 3 日内，编制权益变动报告书，向证监会、证券交易所提交书面报告，抄报派出机构，通知该上市公司，并予公告。

（3）投资者及其一致行动人通过行政划转或者变更、执行法院裁定、继承、赠与等方式拥有权益的股份变动达到上述规定比例的，应当按照上述规定履行报告、公告义务，并参照上述规定办理股份过户登记手续。

（三）编制权益变动报告书

投资者及其一致行动人不是上市公司的第一大股东或者实际控制人，其拥有权益的股份达到或者超过该公司已发行股份的 5%，但未达到 20%的，应当编制简式权益变动报告书；达到或者超过一个上市公司已发行股份的 20%但未超过 30%的，应当编制详式权益变动报告书。同时，还应当聘请财务顾问对上述权益变动报告书所披露的内容出具核查意见，但国有股行政划转或者变更、股份转让在同一实际控制人控制的不同主体之间进行、因继承取得股份的除外。投资者及其一致行动人承诺至少 3 年放弃行使相关股份表决权的，可免于聘请财务顾问和向证监会提供相关文件。

五、上市公司收购的法律后果

收购期限届满，被收购公司股权分布不符合上市条件的，该上市公司的股票应当由证券交易所依法终止上市交易。其余仍持有被收购公司股票的股东，有权向收购人以收购要约的同等条件出售其股票，收购人应当收购。收购行为完成后，被收购公司不再具备股份有限公司条件的，应当依法变更企业形式。

在上市公司收购中，收购人持有的被收购的上市公司的股票，在收购行为完成后的12个月内不得转让；收购行为完成后，收购人与被收购公司合并，并将该公司解散的，被解散公司的原有股票由收购人依法更换；收购行为完成后，收购人应当在15日内将收购情况报告证监会和证券交易所，并予公告。

收购人进行上市公司的收购，应当聘请在中国注册的具有从事财务顾问业务资格的专业机构担任财务顾问。收购人未按照规定聘请财务顾问的，不得收购上市公司。

收购人未按照证券法规定履行上市公司收购的公告、发出收购要约、报送上市公司收购报告书等义务或者擅自变更收购要约的，在改正前，其持有或者通过协议、其他安排与他人共同持有被收购公司股份超过30%的部分不得行使表决权。

收购人或者收购人的控股股东利用上市公司收购损害被收购公司及其股东的合法权益的，给被收购公司及其股东造成损失的，依法承担赔偿责任；收购人未按照证券法规定履行上市公司收购的公告、发出收购要约、报送上市公司收购报告书等义务或者擅自变更收购要约，给被收购公司及其股东造成损失的，依法承担赔偿责任。

【工作实例】2015年7月，宝能集团旗下公司前海人寿保险股份有限公司、钜盛华实业有限公司通过二级市场购入万科A股5.52亿股股份，联合一致行动人通过3次举牌，将持有万科的份额猛增至15.04%，超过了20年来始终位居万科第一大股东的华润，成为万科第一大股东。而后宝能集团继续增持万科股份，最终控股达到24.26%，距离30%的要约收购仅差5.74%。12月17日，万科管理层直言宝能集团“信用不够，能力不够，运作人激进，不守规则”，进而不欢迎宝能集团成为万科第一大股东。12月18日，以管理层为主导的万科企业股份有限公司以“筹划重大资产重组事项”停牌。

【温馨提示】

宝能集团的收购行为属于协议收购。收购形式、收购目的不同，其法律后果也不同。必须了解和掌握收购的形式、程序及其要求，以及要约收购与协议收购的区别与转化。

【延伸思考】

股份有限公司之间相互持股，对公司有何利弊？面对“恶意收购”，管理层可以拒绝吗？

第五节 证券市场的活跃主体——证券交易所及中介服务机构

一、证券交易所

证券交易所是为证券集中交易提供场所和设施，组织和监督证券交易，实行自律管理的非营利性的法人组织，其设立和解散，由证监会审核报国务院进行批准。证券交易所章程的制定和修改，必须经证监会批准。

证券交易所是依据国家有关法律，经政府证券主管机关批准设立的集中进行证券交易的有形场所。目前，在我国有四个证券交易所：上海证券交易所（见图 9-3）、深圳证券交易所（见图 9-4）、香港证券交易所、台湾证券交易所。

图 9-3 上海证券交易所

图 9-4 深圳证券交易所

拓展阅读

上海证券交易所成立于1990年11月26日，同年12月19日开业，为不以营利为目的的法人，归属中国证监会直接管理。

深圳证券交易所位于深圳罗湖区，成立于1990年12月1日，于1991年7月3日正式营业，是为证券集中交易提供场所和设施，组织和监督证券交易，实行自律管理的法人，由中国证监会直接监督管理。

香港的证券交易可以追溯至1866年，第一家证券交易所——香港股票经纪协会于1891年成立，1914年易名为香港证券交易所。

台湾证券交易所在1961年10月23日成立，于1962年2月9日开始运作。

我国实行的是会员制证券交易，进入证券交易所参与集中交易的，必须是证券交易所的会员。境外证券经营机构设立的驻华代表处，经申请可以成为证券交易所的特别会员。同一证券公司可以同时成为若干证券交易所的会员。

在证券交易所内从事证券交易的人员，违反证券交易所有关交易规则的，由证券交易所给予纪律处分；对情节严重的，撤销其资格，禁止其入场进行证券交易。

（一）组织管理

《证券交易所管理办法》规定，证券交易所的组织机构一般设有会员大会、理事会、经理机构及专门委员会。

1. 会员大会

会员大会为证券交易所的最高权力机构，决定证券交易所的重大问题。会员大会负责制定和修改证券交易所章程，选举罢免会员理事，审议通过理事会和总经理的工作报告，审议通过证券交易所的财务预算决算报告，决定证券交易所的其他重大事项。实行会员制证券交易所的财产积累归会员所有，其权益由会员共同享有，在存续期间不得将其财产积累分配给会员。会员大会由理事会召集，每年召开一次。特殊情况下可以召开临时会员大会。

2. 理事会

理事会是证券交易所的决策机构。理事会设理事长1人，副理事长1~2人。理事长、副理事长由证监会提名，经理事会选举产生。总经理应当是理事会成员。理事长不得兼任证券交易所的总经理。理事会由理事长召集，至少每年召开一次。理事会设监察委员会，作为证券交易所的监督监察机构。根据需要还可以设立其他专门委员会。

3. 经理人员

证券交易所设总经理1人，副总经理1~3人，由证监会任免。总经理、副总经理不得由国家公务员兼任。总经理、副总经理连续任期不超过两届。总经理在理事会领导下负责证券交易所的日常工作，为证券交易所的法定代表人。

（二）证券交易所的职责

证券交易所的职责主要有：① 依照证券法律、行政法规制定上市规则、交易规则、会员管理规则和其他有关规则，并报证监会机构批准。② 为组织公平的集中交易提供保障，公布证券交易即时行情，并按交易日制作、公布证券市场行情表。③ 有权依照法律、行政法规，以及证监会的规定，办理股票、公司债券的暂停上市、恢复上市或者终止上市的事务。④ 对证券交易实行实时监控，把异常交易的情况提出报告证监会，根据需要可以对出现重大异常交易情况的证券账户限制交易，并报证监会备案。⑤ 对上市公司及相关信息披露义务人披露信息进行监督，督促其依法及时、准确地披露信息。⑥ 因突发性事件而影响证券交易的正常进行时，证券交易所可以采取技术性停牌的措施。⑦ 因不可抗力的突发性事件或者为维护证券交易的正常秩序，证券交易所可以决定临时停市。采取技术性停牌或者决定临时停市，必须及时报告证监会。⑧ 从其收取的交易费用和会员费、席位费中提取一定比例的金额设立风险基金。证券交易所应当将收存的风险基金存入开户银行专门账户，不得擅自使用。

二、证券公司

证券公司是指依照《公司法》和《证券法》规定设立的经营证券业务的有限责任公司或者股份有限公司，其设立须证监会审查批准。

（一）证券公司的业务范围

证券公司的业务范围主要有：① 证券经纪；② 证券投资咨询；③ 与证券交易、证券投资活动有关的财务顾问；④ 证券承销与保荐；⑤ 证券自营；⑥ 证券资产管理；⑦ 其他证券业务。证券公司应自领取营业执照之日起 15 日内，向证监会申请经营证券业务许可证。未取得经营证券业务许可证的证券公司不得经营证券业务。

证券公司成立后，无正当理由超过 3 个月未开始营业的，或者开业后自行停业连续 3 个月以上的，由公司登记机关吊销其公司营业执照；拒绝、阻碍证监会及其工作人员依法行使监督检查、调查职权未使用暴力、威胁方法的，依法给予治安管理处罚；提交虚假证明文件或者采取其他欺诈手段隐瞒重要事实骗取证券业务许可的，或者证券公司在证券交易中有严重违法行为，不再具备经营资格的，由证监会撤销证券业务许可。

当事人对证监会或者国务院授权的部门的处罚决定不服的，可以依法申请行政复议或者依法直接向人民法院提起行政诉讼。

（二）证券公司的设立条件

（1）有符合法律、行政法规规定的公司章程。

（2）主要股东具有持续盈利能力，信誉良好，最近 3 年无重大违法违规记录，净资产不低于人民币 2 亿元。

（3）有符合证券法规定的注册资本。证券公司的注册资本因业务范围的不同而有不同的要求。其经营前列业务范围第（1）项至第（3）项业务的，注册资本最低限额为人民币5 000万元；经营第（4）项至第（7）项业务之一的，注册资本最低限额为人民币1亿元；经营第（4）项至第（7）项业务中两项以上的，注册资本最低限额为人民币5亿元。注册资本应当是实缴资本。

（4）董事、监事、高级管理人员具备任职资格，从业人员具有证券从业资格。

（5）有完善的风险管理与内部控制制度。

（6）有合格的经营场所和业务设施。

（7）法律、行政法规规定的和证监会规定的其他条件。

（三）对证券公司业务活动的限制

（1）证券公司不得为其股东或股东的关联人提供融资或担保。

（2）证券公司为其股东或者股东的关联人提供融资或者担保，股东有过错的，在按照要求改正前，证监会可以限制其股东权利。拒不改正的，可以责令其转让所持证券公司股权。

（3）证券公司应当建立健全内部控制制度，采取有效隔离措施，防范公司与客户之间、不同客户之间的利益冲突。证券公司必须将其证券经纪业务、证券承销业务、证券自营业务和证券资产管理业务分开办理，不得混合操作。

（4）证券公司的自营业务必须以自己的名义进行，不得假借他人名义或者以个人名义进行。证券公司不得将其自营账户借给他人使用。

（5）证券公司客户的交易结算资金应当存放在商业银行，以每个客户的名义单独立户管理。证券公司不得将客户的交易结算资金和证券归入其自有财产。禁止任何单位或者个人以任何形式挪用客户的交易结算资金和证券。

（6）证券公司办理经纪业务，不得接受客户的全权委托而决定证券买卖、选择证券种类、决定买卖数量或者买卖价格。

（7）证券公司不得以任何方式对客户证券买卖的收益或者赔偿证券买卖的损失做出承诺。

（8）证券公司及其从业人员不得未经过其依法设立的营业场所私下接受客户委托买卖证券。

（9）证券公司应当妥善保存客户开户资料、委托记录、交易记录和与内部管理、业务经营有关的各项资料，任何人不得隐匿、伪造、篡改或者毁损。上述资料的保存期限不得少于20年。

（10）证券公司应当按照规定向证监会报送业务、财务等经营管理信息和资料，报送或者提供的信息、资料，必须真实、准确、完整。

（11）证券公司从每年的税后利润中提取交易风险准备金，用于弥补证券交易的损失，其提取的具体比例由证券监督委员会规定。

证券公司承销或者代理买卖未经核准擅自公开发行的证券，给投资者造成损失的，应当与发行人承担连带赔偿责任；证券公司违反证券承销业务规定，给其他证券承销机构或者投资者造成损失的，依法承担赔偿责任；证券公司违背客户的委托买卖证券、办理交易事项，或者违背客户真实意思表示，办理交易以外的其他事项，给客户造成损失的，依法承担赔偿责任。

证监员会应当对证券公司的净资本，净资本与负债的比例，净资本与净资产的比例，净资本与自营、承销、资产管理等业务规模的比例，负债与净资产的比例，以及流动资产与流动负债的比例等风险控制指标做出规定。必要时可以委托会计师事务所、资产评估机构对证券公司的财务状况、内部控制状况、资产价值进行审计或者评估。

（四）对证券公司从业人员任职资格的要求

（1）证券公司的董事、监事、高级管理人员，应当正直诚实，品行良好，熟悉证券法律、行政法规，具有履行职责所需的经营管理能力，并在任职前取得证监会核准的任职资格。

（2）因违法行为或者违纪行为被开除的证券交易所、证券登记结算机构、证券服务机构、证券公司的从业人员和被开除的国家机关工作人员，不得招聘为证券公司的从业人员。

（3）国家机关工作人员和法律、行政法规规定的禁止在公司中兼职的其他人员，不得在证券公司中兼任职务。

（4）证券公司的董事、监事、高级管理人员未能勤勉尽责，致使证券公司存在重大违法违规行为或者重大风险的，证监会可以撤销其任职资格，并责令公司予以更换。

下列人员违反法律、行政法规或者证监会有关规定，情节严重的，可以对有关责任人员采取 3～5 年的证券市场禁入措施；行为恶劣、严重扰乱证券市场秩序、严重损害投资者利益或者在重大违法活动中起主要作用等情节较为严重的，可以对有关责任人员采取 5～10 年的证券市场禁入措施，情节特别严重的采取终身禁入措施：① 证券公司的董事、监事、高级管理人员及其内设业务部门负责人、分支机构负责人或者其他证券从业人员；② 证券公司的控股股东、实际控制人或者证券公司控股股东、实际控制人的董事、监事、高级管理人员。

三、证券登记结算机构

证券登记结算机构是为证券交易提供集中登记、存管与结算服务，不以营利为目的的法人，其设立必须经证监会批准。我国证券登记结算机构是中国证券登记结算公司，其股东是沪、深两家证券交易所。

（一）设立证券登记结算机构的条件

（1）自有资金不少于人民币2亿元。

（2）具有证券登记、存管和结算服务所必需的场所和设施。

（3）主要管理人员和从业人员必须具有证券从业资格。

（4）证监会规定的其他条件。

（二）证券登记结算机构的职能

（1）证券账户、结算账户的设立。

（2）证券的存管和过户。

（3）证券持有人名册登记。

（4）证券交易所上市证券交易的清算和交收。

（5）受发行人的委托派发证券权益。

（6）办理与上述业务有关的查询。

（7）证监会批准的其他业务。

（三）证券登记结算基本要求

证券登记结算采取全国集中统一的运营方式。证券登记结算机构章程、业务规则应当依法制定，并须经证监会批准。证券持有人持有的证券，在上市交易时，应当全部存管在证券登记结算机构。证券登记结算机构不得挪用客户的证券。

证券登记结算机构应当设立结算风险基金，用于垫付或者弥补因违约交收、技术故障、操作失误、不可抗力造成的证券登记结算机构的损失。证券结算风险基金从证券登记结算机构的业务收入和收益中提取，并可以由结算参与人按照证券交易业务量的一定比例缴纳。

四、证券交易服务机构

证券交易服务机构是指从事证券投资咨询、财务顾问、资信评估、资产评估、会计实务等业务，为证券发行和证券交易提供专业性服务的机构。

（一）证券交易服务机构的业务范围

证券交易服务机构的业务范围必须经证监会和有关主管部门批准，应当按照国务院有关主管部门规定的标准或者收费办法收取服务费用。投资咨询机构、财务顾问机构、资信评级机构从事证券服务业务的人员，必须具有证券专业知识和从事证券业务或者证券服务业务2年以上经验。

（二）证券交易服务机构及其从业人员的法律责任

证券服务机构为证券的发行、上市、交易等证券业务制作、出具审计报告、资产评估报告、财务顾问报告、资信评级报告或者法律意见书等文件，应当勤勉尽责，对所制作、出具的文件内容的真实性、准确性、完整性进行核查和验证。其制作、出具的文件有虚假记载、误导性陈述或者重大遗漏，给他人造成损失的，应当与发行人、上市公司承担连带赔偿责任，但是能够证明自己没有过错的除外。

证券服务机构及其从业人员从事证券服务业务有下列行为之一，给投资者造成损失的，依法承担赔偿责任：① 代理委托人从事证券投资；② 与委托人约定分享证券投资收益或者分担证券投资损失；③ 买卖本咨询机构提供服务的上市公司股票；④ 利用传播媒介或者通过其他方式提供、传播虚假或者误导投资者的信息；⑤ 法律、行政法规禁止的其他行为。

下列人员违反法律、行政法规或者证监会有关规定，情节严重的，可以对有关责任人员采取 3～5 年的证券市场禁入措施；行为恶劣、严重扰乱证券市场秩序、严重损害投资者利益或者在重大违法活动中起主要作用等情节较为严重的，可以对有关责任人员采取 5～10 年的证券市场禁入措施，情节特别严重的采取终身禁入措施：证券服务机构的董事、监事、高级管理人员等从事证券服务业务的人员；证券服务机构的实际控制人或者证券服务机构实际控制人的董事、监事、高级管理人员。

【工作实例】2010 年 9 月，证监会对殷保华等人非法证券投资咨询案进行立案调查，调查发现，殷保华、刘锐、司徒美玉、刘述元、董事卓等 5 人涉嫌从事非法证券投资咨询活动。殷保华自 2008 年以来组织一个 10 余人的团队，先后在上海、南昌、武汉、深圳、广州、北京、山东、安徽等地设立 16 个工作站，与当地不具备证券投资咨询资格的机构或个人合作招收学员，开展股民培训和投资教育活动；通过在广播、电视、报纸和网络等媒体进行宣传及举办公开的证券投资报告会进行会议营销，招收股民参与其举办的培训班，在收取费用后推荐股票、进行非法证券投资咨询活动；通过建立天赢网及在第一财经（微博）网开设殷保华专栏，以"老殷解盘"形式分析大市，推荐板块及个股，通过荐股方式收取会员费，招收会员 1 000 余人。此外，还通过开发制作及出售"选股软件"牟利。

2011 年 11 月 24 日，湖北省通城县人民法院就本案做出一审判决，判决 5 名被告犯非法经营罪，分别对其判处 1 年零 6 个月到 3 年不等的有期徒刑，没收 10 万元至 335.15 万元不等的非法所得，并处罚金 20 万元至 1 500 万元不等。

【温馨提示】

从事证券业务的机构、有关人必须具备法定条件并且经过证监会批准，才能从事证券业务。未经批准任何机构和个人不得开展证券业务。

第九章

【延伸思考】

朋友之间在"炒股"时开展技术指导并签订合同进行利益分成，是否符合法律规定?

本章小结

本章内容既涉及《证券法》、《公司法》，又涉及证券监督委员会颁布的行政法规和行政规章。证券的发行与交易是本章的重点内容。通过学习，明确界定公开发行证券的行为，正确区分公司设立与发行证券的法律性质，熟悉公司发行股票和债券的条件及程序，强化证券活动的实践能力，减少实务中出现的违规、违法操作，防范证券发行、交易中存在的法律风险。对本章的学习要求，重在证券实务操作中对法律规范的理解和运用。

思考与练习

一、单项选择题

1. 下列关于股票和公司债券法律特征的表述中，不正确的是（　　）。

A. 股票和公司债券都属于有价证券

B. 公司债券、股票持有人均与公司之间形成债权债务关系

C. 发行股票和发行公司债券有不同的法律要求

D. 公司债券持有人在公司破产时优先于股票持有人得到清偿

2. 为扩大生产规模，筹集公司发展所需资金，鄂神股份有限公司拟发行总值为 1 亿元的股票。下列说法中符合《证券法》规定的是（　　）。

A. 根据需要可向特定对象公开发行股票

B. 董事会决定后即可径自发行

C. 可采取溢价发行方式

D. 不必将股票发行情况上报证券监管机构备案

3. 依据我国《证券法》的相关规定，关于证券发行的表述，下列选项中正确的是（　　）。

A. 所有证券必须公开发行，而不得采用非公开发行的方式

B. 发行人可通过证券承销方式发行，也可由发行人直接向投资者发行

C. 只有依法正式成立的股份公司才可发行股票

D. 国有独资公司均可申请发行公司债券

4. 甲上市公司拟非公开发行股票，其发行方案的下列内容中，符合证券法律制度规定的是（　　）。

A. 本次非公开发行股票的对象为20名机构投资者

B. 本次非公开发行股票的对象中包括乙信托公司管理的一个集合资金信托计划

C. 本次非公开发行股票的发行价格，不得低于定价基准日前20个交易日公司股票均价的90%

D. 投资者在本次非公开发行中认购的股份，自发行结束之日起3个月内不得转让

5. 根据《证券法》的有关规定，某证券公司的下列行为中，符合规定的是（　　）。

A. 要求客户将交易资金存入指定商业银行，并以每个客户的名义单独立户管理

B. 为吸引客户，承诺在新客户开户6个月内赔偿客户证券买卖的所有损失

C. 将自营业务账户借给客户使用

D. 接受客户全权委托，代为决定客户账户的证券买卖

二、多项选择题

1. 强力公司是一家股票上市交易公司，它应当在每一会计年度的上半年结束之日起2个月内，向（　　）提交中期报告，并予以公告。

A. 财政部　　B. 审计署

C. 证券监督委员会　　D. 证券交易所

2. 李某，系某证券公司的从业人员，根据《证券法》规定，李某的下列行为中不符合法律规定的有（　　）。

A. 李某以其姓名在另一家证券公司营业部申请开户登记，进行个人股票买卖活动

B. 李某怕直接以自己的名义买卖股票引起不便，遂化名王某在另一家证券公司进行开户登记，买入并持有股票

C. 李某在成为该证券公司从业人员前，将其所持有的股票1 000股依法转让

D. 李某由于工作出色，受到某上市公司的赞赏，李某接受了该上市公司向李某赠送的本公司股票

3. 下列关于上市公司收购的说法正确的有（　　）。

A. 上市公司收购可以采取要约收购或者协议收购的方式

B. 投资者持有一个上市公司已发行的股份的5%时，应当在该事实发生之日起3日内，向国务院证券监督管理机构、证券交易所做出书面报告，通知该上市公司，并予以公告

C. 收购要约的期限不得少于20日，并不得超过1年

D. 在收购要约的有效期限内，收购人不得撤回其收购要约

4. 在公司债券上市后，公司有下列（　　）中所述情形的，由国务院证券监督管理部门决定暂停其公司债券上市交易。

A. 公司有违法行为发生

B. 公司最近两年连续亏损

C. 公司将所募集的资金用于弥补亏损

D. 公司情况发生重大变化不符合公司债券上市条件的

5. 甲公司是一家上市公司。下列股票交易行为中，为证券法律制度所禁止的有（　　）。

A. 持有甲公司3%股权的股东李某已将其所持全部股权转让于他人，甲公司董事张某在获悉该消息后，告知其朋友王某，王某在该消息为公众所知悉前将其持有的甲公司股票全部卖出

B. 乙公司经研究认为甲公司去年盈利状况超出市场预期，在甲公司公布年报前购入甲公司4%的股权

C. 甲公司董事张某在董事会审议年度报告时，知悉了甲公司去年盈利超出市场预期的消息，在年报公布前买入了本公司股票10万股

D. 甲公司的收发室工作人员刘某看到了中国证监会寄来的公司因涉嫌证券违法行为被立案调查的通知，在该消息公告前卖出了其持有的本公司股票

三、案例分析

中国证监会在对A上市公司进行例行检查中，发现以下事实：

（1）A公司于2010年5月6日由B企业、C企业等6家企业作为发起人共同以发起设立方式成立，成立时的股本总额为8 200万股（每股面值为人民币1元，下同）。其中B企业以其拥有的金刚石生产线折股认购5 700万股，其他5家发起人以现金共认购2 500万股。2015年8月9日，A公司获准发行5 000万股社会公众股，并于同年10月10日在证券交易所上市。此次发行完毕后，A公司的股本总额达到13 200万股。

（2）为A公司出具2015年度审计报告的注册会计师陈某，在2016年3月10日公司年度报告公布后，于同年3月20日购买了A公司股票2万股，并于同年4月8日抛售，获利3万余元；E证券公司的证券从业人员李某认为A公司的股票具有上涨潜力，于2015年3月15日购买了A公司股票1万股。

要求：根据上述事实及有关法律规定，回答下列问题。

（1）A公司上市后，其股本结构中社会公众股所占股本总额比例是否符合《证券法》的规定？说明理由。

（2）陈某、李某买卖A公司股票的行为是否符合法律规定？说明理由。

第十章

票据法实务

学习目标

知识学习目标：通过本章的学习，使学生了解我国目前的票据种类，准确理解票据法律关系中各方的权利与义务的具体内容，从而能够正确行使票据上的权利及承担票据义务，避免票据欺诈。

技能训练目标：了解汇票、本票、支票的特点，准确把握票据关系与票据基础关系；熟悉汇票的出票、背书、承兑、追索等票据行为及其法律效力，正确行使票据权利；掌握如何开立、使用票据。

导入案例

兰飞公司刚刚成立就与好捷公司签订了一份买卖合同，双方约定：兰飞公司向好捷公司购买 10 吨化工原料，总价款为 20 万元，好捷公司在合同签订后 1 个月内交货，兰飞公司在验货后 7 日内付款，双方经过协商采用票据进行结算。请问：票据结算有哪些优点？

第一节 票据的“紧箍咒”——认识票据与票据法

一、票据

票据，是出票人依票据法签发的，约定自己或委托付款人在见票时或指定的日期，无条件向收款人或持票人支付确定的金额并且可以转让的一种有价证券。根据《中华人民共和国票据法》(简称《票据法》) 的规定，票据包括汇票、本票和支票。

票据是以一定金额的金钱给付为目的而创设的证券。票据可以解决现金支付在空间上的障碍，如异地输送现金和兑换货币，具有方便、快捷、安全、经济等优点，在交易中可以用来预付货款或延期付款，而且还可以用来向银行贴现，解决资金困难等。

票据一旦开立、流通，在当事人之间就产生一定的票据法律关系。

二、票据法律关系

票据法律关系是指票据当事人之间在票据的签发与转让等过程中发生的权利与义务关系，可分为票据关系和票据法上的非票据关系。

（一）票据关系

1. 票据关系的概念

票据关系是指当事人之间基于票据行为（票据发行、背书、承兑、参加承兑、参加付款、保付、照付等）而发生的债权债务关系。有些票据关系我国《票据法》未做规定，具体如图 10-1 所示。

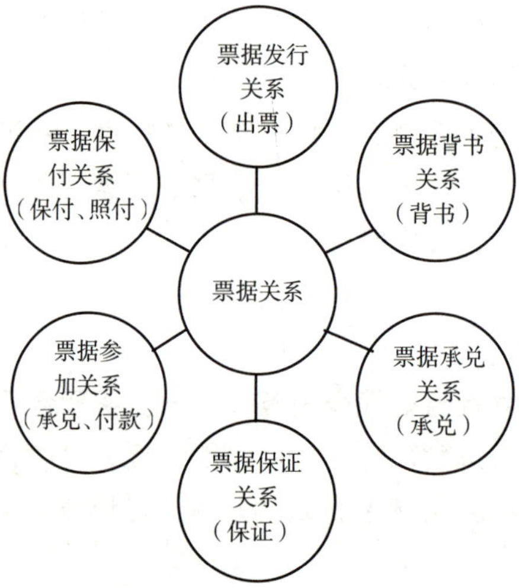

图 10-1 票据关系的主要类型

2. 票据关系的构成

票据关系和其他民事法律关系一样，由主体、客体和内容三大要素构成。

票据关系的主体是指票据法律关系的当事人。当事人有出票人（也称发票人）、持票人、承兑人、付款人、受款人、背书人、被背书人、保证人等。由于票据的种类不同，当事人的构成不尽一样，票据行为的性质不同，因此当事人的称谓也有所区别。在某些情况下，同一个当事人可以有两个名称，即具有双重身份，如汇票中的付款人在承兑汇票后又称承兑人等。

银行承兑汇票主体（当事人）之间的关系如图 10-2 所示。

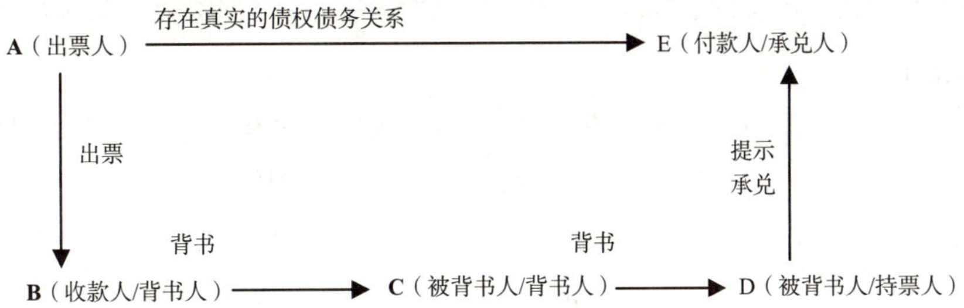

图 10-2 银行承兑汇票主体之间的关系

票据关系的客体是指参加票据法律关系的当事人的权利和义务所指向的对象。鉴于票据法律关系是因支付或清偿一定的金钱而发生的法律关系，其客体只能是一定数额的金钱。

票据关系的内容是指票据当事人因票据行为依法享有的票据权利和承担的票据义务。票据权利是指持票人向票据债务人请求支付票据金额的权利，包括付款请求权和追索权；票据义务是指票据法律关系的当事人依据票据法或票据行为必须为一定行为或不为一定行为的必然性，如必须支付票据上的金额。

（二）票据法上的非票据关系

票据法上的非票据关系，即根据《票据法》规定直接发生的法律关系，主要包括票据返还关系、利益返还关系、汇票回单签发关系、损害赔偿关系等。

1. 票据返还关系

票据返还关系有三种：票据债务人履行票据义务后请求持票人返还票据，以消灭票据关系或据此行使追索权的权利义务关系；持票人因获得承兑或者不获承兑、不获付款后请求付款人退还票据的权利义务关系；票据上的正当权利人对于因恶意或重大过失而取得票据的持票人行使票据返还请求权而发生的权利义务关系。

2. 利益返还关系

利益返还关系，是指持票人因未在票据时效内主张权利或因手续欠缺，而丧失票据上的权利，对出票人或承兑人行使利益偿还请求权而发生的权利义务关系。

3. 汇票回单签发关系

汇票回单签发关系，是指持票人将汇票交给付款人时有权要求付款人签发收到汇票的回单，证明持票人因提示承兑而向付款人交付了票据。

4. 损害赔偿关系

损害赔偿关系是指因违反票据法的规定给他人造成损害，受害人请求损害赔偿的权利义务关系。

（三）票据基础关系

票据基础关系是指作为产生票据关系的事实和前提存在于票据关系之外而由民法规

定的非基于票据行为产生的法律关系，包括票据原因关系、票据资金关系和票据预约关系。

1. 票据原因关系

票据原因关系是指票据当事人之间授受票据的原因。原因关系只存在于授受票据的直接当事人之间，票据一经转让，原因关系对票据的影响就被切断。

2. 票据资金关系

票据资金关系指发生于（汇票）出票人与付款人之间、出票人与承兑人之间的一种基础关系，如存款、信用垫款、抵债等。票据资金关系的成立，必须具备如下两个条件：出票人必须在付款人处有可由付款人处分的资金；资金必须得以票据进行处分，出票人与付款人之间还须存在由付款人负担支付票据资金的合同。

3. 票据预约关系

票据预约关系是票据当事人就票据的种类（汇票、本票或支票）、金额、到期日、付款地等事项达成合意。票据预约不仅存在于出票人与收款人之间，也存在于背书人与被背书人之间。当事人间先有原因关系，再有票据预约，然后根据预约发出票据，才能发生票据关系。

【工作实例】蓝天有限公司和万象有限公司签订了一份烧碱买卖合同，双方约定由蓝天有限公司向万象有限公司签发100万的银行承兑汇票来支付货款。蓝天有限公司向其开户行中国银行某支行提出申请，经银行审查同意承兑。合同顺利履行后，万象有限公司最终获得该中国银行的付款，并把汇票交给了银行。

【温馨提示】

双方的买卖合同行为是票据的基础关系，它是蓝天有限公司向万象有限公司签发票据的原因；双方约定由蓝天有限公司向万象有限公司签发汇票支付货款是票据预约关系；蓝天有限公司作为出票人与万象有限公司持票人之间的这层关系则属于票据发行关系；蓝天有限公司向其开户行申请承兑是基于双方票据资金关系；其开户行承兑行为是票据承兑法律关系；万象有限公司获得付款后把汇票交给银行是票据返还关系。

【延伸思考】

如果万象有限公司未如实履行合同，蓝天有限公司可以要求银行对该汇票拒绝付款吗？

（四）票据关系与票据基础关系

票据关系一经成立就与其基础关系相分离，两种关系独立存在，分别属于不同的法律规范，票据基础关系是否存在、有效和履行，不影响票据关系，但是两者又有一定的联系。

1. 票据关系与票据原因关系

票据的发行或背书行为，只要具备了法定形式要件，即可产生有效的票据关系，即使票据原因关系存在缺陷、被解除或无效等，也不影响已发行或流通的票据的效力；票据权利人行使票据权利不必证明票据原因关系，债务人不得以票据原因关系欠缺对抗持票人；票据上记载的内容与票据原因关系不一致时，票据权利与义务仍按票据文义确定，不因票据原因关系而改变。

但是，在授受票据的直接当事人之间，票据原因关系是否有效，则影响他们之间票据关系的效力。对于无对价而取得票据的持票人，不能享有优于前手的权利，要受前手原因关系的牵连。另外，持票人明知前手的票据关系中存在原因关系的抗辩，但仍取得票据的，前手原因关系的抗辩可以延续用来对抗该知情持票人。

2. 票据关系与票据资金关系

持票人所享有的票据权利不受资金关系的影响，只要票据关系合法有效就可以行使票据权利；付款人对票据是否承兑、付款由其自行选择，不受资金关系的影响；出票人不得以自己已向付款人提供了资金为由，拒绝向持票人及出票人的其他后手向其行使追索权，出票人仍应承担相应的票据义务。

汇票承兑人与出票人无资金关系的，不得以资金关系不存在对抗出票人以外的善意持票人，承兑人应履行付款义务。而当汇票、支票的持票人为出票人的，承兑人或付款人可以以资金关系不存在而抗辩。

3. 票据关系与票据预约关系

即使出票人或背书人没有按照票据预约内容进行票据行为，票据关系的内容仍由票据文义而定；即使有票据预约或票据预约无效、被撤销，只要出票、背书行为合法有效，由此产生的票据关系有效，不受预约关系的影响。但是，在授受票据的直接当事人之间，债务人可以以票据预约关系对抗债权人。

【工作实例】宏达有限公司与赛亚有限公司签订了价值 20 万元的买卖合同，合同约定由宏达有限公司向赛亚有限公司支付预付款 10 万元。宏达有限公司从某建设银行支行申领到一张 10 万元银行承兑汇票，背书后交给赛亚有限公司，赛亚有限公司又将其背书转让给了天一有限公司，用以支付拖欠对方的货款。后来，宏达有限公司与赛亚有限公司因合同履行纠纷最后解除了合同。天一有限公司持汇票到银行要求付款时，银行以宏达有限公司在银行账户中只有 6 万元予以拒绝。天一有限公司又向宏达有限公司催讨，宏达有限公司以与赛亚有限公司合同已解除为由予以拒绝。

【温馨提示】

持票人所享有的票据权利不受资金关系的影响，银行作为承兑人应履行付款义务。即使票据原因关系已被解除，也不影响已发行或流通的票据的效力，作为出票人（债务人）不得以票据原因关系不存在对抗持票人行使票据权利。

【延伸思考】

（1）银行拒绝付款是否合法？为什么？

（2）宏达有限公司以合同已解除为由予以拒绝是否合法？为什么？

三、票据行为

（一）票据行为的概念与特征

票据行为是以票据权利义务的设立及变更为目的的法律行为，包括出票、背书、承兑、保证、参加承兑、保付等。具体内容参见第二节的汇票部分。

票据行为分为基本的票据行为（出票）和附属的票据行为（背书、承兑、参加承兑、保证、保付等），具有要式性、文义性、无因性、独立性等特征。

要式性——票据行为是一种要式法律行为。票据必须遵循法定的、严格的形式，不允许当事人自主决定或变更，否则不能产生票据法上的效力。

文义性——票据行为是一种文义法律行为。票据行为的内容完全以票据上记载的文义为准。即使票据上记载的文字与实际情况不符，仍应以文字记载为准，不允许票据当事人以票据文字以外的事实或证据，对票据上的文字记载做变更或者补充。

无因性——票据行为是一种无因法律行为。票据行为只要具备法律规定的形式即自行产生效力，而不问其基于的原因关系或基础关系存在与否或者是否有效。

独立性——票据行为是一种独立法律行为。多个行为人在同一票据上各自所为的票据行为，都各自依其在票据上所载文义独立发生效力，互相不发生影响。一个票据行为无效，不影响其他票据行为的效力。

（二）票据行为的有效条件

1. 具备实质有效条件

（1）行为人必须具有从事票据行为的能力。无民事行为能力或者限制民事行为能力人在票据上签章的，其签章无效，其他票据当事人也不得据此签章向无行为能力或者限制行为能力人主张任何票据债权。

（2）行为人的意思表示必须真实或者无缺陷。以欺诈、偷盗、胁迫等手段取得票据的，或者明知有前列情形，出于恶意或重大过失而取得票据的，不得享有票据权利。

（3）票据行为的内容必须符合法律、法规的规定。

【工作实例】司徒先生每年有大量收入，因此在银行开立了存款账户。2012年，司徒先生因家庭生活受到刺激，导致精神失常。4月1日，司徒先生签了一张60万元的银行汇票给某房地产公司购买房屋，房地产公司希望有保证人进行保证。司徒先生找到钟女士予以保证。房地产公司收受汇票后，以背书的方式将该汇票转让给了某租赁公司以支付所欠的建筑机械租金。某租赁公司又将该汇票背书给某现代商城购置计算机设备。某现代商城通过开户银行提示付款时，开户银行以超过提示付款期为由做了退票处理。某现代商城只好通知其前手进行追索。而租赁公司和房地产公司均以有保证人为由推卸自己的责任，保证人钟女士以司徒先生系精神病人，其签发汇票无效为由，拒不承担责任。经鉴定，司徒先生当时确属精神不正常，属无行为能力人。

【温馨提示】

无民事行为能力人或者限制民事行为能力人在票据上签章的，其签章无效，但是不影响其他签章。票据行为具有独立性，一个票据行为无效，不影响其他票据行为的效力。根据票据法规定，汇票的出票人、背书人、承兑人和保证人对持票人承担连带责任。

【延伸思考】

（1）无行为能力人的票据行为是否有效？其所签发的票据是否有效？

（2）租赁公司和房地产公司应否负票据责任？钟女士应否承担保证责任？

2. 票据签章符合法律规定

票据上的签章为签名、盖章或者签名加盖章。票据上的签章是票据行为表现形式中绝对应记载的事项，如无该内容，票据行为即无效。

法人和其他使用票据的单位在票据上的签章，为该法人或者该单位的盖章加其法定代表人或者其授权的代理人的签章。在票据上的签名，应当为该当事人的本名。

商业汇票上的出票人的签章，为该法人或者该单位的财务专用章或者公章加其法定代表人、单位负责人或者其授权的代理人的签名或者盖章。银行汇票上的出票人的签章和银行承兑汇票的承兑人的签章，为该银行汇票专用章加其法定代表人或者其授权的代理人的签名或者盖章。银行承兑商业汇票、办理商业汇票转贴现、再贴现时的签章，应为该银行汇票专用章加其法定代表人或其授权代理人的签名或者盖章。

银行本票上的出票人的签章，为该银行的本票专用章加其法定代表人或者其授权的代理人的签名或者盖章。支票上的出票人和商业承兑汇票的承兑人的签章，出票人为单位的，为与该单位在银行预留签章一致的财务专用章或者公章加其法定代表人或者其授权的代理人的签名或者盖章。出票人为个人的，为与该个人在银行预留签章一致的签名或者盖章。

银行汇票、银行本票的出票人以及银行承兑汇票的承兑人在票据上未加盖规定的专用章而加盖该银行的公章，支票的出票人在票据上未加盖与该单位在银行预留签章一致的财务专用章而加盖该出票人公章的，签章人应当承担票据责任。

出票人在票据上的签章不符合法律规定的，票据无效；承兑人、保证人在票据上的签章不符合法律规定的，或者无民事行为能力人、限制民事行为能力人在票据上签章的，其签章无效，但不影响其他符合规定签章的效力；背书人在票据上的签章不符合法律规定的，其签章无效，但不影响其前手符合规定签章的效力。

3. 票据记载事项符合法律规定

票据记载事项的主要类型如表 10-1 所示。

表 10-1 票据记载事项的主要类型

票据记载事项类型	概　念	内　容	效　力
绝对必要记载事项	《票据法》明文规定必须记载的事项	票据种类的记载；票据金额的记载；收款人的记载；年月日的记载	欠缺记载内容之一则票据无效；更改金额、收款人名称、日期的，票据也无效
相对必要记载事项	应该记载而未记载可以依法补充的事项	付款日期； 付款地； 出票地	可以依法补充， 不影响票据的效力
任意记载事项	票据法规定由当事人选择记载的事项	如“不得转让”等	该记载有效
不得记载事项	票据法禁止行为人在票据上记载的事项	如在本票、支票上记载付款日等	该记载无效
可以记载事项	法律规定事项以外的事项	签发票据的原因、票据项下交易的合同号码等	该记载不具有票据上的效力

票据金额以中文大写和数码同时记载，二者必须一致，否则票据无效。票据金额、出票日期和收款人名称不得更改，否则票据无效。对票据上的其他记载事项，原记载人可以更改，更改时应当由原记载人签章证明。票据金额、出票日期和收款人名称如记载错误，只能由出票人重新签发票据，而不能在票据上进行更改。如果付款人对更改金额、出票日期或者收款人名称的票据付款的，由付款人承担责任。

出票人在票据上的记载事项必须符合法律的规定。票据上可以记载法律规定事项以外的其他出票事项，但是该记载事项不具有票据上的效力，银行不负审查责任。

【工作实例】某工商银行A市分行某办事处办公室主任李某与其妻弟密谋后，利用工作上的便利，盗用该银行已于1年前公告作废的旧业务印鉴，签署了金额为人民币100万元的银行承兑汇票一张，出票人和付款人及承兑人记载为该办事处，汇票到期日为同年12月底，收款人为某省建筑公司，该建筑公司系李某妻弟所承包经营的企业。李某将签署的汇票交给了该公司后，该公司请求某外贸公司在票据上签署了保证，之后持票向某城市合作银行申请贴现。该合作银行扣除利息和手续费后，把贴现款96万元支付给了该建筑公司。汇票到期，城市合作银行向A市分行某办事处提示付款遭拒绝。

请问：本案中有哪些票据行为？其效力如何？

【温馨提示】

票据行为有：①李某伪造签章进行的出票和承兑行为。相对于A市分行某办事处的现行有效公章而言，李某使用的作废的公章应定为假公章。因此，出票和承兑行为属伪造，行为本身无效。②某外贸公司的票据保证行为；该行为有效。③建筑公司的贴现行为（背书转让）；该行为有效。虽然该公司（代表人）恶意取得票据，不得享有票据权利，但其背书签章真实，符合形式要件，且有行为能力，故有效。

【延伸思考】

该案中银行是否享有票据权利？如有，应如何行使？

（三）代理票据行为

代理票据行为，是指代理人在其代理权限内，在票据上记载被代理人的名称及为被代理人代理的意思，并在票据上签章的行为。票据当事人可以委托其代理人在票据上签章，并应当在票据上表明其代理关系。

1. 代理条件

（1）需有票据当事人委托代理的意思表示，即将委托代理的意思表示通过书面形式通知代理人。这是票据行为代理的实质要件。

（2）代理人必须在票据上表明代理关系，即在票据上相应位置载明两个内容：一是记载被代理人的姓名或名称；二是记载“代理”字样，如果依照票据使用习惯足以证明是代理关系，也产生代理关系。

（3）代理人需要按照被代理人的委托在票据上签章，这是代理关系绝对生效的条件。

2. 无权代理

票据的无权代理是指票据行为的代理人在没有票据代理授权的情况下，以代理人的名义在票据上签章并记载票据代理关系。票据代理中的无权代理，应具备 5 项要件：① 无权代理的行为必须被记载在票据上；② 必须是无权代理人以自己名义签章；③ 必须是无权代理人以自己的名义并以代理人身份签章；④ 必须是票据代理人没有代理权；⑤ 必须是无权代理行为没有瑕疵。没有代理权而以代理人名义在票据上签章的，应当由签章人承担票据责任，不须等待被代理人是否追认。

3. 越权代理

票据的越权代理，是指票据代理人虽然有票据代理授权，但超越代理权限而进行的票据代理。票据行为的越权代理应具备 3 个条件：① 越权代理的行为必须显示在票据上；② 必须有票据代理授权；③ 必须是已超越票据代理的授权权限。票据行为的越权代理，依其越权内容的不同，可以分为增加票据金额的越权代理和其他越权代理两种情形。

对于增加金额的越权代理，被代理人对授权内的金额负票据责任，越权代理人对越权部分的金额负票据责任，被代理人与越权代理人之间均不承担连带责任。对于其他越权代理，被代理人仅对知悉票据代理越权，而仍主张依票据记载行使票据权利的持票人，可以行使抗辩，对不知悉越权代理情形的，被代理人不得行使抗辩。

【工作实例】个人企业主甲受乙公司委托代理签发了一张 3 万元的支票给收款人丙，后丙请求付款时遭到银行拒绝，于是丙向乙公司行使追索权。乙公司声称其授权甲代理签发票据的最高限额为 1 万元，故其只承担 1 万元的票据责任，丙于是向法院起诉。法庭查明，乙公司的确只授权甲代理签发金额为 1 万元的票据。

请问：该票据是否有效？该票据责任应如何承担？

【温馨提示】

甲的行为属于票据代理中的越权代理行为，乙公司的授权（仅限 1 万元的限额）只对内发生效力，对外不发生效力，即对丙无效。该票据责任应由乙公司承担，乙公司承担后可以向甲追偿。因为甲对自己的越权代理行为应负票据责任。

【延伸思考】

该银行拒绝付款的原因有哪些？

四、票据权利与抗辩

（一）票据权利

1. 了解票据权利

票据权利是指持票人向票据债务人请求支付票据金额的权利，它包括付款请求权和追索权。

付款请求权又称第一次请求权，是指持票人对票据主债务人（如汇票的承兑人、本票的出票人、支票的保付人等）行使请求其支付票据上记载金额的权利；追索权是指因持票人在第一次请求权没有或者无法实现的情况下，对票据的其他付款义务人（如汇票、支票的出票人，汇票、本票的保证人，票据的背书人等）行使请求偿还票款的权利。

持票人首先应当要求票据的主债务人（付款人、承兑人）向其偿付，如果主债务人没有或无法（如账上无款支付或者破产等）偿付时，持票人才有权要求其他付款义务人（背书人、保证人、出票人）向其偿付票款。如何行使付款请求权及追索权参阅第二节的汇票部分。

2. 取得票据权利

（1）原始取得。持票人不经任何其他前手权利人而最初取得权利，包括发行取得与善意取得。发行取得，是指权利人依出票人的出票行为而取得票据权利。善意取得，是指票据受让人依票据法规定的转让方式，善意地从无处分权人手中取得票据，从而享有票据权利。善意是指无恶意或重大过失，判断受让人是否善意应以其取得票据时的情况为标准，且受让人注意义务仅限于对其直接前手。受让人对其善意与否不负举证责任。

（2）继受取得。即受让人从有处分权的前手权利人处取得票据权利，如通过背书转让、保证、付款等票据法规定的转让方式取得票据权利。通过质押、贴现、继承、赠与、公司合并或分立、清算等方式取得票据权利，为非票据法上的继受取得，此种继受取得只能得到一般法律的保护，不能主张票据法上的抗辩切断和善意取得等。

任何人不得对持票人享有的、由出票人给予的票据权利的合法性提出疑义。持票人以背书的连续享有票据权利。凡取得票据时是善意或无重大过失的，就合法地取得票据权利。凡是无对价或不是以相当对价取得的票据，不得享有优于前手的权利。因税收、继承、赠与等依法无偿取得的票据，所享有的票据权利不得优于其前手。

3. 票据权利消灭

发生下列事项时，票据权利消灭。

（1）付款人依法足额付款。

（2）被追索人依法清偿债务。

（3）票据时效届满。即持票人在票据时效内对相应的票据债务不行使票据权利的，时效届满后该票据权利消灭。持票人对票据的出票人和承兑人的权利，自票据到期日起 2 年。

见票即付的汇票、本票，自出票日起2年。持票人对支票出票人的权利，自出票日起6个月。持票人对前手的追索权，自被拒绝承兑或者被拒绝付款之日起6个月；持票人对前手的再追索权，自清偿日或者被提起诉讼之日起3个月。

（4）保全手续欠缺。即不依期进行承兑提示、付款提示和做成拒绝证明的持票人，丧失对前手的追索权。但付款人或承兑人对该持票人仍应负责，票据权利相对消灭。

（5）法院做出除权判决。

（6）善意取得，即票据丧失后被他人善意取得的，善意取得人享有票据权利，而失票人或原票据权利人丧失该票据权利。

票据的签发、取得和转让，必须具有真实的交易关系和债权债务关系。票据的取得，必须给付对价。但因税收、继承、赠与可以依法无偿取得票据的，不受给付对价的限制。持票人因超过票据权利时效或者因票据记载事项欠缺而丧失票据权利的，仍享有民事权利，可以请求出票人或者承兑人返还其与未支付的票据金额相当的利益。

4. 行使与保全票据权利

（1）行使票据权利。行使票据权利的步骤如下：

第一，在法定期限内行使权利。即在票据时效届满之前及时行使权利。

第二，持票到票据债务人的营业场所和营业时间内进行，票据当事人无营业场所的，应当在其住所进行。

第三，提示承兑或提示付款。远期汇票的持票人应自出票日起1个月内向付款人提示承兑。见票即付的汇票，自出票日起1个月内向付款人提示付款；定期付款、出票后定期付款或见票后定期付款的汇票，自到期日起 10 内向承兑人提示付款；本票自出票日起 2 个月内向付款人提示付款；支票自出票日起10日内向付款人提示付款。

第四，行使追索权。当提示承兑或提示付款遭到拒绝时才能行使。怎样行使追索权参见第二节汇票部分。

（2）保全票据权利。票据权利的保全是指票据权利人为防止票据权利丧失所进行的行为。保全方式包括按期提示票据、做成拒绝证书、中断时效等。

拓展阅读

按期提示票据，是指持票人在法定期间内提示票据行使票据权利；做成拒绝证书，是指持票人行使追索权时，应当提供被拒绝承兑或被拒绝付款的有关证明，如果是持票人在提示承兑或者提示付款被拒绝时，承兑人或者付款人必须出具证明；中断时效，是指在票据有效期间内，持票人向法院提起诉讼，要求以前经过的票据生效时间无效，从中断时起重新计算时效期间保全票据权利。

可以依法采取保全措施的票据主要有：不履行约定义务，与票据债务人有直接债权债务关系的票据当事人所持有的票据；持票人恶意取得的票据；应付对价而未付对价的持票人持有的票据；记载有“不得转让”字样而用于贴现的票据；记载有“不得转让”字样而用于质押的票据；法律或者司法解释规定的其他情形的票据。

5. 票据丧失补救办法

票据丧失，是指持票人并非出于自己的本意而丧失对票据的占有。票据丧失的补救方法主要有挂失止付、公示催告和提起诉讼。

（1）挂失止付。挂失止付是指出票人丧失对票据的占有时，通知票据的付款人或者代理付款人停止支付票据上的金额。付款人或者代理付款人收到挂失止付通知书后，立即暂时停止支付。

拓展阅读

如果付款人或者代理付款人在收到失票人的挂失止付通知书前，已经依法向持票人付款，则不应当再接受失票人的挂失止付。如果付款人或者代理付款人自收到挂失止付通知书之日起 12 日内还没有收到人民法院的止付通知书，则自第 13 日起，失票人的挂失止付通知书失效。挂失止付仅仅是失票人丧失票据后可以采取的一种临时性措施。票据并不因挂失止付而无效，失票人的票据责任并不因此而免除，失票人的票据权利也并不能通过挂失止付的方法得到最终恢复。

（2）公示催告。公示催告是指人民法院根据申请人的申请，以公示的方法，告知并催促不明确的利害关系人在一定期限内申报权利，到期无人申报权利的，则根据申请人的申请依法做出除权判决的程序。

进行公示催告的程序如下：

第一，失票人提出公示催告的申请，向票据支付地的基层人民法院提交公示催告申请书。

第二，法院受理。公示催告的申请提出后，法院应当即决定是否受理。

第三，通知止付。人民法院决定受理公示催告申请后，应当立即向付款人及代理付款人发出停止支付的通知书，付款人或者代理付款人收到人民法院发出的止付通知，应当立即停止支付，直到公示催告程序终结。

第四，发布公告。人民法院应在自立案之日起的 3 日内发布公示催告的公告，将相关票据公布于众，催促利害关系人在指定的时间和地点申报权利。公告应当在全国性的报刊上登载。公示催告的期间，国内票据自公告发布之日起 60 日，涉外票据最长不得超过 90 日。公示催告期间，转让票据权利的行为无效。

第五，终结程序或做出判决。人民法院收到利害关系人的申报后，应当裁定终结公示催告程序，并通知申请人和支付人。如果在公示催告期间届满后，没有人申报权利，人民法院应当根据申请人的申请，做出除权判决，宣告该票据无效。法院做出除权判决后，任何持票人都不得再依该票据主张票据权利。

第六，判决公告并通知付款人或者代理付款人。

第七，失票人持判决书向付款人请求支付票据金额。付款人向失票人支付票据金额后，其票据责任即告解除。

（3）提起诉讼。失票人在丧失票据后，在票据权利时效届满之前，在提供相应担保的情况下，可以请求出票人补发票据，或者请求债务人付款。如果出票人拒绝补发票据，或者债务人拒绝付款，则失票人可以因此向人民法院提起诉讼。如果行为人采用欺诈、胁迫、抢夺、恐吓等非法手段剥夺票据所有人对票据的占有，则失票人有权向非法持有票据的人提起诉讼，要求返还票据。失票人应当向人民法院提供有关证明，说明自己曾经持有票据、该票据上的有关记载事项，同时还应说明自己丧失票据的情形。此外，失票人提供担保的数额应相当于所失票据载明的金额。向人民法院提起诉讼的持票人有责任提供诉争票据。该票据的出票、承兑、交付、背书转让涉嫌欺诈、偷盗、胁迫、恐吓、暴力等非法行为的，持票人对持票的合法性应当负责举证。

【工作实例】董某系 A 市某服装厂的会计。某日，董某前往 A 市客户方某处催收服装厂的一笔货款。当时，方某刚好收到第二轻公司（出票人）支付给他的一张金额 5 万元的劳务费的支票。方某见董某前来收款，就将该支票背书给了服装厂，作为支付货款的款项。由于当时已届下班时间，董某遂将收到的支票带回家中，打算第二天再去银行办理手续，但是由于不慎，支票被其家人用洗衣机绞成了碎片。在董某不知所措之际，该服装厂决定向法院提起公示催告程序。某法院拒绝受理，理由有两点：支票虽然被绞碎，但尚未灭失，不存在被冒领的危险，只需要求出票人重新签发一张支票即可，无须启动公示催告程序；即使需要提起公示催告程序，也应由支票上的收款人方某提起，该服装厂不是该支票的收款人，没有资格提起公示催告程序。同时，法院认为应先到银行办理挂失止付，然后才可以提起公示催告程序。

【温馨提示】

票据绝对丧失，因此不能再作为证券来证明权利。该服装厂不是票据出票的票据原因关系的直接当事人，所以其不能要求出票人重新签发票据。有权提起公示催告的申请人是失票人而非收款人，且该申请公示催告的支票有明确的付款人，因此符合提起该程序的必要条件。同时，挂失止付并不是提起公示催告程序的必经程序。

【延伸思考】

持票人可否要求出票人重新出票？票据重新出票的原因有哪些？

（二）票据抗辩

票据抗辩，是指票据债务人根据票据法的规定对票据债权人拒绝履行义务的行为，分为对物的抗辩和对人的抗辩。

1．对物的抗辩

对物的抗辩，是指基于票据本身的内容有瑕疵而进行的抗辩。其主要包括以下情形：

（1）票据行为不成立而为的抗辩。票据上欠缺应记载事项；票据上记载了禁止记载的事项（如付款附有条件、记载到期日不合法）；票据债务人无行为能力；无权代理或超越代理权进行的票据行为；背书不连续；持票人的票据权利有瑕疵（如因欺诈、偷盗、胁迫、恶意、重大过失取得的票据）。

（2）依票据上的记载不能提出请求的抗辩，如票据未到期、付款地不符等。

（3）票据载明的权利已消灭或已失效而为的抗辩，如票据债权因付款、抵销、提存、免除、除权判决、时效届满而消灭。

（4）票据有伪造、变造情形而为的抗辩。

（5）票据权利的保全手续欠缺而为的抗辩，如应做成拒绝证书而未做等。

2．对人的抗辩

对人的抗辩，是指可用以对抗特定持票人的抗辩。其主要包括以下情形：

（1）持票人欠缺形式上、实质上的受领资格而为的抗辩。

（2）只有特定票据债务人可以向特定的票据债权人行使的抗辩，如欠缺对价的抗辩、原因关系欠缺或已消灭的抗辩等。

（3）明知债务人与出票人或者持票人的前手之间存在抗辩事由而取得票据的持票人。

3．票据抗辩限制

票据抗辩的限制是指票据法规定的票据债务人对特定持票人不得抗辩的限制。

票据债务人不得以自己与持票人的前手之间存在的抗辩事由对抗善意持票人，持票人明知存在抗辩事由而取得票据的除外；凡是善意的、已付对价的正当持票人可以向票据上的一切债务人请求付款，不受前手权利瑕疵和前手相互间抗辩的影响；票据债务人只能对基础关系中的直接相对人不履行约定义务的行为进行抗辩。

持票人取得的票据是无对价或不相当对价的，由于其享有的权利不能优于其前手的权利，故票据债务人可以对抗持票人前手的抗辩事由对抗该持票人。

【工作实例】丰实粮油公司（简称丰实公司）的业务员刘某要到吉林购买大米，为了方便异地办理转账结算，丰实公司开户行签发了一张金额为150万元、收款人为刘某、兑付行为农业银行吉林市某支行的汇票。刘某到吉林后，购粮中间介绍人陈某以发运粮食需要抵押为由，将刘某携带的汇票未经背书直接交给了吉林天龙粮油公司经理张某作抵押。张某拿到汇票后因购买该市某粮油站的大米，于是将这张已经承兑了的汇票背书转让给了该粮油站。该票据到期后，该粮油站持票向承兑行农业银行吉林市某支行要求付款，但因背书不连续遭到拒绝。

【温馨提示】

付款人在付款时，除审查提示付款人的合法身份证明或者有效证件外，还审查背书的连续性，如果背书不连续，付款人可以拒绝付款。

【延伸思考】

当持票人要求付款遭到拒绝后，可否要求前手重新背书以达到背书连续性？

五、票据伪造、变造

（一）票据伪造

票据伪造，是指无权限人假冒他人名义或以虚构人名义签章的行为，包括假冒出票人名义签发票据的行为和假冒他人名义进行出票行为之外的其他票据行为，如伪造背书签章、承兑签章、保证签章等票据上的签章。

票据的伪造行为自始无效，持票人即使善意取得，对被伪造人也不能行使票据权利；对伪造人而言，由于票据上没有以自己名义所做的签章，因此也不应承担票据责任。但是，如果伪造人的行为给他人造成损害的，必须承担民事责任，构成犯罪的，应承担刑事责任。

【工作实例】A伪造了一张100万元的银行承兑汇票，该汇票以B公司为收款人、以乙银行为付款人，其“交易合同号码”栏未填。A将这张伪造的银行承兑汇票向B公司换取了78万元，B公司持这张伪造的汇票到甲银行申请贴现，甲银行未审查出汇票的真假，予以贴现95万元，B公司由此获得收入17万元。甲银行通过联行往来向乙银行提示承兑。乙银行从未办理过该笔银行承兑业务，因此在收到汇票后，立即向公安局报案。后经查明，该汇票系伪造的汇票，因此乙银行将汇票退给甲银行，拒绝承兑。

【温馨提示】

票据上有伪造签章的，不影响票据上其他真实签章的效力。在票据上真正签章的人，应对被伪造票据的债权人承担票据责任，票据债权人依法提示承兑、提示付款或行使追索权时，票据的真正签章人不能以票据伪造为由进行抗辩。

【延伸思考】

甲银行如何行使票据权利？

（二）票据变造

票据变造，是指无权更改票据内容的人，对票据上签章以外的记载事项加以变更的行为，如变更票据上的到期日、付款日、付款地、金额等。

票据的变造应依照签章是在变造之前或之后来承担责任。如果当事人签章在变造之前，应按原记载的内容负责；如果当事人签章在变造之后，则应按变造后的记载内容负责；如果无法辨别是在票据被变造之前或之后签章的，视同在变造之前签章。

拓展阅读

有些行为与票据的变造相似，但不属票据的变造：① 有变更权限的人依法对票据进行的变更（除法定不得变更的事项外）；② 在空白票据上经授权进行补记的（如支票）；③ 变更票据上的签章的。

六、票据欺诈行为的法律责任

票据欺诈行为主要有：① 伪造、变造票据；② 故意使用伪造、变造的票据；③ 签发空头支票或者故意签发与其预留的本名签名式样或者印鉴不符的支票，骗取财物；④ 签发无可靠资金来源的汇票、本票，骗取资金；⑤ 汇票、本票的出票人在出票时做虚假记载，骗取财物；⑥ 冒用他人的票据，或者故意使用过期或者作废的票据，骗取财物；⑦ 付款人同出票人、持票人恶意串通，实施前六项所列行为之一的。

行为人实施上述行为之一，构成犯罪的依法承担刑事法律责任；情节轻微不构成犯罪的，依照国家有关规定给予行政处罚。行政处罚主要有警告、罚金、罚款、没收非法所得、停止办理某项业务、停业整顿、吊销营业执照或经营许可证、拘留等。行为人实施前述票据欺诈行为，给他人造成损失的，还应当承担民事赔偿责任。

第二节 一“纸”走遍天下——汇票

一、认识汇票

汇票是由出票人签发的，委托付款人在见票时或在指定日期内，向收款人或持票人无条件支付一定金额的票据，它是一种委付证券。

拓展阅读

汇票的分类主要如表 10-2 所示。

表 10-2 汇票分类

分类标准	类型
按出票人不同划分	银行汇票是指出票人和付款人均为银行的汇票
	商业汇票是指出票人为企业法人、公司、商号或者个人，付款人为其他企业、商号、个人或者银行的汇票
按有无附属单据划分	光票汇票是指其本身不附带货运单等单据，银行汇票多为光票汇票
	跟单汇票又称信用汇票、押汇汇票，是指需要附带提单、仓单、保险单、装箱单、商业发票等单据才能进行付款的汇票，商业汇票多为跟单汇票
按付款时间划分	即期汇票是指持票人向付款人提示后对方立即付款的汇票，又称见票即付汇票
	远期汇票是指在出票一定期限后或特定日期付款的汇票
按承兑人不同划分	商业承兑汇票（见图 10-3）是指以银行以外的任何商号或个人为承兑人的远期汇票
	银行承兑汇票（见图 10-4）是指承兑人是银行的远期汇票
按流通地域不同划分	国内汇票是指仅在一国内流通使用的汇票
	国际汇票是指在不同国家之间流通使用的汇票

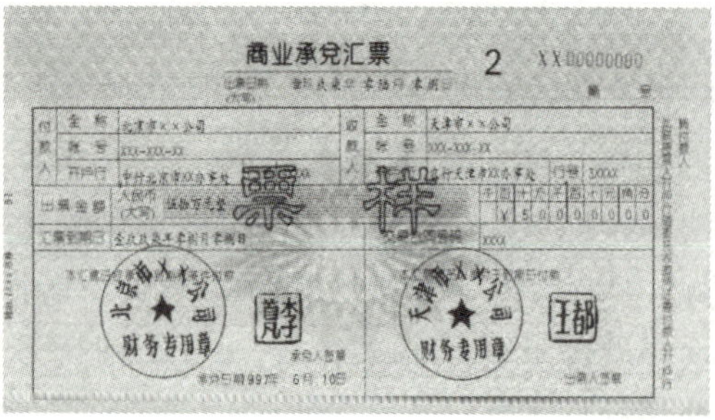
商业承兑汇票 2

图 10-3 商业承兑汇票

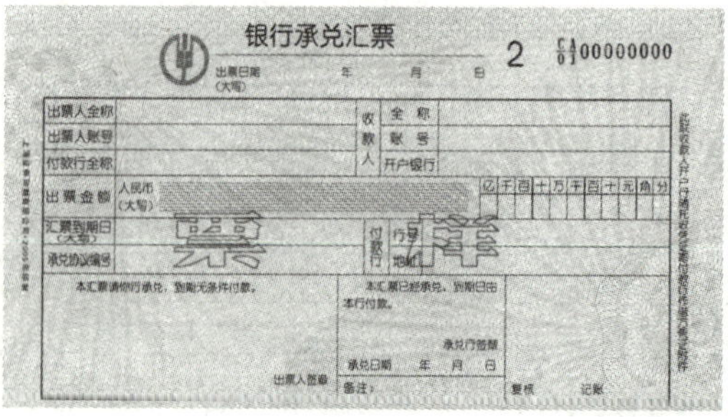
银行承兑汇票 2

图 10-4 银行承兑汇票

二、汇票出票

出票是指出票人签发票据并将其交付给收款人的票据行为。

（一）汇票的格式内容

汇票格式可参见如图 10-3 所示的“商业承兑汇票”，其内容如表 10-3 所示，记载事项的效力可参见第一节中如表 10-1 所示内容。

表 10-3 汇票的主要内容

绝对必要记载事项	相对必要记载事项	任意记载事项	可以记载事项
“汇票”字样；无条件支付委托；金额；付款人名称；收款人名称；出票日期；出票人签章	付款日期（未记载的为见票即付）；付款地（未记载的，付款人的营业场所、住所或者经常居住地为付款地）；出票地（未记载出票地的，出票人的营业场所、住所或者经常居住地为出票地）	“不得转让”等	签发票据的原因、用途；票据项下交易的合同号码等

（二）出票的流程

以银行承兑汇票为例，其出票主要程序如下。

（1）出票人向银行提出申请，填写《银行承兑业务申请书》。依法从事经营活动的企业法人以及其他组织，在承兑银行开立有存款账户，并有数年以上的结算业务往来，可以申请办理银行承兑汇票业务。

拓展阅读

银行要求的相关资料主要有：① 经会计（审计）事务所年审过的近 3 个年度和当期资产负债表、损益表、现金流量表。成立不足 3 年的企业，提供与其成立期限相当的财务会计报表。② 承兑申请所依据的商品交易合同、增值税发票、货运凭证等原件及复印件。③《企业法人营业执照》副本或复印件及年检证明。④《国、地税务登记证》复印件及年检证明。⑤ 公司章程、经董事会或股东会审议并出具申请开立承兑汇票的正式文件。⑥ 法人代表、负责人或代理人的身份证明复印件。⑦ 核对后的法人代表、负责人或代理人的签字样本。⑧ 经年检的贷款卡及查询码。⑨ 在人民银行 IE 查询系统查询借款人负债、对外担保等情况资料。⑩ 拟设置抵（质）押物权属证明复印件。⑪ 开户许可证复印件。⑫ 企业股东会（董事会）同意办理汇票抵押的决议。⑬ 承兑人要求提供的其他文件资料。

（2）银行进行调查。了解客户信息，掌握其经营变化情况，重点调查出票人经营行业风险、产品的市场风险、管理状况、财务状况、资金回笼情况，是否有足够的资金支付到期汇票金额以及对担保人担保能力的变化和抵（质）押物状况的价值变化的分析。

（3）银行审查出票人对到期承兑汇票的偿债能力。银行对申请材料的真实性、完备性和有效性进行审查、核实。经资格审查合格的，向出票人开具《申请材料收妥单》；对不符合信贷规定的，应对客户进行解释婉言拒绝其申请。

（4）银行进行承兑。承兑银行根据出票人的信用等级通知出票人按比例交入保证金，但不得少于承兑汇票票面金额的一定的比例。双方签订《银行承兑协议》和担保合同（保证合同、抵押合同、质押合同），按规定办理抵（质）押登记。

（5）银行将空白银行承兑汇票交出票人填写，向出票人一次性收取票面金额一定比例的承兑手续费。

（6）出票人做成票据交付收款人。出票人按法律规定格式、内容填写。

（三）出票的效力

1. 出票人承担担保责任

出票人签发汇票后，即承担保证该汇票承兑和付款的责任。出票人在汇票得不到承兑或者付款时，应当向持票人清偿法律规定的金额和费用。担保汇票的承兑是指汇票到期日前不获承兑时，收款人或持票人可以请求出票人偿还票据金额、利息和有关费用。担保汇票的付款是指汇票到期时，付款人虽已承兑但拒绝付款的，出票人必须承担清偿责任。

2. 付款人取得承兑或付款的资格

出票行为是单方行为，付款人并不因此而有承兑付款的义务，只有付款之权限。付款人如果和出票人订有委托付款协议，而又不履行协议中的内容，不承兑付款仅需对出票人承担相应的违约责任。但付款人在对汇票进行承兑后，即成为汇票上的主债务人。

3. 收款人取得汇票上的一切权利

收款人取得出票人签发的汇票后，即取得票据权利，就票据金额享有付款请求权；在该请求权不能满足时，即享有追索权。

【工作实例】百花商店与兴达公司订立了联营合同，合同约定：兴达公司在通化设立分公司，与百花商店联营家用电器，兴达公司给百花商店的商品按进价供应，货款结算办法采用银行承兑汇票，结算承兑期为 6 个月，按实际销售额结算货款。一天，百花商店经理持“联营合同书”至其开户银行通化信用社，请求办理银行承兑汇票。通化信用社遂与百花商店签订了承兑协议：银行承兑汇票收款人为兴达公司，付款人为百花商店，汇票金额 120 万元，承兑银行为通化信用社，汇票申请人为百花商店。后来，百花商店签发了 X11623567 号汇票，因通化信用社不具有银行承兑资格，该社主任李某持 X11623567 号汇票到通化建行找到该行会计科科长陈某，要求代盖通化建行章。陈某就在该汇票签发栏内盖上通化建行公章，未在承兑银行栏内盖章，该栏空白。后交给李某，李某转给百花商店经理。后百花商店经理将汇票送交兴达公司。

【温馨提示】

银行汇票承兑栏内无承兑人签名或盖章，即无付款人，欠缺法定绝对必要记载事项。从票据实质要件来看，不具有银行承兑汇票承兑权利能力和行为能力的主体订立银行承兑协议是无效的。欠缺付款人、出票人不合格的无效银行汇票，不能产生票据法上的权利义务关系。

【延伸思考】

该汇票是否为有效票据？为什么？

三、汇票背书

背书，是指持票人以转让票据权利为目的，按法定的事项和方式在票据背面或者粘单上记载有关事项并签章的票据行为。

（一）背书的类型

（1）完全背书，是指以转让票据权利为目的的背书。既有背书人签章又有被背书人名称及日期。在我国，汇票背书应以完全背书的方式进行，否则背书无效。但是，背书人未记载被背书人名称即将票据交付他人的，持票人在票据被背书人栏内记载自己的名称与背书人记载具有同等法律效力。

（2）非转让背书是指以授予他人行使一定的票据权利为目的的背书，不以转让票据权利为目的，包括委托收款背书和质押背书。委托收款背书是指背书人委托被背书人行使票据权利的背书。委托收款背书的被背书人有权代背书人行使被委托的票据权利（请求做成拒绝证明、发出拒绝事由通知、行使利益求偿权等）。被背书人只是代理人，背书人仍是票据权利人。此时，被背书人不得再以背书转让票据权利。质押背书是指以担保债务而在票据上设定质权为目的的背书。背书人仍是票据权利人，被背书人并不因此取得票据权利。被背书人依法实现其质权时，才可以行使票据权利。

拓展阅读

背书人在票据上记载“不得转让”、“委托收款”、“质押”字样，其后手再背书转让、委托收款或者质押的，原背书人对后手的被背书人不承担票据责任，但不影响出票人、承兑人以及原背书人之前手的票据责任。贷款人恶意或者有重大过失从事票据质押贷款的，人民法院应当认定质押行为无效。

（二）背书的要求

（1）以背书转让的汇票，后手应当对其直接前手背书的真实性负责。

（2）背书不得附有条件。背书时附有条件的，所附条件不具有汇票上的效力。将汇票金额的一部分转让的背书或者将汇票金额分别转让给二人以上的背书无效。

（3）背书应当连续。背书连续，是指票据第一次背书转让的背书人是票据上记载的收款人，前次背书转让的被背书人是后一次背书转让的背书人，依次前后衔接，背书人与受让汇票的被背书人在汇票上的签章依次前后衔接。最后一次背书转让的被背书人是票据的最后持票人。背书连续是指在形式上连续。持票人以背书的连续，证明其票据权利。非经背书转让，而以其他合法方式取得票据的，依法举证，证明其票据权利。

拓展阅读

背书在形式上和实质上均不连续时，持票人只能行使追索权或利益返还请求权。对此，付款人负有查验背书是否连续的责任。付款人在背书不连续的情况下付款，因此造成的损失由付款人负责。

（4）票据凭证不能满足背书人记载事项的需要，可以加附粘单，粘附于票据凭证上。粘单上的第一记载人，应当在汇票和粘单的粘接处签章。

（5）不得为法律禁止的背书。汇票被拒绝承兑、被拒绝付款或者超过付款提示期限的，不得进行背书转让。背书转让的，背书人应当承担汇票责任。

（6）不得转让出票人在汇票正面记载“不得转让”字样的汇票。出票人的直接后手背书转让的，出票人对其直接后手的被背书人不承担保证责任，对被背书人提示付款或委托收款的票据，付款人或承兑人不承担票据责任；背书人在汇票上记载“不得转让”字样，其后手再背书转让的，原背书人对依此取得汇票的一切当事人不承担保证责任。

（7）回头背书的追偿权受到限制。回头背书是指以汇票上已有的债务人为被背书人的背书，即原票据债务人因背书而持有票据，成为票据权利人。对于回头背书，持票人为出票人的，对其前手无追索权；持票人为背书人的，对其后手无追索权。

（8）以汇票设定质押背书时必须符合签章要求。出质人在汇票上记载了“质押”字样后必须在票据上签章，未签章或者出质人未在汇票或粘单上记载“质押”字样而另行签订质押合同、质押条款的，不构成票据质押。

（9）填明“现金”字样的银行汇票，同银行本票和用于支取现金的支票不得背书转让。区域性银行汇票仅限于在本区域内背书转让，而银行本票、支票仅限于在其票据交换区域内背书转让。区域性银行汇票和银行本票、支票出票人向规定区域以外的收款人出票的，背书人向规定区域以外的被背书人转让票据的，区域外的银行不予受理，但出票人、背书人仍应承担票据责任。

（三）背书的格式内容

背书（见图 10-5）中有绝对记载事项，主要为背书人签章、被背书人名称、背书日期，在粘单上背书的，粘单上的第一记载人在粘接处签章。可记载事项，如“不得转让”字样。不得记载事项 ，如附有条件、部分背书的记载。

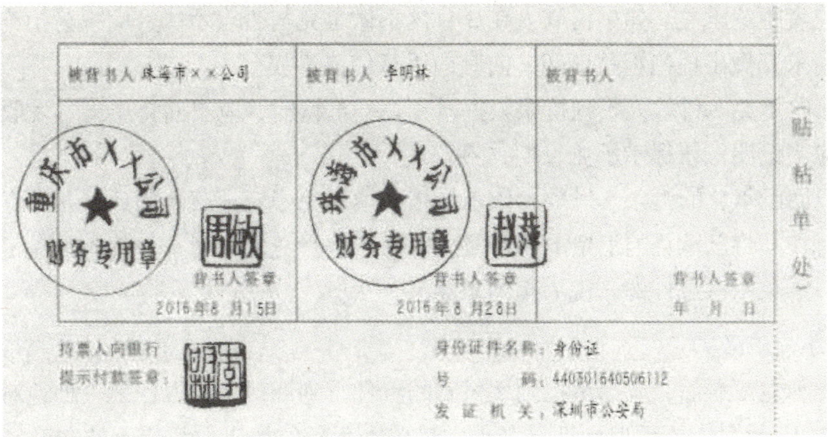

图 10-5 背书

四、汇票承兑

承兑，是指汇票付款人承诺在汇票到期日支付汇票金额的票据行为。承兑是汇票特有的制度，主要针对远期汇票，它是由银行承担付款责任的短期债务凭证，期限一般在 6 个月以内。本票和支票都没有承兑。

银行承兑的作用在于为汇票成为流通性票据提供信用保证。汇票是列明付款人和收款人的双名票据，经银行作为第三者承兑后则成为三名票据。承兑银行成为主债务人，而付款人则成为第二债务人。实际上，银行承兑汇票相当于对银行开列的远期支票。持票人可以在汇票到期时提示付款，也可以在未到期时向银行尤其是承兑银行要求贴现取得现款。

（一）承兑的程序

1. 记载承兑事项

承兑的记载事项，是指付款人办理承兑手续时需要在汇票上记载的事项。付款人承兑汇票的，应当在汇票正面记载“承兑”字样和承兑日期并签章；见票后定期付款的汇票，应当在承兑时记载付款日期。汇票上未记载承兑日期的，以持票人提示承兑之日起的第 3 日为承兑日期。

2. 提示承兑

定日付款或者出票后定期付款的汇票，持票人应当在汇票到期日前向付款人提示承兑；见票后定期付款的汇票，持票人应当自出票日起 1 个月内向付款人提示承兑；汇票未按照规定期限提示承兑的，持票人丧失对其前手的追索权；见票即付的汇票无须提示承兑。

3. 承兑成立

（1）承兑时间。付款人对向其提示承兑的汇票，应当自收到提示承兑的汇票之日起 3 日内承兑或者拒绝承兑。如果付款人在 3 日内不做承兑与否表示的，应视为拒绝承兑，持票人可以请求其做出拒绝承兑证明，向其前手行使追索权。

（2）接收承兑。付款人收到持票人提示承兑的汇票时，应当向持票人签发收到汇票的回单，其应当记明汇票提示承兑日期并签章。

（3）退回已承兑的汇票。付款人依承兑格式填写完毕应记载事项后，并不意味着承兑生效，只有在其将已承兑的汇票退回持票人时才产生承兑的效力。付款人承兑汇票，不得附有条件；承兑附有条件的，视为拒绝承兑。

（二）承兑的效力

付款人承兑汇票后，应当承担到期付款的责任。到期付款的责任是一种绝对责任，具体表现在：① 承兑人于汇票到期日必须向持票人无条件地支付汇票上的金额，否则其必须承担迟延付款责任。② 承兑人必须对汇票上的一切权利人承担责任，这些权利人包括付款请求权人和追索权人。③ 承兑人不得以其与出票人之间的资金关系来对抗持票人，拒绝支付汇票金额。④ 承兑人的票据责任不因持票人未在法定期限提示付款而解除。

拓展阅读

申请人由于资金需要，将未到期的银行承兑汇票通过背书的方式转让于银行，银行按票面金额扣除贴现利息后，将余额付给持票人的一种融资行为，称为承兑汇票贴现。贴现既是一种票据转让行为，又是一种授信行为。

五、汇票保证

汇票保证，是指汇票债务人以外的第三人，以担保特定汇票债务人履行票据债务为目的，而在票据上所为的一种附属票据行为。保证的作用在于加强持票人票据权利的实现，确保票据付款义务的履行。

（一）保证的当事人

保证的当事人为保证人和被保证人。保证人是指票据债务人以外的，为票据债务的履行提供担保而参与票据关系的第三人；被保证人是指票据关系中已有的债务人，包括出票人、背书人、承兑人等。

拓展阅读

保证人应当是具有代为清偿票据债务能力的法人、其他组织、个人，国家机关、以公益为目的的事业单位、社会团体、企业法人的分支机构和职能部门作为票据保证人的，票据保证无效，但经国务院批准为使用外国政府或者国际经济组织贷款进行转贷，国家机关提供票据保证的，以及企业法人的分支机构在法人书面授权范围内提供票据保证的除外。

（二）保证事项的记载

1. 保证的记载事项

保证人必须在汇票或粘单上记载下列事项：① 表明“保证”的字样；② 保证人名称和住所；③ 被保证人的名称；④ 保证日期；⑤ 保证人签章。其中，保证文句和保证人签章属于绝对必要记载事项；被保证人的名称、保证日期和保证人住所属于相对必要记载事项。保证人在汇票或者粘单上未记载被保证人名称的，已承兑的汇票，承兑人为被保证人；未承兑的汇票，出票人为被保证人。保证人在汇票或者粘单上未记载保证日期的，出票日期为保证日期。同时，保证不得附有条件；附有条件的，不影响对汇票的保证责任。

2. 保证事项的记载方法

如果保证人是为出票人、承兑人保证的，则应记载于汇票的正面；如果保证人是为背书人保证，则应记载于汇票的背面或者粘单上。保证人未在票据或者粘单上记载“保证”字样而另行签订保证合同或者保证条款的，不属于票据保证，应当适用《担保法》的有关规定。

（三）保证的效力

保证人对合法取得汇票的持票人所享有的汇票权利，承担保证责任。但是，被保证人的债务因汇票记载事项欠缺而无效的除外；被保证的汇票，保证人应当与被保证人对持票人承担连带责任。汇票到期后得不到付款的，持票人有权向保证人请求付款，保证人应当足额付款；票据保证无效的，保证人应当承担与其过错相应的民事责任。

保证人为 2 人以上的，保证人之间承担连带责任。保证人清偿汇票债务后，可以行使持票人对被保证人及其前手的追索权。

六、付款

付款是指付款人依据票据文义支付票据金额，以消灭票据关系的行为。

（一）付款的程序

1. 付款提示

付款提示是指持票人向付款人出示票据，请求付款的行为。

《票据法》规定，持票人应当按照下列期限提示付款：① 见票即付的汇票，自出票日起 1 个月内向付款人提示付款；② 定日付款、出票后定期付款或者见票后定期付款的汇票，自到期日起 10 日向承兑人提示付款。持票人依照规定提示付款的，付款人必须在当日足额付款。持票人未按照上述规定期限提示付款的，在做出说明后，承兑人或者付款人仍应当继续对持票人承担付款责任。通过委托收款银行或者通过票据交换系统向付款人提示付款的，视同持票人提示付款。

2. 付款人或者代理付款人履行审查义务

付款人及其代理付款人付款时，应当审查汇票背书的连续性，并审查提示付款人的合法身份证明或者有效证件。

3. 支付票款

持票人向付款人进行付款提示后，付款人无条件在当日按票据金额足额支付给持票人。付款人委托的付款银行的责任，限于按照汇票上记载事项从付款人账户支付汇票金额。

票据的付款人对见票即付或者到期的票据，故意压票，拖延支付的，由中国人民银行处以罚款，对直接责任人员给予处分，处分主要有罚款、警告、通报批评、停止使用或办理有关票据结算以及对责任人给予行政处罚。票据的付款人故意压票、拖延支付，给持票人造成损失的，依法承担赔偿责任，赔偿责任参照支付结算制度的有关规定执行。

4. 持票人签收

持票人获得付款的，在汇票上签收，即在票据的正面签章，并将汇票交给付款人。持票人委托银行收款的，受委托的银行将代收的汇票金额转账收入持票人账户，视同签收。

（二）付款的效力

付款人依照票据记载的文义，及时足额支付汇票金额后，票据关系随之消灭，汇票上的全体债务人的票据责任予以解除。付款人及其代理付款人以恶意或者有重大过失付款的，应当自行承担责任。

七、追索权

追索权是指持票人在票据到期不获付款或期前不获承兑或有其他法定原因，并在实施行使或保全票据上权利的行为后，可以向其前手请求偿还票据金额、利息及其他法定款项的一种票据权利。

（一）行使追索权的时机

（1）汇票到期被拒绝付款。

（2）汇票在到期日前被拒绝承兑。

（3）在汇票到期日前，承兑人或付款人死亡、逃匿的。

（4）在汇票到期日前，承兑人或付款人被依法宣告破产或因违法被责令终止业务活动。

（二）行使追索权的流程

1. 提示票据

持票人向付款人或承兑人提示票据。持票人行使追索权，必须先向付款人提示汇票，请求承兑或者付款。持票人未按照《票据法》规定提示承兑和提示付款的，原则上丧失对其前手的追索权。持票人对前手的追索权，自被拒绝承兑或者被拒绝付款之日起 6 个月，持票人对前手的再追索权，自清偿日或者被提起诉讼之日起 3 个月。

2. 做成拒绝证明

拒绝证明的分类及内容如表 10-4 所示。

表 10-4 拒绝证明的分类及内容

拒绝证明种类		制作出具人	内 容
拒绝证书	拒绝承兑证书	公证机关	拒绝人和被拒绝人的名称；汇票的内容（汇票记载的事项）；提示日期；拒绝事由或无从提示的原因；做成日期；公证机关和公证员盖章
	拒绝付款证书		
退票理由书		付款人、代理付款银行	所退票据的种类；退票的事实依据和法律依据；退票时间；退票人签章
失踪证明书		公安机关	略
判决书、宣告破产裁定书		人民法院	略
行政处罚决定书		行政机关	略
死亡证明书		医疗机构	略
在汇票上直接记载		承兑人；付款人；代理付款银行	提示日期；拒绝事由；拒绝日期；盖章

办理拒绝证书（见图 10-6）时，当事人应向票据持有人住所地或票据支付地公证处提出申请。申请办理票据拒绝证书公证，当事人应向公证处提交的证件和材料有：① 申请人为法人的，需提供企业法人营业执照及法定代表人的身份证明；申请人为自然人的，应提交居民身份证、户口本及复印件。由代理人代为办理的，要提供授权委托书及代理人身份证明及复印件。② 申请人持有的原始票据。③ 拥有行使票据权利的其他证明。④ 公证人员认为应当提交的其他材料。

拒绝证书
(　　)××字第××号
兹应票据持有人_____的要求(票据原件附后),本公证员于_______年____月____日向票据付款人_____提示原票据,并要求其付款,遭其拒绝。
据此,本公证员特立此证书证实该票据项下付款确实遭到汇票付款人拒绝。
中华人民共和国____省____市公证处
公证员________(签名)
__年__月__日

图 10-6　拒绝证书格式示例

持票人提示承兑或者提示付款被拒绝的,承兑人或者付款人必须出具拒绝证明,或者出具退票理由书。

拓展阅读

未出具拒绝证明或者退票理由书的,应当承担由此产生的民事责任。持票人因承兑人或者付款人死亡、逃匿或者其他原因,不能取得拒绝证明的,可以依法取得其他有关证明。承兑人或者付款人被人民法院依法宣告破产的,人民法院的有关司法文书具有拒绝证明的效力。承兑人或者付款人因违法被责令终止业务活动的,有关行政主管部门的处罚决定具有拒绝证明的效力。持票人不能出示拒绝证明、退票理由书或者未按照规定期限提供其他合法证明的,丧失对其前手的追索权。但是,承兑人或者付款人仍应当对持票人承担责任。

3. 通知前手

持票人行使追索权必须事先将汇票不获承兑或不获付款的事实告知其前手。持票人应当自收到被拒绝承兑或者被拒绝付款的有关证明之日起 3 日内,将被拒绝事由书面通知其前手。该持票人的前手应当自收到通知之日起 3 日内书面通知其再前手。持票人也可以同时向各汇票债务人发出书面通知。

拓展阅读

持票人未按照《票据法》规定的期限发出拒绝事由的通知的,仍可以行使追索权。因延期通知给其前手或者出票人造成损失的,由其承担对该损失的赔偿责任,但所赔偿的金额以汇票金额为限。持票人或其前手在规定期限内将通知按照法定地址或者约定的地址邮寄的,视为已经发出通知。拒绝事由的通知必须采用书面形式,内容方面应当记载汇票的主要事项,并说明该汇票已被退票。

4. 确定追索对象

持票人从出票人、背书人、承兑人和保证人中选择追索对象，这些人对持票人承担连带责任。持票人可以不按照汇票债务人的先后顺序，对其中任何一人、数人或者全体行使追索权。持票人对汇票债务人中的一人或者数人已经开始进行追索的，对其他汇票债务人仍然可以行使追索权。持票人不受已经开始的追索权行使的限制，只要其追索权未实现，可以再进行新的追索。持票人在行使追索权获得相应清偿后，追索权没有消失，而是转移给被追索人，被追索人清偿债务后，获得向其前手追索的权利。持票人为出票人的，对其前手无追索权。持票人为背书人的，对其后手无追索权。

5. 提交有关拒绝证明

持票人行使追索权时，应当提供被拒绝承兑或者被拒绝付款的有关证明。

6. 请求偿还

持票人可以请求偿还三项金额和费用：① 被拒绝付款的汇票金额；② 汇票金额自到期日或者提示付款日起至清偿日止，按照中国人民银行规定的利率计算的利息；③ 取得有关拒绝证明和发出通知书的费用。

被追索人依照前条规定清偿后，可以向其他汇票债务人行使再追索权，请求偿还的金额和费用包括：① 已清偿的全部金额；② 前项金额自清偿日起至再追索清偿日止，按照中国人民银行规定的利率计算的利息；③ 发出通知书的费用。

7. 受领和交回汇票、收据

被追索人如清偿票据债务，追索人应受领并将汇票连同拒绝证书以及收款清单一并交给被追索人。至此，初次追索权的行使程序即告结束。

第三节 银行发的“钞票”——本票

一、认识本票

本票（见图 10-7）是出票人（银行）签发的，承诺自己在见票时无条件支付确定的金额给收款人或者持票人的票据。它是由出票人约定自己付款的一种自付证券。依照不同的标准，可以对本票做不同分类，如记名式本票、指定式本票和不记名本票；远期本票和即期本票；银行本票和商业本票等。目前，本票在我国主要是指银行本票，既不包括商业本票，也不包括个人本票。

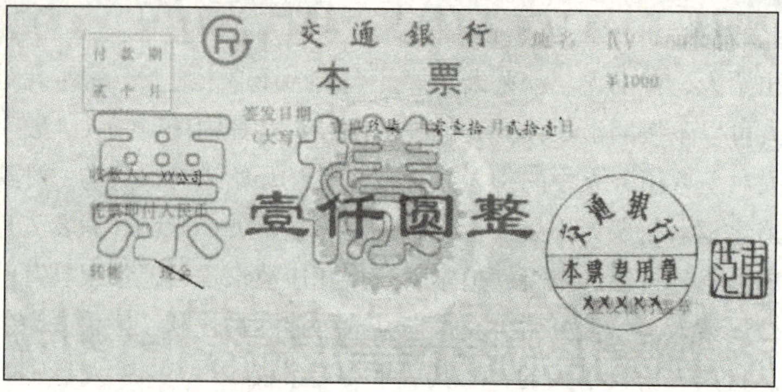

图 10-7　本票

拓展阅读

目前，在我国本票仅限于银行本票，且为记名式本票和即期本票。单位和个人在同一票据交换区域需要支付各种款项，均可以使用银行本票。银行本票分为定额银行本票和不定额银行本票。定额银行本票面额为 1 000 元、5 000 元、1 万元和 5 万元。

本票的出票与汇票一样，包括做成票据和交付票据。本票的出票行为是以自己负担支付本票金额的债务为目的的票据行为，即本票出票人是票据金额的直接支付人，与汇票的承兑人相同。本票的出票人必须具有支付本票金额的可靠资金来源，并保证支付。在实践中，本票的出票人在出票时，除自身具有良好的资信状况外，还应该在按照规定收妥款项后，方可签发本票。

本票出票人出票，必须按一定的格式记载相关内容。本票出票流程、格式、记载内容等参见汇票部分，这里不再赘述。

二、本票付款

银行本票是见票付款的票据，收款人或持票人在取得银行本票后，随时可以向出票人请求付款。跨系统银行本票的兑付，持票人开户银行可根据中国人民银行规定的金融机构同业往来利率向出票银行收取利息。

本票自出票日起，付款期限最长不得超过 2 个月。持票人在规定的期限提示本票的，出票人必须承担付款的责任。持票人超过付款期限提示付款的，代理付款人不予受理。代理付款人是指代理出票银行审核支付银行本票款项的银行。如果持票人超过提示付款期限不获付款的，在票据权利时效内向出票银行做出说明，并提供本人身份证或单位证明，可持银行本票向出票银行请求付款。

如果本票的持票人未按照规定期限提示本票的，则丧失对出票人以外的前手的追索权，出票人以外的前手是指背书人及其保证人。由于本票的出票人是票据上的主债务人，对持票人负有绝对付款责任，除票据时效届满而使票据权利消灭或者要式欠缺而使票据无效外，并不因持票人未在规定期限内向其行使付款请求权而使其责任得以解除。因此，持票人仍对出票人享有付款请求权和追索权，只是丧失对背书人及其保证人的追索权。

【工作实例】双塔公司与好万家装修公司签订一份油漆买卖合同，合同约定：双塔公司供给好万家装修公司墙面漆 200 桶，货款 20 万元。好万家装修公司提出用票据结算，由于双塔公司担心货款不能及时收回，因此要求使用银行本票支付，双方协商后好万家装修公司接受了双塔公司的要求。

【温馨提示】

为了能够灵活使用本票，必须了解本票与汇票有哪些不同，适合在什么情形下使用。

【延伸思考】

本票请求付款与汇票请求付款有哪些不同呢？

第四节 银行来“埋单”——支票

一、认识支票

支票是出票人委托银行或者其他金融机构见票时无条件支付一定金额给收款人或者持票人的票据。支票（见图 10-8）是见票即付的票据，同时又与汇票一样都是一种委付证券，其主要功能是代替现金进行支付。

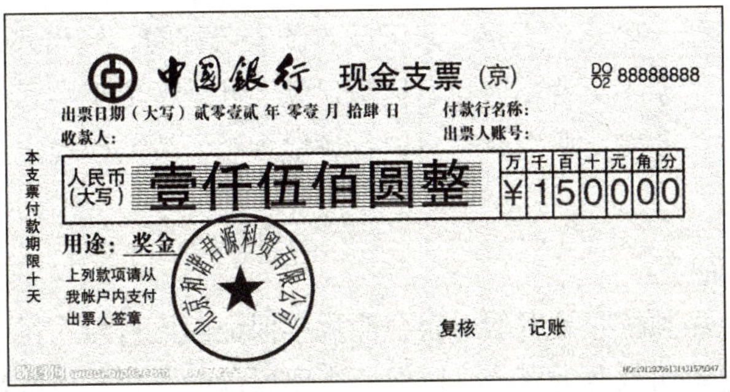

图 10-8 支票示例

拓展阅读

我国《票据法》按照支付票款方式，将支票分为普通支票、现金支票和转账支票。在实践中，我国一直采用的是现金支票和转账支票，没有普通支票，但为了方便当事人，并借鉴国外的方法经验，《票据法》便规定了普通支票的形式。

普通支票，未印有“现金”或“转账”字样，其既可以用来支取现金，也可以用来转账。用于转账时，应当在支票正面注明，即在普通支票左上角画两条平行线（画线支票）。

现金支票，支票上印有“现金”字样，专门用于支取现金。

转账支票，支票上印有“转账”字样，专门用于转账。

二、支票出票

（一）出票的基本要求

（1）出票人（单位或个人）在经中国人民银行当地分支行批准办理支票业务的银行机构开立可以使用支票的存款账户。开立支票存款账户时申请人必须使用其本名，并提交证明其身份的合法证件。

（2）账户有足够支付的款项。开立支票存款账户和领用支票，应当有可靠的资金，并存入一定的资金。

（3）预留印鉴。开立支票存款账户，申请人应当预留其本名的签名式样和印鉴。

（4）签发支票应使用碳素墨水或墨汁填写，中国人民银行另有规定的除外。

支票的记载事项参见后面汇票、本票、支票的区别列表内容（见表 10-6）。

（二）授权补记支票

（1）授权补记支票金额。出票人可以授权收款人对支票金额补记，收款人以外的其他人不得补记。在支票金额未补记之前，收款人不得背书转让、提示付款。支票的金额本是绝对应记载事项，但在使用中，往往发生难以确定支票金额的情况，如果事先就确定一个固定金额，就会发生所载金额与所用金额不一致的情况，给支票使用人造成极大不便。因此规定可以由出票人授权补记，未补记前的支票，不得使用。

（2）授权补记收款人名称。支票上未记载收款人名称的，经出票人授权，可以补记。未补记这一内容的，支票不得背书转让、提示付款。此外，由于实践中存在出票人兼任收款人的情况，比如单位签发支票向其开户银行领取现金，故法律规定出票人可以在支票上记载自己为收款人。

（三）出票的效力

出票人出票后，必须按照签发的支票金额承担保证向该持票人付款的责任。出票人必须在付款人处存有足够可处分的资金，以保证支票票款的支付；当付款人对支票拒绝付款或者超过支票付款提示期限的，出票人应向持票人承担付款责任。

付款人在一定条件下负有向持票人付款的义务。出票人在付款人处的存款足以支付支票金额时，付款人应当在见票当日足额付款。

三、支票付款

（一）提示期间

支票属见票即付的票据，因而没有到期日的规定。支票不得另行记载付款日期；另行记载付款日期的，该记载无效。目前，我国支票主要在城市票据交换范围内使用和流通，在同城范围内支票的持票人应当自出票日起 10 日内提示付款。异地使用的支票，其提示付款的期限由中国人民银行另行规定。

（二）付款

持票人在提示期间内向付款人提示支票，付款人在对支票进行审查之后，如未发现有不符规定之处，即应向持票人付款。

付款人依法支付支票金额的，对出票人不再承担受委托付款的责任，对持票人不再承担付款的责任。但是，付款人如果有在收到持票人提示的支票时，明知持票人不是真正的票据权利人，支票的背书以及其他签章系属伪造，或者付款人不按照正常的操作程序审查票据等情形的，付款人不能解除付款责任，由此造成损失的，由付款人承担赔偿责任。

支票的其他票据行为适用汇票的有关规定，这里也不再讲述。

【工作实例】刘倩倩是美景公司的员工，受公司委派到外地处理公司业务，其间支出业务有关费用共 2 万元。刘倩倩回到公司要求报销时，公司财务处由于没有足够现金，就给她开立了一张现金支票。刘倩倩最终持该支票到银行获得支付报销了相关费用。

【温馨提示】

支票与汇票、本票在使用上有不同的具体要求，想要合理、有效地加以使用，必须了解支票的特征及有关票据行为要求。

【延伸思考】

支票的收款人可以与出票人相同吗？

四、对签发空头支票行为实施的行政处罚

空头支票，是指支票持票人请求付款时，出票人在付款人处实有的存款不足以支付票据金额的支票。《票据法》规定支票出票人所签发的支票金额不得超过其在付款人处实有的存款金额。出票人自出票日起至支付完毕止，保证其在付款人处的存款账户中有足以支付支票金额的资金。对签发空头支票骗取财物的，要依法追究刑事责任。如果签发空头支票骗取财物的行为情节轻微，不构成犯罪的，中国人民银行及其分支机构依照国家有关规定处以票面金额5%但不低于1 000元的罚款。对于屡次签发空头支票的出票人，银行有权停止为其办理支票或全部支付结算业务。

出票人开户银行不报、漏报或迟报出票人签发空头支票情况的，由人民银行责令纠正；逾期不改正、情节严重的，可建议出票人开户行或其上级行按照规定对出票人开户行的高级管理人员及直接责任人给予纪律处分。罚款代收机构对空头支票罚款收入占压、挪用的，中国人民银行及其分支机构可按法律规定给予警告，没收违法所得，并处违法所得1倍以上3倍以下的罚款；没有违法所得的，处5万元以上30万元以下的罚款；情节严重的，建议罚款代收机构或其上级行按规定对罚款代收机构的高级管理人员及直接责任人给予纪律处分。

附：汇票、本票、支票的主要区别（见表10-5）。

表10-5　汇票、本票、支票的主要区别

票据种类 区分项目	本　　票	汇　　票	支　　票
性质	委付证券	自付证券	委付证券
基本当事人	出票人、付款人、收款人	出票人、收款人	出票人、付款人、收款人
种类	银行承兑汇票、商业承兑汇票	银行本票（定额、不定额）	普通支票、现金支票、转账支票
出祟人	出祟人为银行或单位，无直接支付责任，只有担保责任	出票人为银行，有直接支付责任	出票人为单位或个人，有直接支付责任
绝对记载事项	表明汇票字样；无条件支付的委托；确定的金额；付款人的名称；收款人的名称；出票日期；出票人签章	表明本票字样；无条件支付的承诺；确定的金额；收款人的名称；出票日期；出票人签章	表明支票字样；无条件支付的委托；确定的金额；付款人的名称；出票日期；出票人签章
相对记载事项	付款地；出票地；付款日期	付款地；出票地	付款地；出票地

续表

票据种类 区分项目	本　票	汇　票	支　票
提示承兑期限	见票即付的汇票不需要承兑；定日付款、出票后定期付款的，在汇票到期日前提示承兑；见票后定期付款的，自出票日起1个月内提示承兑	不需要承兑	不需要承兑
提示付款期限	见票即付汇票，自出票日起1个月内提示付款；其他汇票，自到期日起10日之内付款	自出票日起2个月内提示付款	自出票日起10日内提示付款

本章小结

本章主要讲述了我国票据法的基本内容，重点介绍了票据行为、票据权利、汇票的主要票据行为等内容，这些内容紧密结合了我国目前票据法的主要规定，力求全面和实用。本章内容繁多，法律关系复杂，理解上有一定难度。

思考与练习

一、单项选择题

1. 票据权利义务主要以票据上记载文字意义予以认定，票据因此是（　　）。

A. 文义证券　　B. 指示证券　　C. 要式证券　　D. 设权证券

2. 票据行为的独立性是指（　　）。

A. 每个票据当事人独立在票据上签章

B. 每份票据只能有一个票据行为

C. 每个票据债务人独立承担票据责任

D. 同一票据上的各个票据行为效力独立

3. 根据票据法律制度的规定，下列选项中，不构成票据质押的是（　　）。

A. 出质人在汇票上记载了“质押”字样而未在汇票上签章的

B. 出质人在汇票粘单上记载了“质押”字样并在汇票粘单上签章的

C. 出质人在汇票上记载了“质押”字样并在汇票上签章，但是未记载背书日期的

D. 出质人在汇票上记载了“为担保”字样并在汇票上签章的

4. 根据《票据法》的规定，背书人在汇票上记载“不得转让”字样，其后手再背书转让的，将产生的法律后果是（　　）。

A. 该汇票无效

B. 该背书转让无效

C. 原背书人对后手的被背书人不承担保证责任

D. 原背书人对后手的被背书人承担保证责任

5. 根据票据法律制度的规定，下列各项中，不属于支票绝对记载事项的是（　　）。

A. 确定的金额　　B. 付款人的名称　　C. 出票日期　　D. 付款地

二、多项选择题

1. 根据《票据法》的规定，下列选项中，属于禁止背书转让汇票的情形有（　　）。

A. 汇票未记载付款地的　　B. 汇票超过付款提示期限的

C. 汇票被拒绝承兑的　　D. 汇票被拒绝付款的

2. 下列关于票据文义记载的法律效果的表述中，符合相关法律规定的有（　　）。

A. 汇票上未记载付款日期的，为见票即付

B. 票据金额的中文大写与数码不一致的，票据无效

C. 出票人记载“不得转让”字样的票据，其后手以此票据进行贴现的，通过贴现取得票据的持票人享有票据权利

D. 背书人未记载被背书人名称即将票据交付他人的，持票人在票据被背书人栏内记载自己的名称与背书人记载具有同等法律效力

3. 按照我国《票据法》，票据上的记载事项中不可以更改的是（　　）。

A. 收款人　　B. 出票地　　C. 出票日期　　D. 金额

4. 一般承兑的效力主要有（　　）。

A. 一经完成承兑行为，承兑人即应承担到期付款责任

B. 承兑人的票据责任不受持票人是否依法提示付款的影响

C. 承兑人必须承担最终的追索义务

D. 一经完成承兑行为，出票人无须再对票据负责任

5. 在我国《票据法》上，可以成为被追索人的有（　　）。

A. 出票人　　B. 承兑人　　C. 保证人

D. 背书人　　E. 付款人

三、案例分析

2015年1月16日，甲、乙公司签订了一份空调购销合同，双方约定：由乙公司向甲公司供应空调100台，价款为25万元，交货期为1月25日，货款结算后即付3个月的商

业承兑汇票。1月24日，甲公司向乙公司签发并承兑商业汇票一张，金额为25万元，到期日为4月24日。2月10日，乙公司持该汇票向S银行申请贴现，S银行审核后同意贴现，向乙公司实付贴现金额23.6万元，乙公司将汇票背书转让给S银行。4月25日，S银行持甲公司承兑的汇票提示付款，因甲公司银行存款不足而遭退票。S银行遂直接向甲公司交涉票款。甲公司以乙公司未履行合同为由不予付款。11月2日，S银行又向其前手乙公司追索票款，亦未果。为此，S银行诉至法院，要求汇票的承兑人甲公司偿付票款25万元及利息；要求乙公司承担连带赔偿责任。甲公司辩称，论争的商业承兑汇票确系由其签发并经承兑，但乙公司未履行合同，故拒绝支付票款。乙公司称汇票追索时效已过了6个月，S银行不能要求其承担连带责任。

请问：

（1）甲公司是否应履行付款责任？为什么？

（2）乙公司应否承担连带责任？为什么？

第十一章

金融法实务

学习目标

知识学习目标：通过本章的学习，使学生在了解一般金融知识的基础上，重点把握我国的金融体制和支付结算的相关内容。

技能训练目标：运用金融法知识分析当前我国所采用的一般货币政策工具；商业银行业务合法性审查；托收承付支付方式的办理；单位银行结算账户的办理，单位各类银行结算账户使用的合法性审查。

导入案例

某人甲前往银行办理存款。填好存款凭条后，连同人民币 4 755 元和存折递给记账员乙，乙经初点认定甲交付的存款现金为 4 755 元，当即写了存折、存款凭条，并在存款凭条上加盖了名章。乙在向复核员丙移交时，将其中部分现金交给了坐在乙与丙之间的实习生丁。丁以这部分现金练习点钞技法。其余现款，乙移交给了丙。大约 10 分钟后，复核员丙提出，全部款额为 4 355 元，比存款凭条上的数额少了 400 元，并将款项退给乙，乙又将 4 355 元现金退给了甲，纠纷遂起。为此，甲向法院提起诉讼，要求银行赔偿所缺少的现金 400 元。银行辩称：根据银行两人临柜，复核为准的规定，本行对短缺的 400 元不负有责任，拒绝赔偿。

请问：原、被告之间系何种性质的法律关系？这种关系的本质是什么？

第一节 财富的“孵化器”——认识金融与金融法

一、认识金融

金融是资金融通的简称，是各种市场主体之间以货币为对象进行的信用交易活动。信用是金融的基础，金融就是通过信用方式来调和和分配资金的。

按照资金融通是否有金融机构作为信用中介的标准，金融有直接金融与间接金融之分。资金的供求双方直接进行交易而无须金融机构做中介的，为直接金融，典型的如证券市场上的股票、债券融资。而金融机构以吸收存款和发行金融债券等方式筹集社会闲散资金，转而对需要资金的市场主体发放贷款的行为，则为间接金融。

在一国的经济中，金融发挥着货币供应、资本形成、支付服务、风险转移、资源配置、宏观调控等多项功能。在现代经济条件下，作为市场主体的单位与个人，要想使自己的财富保值增值，均离不开金融的介入，金融已成为我们财富的“孵化器”。

二、认识金融法

金融法是调整金融关系的法律规范的总称。具体来说，就是调整货币流通和货币信用活动中所发生的各种社会关系的法律规范的总称。

我国自改革开放以来一直坚持不懈地进行金融体制改革，目前已经形成了相对比较完善的金融立法体系（见表 11-1）。

表 11-1 我国的金融立法体系

银行法	包括中央银行法、商业银行法、银行业监管法、政策性银行法、非银行金融机构法等
货币法	包括现金管理条例、人民币管理条例、外汇管理条例等
票据法	包括票据法、支付结算办法等
证券法	包括证券法和中国证监会发布的行政规章等
信托法	包括信托法、信托投资公司管理办法等
保险法	包括保险法和中国保监会发布的行政规章等

由此可见，我国目前已经在各金融领域都制定了基本法律，且都上升为法律层次，同时又辅以大量配套的行政法规和规章，为我国金融业真正走上法制化轨道提供了立法保障。

以稳定货币为前提促进经济发展、兼顾金融效率与金融安全、保护投资者利益、与国际惯例接轨等原则始终贯穿我国的金融立法。

【工作实例】2015 年 12 月末至 2016 年 4 月 30 日，某证券公司下属的 5 个营业部挪用客户保证金 3 248 万元，其中：① 长江营业部挪用保证金 1 234 万元；② 中山营业部挪用保证金 207 万元；③ 蓝天营业部挪用保证金 588 万元；④ 云海营业部挪用保证金 1 105 万元；⑤ 华泰营业部挪用保证金 114 万元。

中国证监会经调查属实后认为，该证券公司的上述行为，构成了《股票发行与交易管理暂行条例》第七十一条第六项所述行为。根据《中华人民共和国行政处罚法》(简称《行政处罚法》)的规定，责令该证券公司自收到本通知之日起 3 个月内清理违规资金。

请问：该证券公司的行为违反了金融法的什么原则？

【温馨提示】

该证券公司的行为违反了金融法的保护投资者利益的原则。投资者是一切金融交易的资金来源，投资者利益得到保护的程度，不仅关乎金融秩序的稳定，而且会影响到社会的安定，因此我国在《商业银行法》、《证券法》、《信托法》等多部法律中都明确了保护投资者利益的原则。

第二节 财富流动的金桥——认识银行与银行法

一、中央银行法律制度

(一) 中央银行是一国金融体系的核心

中央银行是负责制定和执行国家货币政策，调节和控制货币流通和信用活动，提供公共金融服务，维护金融稳定，依法实施金融监管的特殊金融机构。在现代市场经济条件下，中央银行居于一国金融体系的主导地位，是一国金融体制中的核心机构。如图 11-1 和图 11-2 所示，分别为我国和英国的中央银行。

我国的中央银行是中国人民银行，属于国家机关，是国务院专司制定和执行货币政策，维护金融稳定的内设职能部门。1995 年 3 月 18 日，第八届全国人民代表大会第三次会议审议通过并公布了《中华人民共和国中国人民银行法》(简称《中国人民银行法》)，这是我国关于中央银行的第一部法律。2003 年 12 月 27 日，十届人大常委会第六次会议对该法又进行了修改，修改后后《中国人民银行法》自 2004 年 2 月 1 日起施行。

图 11-1　中国人民银行

图 11-2　英格兰银行

拓展阅读

由于历史原因，各国中央银行的名称不尽相同。有的国家直接以中央银行命名，如爱尔兰、菲律宾；有的国家在“银行”前边冠以国名，如英国、法国；有的国家则称为“国家银行”，如丹麦、瑞典；有的国家称为“储备银行”，如美国、澳大利亚；有的国家称为“人民银行”，如中国、朝鲜。所以，识别是否是中央银行单从名称上是不能看出来的，必须深入了解其在一国的地位和职能。

（二）中央银行的职能

中央银行一般有发行的银行、银行的银行、政府的银行、金融调控的银行和金融监管的银行五大职能。

发行的银行是指中央银行垄断通货的发行权，是国家唯一的通货发行机构。

银行的银行是指中央银行只与商业银行等金融机构发生业务往来，而不直接面对企业单位和个人经办金融业务。

政府的银行是指中央银行代表国家贯彻执行金融政策，代为管理国家财政收支并为政府提供各种金融服务，而非指中央银行是政府投资设立的。

金融调控的银行是指中央银行通过制定和执行货币信用政策，影响商业银行创造货币的基础和能力，实现货币供应量的调节和控制，引导资金流向。

金融监管的银行是指中央银行通过制定金融业务规章、审批金融机构的设立、变更、终止及其业务范围等实现对金融机构的监管。

《中国人民银行法》第二条、第四条规定了中国人民银行的职能与职责，具体包括：① 发布与履行与其职责有关的命令和规章；② 依法制定和执行货币政策；③ 发行人民币、管理人民币流通；④ 监督管理银行间同业拆借市场和银行间债券市场；⑤ 实施外汇管理，监督管理银行间外汇市场；⑥ 监督管理黄金市场；⑦ 持有、管理、经营国家外汇储备、黄金储备；⑧ 经理国库；⑨ 维护支付结算、清算系统的正常运行；⑩ 指导、部署金融业反洗钱工作，负责反洗钱的资金监测；⑪ 负责金融业的统计、调查、分析和预测；⑫ 作为国家的中央银行，从事有关的国际金融活动；⑬ 国务院规定的其他职责。

（三）中央银行的组织机构

中央银行的权力一般包括决策、执行和监督三个方面，相应地，其组织机构也分为决策机构、执行机构和监督机构三类。中国人民银行属决策权和执行权合一型的中央银行，其组织机构分为三个层次，即最高权力机构和咨询议事机构、总行的分支机构。

1. 最高权力机构

中国人民银行设立行长 1 人，副行长若干人，实行行长负责制。由行长全权领导中国人民银行的工作，享有对内管理和执行中国人民银行内部事务、对外代表中国人民银行的权力。

2. 咨询议事机构

中国人民银行设立货币政策的咨询议事机构，即货币政策委员会。其基本职责是在综合分析国家宏观经济形势的基础上，依据国家的宏观经济调控目标，讨论货币政策事项，并提出建议。货币政策委员会由国务院主管财经的综合职能部委组成。

3. 中国人民银行的分支机构

中国人民银行根据履行职责的需要设立分支机构，作为其派出机构，中国人民银行对分支机构实行集中统一领导和管理。1998 年年底，我国完成了对中国人民银行管理体制的改革，在全国 9 个中心城市（上海、天津、沈阳、济南、西安、南京、武汉、成都、广州）设立 9 个跨省、自治区和直辖市分行，实现了由按行政区域到按经济区域的转变，具体如图 11-3 所示。

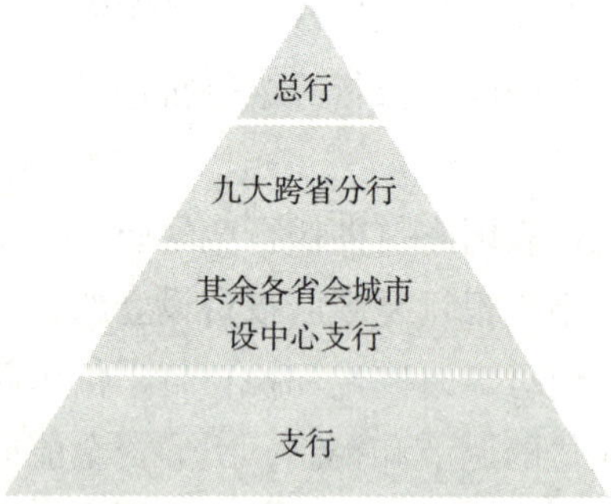

图 11-3　中国人民银行的机构体系

（四）中央银行的货币政策工具

中央银行的货币政策工具大致可分为一般性货币政策工具、选择性货币政策工具以及其他货币政策工具。我们只介绍有“三大法宝”美誉的一般性货币政策工具。

一般性货币政策工具是指中央银行所采用的、对整个金融系统的货币信用的扩张与紧缩产生全面性或一般性影响的手段。它一般包括法定存款准备金率、调整再贴现率和公开市场操作，俗称中央银行的“三大法宝”。

（1）存款准备金政策，是指中央银行依法规定和调整商业银行交存中央银行的存款准备金率，控制商业银行创造信用的能力，间接地控制货币供应量。

（2）再贴现政策，是指中央银行通过制定和调整再贴现率来决定金融机构的融资成本，干预和影响市场利率及货币市场的供求，从而调节货币供应量的一种金融政策。

（3）公开市场业务政策，又称公开市场操作，是指中央银行在金融市场上公开买卖有价证券（主要是政府公债券、国库券和银行承兑票据等）影响金融机构的头寸，吞吐基础货币，从而起到调节信用与货币供给作用的一种业务活动。

二、商业银行法律制度

商业银行是指以营利为目的，以收受存款、提供资金信贷为主要业务的银行。《中华人民共和国商业银行法》（简称《商业银行法》）第二条明确规定："本法所称的商业银行是指依照本法和《中华人民共和国公司法》设立的吸收公众存款、发放贷款、办理结算等业务的企业法人。"

我国现有的商业银行体系，由三大部分构成：一是国有商业银行，即中国工商银行、中国农业银行、中国银行和中国建设银行；二是股份制商业银行，如交通银行、中信银行、光大银行、城市商业银行、农村商业银行以及农村合作银行等达 100 多家股份制商业银行；三是外资商业银行，如汇丰银行、渣打银行等在中国境内设立的分行等。

我国于 1995 年 5 月 10 日第八届全国人民代表大会常务委员会第十三次会议通过了《商业银行法》，并于 2003 年 12 月 27 日第十届全国人民代表大会常务委员会第六次会议进行了修改，之后根据 2015 年 8 月 29 日第十二届全国人民代表大会常务委员会第十六次会议通过的《全国人民代表大会常务委员会关于修改〈中华人民共和国商业银行法〉的决定》进行了修正。

拓展阅读

1995 年的《商业银行法》规定"商业银行以效益性、安全性、流动性为经营原则"，修订时，对三大经营原则的排序做了调整，安全性位居首位，然后是流动性和效益性，反映了我国金融改革越来越注重风险控制、确保金融安全的价值取向。

不同银行业金融机构不同准入标准、业务范围和差别化监管要求，更有利于解决当前银行业严重的同质化竞争问题，有利于解决银行业经营管理风险。

（一）商业银行的组织体制、组织形式与组织结构

1. 组织体制

世界多数国家的商业银行在组织体制上均采用分支银行制，我国也不例外。分支银行

制是在总行或总管理处之外，广设国内外分支机构的银行体制，分支机构不具备法人资格。在这种体制下，虽然商业银行的家数不多，但各家银行却往往有着庞大的分支机构网络。例如，我国四大国有商业银行分支机构数量众多，且层级划分较多，有总行、一级分行、二级分行、县级支行和营业网点五个层级。

2. 组织形式和组织机构

从世界范围来看，按照出资人数及法律责任承担形式的不同，商业银行分为个人独资银行、合伙银行、股份制银行三种组织形式，股份制商业银行目前是世界各国商业银行采取的主要形式。

我国商业银行的组织形式为公司，即有限责任公司形式的商业银行和股份有限公司形式的商业银行。我国《商业银行法》第十七条第一款规定："商业银行的组织形式、组织机构适用《中华人民共和国公司法》的规定。"

（二）商业银行的设立、接管与终止

1. 商业银行的设立

我国对商业银行的设立实行核准制，即只有经过严格审查获得批准的银行才能经营银行业务，非银行机构不得经营银行业务，且不得使用"银行"字样。

设立商业银行应该具备下列条件：① 有符合商业银行法和公司法规定的章程。② 有符合商业银行法规定的最低限额的注册资本。设立全国性商业银行的注册资本最低限额为10亿元人民币。设立城市商业银行的注册资本最低限额为1亿元人民币，设立农村商业银行的注册资本最低限额为5 000万元人民币。注册资本应当是实缴资本。③ 有具备任职专业知识和业务工作经验的董事、高级管理人员。④ 有健全的组织机构和管理制度。⑤ 有符合要求的经营场所、安全防范措施和业务有关的其他措施。

设立商业银行，申请人应按有关审批权限的规定向国务院银行业监督管理机构或相应级别的分支机构提出申请；经审核符合有关规定，由国务院银行业监督管理机构颁发经营许可证，并凭该许可证向工商行政管理部门办理登记，领取营业执照。经批准设立的商业银行及其分支机构，由国务院银行业监督管理机构予以公告。具体流程如图11-4所示。

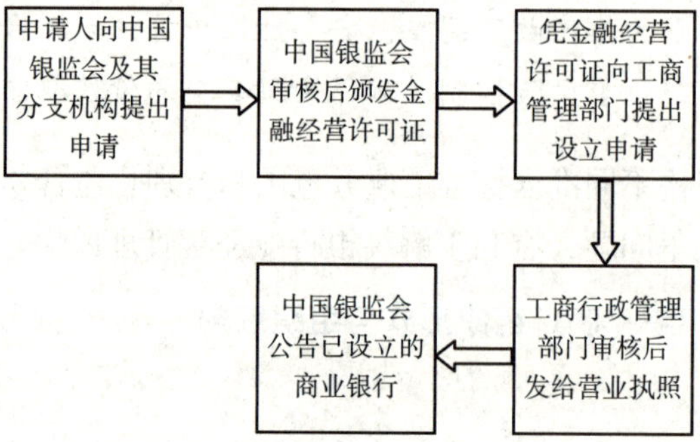

图11-4　我国商业银行设立的流程

2. 商业银行的接管

接管是指中国银监会在商业银行已经或者可能发生信用危机，严重影响存款人利益时，对该银行采取的整顿和改组等措施。接管的目的是保护存款人的利益，恢复商业银行的正常经营能力。被接管的商业银行的债权债务关系不因接管而变化。

接管由国务院银行业监督管理机构决定，并组织实施。接管自接管决定实施之日起，由接管组织行使商业银行的经营管理权力。接管期限届满，国务院银行业监督管理机构可以决定延期，但接管期限最长不得超过2年。

3. 商业银行的终止

商业银行因出现解散、被撤销和被宣告破产等法律规定的情形而终止，其法律主体资格也随之消灭。

商业银行因分立、合并或者出现公司章程规定的解散事由需要解散的，应当向国务院银行业监督管理机构提出申请，并附解散的理由和支付存款的本金和利息等债务清偿计划。经国务院银行业监督管理机构批准后解散。商业银行解散的，应当依法成立清算组，进行清算，按照清偿计划及时偿还存款本金和利息等债务。国务院银行业监督管理机构监督清算过程。

商业银行因吊销经营许可证被撤销的，国务院银行业监督管理机构应当依法及时组织成立清算组，进行清算，按照清偿计划及时偿还存款本金和利息等债务。

商业银行不能支付到期债务，经国务院银行业监督管理机构同意，由人民法院依法宣告其破产。商业银行被宣告破产的，由人民法院组织国务院银行业监督管理机构等有关部门和有关人员成立清算组，进行清算。

（三）商业银行的业务

我国的商业银行以安全性、流动性、效益性为经营原则，自主经营，自负盈亏。《商业银行法》第三条第一款列举了商业银行可以从事的14项业务，第四十三条规定了商业银行的禁止性业务，具体可归纳如下。

1. 商业银行可以从事的一般业务

（1）负债业务。负债业务是指商业银行筹措资金以形成其经营资产的业务。它主要包括筹集自有资本金，吸收公众存款，承兑票据，发行金融债券，向中央银行，政府以及金融市场借款，对外担保等。

（2）资产业务。资产业务是指商业银行运用自己的资产获得利润的业务。它主要包括发放中长期、短期贷款，票据贴现，投资等。

（3）中间业务。中间业务是指商业银行不动用自己的资产，而是凭借自己的业务条件经营的金融服务，收取服务费的业务。它主要包括办理支付结算、从事银行卡业务、代理收付款及代理保险业务、提供信用证服务及担保、提供保管箱服务、基金托管、咨询顾问等。

2. 商业银行禁止从事的业务

商业银行在中华人民共和国境内不得从事信托投资和证券经营业务，不得向非自用不动产投资或者向非银行金融机构和企业投资，但国家另有规定的除外。

必须注意的是，商业银行仅在中国境内不得从事上述业务，至于在境外从事则未予禁止。而且如果国家另有规定，即使在境内，也可从事。

3. 对商业银行可以从事业务进行的限制

商业银行贷款，应当遵守下列资产负债比例管理的规定：① 资本充足率不得低于 8%；② 贷款余额与存款余额的比例不得超过 75%；③ 流动性资产余额与流动性负债余额的比例不得低于 25%；④ 对同一借款人的贷款余额与商业银行资本余额的比例不得超过 10%。

同业拆借，应当遵守中国人民银行的规定。禁止利用拆入资金发放固定资产贷款或者用于投资。拆出资金限于交足存款准备金、留足备付金和归还中国人民银行到期贷款之后的闲置资金。拆入资金用于弥补票据结算、联行汇差头寸的不足和解决临时性周转资金的需要。

拓展阅读

资本充足率，又称资本风险（加权）资产率，是指一个银行的资本总额对其风险加权资产的比率。国家调控者跟踪一个银行的资本充足率来保证银行可以化解吸收一定量的风险。资本充足率是保证银行等金融机构正常运营和发展所必需的资本比率。各国金融管理当局一般都有对商业银行资本充足率的管制，目的是监测银行抵御风险的能力。资本充足率有不同的口径，主要比率有资本对存款的比率、资本对负债的比率、资本对总资产的比率、资本对风险资产的比率等。

三、银行业监督管理法

银行业监管，是指一国金融监管当局或银行业专门监管机构对商业银行及其他金融机构的组织主体和业务经营行为进行的监督和管理。

我国于 2003 年 12 月 27 日第十届全国人民代表大会常务委员会第六次会议通过了《中华人民共和国银行业监督管理法》（简称《银行业监督管理法》），并于 2006 年 10 月 31 日第十届全国人民代表大会常务委员会第二十四次会议对其进行了修订，修订后的《银行业监督管理法》自 2007 年 1 月 1 日起施行。

（一）中国银行业监督管理的机构

国务院银行业监督管理机构（简称中国银监会）负责对全国银行业金融机构及其业务活动监督管理的工作，根据履行职责的需要可以设立派出机构。国务院银行业监督管理机构对派出机构实行统一领导和管理。

国务院银行业监督管理机构应当公开监督管理程序，建立监督管理责任制度和内部监督制度。国务院审计、监察等机关，应当依照法律规定对国务院银行业监督管理机构的活动进行监督。

（二）中国银监会的监督管理职责

1. 银行业金融机构市场准入和退出管理

《银行业监督管理法》第十六条规定："国务院银行业监督管理机构依照法律、行政法规规定的条件和程序，审查批准银行业金融机构的设立、变更、终止以及业务范围。"由中国银监会及其派出机构负责对银行业金融机构的设立、变更、终止进行审批，同时对银行业金融机构的董事和高级管理人员实行任职资格管理。

2. 金融机构风险监管

银行业监督管理机构应当对银行业金融机构的业务活动及其风险状况进行非现场监管，建立银行业金融机构监督管理信息系统，分析、评价银行业金融机构的风险状况。银行业监督管理机构应当对银行业金融机构的业务活动及其风险状况进行现场检查、应当对银行业金融机构实行并表监督管理。

3. 突发事件应急管理

银行业监督管理机构发现可能引发系统性银行业风险、严重影响社会稳定的突发事件的，应当立即向国务院银行业监督管理机构负责人报告；国务院银行业监督管理机构负责人认为需要向国务院报告的，应当立即向国务院报告，并告知中国人民银行、国务院财政部门等有关部门。

4. 其他职责

此外，银行业监督管理机构还负责制定和发布银行业监管的规章和规则；统一编制全国银行业金融机构的统计数据、报表，并按照国家有关规定予以公布；负责对银行业自律组织的活动进行指导和监督；开展与银行业监督管理有关的国际交流、合作活动。

（三）银行业监管措施

银行业监督管理机构根据履行职责的需要，有权要求银行业金融机构按照规定报送资产负债表、利润表和其他财务会计、统计报表、经营管理资料以及注册会计师出具的审计报告，进行非现场检查。

银行业监督管理机构还可以进入银行业金融机构进行现场检查，询问银行业金融机构的工作人员，要求其对有关检查事项做出说明，查阅、复制银行业金融机构与检查事项有关的文件、资料，对可能被转移、隐匿或者毁损的文件、资料予以封存，检查银行业金融机构运用电子计算机管理业务数据的系统。

【工作实例】2015 年 3 月，甲银行向乙银行拆入资金 2 000 万元人民币，此时股票市场和房地产市场十分火爆，甲银行见有利可图，遂将拆入资金一半投资于股票市场，另一半借贷给某房地产公司用以房地产开发。直到 2015 年 10 月甲银行才向乙银行归还该笔拆入款。

请问：

（1）甲银行在拆入资金的使用上有哪些违法之处？

（2）我国《商业银行法》对拆入资金的用途有哪些特别规定？

【温馨提示】

商业银行如果短期资金头寸短缺，法律是允许商业银行之间进行同业拆借的，但有严格的限制。我国《商业银行法》第四十六条规定："同业拆借，应当遵守中国人民银行的规定。禁止利用拆入资金发放固定资产贷款或者用于投资。拆出资金限于交足存款准备金、留足备付金和归还中国人民银行到期贷款之后的闲置资金。拆入资金用于弥补票据结算、联行汇差头寸的不足和解决临时性周转资金的需要。"

上述引例中甲银行在拆入资金的使用上存在两处违法：一是拆入资金禁止用于股票投资和房地产等固定资产贷款；二是同业拆借最长不得超过 4 个月。我国《商业银行法》对拆入资金的用途规定仅用于弥补票据清算、联行清算头寸的不足和解决临时性周转资金的需要。

第三节 国家外汇储备的基石——外汇管理法律制度

一、认识外汇及外汇管理

外汇是国际汇兑的简称，是指将一国货币兑换成另一国货币，从而实现资金在国际间的转移。《中华人民共和国外汇管理条例》（简称《外汇管理条例》）里所称的外汇，是指下列以外币表示的可以用作国际清偿的支付手段和资产：① 外币现钞，包括纸币、铸币；② 外币支付凭证或者支付工具，包括票据、银行存款凭证、银行卡等；③ 外币有价证券，包括债券、股票等；④ 特别提款权；⑤ 其他外汇资产。

外汇管理是指一国为保持本国的国际收支平衡，依法对所辖境内的外汇收支、买卖、借贷、转移以及外汇汇率和外汇市场等实行 定限制性措施的管理制度。目前，世界上多数国家都实行外汇管理，我国已形成以 1996 年 1 月 29 日国务院发布的《外汇管理条例》

为中心的外汇管理法体系。

我国目前的外汇管理体制，属于部分外汇管制，即对经常项目实行可兑换，对资本项目实行一定限制。我国实行国际收支统计申报制度，外汇管理机关是国家外汇管理局。

二、经常项目外汇管理

（一）境内机构的外汇管理

境内机构的经常项目外汇收入必须调回境内，不得擅自存放境外，而且应按《结汇、售汇及付汇管理规定》卖给外汇指定银行。

境内机构的经常项目用汇，按《结汇、售汇及付汇管理规定》，持有效凭证和商业单据向外汇指定银行购汇。

境内机构的出口收汇和进口付汇，应当按照国家关于出口收汇核销管理和进口付汇核销管理的规定办理核销手续。

（二）个人的外汇管理

属于个人所有的外汇，可以自行持有，也可以存入银行或卖给外汇指定银行。个人因私用汇，在规定限额以内购汇，超过规定限额的个人因私用汇，应当向外汇管理机关提出申请，外汇管理机关认为其申请属实的，可以购汇。

三、资本项目外汇管理

为了防止经常项目的外汇管理放松后，资本项目混入经常项目下结售汇，我国目前对资本项目外汇（包括直接投资、证券投资等）仍实行严格的管理。

境内机构的资本项目外汇收入，必须调回境内，并且必须在外汇指定银行开立外汇账户存放，未经外汇管理机关批准，不得卖给外汇指定银行。

境内机构向境外投资，在向审批主管部门申请前，由外汇管理机关审查其外汇资金来源，经批准后按规定办理有关资金汇出手续。

拓展阅读

外汇储备，又称外汇存底，是指为了应付国际支付的需要，各国的中央银行及其他政府机构所集中掌握的外汇资产。外汇储备的具体形式是：政府在国外的短期存款或其他可以在国外兑现的支付手段，如外国有价证券，外国银行的支票、期票、外币汇票等。外汇储备主要用于清偿国际收支逆差，以及干预外汇市场以维持该国货币的汇率。

四、人民币汇率和外汇市场管理

我国人民币汇率实行以市场供求为基础的、单一的、有管理的浮动汇率制度。中国人民银行就汇率做出决定，报国务院批准后执行；中国人民银行为执行货币政策，可以在公开市场上买卖外汇；中国人民银行根据银行间外汇市场形成的价格，参照国际市场变化，公布人民币汇价。

外汇交易应遵循公平、公开、公正和诚实信用的原则；外汇市场交易的币种和形式由外汇管理部门规定和调整；国务院外汇管理部门可以根据货币政策的要求和外汇市场的变化，依法对外汇市场进行调控；国务院外汇管理部门依法监督管理全国的外汇市场。

【工作实例】2004 年 4 月 24 日，杭州市公安局经侦支队对外发布信息，该市涉嫌倒卖外汇金额数量最大的陈伟育，因涉嫌非法经营罪被依法移送起诉。2003 年 7 月 24 日，杭州警方接到上海某公司驻杭州办事处报案，该公司财务总监吕某，被男友杨江伟骗走了 1 200 万元公司财务资金。警方经调查发现，杨将骗到的 1 200 万元转入了其个人账户，第二天 1 160 万元被汇往另一个账户，办案人员经调查发现该账户的主人是陈伟育。陈在杭州专门从事外汇买卖，杨向陈提出要兑换价值 1 160 万元的外币，陈只用三天，就拿到了 15 万欧元、30 万美元和 700 万港元。

请问：陈伟育和杨江伟违背了我国外汇管理的哪些规定？

【温馨提示】

陈伟育和杨江伟违背了我国外汇管理法律中关于个人用汇的规定。根据我国外汇管理规定，个人因私用汇，在规定限额以内购汇，超过规定限额的个人因私用汇，应当向外汇管理机关提出申请，外汇管理机关认为其申请属实的，可以购汇。杨江伟因私用汇，在超过规定的限额购汇，必须向外汇管理机关提出申请，外汇管理机关认为其申请属实的，才可以购汇，而不应通过私人非法大额买卖外汇。

第四节 使交易更安全和快捷——支付结算法律制度

一、 认识支付结算

支付结算是指单位、个人在社会经济活动中使用现金、票据、信用卡和结算凭证进行货币给付及其资金清算的行为，其主要功能是完成资金从一方当事人向另一方当事人的转移。

银行、城市信用合作社、农村信用合作社（统称银行）以及单位（含个体工商户）和个人是办理支付结算的主体。其中，银行是支付结算和资金清算的中介机构。

中国人民银行于1997年9月发布了《支付结算办法》，自1997年12月1日起施行。根据《支付结算办法》，我国对支付结算实行集中统一和分级管理相结合的管理体制。

二、支付结算的基本原则

根据《支付结算办法》第十六条规定，单位、个人和银行办理支付结算的原则如下。

1. 恪守信用，履约付款原则

各单位之间、单位与个人之间发生经济往来，产生支付结算行为时，结算当事人必须依照双方约定的民事法律关系内容依法承担义务和行使权利，严格遵守信用，履行付款义务，特别是应当按照约定的付款金额和付款日期进行支付。结算双方办理款项收付完全建立在自觉、相互信任的基础上。

2. 谁的钱进谁的账，由谁支配原则

银行在办理结算的时候，必须按照存款人的委托，将款项支付给其指定的收款人；对存款人的资金，除法律另有规定外，必须由其自由支配。这一原则主要在于维护存款人对存款资金的所有权，保证其对资金支配的自主权。

3. 银行不垫款原则

银行在办理结算过程中，只负责办理结算当事人之间的款项划拨，不承担垫付任何款项的责任。这一原则主要在于划清银行资金与存款人资金的界限，保护银行资金的所有权和安全，有利于促使单位和个人直接对自己的债权债务负责。

三、票据结算之外的结算方式

《支付结算办法》中规定了汇票、本票、支票、汇兑、托收承付、委托收款等支付结算手段，由于我们在“票据法实务”一章中对汇票、本票、支票做了详细介绍，因此我们在此仅介绍票据结算之外的结算方式。

（一）汇兑

汇兑是指汇款人委托银行将其款项支付给收款人的结算方式，分为信汇和电汇两种。信汇是汇款人向银行提出申请，同时交存一定金额及手续费，汇出行将信汇委托书以邮寄方式寄给汇入行，授权汇入行向收款人解付一定金额的一种汇兑结算方式。电汇是汇款人将一定款项交存汇款银行，汇款银行通过电报或电传给目的地的分行或代理行（汇入行），指示汇入行向收款人支付一定金额的一种汇款方式。

汇入银行对于收款人拒绝接受的汇款，应即办理退汇。汇入银行对于向收款人发出取款通知，经过2个月无法交付的汇款，应主动办理退汇。

（二）托收承付

托收承付，是指根据购销合同由收款人发货后委托银行向异地付款人收取款项，由付款人向银行承认付款的结算方式。

办理托收承付结算的款项，必须是商品交易，以及因商品交易而产生的劳务供应的款项。代销、寄销、赊销商品的款项，不得办理托收承付结算。收付双方使用托收承付结算必须签有购销合同，并在合同上订明使用托收承付结算方式。托收承付结算每笔的金额起点为1万元；新华书店系统每笔金额起点为1 000元。

托收承付的结算程序如图11-5所示。

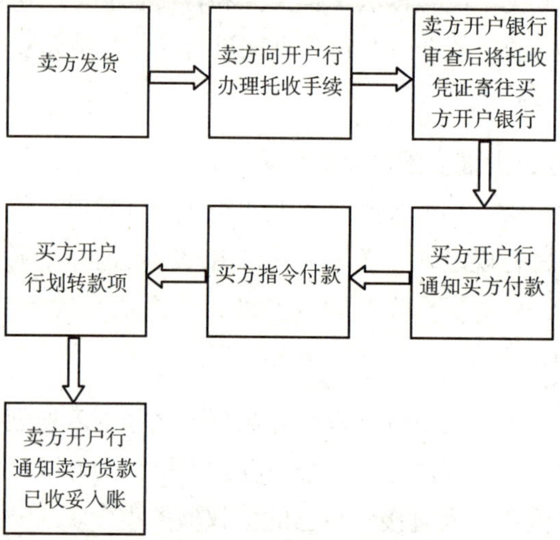

图11-5 托收承付的结算程序

收付双方办理托收承付结算，必须重合同、守信用。收款人对同一付款人发货托收累计3次收不回货款的，收款人开户银行应暂停收款人向该付款人办理托收；付款人累计3次提出无理拒付的，付款人开户银行应暂停其向外办理托收。

（三）委托收款

委托收款是收款人委托银行向付款人收取款项的结算方式。单位和个人凭已承兑商业汇票、债券、存单等付款人债务证明办理款项的结算，无论是同城还是异地均可以使用委托收款结算方式。委托收款分邮寄和电报划回两种，由收款人选用。

委托收款的结算程序如图11-6所示。

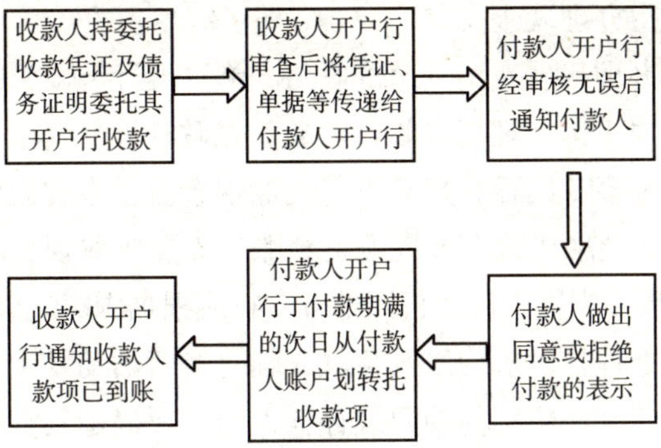

图 11-6 委托收款的结算程序

四、人民币银行结算账户管理制度

银行结算账户是指客户为办理存款、贷款和结算业务而在银行开立的登记手续证明。银行结算账户按存款人分为单位银行结算账户和个人银行结算账户，单位银行结算账户按用途分为基本存款账户、一般存款账户、专用存款账户、临时存款账户。

中国人民银行于 2003 年 4 月 10 日发布了《人民币银行结算账户管理办法》，该办法于 2003 年 9 月 1 日起施行。在该办法中，确立了银行结算账户管理的基本原则为：自主开户原则、重要账户开立核准原则和依法维护客户利益原则。

（一）银行结算账户的开立程序

银行结算账户的开立程序大致分申请、受理、核准和协议、预留印鉴四个步骤，具体如图 11-7 所示。

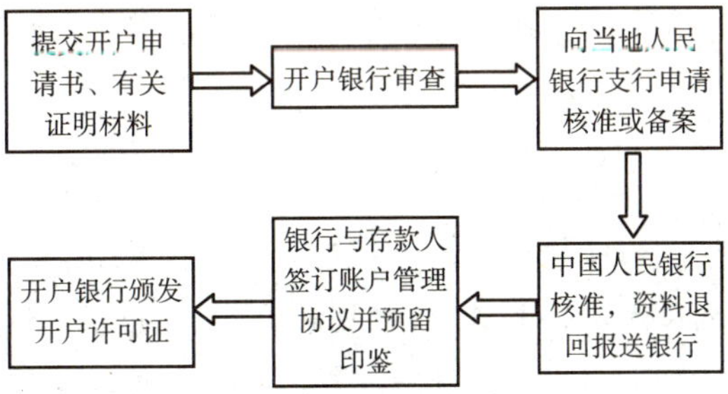

图 11-7 银行结算账户的开立程序

（二）银行结算账户的使用

基本存款账户是存款人的主办账户，即通常的开户银行，一个单位只能在银行开立一个基本存款账户。存款人日常经营活动的资金收付及其工资、奖金和现金的支取，应通过该账户办理。

一般存款账户用于办理存款人借款转存、借款归还和其他结算的资金收付。该账户可以办理现金缴存，但不得办理现金支取。

专用存款账户用于办理各项专用资金的收付，单位银行卡账户的资金必须由其基本存款账户转账存入，该账户不得办理现金收付业务。财政预算外资金、证券交易结算资金、期货交易保证金和信托基金专用存款账户不得支取现金。基本建设资金、更新改造资金、政策性房地产开发资金、金融机构存放同业资金账户需要支取现金的，应在开户时报中国人民银行当地分支行批准。中国人民银行当地分支行应根据国家现金管理的规定审查批准。

临时存款账户用于办理临时机构以及存款人临时经营活动发生的资金收付。临时存款账户应根据有关开户证明文件确定的期限或存款人的需要确定其有效期限。临时存款账户的有效期最长不得超过 2 年。

【工作实例】2015 年 9 月 10 日，甲企业的财务人员持有关证件到 A 银行营业部办理基本存款账户的开立手续，A 银行工作人员审查了其开户的证明文件，并留存了相关证件的复印件，为其办理了基本存款账户的开户手续。同日，该财务人员持以上证件和 B 银行的贷款合同到 B 银行开立了一个一般存款账户。9 月 11 日，甲企业的财务人员到 A 银行办理支票的转账手续，A 银行的工作人员当日办理。9 月 12 日，A 银行的工作人员携带甲企业的基本存款账户开户资料向当地人民银行报送，申请核准。10 月 3 日，甲企业通过在 B 银行的一般存款账户发放了职工工资 40 万元，并支取现金 2 万元。

要求：根据有关法律规定，分别回答以下问题。

（1）A 银行于 9 月 11 日为甲企业办理转账手续的做法是否符合规定？并说明理由。

（2）B 银行于 9 月 10 日为甲企业开立一般存款账户的做法是否符合规定？并说明理由。

（3）甲企业通过 B 银行的一般存款账户发放职工工资、支取现金的做法是否符合规定？并说明理由。

【温馨提示】

首先，A 银行的做法不符合规定。根据我国《人民币银行结算账户管理办法》的规定，存款人开立单位银行结算账户，自正式开立之日起 3 个工作日后，方可使用该账户办理付款业务，而甲企业的基本存款账户在未正式开立的情况下，A 银行就为其办理转账的做法不符合规定。

其次，B 银行的做法也不符合规定。根据我国《人民币银行结算账户管理办法》的规定，存款人申请开立一般存款账户，应向银行出具开立基本存款账户规定的证明文件、基本存款账户开户许可证和借款合同等有关证明。而在甲企业未取得基本存款账户开户许可证的情况下，B银行就为其开立一般存款账户的做法不符合规定。

最后，甲企业通过B银行的一般存款账户发放职工工资、支取现金的做法也不符合规定。根据我国《人民币银行结算账户管理办法》的规定，存款人的工资、奖金，只能通过基本存款账户办理，且一般存款账户不能办理现金支取。

本章小结

本章主要介绍了我国金融立法的概况，重点介绍了银行法和支付结算相关规定的内容，这些内容紧贴我国当前的经济动态，是学生走入社会从事财务工作业务时都会涉猎的常识。

思考与练习

一、单项选择题

1. 在我国决定商业银行票据再贴现率的机构是（　　）。

A. 商业银行　　B. 中国人民银行

C. 国务院　　D. 证券交易所

2. 在我国，对银行业负有监管职责的机构是（　　）。

A. 中国建设银行和中国工商银行　　B. 中国证监会和中国保监会

C. 中国人民银行和中国银监会　　D. 财政部和国家国资委

3. 托收承付结算每笔的金额起点为（　　）元，新华书店系统每笔的金额起点为（　　）元。

A. 10 000，1 000　　B. 20 000，1 000

C. 20 000，2 000　　D. 50 000，2 000

4. 下列情形不可以开立临时存款账户的是（　　）。

A. 设立临时机构　　B. 异地临时经营活动

C. 期货交易保证金　　D. 注册验资

5. 我国对（　　）的外汇国际支付和转移不予限制。

A. 证券投资　　B. 经常项目

C. 资本项目　　D. 直接投资

二、多项选择题

1. 中国人民银行作为我国的中央银行，可以采用的一般货币政策工具包括（　　）。

A. 存款准备金率　　B. 中央银行基准利率

C. 再贴现率　　D. 公开市场业务

2. 2015 年 5 月，甲公司在办理托收承付结算时，遭到银行拒绝，在与银行交涉时，银行业务员张先生陈述的下列理由中，正确的有（　　）。

A. 合同中没有订明使用异地托收承付结算方式

B. 签发托收承付凭证时未注明托收附寄单证的张数

C. 收款人对同一付款人发货托收已累计 3 次未收回货款

D. 本笔托收承付的金额只有 9 万元

3. 根据人民币银行结算账户管理的有关规定，下列专用存款账户中，经过中国人民银行批准可以支取现金的有（　　）。

A. 单位银行卡专用存款账户

B. 财政预算外资金专用存款账户

C. 金融机构存放同业资金专用存款账户

D. 政策性房地产开发资金专用存款账户

4. 商业银行贷款，应当遵守的资产负债比例管理的规定包括（　　）。

A. 资本充足率不得低于 8%

B. 贷款余额与存款余额的比例不得超过 75%

C. 流动性资产余额与流动性负债余额的比例不得低于 25%

D. 对同一借款人的贷款余额与商业银行资本余额的比例不得超过 10%

5. 以下属于我国《外汇管理条例》里所称外汇的有（　　）。

A. 外币现钞　　B. 外币支付凭证

C. 外币有价证券　　D. 特别提款权

三、案例分析

2014 年，某市新成立了一家城市信用合作商业银行 A，成立之初即进行了两笔业务。一笔是购买政府债券 500 万元人民币，另一笔是向该市新客隆超市投资 100 万元人民币。根据上述情况，请回答下列问题。

（1）银行 A 作为一家城市合作银行，新设立时其注册资本最低限额应该是多少元人民币？

（2）银行 A 的两笔业务属于商业银行的何种业务？

（3）银行 A 的两笔业务是否符合《商业银行法》的规定？如果不符合，根据《商业银行法》的规定，对银行 A 应该怎样处理？

第十二章

会计法和审计法实务

学习目标

知识学习目标：通过本章的学习，了解会计和审计的管理体制、会计监督与审计业务范围、审计和会计机构的设置，对我国在会计、审计相关机构和人员的法律责任等有基本认识。

技能训练目标：掌握会计人员的义务、违反会计法和审计法的法律责任，有能力对实践问题做出是非判断，并能够指导未来实践工作，同时避免不必要的职业风险。

导入案例

小李取得会计从业资格后不久，便应聘到一家公司做出纳。他在办理报销工作中，发现该公司采购科送来报销的 3 张购货发票有涂改现象：其中 2 张分别更改了数量和用途，另 1 张更改了金额。小李知道这 3 张发票不符合作为原始凭证的要求，但考虑到这 3 张发票已经公司总经理和财务科科长签字同意报销后，小李犹豫了，他该如何处理为好?

第一节 财务人员的“宙斯之盾”——坚守会计法律制度

为了更好地胜任会计工作，会计人员首先需要明确会计法规定的会计管理体制、会计监督、会计人员的义务和法律责任。

一、认识会计和会计法

会计是指以货币为主要计量单位，运用专门的方法对企业和行政事业单位的经济活动进行全面、系统、综合、连续的核算和监督，进而开展预测、决策、控制、分析的一种经济管理活动。

调整会计活动的法律规范的总称就是会计法。构成会计法律规范的内容包括四个层次，具体如表 12-1 所示。

表 12-1 会计法律体系

会计法律体系	制定者	名称
会计法律	全国人大及其常委会	《中华人民共和国会计法》、《中华人民共和国注册会计师法》
会计行政法规	国务院	《企业财务会计报告条例》、《总会计师条例》
国家统一的会计制度	国务院财政部门	《企业会计准则》、《企业会计制度》、《预算会计制度》、《民间非营利组织会计制度》、《村集体经济组织会计制度》、《会计从业资格管理办法》、《代理记账管理办法》
地方性会计法规	省、自治区、直辖市、计划单列市、经济特区人民代表大会及其常委会	

《中华人民共和国会计法》(简称《会计法》)，是会计法律制度中层次最高的法律规范，是制定其他会计法规的依据，也是指导会计工作的最高准则。它主要规定会计工作的基本目的、会计管理权限、会计责任主体、会计核算和会计监督的基本要求、会计人员和会计机构的职责权限，并对会计法律责任做出了详细规定。

二、会计管理体制

（一）统一领导，分级管理原则

国务院财政部门主管全国的会计工作，县级以上地方各级人民政府财政部门管理本行政区域内的会计工作。

（二）会计制度的制定权限

国家实行统一的会计制度。国家统一的会计制度由国务院财政部门根据会计法制定并公布。解放军总后勤部除外。各地区、各部门可在此前提下制定本地区、本部门的会计制度或补充规定，报财政部审核批准或备案。各单位可以在遵守会计准则、行业统一会计制度和地区或部门会计制度的前提下，制定本单位的会计制度。

（三）会计人员管理制度

会计人员管理主要由财政部门负责，包括对一般会计人员的管理和注册会计师的业务管理和资格管理。具体来讲，包括对会计人员的资格确认、业务登记的核实、工作职权的规范、会计人员的任免，以及注册会计师资格的确认，执行业务的条件、范围和工作规则等。

三、会计核算

会计核算的一般要求具体如下。

（1）依法建账，禁止私设会计账簿登记、核算。要求纳税人、扣缴义务人应按照有关法律、行政法规和国务院财政、税务主管部门的规定设置账簿，根据合法、有效凭证记账，进行核算。

（2）根据实际发生的经济业务进行会计核算。

（3）保证会计资料的真实和完整。财务会计报告应当由单位负责人和主管会计工作的负责人、会计机构负责人（会计主管人员）签名并盖章；设置总会计师的单位，还须由总会计师签名并盖章。单位负责人应当保证财务会计报告真实、完整。

任何单位和个人不得伪造、变造会计凭证、会计账簿及其他会计资料，不得提供虚假的财务会计报告。

（4）根据依法审核的原始会计凭证填制记账凭证。会计机构、会计人员必须按照国家统一的会计制度的规定对原始凭证进行审核，对不真实、不合法的原始凭证有权不予接受，并向单位负责人报告；对记载不准确、不完整的原始凭证予以退回，并要求按照国家统一的会计制度的规定更正、补充。原始凭证记载的各项内容均不得涂改；原始凭证有错误的，应当由出具单位重开或者更正，更正处应当加盖出具单位印章。原始凭证金额有错误的，应当由出具单位重开，不得在原始凭证上更正。记账凭证应当根据经过审核的原始凭证及有关资料编制。

（5）正确采用会计处理方法。各单位采用的会计处理方法，前后各期应当一致，不得随意变更；确有必要变更的，应当按照国家统一的会计制度的规定变更，并将变更的原因、情况及影响在财务会计报告中说明。

（6）正确使用会计记录文字。即应当用中文。在民族自治地方，会计记录可以同时使用当地通用的一种民族文字。在中国境内的外商投资企业、外国企业和其他外国组织的会计记录可以同时使用一种外国文字。

（7）依法进行会计账簿登记。会计账簿登记必须以经过审核的会计凭证为依据，并符合有关法律、行政法规和国家统一的会计制度的规定。

（8）会计年度自公历 1 月 1 日起至 12 月 31 日止。

（9）会计核算以人民币为记账本位币。业务收支以人民币以外的货币为主的单位，可以选定其中一种货币作为记账本位币，但是编报的财务会计报告应当折算为人民币。

（10）依法建立会计资料档案，并妥善保管。

四、会计监督

会计监督是会计的基本职能之一，目前我国已形成了三位一体的会计监督体系，包括单位内部监督、以注册会计师为主体的社会监督和以政府财政部门为主体的政府监督。

（一）单位内部监督

单位内部监督是指一个单位为了保护其资产的安全完整，保证其经营活动符合国家法律、法规和内部规章要求，提高经营管理水平和效率，控制风险等目的，而在单位内部建立的一系列相互制衡的制度和方法。

1. 对单位内部会计监督的基本要求

（1）记账人员与经济业务事项和会计事项的审批人员、经办人员、财物保管人员的职责权限应当明确，并相互分离、相互制约。

（2）重大对外投资、资产处置、资金调度和其他重要经济业务事项的决策和执行的相互监督、相互制约程序应当明确。

（3）财产清查的范围、期限和组织程序应当明确。

（4）对会计资料定期进行内部审计的办法和程序应当明确。

2. 单位负责人的义务

单位负责人负责单位内部的会计工作管理，应当保证会计机构、会计人员依法履行职责，不得授意、指使、强令会计机构和会计人员违法办理会计事项。单位负责人对本单位的会计工作和会计资料的真实性、完整性负责。实践中单位负责人主要包括如图 12-1 所示的人员。

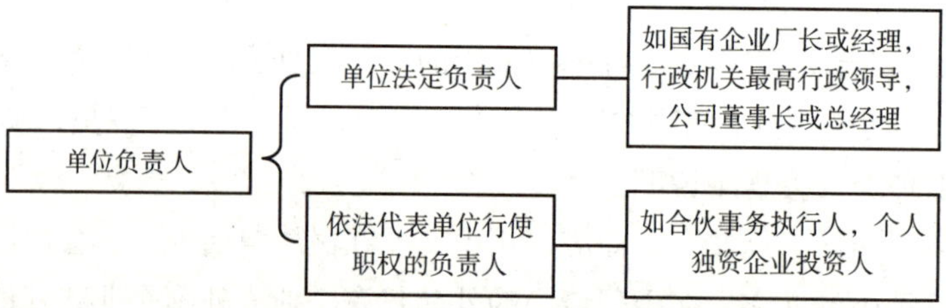

图 12-1 单位负责人

3. 会计机构、会计人员的职责

对违反会计法和国家统一的会计制度规定的会计事项，有权拒绝办理或者按照职权予以纠正；会计机构、会计人员发现会计账簿记录与实物、款项及有关资料不相符的，按照国家统一的会计制度的规定有权自行处理的，应当及时处理；无权处理的，应当立即向单位负责人报告，请求查明原因，做出处理。

（二）社会监督

社会监督是指除政府部门或本单位外的其他单位或个人依法对单位的经济活动进行的监督，如新闻媒体监督，注册会计师及其所在会计师事务所依法对委托单位的监督。例如，依有关会计法规定，须经注册会计师进行审计的单位，应当向受委托的会计师事务所如实提供会计凭证、会计账簿、财务会计报告和其他会计资料以及有关情况。

（三）政府监督

政府监督是指国家有关部门对单位和单位中相关人员的会计行为实施的监督检查，以及对发现的违法会计行为实施的行政处罚，它是一种外部监督。监督主体主要是财政部门，除此之外还有审计、税务、人民银行、证券监管、保险监管等部门。例如，根据税法相关规定，税务部门有权检查纳税人的账簿、记账凭证、报表和有关资料。财政部门对各单位会计工作的监督主要包括下列各项。

（1）各单位是否依法设置会计账簿。财政部门依法对各单位设置会计账簿实施监督检查的内容包括：应当设置会计账簿的是否按规定设置会计账簿；是否存在账外账行为；是否存在伪造、变造会计账簿的行为；设置会计账簿是否存在其他违反法律、行政法规和国家统一的会计制度的行为。

（2）各单位的会计凭证、会计账簿、财务会计报告和其他会计资料是否真实、完整。财政部门实施监督检查的内容包括：《会计法》第十条规定的应当办理会计手续、进行会计核算的经济业务事项是否如实在会计资料上反映；填制的会计凭证、登记的会计账簿、编制的财务会计报告与实际发生的经济业务事项是否相符；财务会计报告的内容是否符合有关法律、行政法规和国家统一会计制度的规定；其他会计资料是否真实、完整。

（3）各单位的会计核算是否符合《会计法》和国家统一的会计制度的规定。财政部门依法对各单位会计核算实施监督检查的内容包括：采用的会计年度、使用的记账本位币和会计记录文字是否符合法律、行政法规和国家统一的会计制度的规定；填制或者取得原始凭证、编制记账凭证、登记会计账簿是否符合法律、行政法规和国家统一会计制度的规定；财务会计报告的编制程序、报送对象和报送期限是否符合法律、行政法规和国家统一会计制度的规定；会计处理方法的采用和变更是否符合法律、行政法规和国家统一会计制度的规定；使用的会计软件及其生成的会计核算资料是否符合法律、行政法规和国家统一会计制度的规定；是否按照法律、行政法规和国家统一会计制度的规定建立并实施内部会计监督制度；会计核算是否有其他违法会计行为。

（4）监督各单位是否依法管理会计档案。财政部门依法对各单位会计档案的建立、保管和销毁是否符合法律、行政法规和国家统一会计制度的规定实施监督检查。

（5）各单位从事会计工作的人员是否具备从业资格。

此外，国务院财政部门和省、自治区、直辖市人民政府财政部门，依法对注册会计师、会计师事务所和注册会计师协会进行监督、指导。财政部门对会计师事务所出具审计报告的程序和内容进行监督。

五、会计机构和会计人员的设置和要求

（一）会计机构和会计人员的设置

（1）各单位应当根据会计业务的需要，设置会计机构，或者在有关机构中设置会计人员并指定会计主管人员；不具备设置条件的，应当委托经批准设立从事会计代理记账业务的中介机构代理记账。

（2）单位应当根据会计业务需要配备持有会计证的会计人员。未取得会计证的人员，不得从事会计工作。

（3）国家机关、国有企业、事业单位任用会计人员应当实行回避制度。单位领导人的直系亲属不得担任本单位的会计机构负责人、会计主管人员。会计机构负责人、会计主管人员的直系亲属不得在本单位会计机构中担任出纳工作。需要回避的直系亲属为：夫妻关系、直系血亲关系、三代以内旁系血亲以及配偶亲关系。

（4）会计人员岗位定期轮岗制度。

（5）会计工作岗位，可以一人一岗、一人多岗或者一岗多人。出纳人员不得兼管审核、会计档案保管和收入、费用、债权债务账目的登记工作。

国有的和国有资产占控股地位或者主导地位的大、中型企业必须设置总会计师。总会计师是单位“行政领导成员”，是单位财务会计工作的主要负责人。

（6）会计机构内部应当建立稽核制度。

（二）对会计人员的要求

1. 会计人员的从业资格

从事会计工作的人员，必须取得会计从业资格证书。各单位不得任用（聘用）不具有会计从业资格的人员从事会计工作。不同会计人员的具体任职要求不同，如表 12-2 所示。

表 12-2　不同会计人员的任职要求

种　类	任职要求	
	会计从业资格证书	其　他
普通会计人员	需要	
会计机构负责人、会计主管人员	需要	会计师以上专业技术职务资格或者从事会计工作 3 年以上经历
总会计师	需要	主管一个单位或者单位内一个重要方面的财务会计工作不少于 3 年

2. 会计人员调动或离职时应当办理的交接手续

（1）一般会计人员办理交接手续，由会计机构负责人（会计主管人员）监交；会计机构负责人（会计主管人员）办理交接手续，由单位负责人监交，必要时主管单位可以派人会同监交。没有办清交接手续的，不得调动或者离职。

（2）会计人员临时离职或者因病不能工作且需要接替或者代理的，会计机构负责人、会计主管人员或者单位领导人必须指定有关人员接替或者代理，并办理交接手续。临时离职或者因病不能工作的会计人员恢复工作的，应当与接替或者代理人员办理交接手续。

（3）移交人员因病或者其他特殊原因不能亲自办理移交的，经单位领导人批准，可由移交人员委托他人代办移交，但委托人应当承担相应的责任。

（4）单位撤销时，必须留有必要的会计人员，会同有关人员办理清理工作，编制决算。未移交前，不得离职。

（5）移交人员对所移交的会计凭证、会计账簿、会计报表和其他有关资料的合法性、真实性承担法律责任。

（6）移交清册一般应当填制一式三份，交接双方各执一份，存档一份。

3. 会计人员职业道德

会计人员应当做到：① 敬业爱岗，热爱本职工作；② 熟悉法律法规，廉洁自律；③ 依法进行会计工作；④ 客观公正，坚持原则；⑤ 参与管理，强化服务；⑥ 诚实守信、保守秘密。

4. 会计人员的教育和培训

根据《会计人员继续教育规定》，财政部负责全国会计人员继续教育的管理。取得并持有会计从业资格证书的人员应当按规定参加继续教育，每年接受培训（面授）的时间累计不应少于 24 小时。由于病假、在境外工作、生育等原因，无法在当年完成接受培训时间的，可由本人提供合理证明，经归口管理的当地财政部门或中央主管单位（简称继续教育管理部门）审核确认后，其参加继续教育时间可以顺延至以后年度完成。

会计人员继续教育实行登记管理。会计人员按照要求接受培训，考核合格并取得相关证明后，应在 90 天内持《会计人员从业资格证书》及相关证明向继续教育主管部门办理继续教育事项登记。

六、违反会计法的法律责任

（一）违反会计法的情形

（1）违反国家统一的会计管理制度。

（2）伪造、变造、编制虚假会计资料。

（3）隐匿或者故意销毁依法应当保存的会计资料。

（4）授意、指使、强令会计机构、会计人员及其他人员伪造、变造、编制、隐匿、故意销毁会计资料。

（5）单位负责人对会计人员进行打击报复。

（6）国家机关及其工作人员违反会计法。

（二）违法会计法的法律责任

违反会计法，构成犯罪的，依法追究刑事责任；尚不构成犯罪的，根据具体情况处以一定的罚款；属于国家工作人员的，还应当由其所在单位或者有关单位依法给予降级、撤职、开除的行政处分。

第二节 财务人员的“达摩克利斯之剑”——时刻牢记审计法律制度

一、认识审计和审计法

1. 认识审计

审计是指审计机关依法独立检查被审计单位的会计凭证、会计账簿、财务会计报告以及其他与财政收支、财务收支有关的资料和资产，监督财政收支、财务收支真实、合法和效益的行为。

审计机关依照有关财政收支、财务收支的法律、法规，以及国家有关政策、标准、项目目标等方面的规定进行审计评价，对被审计单位违反国家规定的财政收支、财务收支行为，在法定职权范围内做出处理、处罚的决定。审计作为一种经济监督活动具有独立性、权威性、公正性的特征。

拓展阅读

审计和会计的关系与联系

（1）审计和会计都必须借助会计方法和会计技巧。会计方法，是审计和会计的共同工具。会计是运用各种会计方法去完成会计工作，而审计则运用会计方法去复核和审查会计工作。

（2）审计与会计的工作对象都是会计资料。会计核算是由原始凭证到编制会计报表，构成企业会计工作的对象是一系列的会计资料。审计的直接对象是企业编制的会计报表，同样要审查相关的由原始凭证到账册反映的经济和会计数据。

（3）会计和审计的工作范围同样涉及企业内部管理制度。我国各单位必须遵循会计法律规范，制定相关的内部管理制度，以保证会计核算工作的有效运作和会计信息的准确无误，防止或及时发现有关人员的舞弊、贪污及其他违纪、违法活动，从而保证企业各项资产的完整和安全。审计工作过程中，同样要涉及企业的内部控制制度。审计人员关心的也主要是与企业会计信息形成和输出相关的各项内部控制制度。

（4）审计工作和会计工作都监督企业经营管理活动。会计核算工作不仅要反映已发生的经济活动，还要对这些经济活动进行是否符合会计制度和企业经营目标的监督。而审计工作，是依据有关法律、法规和内部管理制度，检查企业的会计资料及其反映的经济活动。

2. 认识审计法

审计法是调整审计法律关系的法律规范的总称。

现行的主要的审计法律规范有两个：一是《中华人民共和国审计法》（简称《审计法》），于1994年经全国人民代表大会常务委员会通过，并于2006修正实施。二是《中华人民共和国审计法实施条例》（简称《审计法实施条例》），于1997年10月21日经中华人民共和国国务院通过，并于2010年修订实施。

二、审计机构

（一）审计机构的组成

我国审计体系包括国家审计、内部审计和社会审计三个组成部分，其中国家审计是主体，内部审计和社会审计是其重要组成部分。

1. 国家审计机关

（1）中央审计机关。审计署在国务院总理领导下，主管全国的审计工作。审计机关根据工作需要，经本级人民政府批准，可以在其审计管辖范围内设立派出机构。

（2）地方审计机关。地方各级审计机关在本级人民政府行政首长和上一级审计机关的领导下，负责本行政区域的审计工作，履行法律、法规和本级人民政府规定的职责。

2. 内部审计机构

我国实行内部审计制度。内部审计机构主要是指设在国务院和地方人民政府各部门，国有企事业单位内部的，对本部门或本单位及其所属单位内部进行审计的机构。

3. 社会审计组织

社会审计组织是指依法独立承办审计查证和咨询服务的社会审计机构。审计机关进行审计或者专项审计调查时，有权对社会审计机构出具的相关审计报告进行核查。

（二）审计机构的职责

1. 国家审计机关的职责

（1）审计机关对本级人民政府财政部门具体组织本级预算执行的情况，本级预算收入征收部门征收预算收入的情况，与本级人民政府财政部门直接发生预算缴款、拨款关系的部门、单位的预算执行情况和决算，下级人民政府的预算执行情况和决算，以及其他财政收支情况，依法进行审计监督。经本级人民政府批准，审计机关对其他取得财政资金的单位和项目接受、运用财政资金的真实、合法和效益情况，依法进行审计监督。

（2）审计机关依法对国有资本占控股地位或者主导地位的企业、金融机构进行审计，如审计署对中央银行和央企的审计权。

2. 内部审计机构的业务范围

内部审计机构和人员，独立于本单位、本部门财务部门之外，直接受本部门、本单位主要负责人领导，依法开展对本部门、本单位的审计工作，其只具有内部经济监督和经济评价职能，侧重于加强内部管理，提高经济效益。审计事项包括：① 财务计划或单位预算的执行和决算；② 财政、财务收支及其有关的经济活动；③ 经济效益与工作绩效；④ 内部控制制度；⑤ 经济责任；⑥ 建设项目预算、决算；⑦ 国家财经法规和部门、单位规章制度的执行；⑧ 其他审计事项。

3. 社会审计组织的职责

社会审计组织的职责主要包括：① 审计业务如审查企业会计报表，出具审计报告；验证企业资本，出具验资报告等；② 会计咨询、服务业务，如设计财务会计制度、担任会计顾问、代理记账等；③ 其他法定审计业务。

三、审计机关的权限和审计程序

（一）审计权限

（1）要求被审计机关提供资料的权力。

（2）检查权。审计机关有权检查被审计单位与财政收支、财务收支有关的资料和资产，被审计单位不得拒绝。

（3）调查取证权。

（4）制止权。

（5）处理处罚权。

（6）通报或者公布审计结果权。

（7）建议权。

（二）审计程序

（1）审计准备。它主要包括：编制审计项目计划→确定被审计单位→组成审计组→送达审计通知书（实施审计 3 日前）。

（2）审计实施。实施审计过程中，必须编制审计工作底稿，对审计中发现的问题做出详细、准确的记录，并注明资料来源。审计人员向有关单位和个人调查取证的重要的证明材料，应当有提供者的签名或者盖章，不能取得提供者签名或者盖章的，应当注明原因。

（3）做出审计结论。它主要包括：征求被审计对象的意见→审计组审计报告→审计机关审计报告→送达被审计单位和有关主管机关、单位（送达之日起生效）。

注意审计的救济程序：对有关财务收支的审计决定不服的，可以依法申请行政复议或者提起行政诉讼。

【工作实例】某财政部门在对某国有公司进行财务检查时，发现该公司有一笔付给该公司职工杨某房屋折迁费50万元的开支凭证存有疑问：根据原始单据记载，该50万元系市政建设工程指挥部拨给该公司的搬迁补助费，以折迁费名义现金支付给了本公司职工个人。但在审计人员调查时，公司负责人却说这笔钱实际上用于改造职工家属楼，已支付给了承包此工程的某建筑公司。后审计组调查发现，该国有公司据以入账的合同和收据都是伪造的，是该公司领导指示所为。经进一步调查，该50万元以私人的名义存在某银行。

请问：该案中的国有公司通过伪造合同及收据并据以进行会计核算的行为违反了审计法的哪些规定？

【温馨提示】

该案中被审计的国有公司涉及用虚假的经济业务事项及资料进行会计核算。该国有公司通过出具虚假会计凭证的方式，以单位职工名义将折迁补助费取出；当审计人员进行审计时，又编造虚假的合同与凭证欺骗审计人员。其行为严重违反了《审计法》的规定："审计机关进行审计时，被审计单位不得转移、隐匿、篡改、毁弃会计凭证、会计账簿、会计报表以及其他与财政收支或者财务收支有关的资料，不得转移、隐匿所持有的违反国家规定取得的资产。"审计单位有权提出给予行政处分的建议，构成犯罪的，应依法追究其刑事责任。

四、违反审计法的法律责任

（一）被审计单位违反审计法的法律责任

（1）被审计单位违反审计法规定，拒绝或者拖延提供与审计事项有关的资料的，或者提供的资料不真实、不完整的，或者拒绝、阻碍检查的，由审计机关责令改正，可以通报批评，给予警告；拒不改正的，依法追究责任。

（2）转移、隐匿、篡改、毁弃会计凭证、会计账簿、财务会计报告以及其他与财政收支、财务收支有关的资料，或者转移、隐匿所持有的违反国家规定取得的资产，审计机关认为对直接负责的主管人员和其他直接责任人员依法应当给予处分的，应当提出给予处分的建议，被审计单位或者其上级机关、监察机关应当依法及时做出决定，并将结果书面通知审计机关；构成犯罪的，依法追究刑事责任。

（3）被审计单位的财政收支、财务收支违反法律、行政法规的规定，构成犯罪的，依法追究刑事责任。

（4）对本级各部门（含直属单位）和下级政府违反预算的行为或者其他违反国家规定的财政收支行为，审计机关、人民政府或者有关主管部门在法定职权范围内，依照法律、行政法规的规定，区别情况采取下列处理措施：① 责令限期缴纳应当上缴的款项；② 责令限期退还被侵占的国有资产；③ 责令限期退还违法所得；④ 责令按照国家统一的会计制度的有关规定进行处理；⑤ 其他处理措施。

拓展阅读

某财政局吊销会计从业资格证书流程（见图 12-2）

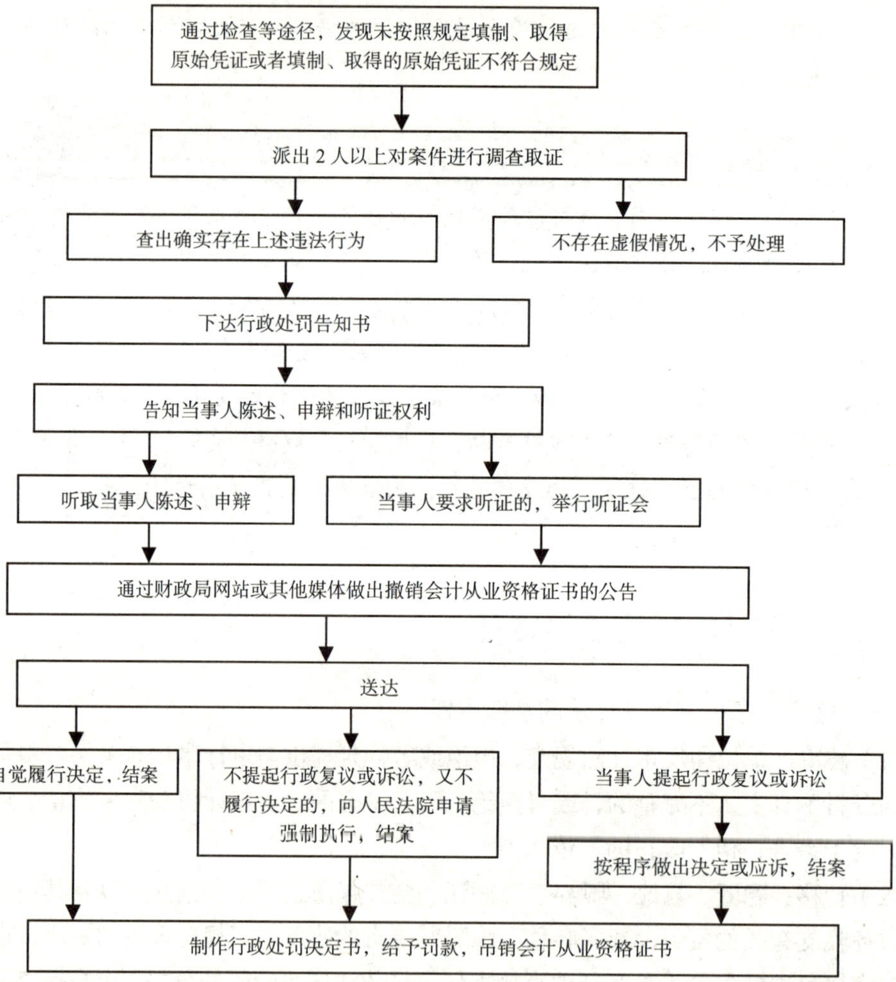

图 12-2　某财政局吊销会计从业资格证书流程

（5）报复陷害审计人员的，依法给予处分；构成犯罪的，依法追究刑事责任。

（二）审计机构、审计人员违反审计法的法律责任

审计人员滥用职权、徇私舞弊、玩忽职守或者泄露所知悉的国家秘密、商业秘密的，依法给予处分；构成犯罪的，依法追究刑事责任。

本章小结

本章按照先会计法（会计工作管理体制——会计监督——会计机构和会计人员——违反会计法的法律责任）后审计法（审计工作管理体制——审计机构——审计业务范围——违反审计法的法律责任）的顺序进行了介绍，明确了会计工作的基本要求及其法律责任、审计工作的基本要求及其法律责任，有助于学生理解会计工作与审计业务范围的联系。

思考与练习

一、单项选择题

1.《会计法》规定，用电子计算机软件生成的会计资料必须符合（　　）的要求。

A. 企业会计工作规范　　B. 国家统一会计制度

C. 各地方相关法规　　D. 各项具体会计准则

2. 原始凭证出现金额错误，应由（　　）。

A. 经办人更正　　B. 会计人员更正

C. 原开具单位更正　　D. 原开具单位重新开具

3. 根据《会计法》的规定，担任单位会计机构负责人的，除取得会计从业资格证书外，还应当具备的法定条件是（　　）。

A. 具备会计员专业技术职务资格或从事会计工作 2 年的经历

B. 具备助理会计师专业技术职务资格或从事会计工作 2 年的经历

C. 具备会计师以上专业技术职务资格或从事会计工作 3 年以上的经历

D. 具备注册会计师资格或者从事会计工作 2 年的经历

4. 根据《会计法》第四条的规定，（　　）对本单位的会计工作和会计资料的真实性、完整性负责。

A. 总会计师　　B. 会计机构负责人

C. 主管会计人员　　D. 单位负责人

5. 下列各项中，有权对会计工作进行行政管理的部门是（　　）。

A. 工商部门　　B. 消费者协会　　C. 税务部门　　D. 中国银行

二、多项选择题

1. 在中国境内的中外合资企业，会计记录使用的文字不符合规定的是（　　）。

A. 只能使用中文，不能使用其他文字　　B. 只能使用外文

C. 在中文和外文中任选一种　　　　D. 使用中文，同时可以选一种外文

2. 下列各项中，属于会计资料的是（　　）。

A. 会计凭证　　　　B. 会计账簿

C. 财务会计报告　　　　D. 经济合同

3. 国家统一的会计制度，是指国务院财政部门根据《会计法》制定的下列（　　）制度。

A. 会计核算　　B. 会计监督　　C. 会计机构

D. 会计人员　　E. 会计工作管理

4. 根据《会计基础工作规范》的规定，会计机构负责人的直系亲属能够担任本单位下列会计岗位中的（　　）。

A. 出纳工作　　　　B. 稽核工作

C. 财务会计报告编制工作　　　　D. 固定卡片登记工作

5.《会计基础工作规范》规定，企业自制的原始凭证必须有下列（　　）的签名或盖章。

A. 单位领导人　　　　B. 单位领导人指定的人员

C. 会计主管　　　　D. 记账人员

三、案例分析

某市审计部门在对该市某国有大型企业的会计工作进行审计时发现以下情况：

（1）2015 年 1 月，该厂会计人员 A 脱产学习 1 个月，会计机构负责人 B 指定出纳 C 临时兼管 A 的会计档案保管工作，未办理会计工作的交接手续。

（2）2016 年 5 月，会计人员 D 调离该厂，在会计机构负责人 B 的监交下，D 将自己负责的会计账簿移交给会计人员 E，但 E 在交接中因疏忽未发现所接会计资料在合法性、真实性、完整性方面的问题。

（3）2016 年 3 月，会计机构负责人 B 调离该厂，该厂厂长张某任命自己的直系亲属 F 为会计机构负责人，F 又任命自己的直系亲属 G 在该厂的会计机构中担任出纳，并由 G 兼管债权债务账目的登记工作。

请问：

（1）会计人员 A 脱产学习 1 个月，是否需要办理会计工作的交接手续？

（2）出纳 C 临时兼管 A 的会计档案保管工作是否符合规定？

（3）会计人员 D 对于所移交会计资料的合法性、真实性、完整性，能否以会计资料已移交而推脱责任？

（4）接替人员 E 因疏忽未发现所接会计资料在合法性、真实性、完整性方面存在的问题，是否对该会计资料负法律责任？

（5）张某任命自己的直系亲属 F 为会计机构负责人是否符合规定？

第十三章

税法实务

学习目标

知识学习目标：通过本章的学习，使学生了解我国相关税法的主要内容，培养学生完成增值税、消费税、营业税、企业所得税和个人所得税的纳税申报与缴纳的实际操作能力，结合会计课程简单计算应纳税款的能力；培养依法办理涉税事务、依法按时纳税的理念。

技能训练目标：能够依法办理企业的各项税务登记；进行增值税、消费税、营业税、企业所得税、个人所得税等的纳税申报；进行税款缴纳；选择并操作税收行政争议救济途径。

导入案例

小张和小王徜徉在自己居住的城市某街心花园中，二人均被这里优美的景色所吸引。小张意味深长地说："这些公共设施都是我们纳税人的钱修建的呀！"小王感觉很奇怪："这不是政府拿财政上的钱修建的吗？"小张说："王安石曾对财政这样诠释——'因天下之力以生天下之财，取天下之财以供天下之费'，即'取之于民、用之于民'，财政收入最重要的来源就是税收，我们每个人只要生活在这世上，就都是税负的承担者，正所谓'人生不可避免的有两件事——纳税和死亡'。"你理解小张的这些话吗？

第一节 有税必有法，无法不成税——认识税收与税法

税收是财政收入的主要来源，我们每个人所享有的公共设施、义务教育、社会保障都间接来源于纳税人所纳的税款。税法是国家法律的重要组成部分，税收的含义、职能，税

法的构成要素等都是税法的基础理论知识，也是我们学习税法必须首先认识的问题。

一、认识税收

（一）税收的界定

税收是国家为实现国家职能，凭借政治权力，按照法律规定的标准，强制、无偿地参与国民收入分配取得财政收入的一种手段。

税收有其固定的形式特征，它是区别于其他财政收入方式的基本标志。税收具有强制性、无偿性和固定性三个形式特征。

1. 强制性

税收是国家以社会管理者身份，凭借政治权力，通过颁布法律或政令来进行强制征收的。负有纳税义务的单位和个人，都必须遵守国家强制性的税收法令，依法纳税，否则就要受到法律制裁。

2. 无偿性

无偿性是指国家征税既不归还给纳税人，也无须向纳税人支付任何代价或报酬。但在总体上，税收又具有间接返还性。我国税收体现了“取之于民，用之于民”的基本特点。

3. 固定性

固定性是指国家通过法律形式和税收制度预先规定每一种税的课税对象、纳税人、税率和征税标准等，且在一定时期内具有相对的稳定性。

只有同时具备以上三个特征的才是税收，否则就不是税收。

（二）税收的职能

税收具有组织收入、调控经济、维护国家政权和国家利益等三种职能。

1. 税收是国家组织财政收入的主要形式

税收是财政收入的主要来源。组织财政收入是税收的基本职能。税收具有强制性、无偿性、固定性的特点，筹集财政收入稳定可靠。税收的这种特点，使其成为世界各国政府组织财政收入的基本形式。目前，我国税收收入已占国家财政收入的90%以上。

2. 税收是国家调控经济运行的重要手段

经济决定税收，税收反作用于经济。一方面，国家通过税收集中一部分经济资源并重新分配，改变经济资源的配置；另一方面，国家通过税负轻重差异引导人们的经济行为和经济资源流向，以调控经济运行。

3. 税收具有维护国家政权的作用

国家政权是税收产生和存在的必要条件，而国家政权的存在又依赖于税收的存在。没有税收，国家机器就不可能有效运转。同时，税收负担的轻重差异也体现国家支持或限制的意图，从而达到维护和巩固国家政权的目的。

二、认识税法

税法是国家制定的用以调整国家与纳税人之间在征纳税方面的权利与义务关系的法律规范的总称。

税法有广义和狭义之分。广义的税法是指国家立法机关、政府及其有关部门制定的有关税收方面的法律、法规、规章等。狭义的税法仅指国家立法机关或其授权制定的税收法律，这是严格意义上的税法。本章中所说的税法是指广义的税法。

（一）税法要素

税法构成要素是指各种单行税法具有的共同的基本要素的总称。税法构成要素既包括实体性的，也包括程序性的。纳税人、征税对象、税率是构成税法的三个最基本的要素。

1. 征税人

征税人是指代表国家行使税收征管职权的各级税务机关和其他征收机关，包括税务机关、财政机关和海关。

2. 纳税人

纳税人是税法中规定的直接负有纳税义务的单位和个人，包括自然人、法人或其他社会组织。

3. 征税对象

征税对象也称课税对象，是指对什么征税，是税收法律关系中权利义务所指向的对象。征税对象包括物或行为，是区别不同类型税种的最主要标志，不同的征税对象构成不同的税种。

4. 税目

税目是税法规定的课税对象的具体项目，是征税的具体依据，规定了征税对象的具体范围。凡列入税目的即应税项目，反之则不属于应税项目。

5. 税率

税率是应纳税额与课税对象之间的比例，是计算税额的尺度。税率是税法的核心要素，关系着国家的收入多少和纳税人的负担程度。我国现行税率有三种形式：比例税率、累进税率和定额税率。

6. 计税依据

计税依据也称计税标准，是指计算应纳税额的依据或标准，即根据什么来计算纳税人应缴纳的税额。征税对象规定对什么征税，计税依据则在确定征税对象之后解决如何计量的问题。

7. 纳税环节

纳税环节是指税法规定的在商品流转过程中和劳务活动中应当缴纳税款的环节。商品从生产到消费往往需要经过多个流转环节，税收制度必须明确哪些环节应该纳税。

8. 纳税期限

纳税期限是指税法规定的纳税人向国家缴纳税款的期限，是税收强制性和固定性特点在时间上的体现。

纳税期限分为两种，一是按期纳税，如增值税可以 1 日、3 日、5 日、10 日、15 日或一个月、一个季度为一期纳税；二是税法规定，不能按期纳税的可以按次纳税。

9. 纳税地点

纳税地点主要是指根据各个税种的纳税环节和有利于对税款的源泉控制而规定的纳税人（包括代征、代扣、代缴义务人）具体申报和缴纳税款的地点。常见的纳税地点有：机构所在地、经济活动发生地、财产所在地、报关地等。

10. 减免税

减免税是指税法规定的对某些特殊情况给予减轻或免除税收负担的一种税收优惠措施。减免税有照顾性减免和鼓励性减免之分，前者为照顾纳税人的某些特殊困难，后者为鼓励某些行业、地区或某些行为的发展。减免税是对税率的补充和灵活延伸。

11. 法律责任

法律责任是指对违反国家税法规定的行为人采取的处罚措施，一般包括违法行为和因违法行为承担的法律责任两部分。违法行为是指违反税法规定的行为，包括作为和不作为。因违反税法而承担的法律责任包括行政责任和刑事责任。常见的有：加收滞纳金、处以罚款、建议工商机关吊销营业执照、追究刑事责任等。

（二）我国现行的税法体系

我国经过 1994 年税制的全面改革和 21 世纪以来的税制调整与改革，形成了现行的税收法律体系，从内容上来看，主要有以下两个层次的法律规范。

1. 税收实体法体系

税收实体法主要是指确定税种的法律规范，具体规定各税种的征税对象、征收范围、税目、税率、纳税地点等。我国目前已经存在 20 多个税种，按其征税对象的性质，大致可分为五类，如表 13-1 所示。

表 13-1 我国目前的税种划分

大类	具体
流转税	增值税、消费税、营业税、关税
所得税	企业所得税、个人所得税
资源税	资源税、城镇土地使用税、耕地占用税、土地增值税
财产税	房产税、车船税、契税
行为目的税	固定资产投资方向调节税（暂缓征收）、车辆购置税、城市维护建设税、印花税、烟叶税、筵席税、屠宰税

我国 1994 年进行分税制改革后，将以上各税种划分了不同的收入归属和征管权限，大致可分为中央税、地方税和中央与地方共享税，分别由国税局和地税局征管，具体规定如表 13-2 所示。

表 13-2 按收入归属和征管权限划分的税种

大类	内容
中央税	指税收收入和管理权限归属于中央一级政府的税收，一般由中央统一征收管理，如消费税、车辆购置税、关税、由海关代征的消费税和增值税
地方税	指税收收入和管理权限归属于各级地方政府的税收，一般由各级地方政府负责征收管理，如城镇土地使用税、耕地占用税、土地增值税、车船税、契税、房产税
中央与地方共享税	指税收收入属于中央政府和地方政府共同收入的税收，目前由国家税务局负责征收管理。 增值税：不含进口环节由海关代征部分，其余归中央 75%，归地方 25%。 营业税：铁道部、各银行总行、各保险总公司集中缴纳的部分归中央，其余归地方。 企业所得税：铁道部、各银行总行及海洋石油企业缴纳的部分归中央，其余归中央 60%，地方归 40%。 个人所得税：储蓄存款利息所得的个税归中央，其他同上。 资源税：海洋石油企业缴纳的部分归中央、其余归地方。 城市维护建设税：同营业税。 印花税：证券交易印花税 94%归中央，其余归地方

2. 税收程序法体系

我国的税收程序法主要包括《中华人民共和国税收征管法》、《中华人民共和国税收征管法实施细则》、《中华人民共和国发票管理办法》、《中华人民共和国发票管理实施细则》、《税务行政复议规则》以及参照执行的《中华人民共和国行政处罚法》、《中华人民共和国行政诉讼法》和《中华人民共和国国家赔偿法》等。

第二节 纳入税收管理的第一步——办理税务登记

税务登记是整个税收征收管理的首要环节，是征纳双方法律关系成立的依据和证明，也是纳税人必须依法履行的义务。

一、办理开业税务登记

本章中将以长城科技有限公司为例进行阐述，其开业税务登记的操作流程如下。

（一）准备开业税务登记的相关资料

进行税务开业登记需提供下列有关证件、资料：

（1）营业执照或其他核准执业证件副本原件及复印件。

（2）组织机构代码证书原件及复印件。

（3）法定代表人的居民身份证原件及其复印件。

（4）住所或经营场所证明。

（5）财务人员资格证书原件及其复印件。

（6）公司章程复印件。

（7）验资报告或评估报告原件及其复印件。

（8）银行账号证明。

（二）确定开业税务登记的时间和地点

《中华人民共和国税收征管法》（简称《税收征管法》）规定：从事生产、经营的纳税人领取工商营业执照（含临时工商营业执照）的，应当自领取工商营业执照之日起 30 日内申报办理税务登记。

（三）填写开业税务登记表

税务登记的内容主要是通过纳税人填写的税务登记表来体现的。单位纳税人、个体经营者和临时税务登记纳税人的税务登记表的内容存在差异，税务开业登记表统一由国家税务总局监制，由各地税务部门提供。

将填制好的开业税务登记表盖上单位公章、法人代表人章后，与准备的相关材料，递交税务登记窗口。

（四）税务机关审核

税务机关应自收到税务登记申报之日起 30 日内审核完毕，符合规定的予以登记，不符合规定的不予登记，但应在 30 日内予以答复。

（五）纳税人领取税务登记证

纳税人按照通知的期限到主管税务部门领取税务登记证及其副本（见图 13-1），并按规定缴付工本管理费，完成税务登记任务。

税 务 登 记 证

号

纳税人名称：节能科技有限公司

法定代表人(负责人)：

地 址：世纪花园二幢

登记注册类型：其他有限责任公司

经营范围：

批准设立机关：52230000

扣缴义务：依法确定

发证税务机关

二〇一一年七月十九日

2008 066206

国家税务总局监制

图 13-1 税务登记证

纳税人办理下列事项时必须持税务登记证：开立银行账户；申请减税、免税、退税；申请办理延期申报、延期缴纳税款；领购发票；申请开具外出经营活动税收管理证明；办理停业、歇业；其他有关税务事项。税务登记证件不得转借、涂改、损毁、买卖或伪造。

【工作实例】长城科技有限公司于 2010 年 4 月 5 日在 A 市 M 区工商行政管理分局办理了工商登记，注册资金为 200 万元，法定代表人为张三，取得“企业法人营业执照”。现需要办理税务登记，财务部门工作人员不知需准备那些文件资料，需办理哪些手续，你能告诉他们吗？

【温馨提示】

长城科技有限公司应于 2010 年 5 月 5 日（工商登记后 30 日内）前到其生产经营所在地的区级国税分局、地方税务分局办理税务登记。

二、办理税务变更登记

变更税务登记是指纳税人办理税务登记后，需要对原登记内容进行更改，而向税务机关申报办理的税务登记。其适用范围主要有以下几种：① 改变名称；② 改变法人代表；③ 改变经济性质；④ 增设或撤销分支机构；⑤ 改变住所或经营地点（涉及主管税务机关变动的办理注销登记）；⑥ 改变生产、经营范围或经营方式；⑦ 增减注册资本；⑧ 改变隶属关系；⑨ 改变生产经营期限；⑩ 改变开户银行和账号；⑪ 改变生产经营权属以及改变其他税务登记内容。

纳税人税务登记内容发生变化的，应当自工商行政管理机关变更登记之日起 30 日内，或税务登记内容实际发生变化之日起 30 日内，或者自有关机关批准或者宣布变更之日起 30 日内，到原税务登记机关申报办理变更税务登记。

三、办理注销税务登记

根据《税收征管法》的规定：纳税人发生解散、破产、撤销以及其他情形，依法终止纳税义务的，应当办理税务登记注销手续。注销税务登记的具体操作流程如下。

（一）确定注销税务登记的时间

纳税人发生解散、破产、撤销以及其他情形，依法终止纳税义务的，应当在向工商行政管理机关或者其他机关办理注销登记前，持有关证件和资料向原税务登记机关申报办理注销税务登记；按规定不需要在工商行政管理机关或者其他机关办理注册登记的，应当自有关机关批准或者宣告终止之日起 15 日内，持有关证件和资料向原税务机关申报办理注销税务登记。

纳税人被工商行政管理机关吊销营业执照或者被其他机关予以撤销登记的，应当自营业执照被吊销或者被撤销登记之日起 15 日内，向原税务机关申报办理注销税务登记。

纳税人因住所、经营地点变动，涉及改变税务登记机关的，应当在向工商行政管理机关或者其他机关申请办理变更、注销登记前，或者住所、经营地点变动前，持有关证件和资料。向原税务登记机关申报办理注销税务登记，并自注销税务登记之日起 30 日内向迁入地税务机关申报办理税务登记。

（二）填写注销税务登记申请审批表

纳税人办理注销税务登记前，应当向税务机关提交相关证明文件和资料，结清应纳税款、多退（免）税款、滞纳金和罚款，缴销发票、税务登记证件和其他税务证件，这些也是注销税务登记申请审批表的主要内容。

（三）办理税务登记注销手续

纳税人将注销税务登记申请审批表及其相关证件缴付主管税务部门审批后，交回税务登记证正副本，经税务机关加盖作废印章后，就完成了税务登记的注销手续。

第三节 由消费者最终负担——流转税法律制度

一、增值税法律制度

（一）增值税的纳税人

《中华人民共和国增值税暂行条例》（简称《增值税暂行条例》）规定，凡在我国境内销售货物，提供加工、修理修配劳务和进口货物的单位和个人，为增值税的纳税人。

增值税的纳税人又分为一般纳税人和小规模纳税人。二者的界定标准如表 13-3 所示。

表 13-3 增值税纳税人的界定

认定标准 / 纳税人	生产货物或提供应税劳务的纳税人，或以其为主，并兼营货物批发或零售的纳税人	批发或零售货物的纳税人
小规模纳税人	年应税销售额在 50 万元（含）以下	年应税销售额在 80 万元（含）以下
一般纳税人	年应税销售额在 50 万元以上	年应税销售额在 80 万元以上

（二）增值税的征收范围

1. 征税范围的一般规定

增值税的征税范围为在我国境内销售货物或提供加工、修理、修配劳务，以及进口货物。这里的销售货物是指有偿转让货物的所有权，货物是指有形动产，包括电力、热力和气体在内。

2. 税法确定属于增值税征税范围的特殊行为

（1）征税范围的特殊项目。这类行为主要包括：货物期货（包括商品期货和贵金属期货），在期货的实物交割环节纳税；银行销售金银的业务；典当业销售死当物品，寄售商店代销的寄售物品；集邮商品生产、调拨，以及邮政部门以外的其他单位与个人销售集邮商品。

（2）视同销售行为。这类行为主要包括：将货物交付他人代销；销售代销货物；设有两个以上机构并实行统一核算的纳税人，将货物从一个机构移送至其他机构用于销售，但相关机构设在同一县（市）的除外；将自产或委托加工的货物用于非应税项目；将自产、委托加工或购买的货物作为投资，提供给其他单位或个体经营者；将自产、委托加工或购买的货物分配给股东或投资者；将自产、委托加工的货物用于集体福利或个人消费；将自产、委托加工或购买的货物无偿赠送他人等八种行为。

由此可见，如果“长城科技有限公司 9 月 8 日发货给外省分支机构 200 台，用于销售”

和“9月20日，向全国第九届冬季运动会赠送笔记本电脑20台”，这两种行为均为视同销售行为，属于增值税的征税范围。

（3）兼营非增值税应税劳务行为。兼营非增值税应税劳务行为是指纳税人在生产经营活动中，既存在属于增值税征税范围的销售行为或提供应税劳务的行为，又存在不属于增值税征税范围的提供非应税劳务的行为，且两者之间没有直接联系或从属关系。如建材商店既销售建材，又从事装饰、装修业务，两者没有直接联系，属于兼营非增值税应税劳务行为。

混合销售行为和兼营非增值税应税劳务行为的税务处理有所不同，具体如表13-4所示。

表13-4 混合销售行为和兼营非增值税应税劳务行为的区别

项目	混合销售行为	兼营非增值税应税劳务行为
含义	在同一销售行为中既包括销售货物又包括提供非应税劳务	纳税人的经营范围既包括销售货物和应税劳务，又包括提供非应税劳务
特点	销售货物与提供非应税劳务是由同一纳税人实现，价款同时从一个购买方取得	销售货物或应税劳务与提供非应税劳务不同时发生在同一购买者身上，即不发生在同一项销售行为中
税务处理	除另有规定外，对于从事货物的生产、批发或零售的企业、企业性单位及个体经营者的混合销售行为，均视为销售货物，征收增值税；对于其他单位和个人的混合销售行为，视为销售非应税劳务，不征收增值税，但如果其设立单独的机构经营货物销售并单独核算，该单独机构发生的混合销售行为应当征收增值税	纳税人兼营非应税劳务的，应分别核算货物或应税劳务和非应税劳务的销售。未分别核算的，由主管税务机关核定货物或者应税劳务的销售额

（三）增值税的税率

现行增值税法规定了基本税率、低税率和零税率三档的使用税率，以及按简易方法计税的征收率，具体适用如表13-5所示。

表13-5 增值税适用

按纳税人划分	税率或征收率	适用范围
一般纳税人	基本税率为17%	销售或进口货物、提供应税劳务
	低税率为13%	销售或进口税法列举的货物
	零税率	出口货物
	4%或6%的征收率	采用简易办法征税
小规模纳税人	3%的征收率	小规模纳税人境内销售货物、提供应税劳务

其中适用13%低税率的货物包括：粮食、食用植物油；暖气、冷气、热水、煤气、石油液化气、天然气、沼气、居民用煤炭制品、自来水；图书、报纸、杂志；饲料、化肥、农药、农机、农膜以及国务院规定的其他货物。

（四）增值税应纳税额的计算

增值税一般纳税人销售货物或提供劳务的应纳税额，等于当期销项税额减当期进项税额以后的余额。

$$
\begin{aligned}
\text{当期应纳税额} &= \text{当期销项税额} - \text{当期进项税额} \\
&= \text{当期销售额} \times \text{适用税率} - \text{当期进项税额}
\end{aligned}
$$

1. 销项税额

销项税额是指纳税人销售货物或者提供应税劳务，按照销售额或应税劳务收入和规定的税率计算并向购买方收取的增值税税额。销项税额的计算公式为：

$$\text{销项税额} = \text{销售额} \times \text{适用税率}$$

销项税额是由购买方支付的税额，即同时是购买方的进项税额。

2. 销售额

销售额是增值税的计税依据，是指纳税人销售货物或者提供应税劳务向购买方收取的全部价款和价外费用，但是不包括收取的销项税额和其他符合税法规定的费用。如果销售货物属于应税消费品或进口货物，则价款中应包括消费税或关税。

一般纳税人将销售货物或者应税劳务采用销售额和销项税额合并定价收取时，就会形成含税销售额，必须将其换算为不含税的销售额：

$$\text{不含税销售额} = \text{含税销售额} \div (1 + \text{税率})$$

$$\text{小规模纳税人不含税销售额} = \text{含税销售额} \div (1 + \text{征收率})$$

纳税人销售货物或提供劳务价格明显偏低并无正当理由的，或视同销售行为而无销售额的，由主管税务机关核定销售额。

3. 进项税额

纳税人购进货物或者接受应税劳务所支付或者负担的增值税税额为进项税额。进项税额是与销项税额相对应的一个概念。

除税法规定不得抵扣的项目外，准予从销项税额中抵扣的进项税额有：

（1）从销售方取得的增值税专用发票上注明的增值税税额。

（2）从海关取得的进口增值税专用缴款书上注明的增值税税额。

（3）购进农产品，按照农产品收购发票或销售发票上注明的买价和13%的扣除率计算的进项税额。

（4）购进或销售货物以及在生产经营过程中支付运费的，按照运费结算单据（普通发票）所列运费金额（含建设基金）和 7%的扣除率计算的进项税额准予扣除，但随同运费支付的装卸费、保险费等其他杂费不得计算扣除进项税额。

（五）增值税的优惠内容

1. 增值税的法定免税

（1）农业生产者销售的自产农业产品。

（2）避孕药品和用具。

（3）古旧图书，主要是指向社会收购的古书和旧书。

（4）直接用于科学研究、科学试验和教学的进口仪器、设备。

（5）外国政府、国际组织无偿援助的进口物资和设备。

（6）由残疾人组织直接进口供残疾人专用的物品。

（7）销售自己使用过的物品。

2. 起征点的免税优惠

纳税人销售额未达到国务院财政、税务主管部门规定的起征点的，免征增值税；达到起征点的，依法全额计算缴纳增值税。增值税起征点仅适用于小型、微利企业和个人。

2011 年 11 月 1 日实施的新的《增值税暂行条例实施细则》对起征点进行了修改：销售货物的起征点为月销售额 5 000 ~ 20 000 元；销售应税劳务的起征点为月销售额 5 000 ~ 20 000 元；按次纳税的起征点为每次（日）销售额 300 ~ 500 元。

（六）增值税的纳税申报

1. 纳税义务发生时间

销售货物或者提供应税劳务的，纳税义务发生时间为收讫销售款或者取得索取销售款凭据的当天。先开具发票的，为开具发票的当天。 纳税人进口货物，为报关进口的当天。增值税扣缴义务发生时间为纳税人增值税义务发生的当天。

2. 纳税期限

增值税的纳税期限分别为 1 日、3 日、5 日、10 日、15 日、一个月或者一个季度。纳税人以一个月或者一个季度为一个纳税期的，自期满之日起 15 日内申报纳税；以 1 日、3 日、5 日、10 日、15 日为一个纳税期的，自期满之日起 5 日内预缴税款，于次月 1 日起 15 日内申报纳税并结清上月应纳税款。

3. 纳税地点

固定业户应当向其机构所在地主管税务机关申报纳税。固定业户到外县（市）销售货物的，应当向其机构所在地主管税务机关申请开具外出经营活动税收管理证明，向其机构所在地主管税务机关申报纳税。未持有机构所在地主管税务机关核发的外出经营活动税收管理证明，到外地（市）销售货物或者应税劳务的，应当向销售地主管税务机关申报纳税；未向销售地主管税务机关申报纳税的，由其机构所在地主管税务机关补征税款。非固定业户销售货物或者应税劳务，应当向销售地主管税务机关申报纳税。进口货物，应当由进口人或其代理人向报关地海关申报纳税。

【工作实例】长城科技有限公司经税务登记为增值税一般纳税人，按月纳税申报。2015 年 9 月长城科技有限公司生产出最新型号的笔记本电脑，每台不含税销售单价 5 000 元。当月发生如下经济业务：

（1）9 月 5 日，向各大商场销售笔记本电脑 2 000 台。

（2）9 月 8 日，发货给外省分支机构 200 台，用于销售，并支付发货运费等费用 1 000 元.其中，取得运输单位开具的货票上注明的运费 600 元，建设基金 100 元，装卸费 100 元，保险费 100 元，保管费 100 元。

（3）9 月 15 日，购进生产笔记本电脑用原材料一批，取得增值税专用发票上注明的价款为 200 万元，增值税税额为 34 万元，专用发票已认证。

（4）9 月 20 日，向全国第九届冬季运动会赠送笔记本电脑 20 台。

（5）9 月 23 日，从国外购进两台笔记本电脑检测设备，取得的海关开具的完税凭证上注明的增值税税额为 18 万元。

请问：如何缴纳长城科技有限公司 9 月应缴纳的增值税？

【温馨提示】

首先，应根据《增值税暂行条例》及其实施细则的规定计算长城科技有限公司 9 月的各项业务应缴纳的增值税。各项销售的税额计算分别如下。

事项（1）的销项税额为：2 000 × 5 000 × 17%＝1 700 000（元）。

事项（2）的销项税额为：200 × 5 000 × 17%＝170 000（元）。

事项（2）的进项税额为：（600＋100）× 7%＝49（元）。

事项（3）的专用发票已认证，其进项税可以抵扣。

事项（4）的销项税额为：20 × 5 000 × 17%＝17 000（元）。

事项（5）由于是 2015 年购进的检测设备，其进项税额可以抵扣。

综上，该企业 9 月应纳增值税税额为：

1 700 000+170 000+17 000–49–340 000–180 000＝1 366 951（元）。

然后，由公司登记的办税人员完成专用发票的认证、抄税、报税后，自 10 月 1 日至 15 日内向机构所在地的主管税务机关申报纳税，税务机关将申报表单据送到开户银行，由银行进行自动转账处理。

（七）增值税专用发票的使用和管理

1. 增值税专用发票的内容

增值税专用发票是指增值税一般纳税人销售货物或提供应税劳务开具的发票，是购买方支付增值税并可按照增值税法有关规定据以抵扣增值税进项税额的凭证。由于增值税实行凭专用发票注明的税额进行抵扣的办法，专用发票对增值税的计算和管理起着决定性的作用，因此必须正确使用专用发票，并加强对其的监管。

增值税专用发票的基本联次统一为三联，各联次必须按以下规定用途使用：第一联为记账联，销货方作销售的记账凭证；第二联为税款抵扣联，购货方作扣税凭证；第三联为发票联，购货方作付款的记账凭证。其票样如图 13-2 所示。

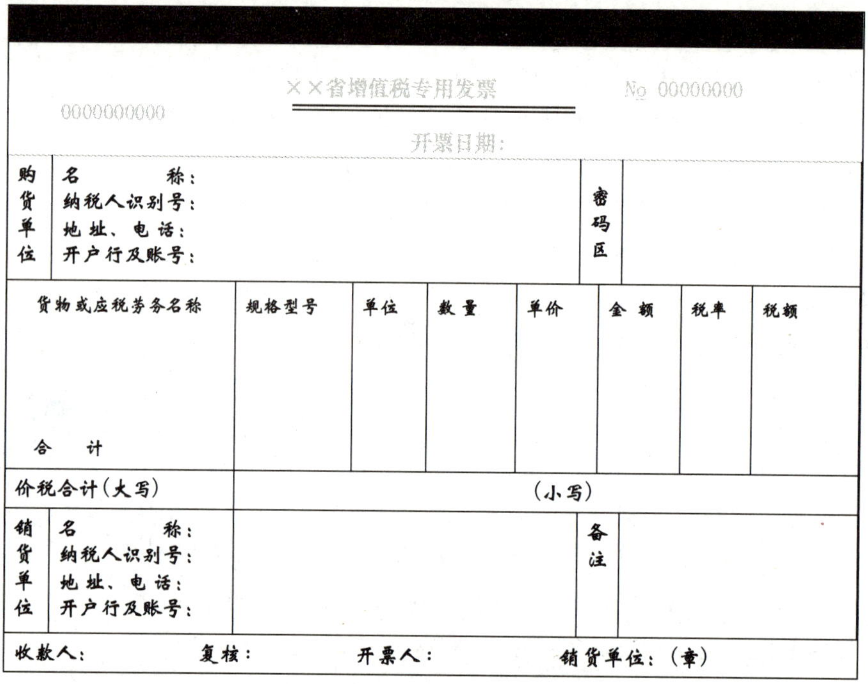

0000000000　　××省增值税专用发票　　№ 00000000

开票日期：

购货单位	名　　称： 纳税人识别号： 地 址、电 话： 开户行及账号：				密码区		
货物或应税劳务名称	规格型号	单位	数 量	单价	金 额	税率	税额
合　计							
价税合计（大写）	（小写）						
销货单位	名　　称： 纳税人识别号： 地 址、电 话： 开户行及账号：				备注		

收款人：　　复核：　　开票人：　　销货单位：（章）

图 13-2　增值税专用发票票样

2. 增值税专用发票的使用

增值税专用发票只限于增值税的一般纳税人领购使用，增值税的小规模纳税人和非增值税纳税人不得领购使用。

增值税专用发票开具要求：字迹清楚；不得涂改；项目填写齐全，不得压线、错格；票、物相符，票面金额与实际收取的金额相符；各项目内容正确无误；发票联和抵扣联加盖财务专用章或发票专用章；按照规定的时限开具专用发票；不得开具伪造的专用发票；不得拆本使用专用发票；不得开具票样与国家税务总局统一制定的票样不相符合的专用发票。

二、消费税法律制度

（一）消费税的纳税人

（1）在中华人民共和国境内生产、委托加工和进口应税消费品的单位和个人，为消费税纳税义务人。

（2）自 2009 年 1 月 1 日起，国务院确定的销售应税消费品的单位和个人（仅指零售金银首饰的单位和个人），也为消费税纳税义务人。

（二）消费税的征税范围

我国现行消费税的征税范围是在我国境内生产、委托加工和进口的应税消费品，具体包括以下五类：① 一些过度消费会对身体健康、社会秩序、生态环境等方面造成危害的特殊消费品，如烟、酒、鞭炮和焰火；② 奢侈品和非生活必需品，如贵重首饰及珠宝玉石、化妆品；③ 高能耗及高档消费品，如摩托车、小汽车；④ 不可再生和替代的石油类消费品，如汽油、柴油；⑤ 具有一定财政意义的消费品，如汽车轮胎。

为防止税款流失、加强源泉控制，消费税的纳税环节一般确定在生产（销售）环节，即纳税人生产的应税消费品，于销售时纳税。只有金银首饰、钻石及钻石饰品在零售环节征税。

增值税与消费税在征税环节上有所不同，具体如表 13-6 所示。

表 13-6　增值税与消费税征税环节比较

征税环节 税种	生　产	批　发	零　售
增值税	√（征收）	√	√
消费税	√	×（不征收）	×（金银首饰、钻石及钻石饰品除外）

（三）消费税的税目与税率

根据《中华人民共和国消费税暂行条例》的规定，我国消费税税目共 14 个：烟、酒与酒精、鞭炮焰火、木制一次性筷子、实木地板、贵重首饰及珠宝玉石、化妆品、高档手表、游艇、高尔夫球及球具摩托车、小汽车、成品油、汽车轮胎。

消费税采用比例税率和定额税率两种形式，根据不同的税目或子税目确定相应的税率或单位税额。现行消费税设计的比例税率最低为 1%，最高为 56%；定额税率最低为每征税单位 0.1 元，最高为每征税单位 250 元。其中卷烟和白酒采用定额税率和比例税率复合计税。

（四）消费税应纳税额的计算

（1）实行从价定率征收的应税消费品，其计税依据为含消费税但不含增值税的销售额。

销售额为纳税人销售应税消费品向购买方收取的全部价款和价外费用。含增值税的销售额必须换算为不含增值税销售额。

实行从价定率办法纳税的计算公式：

$$应纳税额 = 销售额 \times 税率$$

（2）实行从量定额征收的应税消费品，计税依据为应税消费品的实际销售数量。

销售数量是指纳税人生产、加工和进口应税消费品的数量。

实行从量定额计税的计算公式为：

$$应纳税额 = 销售数量 \times 单位税额$$

（3）从价从量复合计征。现行消费税的征税范围中，只有卷烟、粮食白酒、薯类白酒采用混合计算方法。其基本计算公式为：

$$应纳税额 = 应税销售数量 \times 单位税额 + 应税销售额 \times 税率$$

（五）消费税的纳税申报

1. 纳税义务发生时间

纳税人生产的应税消费品于销售时纳税；进口的应税消费品，纳税义务的发生时间为报关进口的当天；金银首饰、钻石在零售环节纳税。

2. 纳税期限

消费税的纳税期限分别为 1 日、3 日、5 日、10 日、15 日、一个月或者一个季度。

3. 纳税地点

纳税人生产销售或自产自用的应税消费品，应向其核算地主管国家税务局申报纳税。委托个人加工的应税消费品，由委托方向其机构所在地或居住地主管税务机关申报纳税。进口应税消费品，由进口人或其代理人向报关地海关申报纳税。

纳税人销售的应税消费品因质量等原因发生销售退回的，经所在地主管税务机关批准可退还已征收的消费税税款，但不得自行直接抵减应纳税款。

三、营业税法律制度

（一）营业税的纳税人

在中华人民共和国境内提供应税劳务、转让无形资产或者销售不动产的单位和个人，为营业税的纳税人。

单位和个体户的员工、雇工在为本单位或雇主提供劳务时，不是营业税纳税人。

（二）营业税的征收范围

营业税是对在我国境内提供应税劳务、转让无形资产或销售不动产的单位和个人所取得的营业额征收的一种流转税。一般以营业额全额为计税依据，实行比例税率，计征简便。

营业税征税范围为：在中华人民共和国境内有偿提供应税劳务、转让无形资产或销售不动产。

（三）营业税的税目与税率

1. 营业税税目

现行营业税共设置了 9 个税目，即交通运输业、建筑业、金融保险业、邮电通信业、文化体育业、娱乐业、服务业、转让无形资产、销售不动产。

2. 营业税税率

营业税按照行业、类别的不同分别采用不同的比例税率，具体规定如表 13-7 所示。

表 13-7 营业税税目、税率

税目	税率
交通运输业、建筑业、邮电通信业、文化体育业	3%
金融保险业、服务业、转让无形资产、销售不动产	5%
娱乐业	5%～20%，具体税率由省、自治区、直辖市人民政府在本条例规定的幅度内决定

（四）营业税应纳税额的计算

营业税的计税依据是营业额，营业额为纳税人提供应税劳务、转让无形资产或者销售不动产向对方收取的全部价款和价外费用。价外费用包括向对方收取的手续费、基金、集资费、代收款项、代垫款项及其他各种性质的价外收费。营业税应纳税额的计算公式为：

$$应纳税额 = 营业额 \times 适用税率$$

（五）营业税的纳税申报

1. 纳税义务发生时间

营业税纳税义务发生时间为纳税人提供应税劳务、转让无形资产或者销售不动产并收讫营业收入款项或者取得索取营业收入款项凭据的当天。

2. 纳税期限

营业税的纳税期限分别为 5 日、10 日、15 日、一个月或者一个季度。

3. 纳税地点

（1）纳税人提供应税劳务应当向其机构所在地或者居住地的主管税务机关申报纳税。但是，纳税人提供的建筑业劳务以及国务院财政、税务主管部门规定的其他应税劳务，应当向应税劳务发生地的主管税务机关申报纳税。

（2）纳税人转让无形资产应当向其机构所在地或者居住地的主管税务机关申报纳税。但是，纳税人转让、出租土地使用权，应当向土地所在地的主管税务机关申报纳税。

（3）纳税人销售、出租不动产应当向不动产所在地的主管税务机关申报纳税。

第四节 纳税人就是负税人——所得税法律制度

一、企业所得税法律制度

（一）企业所得税的纳税人

企业所得税是指以企业取得的生产经营所得和其他所得为征税对象所征收的一种税。企业是指企业和其他取得收入的组织，但不包括个人独资企业、合伙企业。

企业所得税的纳税人分为居民企业和非居民企业。居民企业是指依法在中国境内成立，或者依照外国（地区）法律成立但实际管理机构在中国境内的企业。非居民企业是指依照外国（地区）法律成立且实际管理机构不在中国境内，但在中国境内设立机构、场所的或者在中国境内未设立机构、场所但有来源于中国境内所得的企业。

（二）企业所得税的征税对象

企业所得税的征税对象是指企业的生产经营所得、其他所得和清算所得。

1. 居民企业的征税对象

居民企业应就来源于中国境内、境外的所得作为征税对象。所得包括销售货物所得、提供劳务所得、转让财产所得、股息红利等权益性投资所得、利息所得、租金所得、特许权使用费所得、接受捐赠所得和其他所得。

2. 非居民企业的征税对象

非居民企业在中国境内设立机构、场所的，应当就其所设机构、场所取得的来源于中国境内的所得，以及发生在中国境外但与其所设机构、场所有实际联系的所得，缴纳企业所得税。非居民企业在中国境内未设立机构、场所的，或者虽设立机构、场所，但取得的所得与其所设机构、场所没有实际联系的应当就其来源于中国境内的所得缴纳企业所得税。“实际联系”是指非居民企业在中国境内设立的机构、场所拥有据以取得所得的股权、债权，以及拥有、管理、控制据以取得所得的财产等。

（三）企业所得税的税率

企业所得税实行比例税率，基本税率为25%，适用于居民企业和在中国境内设有机构、场所且所得与机构、场所有关联的非居民企业。

对非居民企业在中国境内未设立机构、场所的应当就其来源于中国境内的所得；虽设立机构、场所但取得的所得与其所设机构、场所没有实际联系的非居民企业适用预提所得税税率10%。小型微利企业减按20%的所得税税率征收企业所得税。具体如表13-8所示。

表13-8 非居民企业的征税对象及税率

征税对象	税 率
非居民企业在中国境内设立机构、场所的，应当就其所设机构、场所取得的来源于中国境内的所得，缴纳所得税	25%
发生在中国境外但与其所设机构、场所有实际联系的所得，缴纳企业所得税	25%
非居民企业在中国境内未设立机构、场所的应当就其来源于中国境内的所得，缴纳企业所得税	10%
虽设立机构、场所但取得的所得与其所设机构、场所没有实际联系的，应当就其来源于中国境内的所得，缴纳企业所得税	10%

（四）企业所得税的优惠内容

《中华人民共和国企业所得税法》（简称《企业所得税法》）规定的企业所得税的税收优惠内容包括免税、减税、加计扣除、加速折旧、税额抵免等，下面主要介绍前三种。

1. 法定免税事项

企业的下列收入为免税收入：

（1）国债利息收入。

（2）符合条件的居民企业之间的股息、红利等权益性投资收益。

（3）在中国境内设立机构、场所的非居民企业从居民企业取得与该机构、场所有实际联系的股息、红利等权益性投资收益。

（4）符合条件的非营利组织的收入。

2. 法定减税项目

（1）国家需要重点扶持的高新技术企业减按15%的所得税税率征收企业所得税。

（2）对符合条件的环境保护、节能节水项目的所得，自项目取得第一笔生产经营收入所属纳税年度起，第一年至第三年免征企业所得税，第四年至第六年按照25%的法定税率减半征收企业所得税。

3. 企业支出的加计扣除

（1）企业从事国家规定项目的研究开发活动，未形成无形资产计入当期损益的，在按照规定据实扣除的基础上，按照研究开发费用的50%加计扣除；形成无形资产的，按照无形资产成本的150%摊销。

（2）企业安置残疾人员的，在按照支付给残疾职工工资据实扣除的基础上，按照支付给残疾职工工资的100%加计扣除。

（五）企业所得税的应纳税所得额

应纳税所得额是企业所得税的计税依据，按照《企业所得税法》的规定，应纳税所得额为企业每一个纳税年度的收入总额减除不征税收入、免税收入、各项扣除以及允许弥补的以前年度亏损后的余额。基本公式为：

应纳税所得额＝收入总额－不征税收入－免税收入－各项扣除－以前年度亏损

特别提示：应纳税所得额的计算应当以权责发生制为原则。

1. 收入总额

企业的收入总额包括以货币形式和非货币形式从各种来源取得的收入。具体有：销售货物收入，提供劳务收入，转让财产收入，股息，红利等权益性投资收益，利息收入，租金收入，特许权使用费收入，接受捐赠收入及其他收入。

2. 不征税收入

不征税收入是指纳入收入总额但由于某些特殊原因不予征税的各种收入，如财政拨款、依法收取并纳入财政管理的行政事业性收费、政府性基金、国务院规定的其他不征税收入等。

3. 免税收入

（1）国债利息收入。

（2）符合条件的居民企业之间的股息、红利等权益性收益。

（3）在中国境内设立机构、场所的非居民企业从居民企业取得与该机构、场所有实际联系的股息、红利等权益性投资收益。

（4）符合条件的非营利组织的收入。

4. 准予扣除的项目

《企业所得税法》规定，企业实际发生的与取得收入有关的、合理的支出，包括成本、费用、税金、损失和其他支出，准予在计算应纳税所得额时扣除。

（1）成本。它是指企业在生产经营活动中发生的销售成本、销货成本、业务支出以及其他耗费，即企业销售商品（产品、材料、下脚料、废料、废旧物资等）、提供劳务、转让固定资产、 无形资产（包括技术转让）的成本。

（2）费用。它是指企业每一个纳税年度为生产、经营商品和提供劳务等所发生的销售（经营）费用、管理费用和财务费用。已经计入成本的有关费用除外。

（3）税金。它是指企业发生的除企业所得税和允许抵扣的增值税以外的企业缴纳的各项税金及其附加。即企业按规定缴纳的消费税、营业税、城市维护建设税、关税、资源税、土地增值税、房产税、车船使用税、土地使用税、印花税、教育费附加等产品销售税金及附加。

（4）损失。它是指企业在生产经营活动中发生的固定资产和存货的盘亏、毁损、报废损失，转让财产损失，呆账损失，坏账损失，自然灾害等不可抗力因素造成的损失以及其他损失。企业发生的损失减除责任人赔偿和保险赔款后的余额依照国务院财政、税务主管部门的规定扣除。

企业已经作为损失处理的资产，在以后纳税年度又全部收回或者部分收回时，应当计入当期收入。

5. 不得扣除的项目

在计算应纳税所得额时，下列支出不得扣除：

（1）向投资者支付的股息、红利等权益性投资收益款项。

（2）企业所得税税款。

（3）税收滞纳金，具体是指纳税人违反税收法规，被税务机关处以的滞纳金。

（4）罚金、罚款和被没收财物的损失，具体是指纳税人违反国家有关法律、法规规定，被有关部门处以的罚款，以及被司法机关处以的罚金和被没收财物。

（5）超过规定标准的捐赠支出。

（6）赞助支出，具体是指企业发生的与生产经营活动无关的各种非广告性质支出。

（7）未经核定的准备金支出，具体是指不符合国务院财政、税务主管部门规定的各项资产减值准备、风险准备等准备金支出。

（8）企业之间支付的管理费、企业内营业机构之间支付的租金和特许权使用费，以及非银行企业内营业机构之间支付的利息，不得扣除。

（9）与取得收入无关的其他支出。

6. 亏损弥补

税法规定，企业某一纳税年度发生的亏损可以用下一年度的所得弥补，下一年度的所得不足以弥补的，可以逐年延续弥补，但最长不得超过 5 年。

【工作实例】长城科技有限公司为居民企业，2015 年度有关会计资料如下：

（1）产品销售收入 1 800 万元。

（2）产品销售成本 1 200 万元。

（3）其他业务收入 80 万元，其他业务支出 20 万元。

（4）非增值税销售税金及附加 40 万元。

（5）管理费用 50 万元，财务费用 10 万元，销售费用 30 万元。

（6）投资收益 130 万元（含国库券利息收入 5 万元）。

（7）营业外支出 120 万元（其中公益、救济性捐赠 80 万元，支付税收罚款和滞纳金 3 万元，赞助性支出 6 万元）。

（8）2014 年亏损 5 万元。

要求：计算并申报该企业 2015 年度实际应缴纳的企业所得税。

【温馨提示】

首先由长城科技有限公司登记的办税人员在2015年度的每月办理上月预缴企业所得税手续并预缴税款，然后在2015年度结束之后根据我国《企业所得税法》的规定，计算长城科技有限公司全年应纳企业所得税。具体步骤如下：

（1）计算企业利润总额＝1 800–1 200+80–20–40–50–10–30+130–120＝540（万元）。

（2）调整会计利润。

① 2014年亏损5万元，未超过弥补年限，可以在税前列支，应调减应纳税所得额。

② 国库券利息收入5万元属于免税收入，应调减应纳税所得额。

③ 公益、救济性捐赠支出80万元，超过税前扣除比例的限额，超过部分即80–540×12%＝15.2万元，应调增应纳税所得额。

④ 企业支付的罚款和滞纳金3万元以及赞助性支出6万元，不允许税前列支，应调增应纳税所得额。

（3）应纳税所得额＝540–5–5+15.2+3+6＝554.2（万元）。

（4）该企业2015年度实际应纳所得税税额＝554.2×25%＝138.55（万元）。

由长城科技有限公司登记的办税人员在2016年1~5月办理企业所得税年度纳税申报，办理汇算清缴手续，多退少补。

（六）企业所得税的征收管理

1. 纳税地点

除税收法律、行政法规另有规定外，居民企业以企业登记注册地为纳税地点，但登记注册地在境外的，以实际管理机构所在地为纳税地点。居民企业在中国境内设立不具有法人资格的营业机构的，应当汇总计算并缴纳企业所得税。

非居民企业在中国境内设立机构、场所的，应当就其所设机构、场所取得的来源于中国境内的所得，以及发生在中国境外但与其所设机构、场所有实际联系的所得，以机构、场所所在地为纳税地点。

非居民企业在中国境内未设立机构、场所的或者虽设立机构、场所但取得的所得与其所设机构、场所没有实际联系的以扣缴义务人所在地为纳税地点。

2. 纳税期限

企业所得税按年计征，分月或者分季度预缴，年终汇算清缴，多退少补。

企业所得税的纳税年度，自公历1月1日起至12月31日止。企业在一个纳税年度的中间开业，或者由于合并、关闭等原因终止经营活动，使该纳税年度的实际经营期不足12

个月的，应当以其实际经营期为一个纳税年度。企业清算时，应当以清算期间作为一个纳税年度。

3. 纳税申报

按月或按季预缴的，应当自月份或者季度终了之日起 15 日内，向税务机关报送预缴企业所得税纳税申报表，预缴税款。

依法缴纳的企业所得税以人民币计算。所得以外币计算的，应当折合成人民币计算并缴纳税款。

二、个人所得税法律制度

（一）个人所得税的纳税人

个人所得税是以个人（自然人）取得的各项应税所得为征税对象所征收的一种税。

作为征税对象的个人所得，是指个人在一定期间内，通过各种来源或方式所取得的一切利益，而不论这种利益是偶然的，还是临时的，是货币、有价证券的，还是实物的。

个人所得税的纳税人即取得应税所得的个人，包括中国公民、外籍人员（包括无国籍人）、华侨、港澳台同胞，具体分为居民纳税人和非居民纳税人（见表 12-10）。

1. 居民纳税人

居民纳税人是指在中国境内有住所，或者无住所但居住满一年的个人。

居民负无限纳税义务，就其来源于境内外的所得纳税。

2. 非居民纳税人

非居民纳税人是指在我国境内无住所又不居住或者无住所而在境内居住不满一年的个人。

非居民负有限纳税义务，就其来源于境内的所得纳税。

居民纳税人与非居民纳税人的判定标准具体如表 13-9 所示。

表 13-9 居民纳税人与非居民纳税人的判定标准

纳税义务人	判定标准	征税对象范围
居民纳税人（负无限纳税义务）	（1）在中国境内有住所的个人。 （2）在中国境内无住所，而在中国境内居住满一年的个人。 “居住满一年”是指在一个纳税年度（公历 1 月 1 日起至 12 月 31 日止，下同）内，在中国境内居住满 365 日。在居住期间内临时离境的，不扣减日数，连续计算。“临时离境”：一个纳税年度内，一次不超过 30 日或多次累计不超过 90 日的离境	境内所得； 境外所得
非居民纳税人（负有限纳税义务）	（1）在中国境内无住所且不居住的个人。 （2）在中国境内无住所且居住不满一年的个人	境内所得

（二）个人所得税的应税项目和税率

1. 个人所得税应税项目

现行个人所得税共十一个应税项目：① 工资、薪金所得；② 个体工商户的生产、经营所得；③ 对企事业单位的承包经营、承租经营所得；④ 劳务报酬所得；⑤ 稿酬所得；⑥ 特许权使用费所得；⑦ 利息、股息、红利所得；⑧ 财产租赁所得；⑨ 财产转让所得；⑩ 偶然所得；⑪ 其他所得。

个人所得难以界定应纳税所得项目的，由主管税务机关确定。

2. 个人所得税税率

我国个人所得税采用分项所得税制，税率按不同征税对象确定，具体分为累进税率和比例税率两大类。

（1）工资薪金所得适用 3%～45%的七级超额累进税率。

（2）个体工商户的生产、经营所得和对企事业单位的承包经营、承租经营所得适用 5%～35%的五级超额累进税率。

（3）稿酬所得、劳务报酬所得、特许权使用费所得、财产租赁所得、财产转让所得、利息、股息、红利所得、偶然所得和其他所得适用 20%的比例税率。

① 对稿酬所得，规定在适用 20%税率征税时，按应纳税额减征 30%。

② 对劳务报酬所得一次收入畸高的，规定在适用 20%税率征税的基础上，实行加成征税办法。“劳务报酬所得一次收入畸高的”是指个人一次取得劳务报酬，其应纳税所得额超过 20 000 元。劳务报酬所得加成征税采取超额累进办法，对应纳税所得额超过 20 000 元至 50 000 元的部分，依照税法规定计算应纳税额后，再按照应纳税额加征五成；对超过 50 000 元的部分按应纳税额加征十成。具体如表 13-10 所示。

表 13-10　个人所得税的税率与对应的应税项目

税　率	应税项目
七级超额累进税率	工资薪金所得
五级超额累进税率	个体工商户生产、经营所得
	对企事业单位承包经营、承租经营所得
比例税率 20%（8 个税目），特别掌握：其中有 4 个税目有加征或减征	劳务报酬所得：对一次取得的劳务报酬所得 20 000 元以上加成征收，即 20 000～50 000 元，税率为 30%，50 000 元以上，税率为 40%
	稿酬所得：按应纳税额减征 30%
	财产租赁所得：个人出租住房减按 10%的税率
	储蓄存款利息：2007 年 8 月 15 日起，税率由 20%调整为 5%，2008 年 10 月 9 日免征利息税

（三）个人所得税的优惠内容

1. 法定免税项目

根据个人所得税法的规定，下列各项个人所得，免征个人所得税：

（1）省级人民政府、国务院部委和中国人民解放军军以上单位，以及外国组织颁发的科学、教育、技术、文化、卫生、体育、环境保护等方面的奖金。

（2）国债和国家发行的金融债券利息。

（3）按国家统一规定发给的补贴、津贴。

（4）福利费、抚恤金、救济金。

（5）保险赔款。

（6）军人的转业复员费。

（7）离退休工资。

（8）驻华的使馆、领事馆人员所得。

（9）见义勇为奖金。

（10）按照省级以上人民政府规定的标准，以个人工资中的部分作为社会保险（住房、医疗、失业、养老等）免税 。

（11）个人的储蓄存款中属于教育储蓄的免税。

2. 其他减免税项目

（1）个人取得单张有奖发票奖金所得不超过 800 元（含 800 元）的，暂免征收个人所得税；个人取得单张有奖发票奖金所得超过 800 元的，应全额按照个人所得税法规定的“偶然所得”目征收个人所得税。

（2）个人购买体育彩票和社会福利彩票有奖募捐奖券，凡一次中奖收入不超过 1 万元的，暂免征收个人所得税；超过 1 万元的，应按税法规定全额计征个人所得税。

（3）个人转让自用达 5 年以上、并且是唯一的家庭居住用房取得的所得。

（4）个人按规定标准取得的拆迁补偿款，免征个人所得税。

（四）个人所得税的应纳税所得额

1. 工资、薪金所得

工资、薪金所得采用按月计征的办法，除适用按附加减除费用扣除的纳税人外，每月扣除生计费用 3 500 元后，其余额即应纳税所得额。

$$应纳税所得额 = 月工资薪金收入额 - 3\,500 元$$

工资、薪金所得应纳税额的计算具体如表 13-11 所示。

表 13-11 工资、薪金所得应纳税额计算

级　数	全月应纳税所得额	税率（%）	速算扣除数
1	不超过 1～500 元的部分	3	0
2	超过 500～4 500 元的部分	10	105
3	超过 4 500～9 000 元的部分	20	555
4	超过 9 000～35 000 元的部分	25	1 005
5	超过 35 000～55 000 元的部分	30	2 755
6	超过 55 000～80 000 元的部分	35	5 505
7	超过 80 000 元以上的部分	45	13 505

拓展阅读

个人取得全年一次性奖金等应纳个人所得税的计算

（1）先将当月取得的全年一次性奖金，除以 12 个月，按其商数确定适用税率和速算扣除数。

（2）将雇员个人当月内取得的全年一次性奖金，按上述适用税率和速算扣除数计算征税，计算公式如下。

① 雇员当月工资薪金所得高于（或等于）税法规定的费用扣除额的，适用公式为：

应纳税额＝雇员当月取得全年一次性奖金×适用税率－速算扣除数

② 雇员当月工资薪金所得低于税法规定的费用扣除额的，适用公式为：

应纳税额＝（雇员当月取得全年一次性奖金－雇员当月工资薪金所得与费用扣除额的差额）×适用税率－速算扣除数

2. 个体工商户的生产经营所得

对于实行查账征收的个体工商户，其生产、经营所得或应纳税所得额是每一纳税年度的收入总额，减除成本、费用以及损失后的余额。计算公式为：

应纳税所得额＝收入总额－（成本+费用+损失+准予扣除的税金）

3. 对企事业单位的承包经营、承租经营所得

对企事业单位承包经营、承租经营所得是以每一纳税年度的收入总额，减除必要费用后的余额，为应纳税所得额。计算公式为：

应纳税所得额＝个人承包、承租经营收入总额－每月 3 500 元×实际月数

4. 劳务报酬所得

劳务报酬所得以个人每次取得的收入，定额或定率减除规定费用后的余额为应纳税所得额。每次收入不超过 4 000 元的，定额减除费用 800 元；每次收入在 4 000 元以上的，定率减除 20%的费用。其计算公式如下。

（1）每次收入不超过 4 000 元的：

$$应纳税所得额 = 每次收入额 - 800 元$$

（2）每次收入在 4 000 元以上的：

$$应纳税所得额 = 每次收入额 \times (1 - 20\%)$$

5. 稿酬所得

稿酬所得以个人每次取得的收入，定额或定率减除规定费用后的余额为应纳税所得额。每次收入不超过 4 000 元的，定额减除费用 800 元；每次收入在 4 000 元以上的，定率减除 20%的费用。

6. 利息、股息、红利所得

利息、股息、红利所得以个人每次取得的收入额为应纳税所得额，不得从收入额中扣除任何费用。

（五）个人所得税的征收管理

个人所得税实行源泉扣缴和自行申报两种办法。

1. 自行申报纳税义务人

凡有下列情形之一的，纳税人必须自行向税务机关申报所得并缴纳税款：

（1）年所得 12 万元以上的。

（2）在两处或两处以上取得工资、薪金所的。

（3）从中国境外取得所得的。

（4）取得应纳税所得，没有扣缴义务人的。

（5）国务院规定的其他情形。

2. 代扣代缴

代扣代缴是指按照税法规定负有扣缴税款义务的单位或个人，在向个人支付应税所得时，应计算应纳税额并从其所得中扣除缴入国库，同时向税务机关报送扣缴个人所得税报告表。

扣缴义务人在向个人支付下列所得时，应代扣代缴个人所得税：工资、薪金所得，对企事业单位的承包经营、承租经营所得，劳务报酬所得，稿酬所得，特许权使用费所得，利息、股息、红利所得、财产租赁所得，财产转让所得，偶然所得以及经国务院财政部门确定征税的其他所得。

第五节 税源足量入库的保证——税收征管

一、税款征收

税款征收是指税务机关依照法律、行政法规的规定将纳税人应纳的税款组织入库的一系列活动的总称，是税收征收管理工作中的中心环节。

税务机关依照法律、行政法规的规定征收税款，不得违反法律、行政法规的规定开征、停征、多征、少征、提前征收、延缓征收或者摊派税款。除税务机关、税务人员以及经税务机关依照法律、行政法规委托的单位和人员外，任何单位和个人不得进行税款征收活动。

（一）税款征收的方式

根据《税收征管法》及其实施细则的规定，税款征收的方式主要有：查账征收、核定征收、代理征收、委托征收、汇算清缴。不同的征收方式适用不同的纳税主体。

（二）税款征收的措施

根据《税收征管法》及其实施细则的规定，保证税款征收及时足额入库的行政措施和程序主要有以下几个。

1. 加收滞纳金

纳税人和扣缴义务人未按照规定期限缴纳税款的，税务机关除责令限期缴纳外，从滞纳税款之日起，按日加收滞纳税款5‱的滞纳金。

2. 核定税额

纳税人有下列情形之一的，税务机关有权核定其应纳税额：依照法律、行政法规的规定可以不设置账簿的；依照法律、行政法规的规定应当设置账簿但未设置的；擅自销毁账簿或者拒不提供纳税资料的；虽设置账簿，但账目混乱或者成本资料、收入凭证、费用凭证残缺不全，难以查账的；发生纳税义务，未按照规定的期限办理纳税申报，经税务机关责令限期申报，逾期仍不申报的；纳税人申报的计税依据明显偏低，又无正当理由的。

3. 纳税担保

税务机关有根据认为从事生产、经营的纳税人有逃避纳税义务行为的，可以在规定的纳税期之前，责令限期缴纳应纳税款；在限期内发现纳税人有明显的转移、隐匿其应纳税的商品、货物以及其他财产或者应纳税的收入的迹象的，税务机关可以责成纳税人提供纳税担保。具体担保方式包括纳税保证、纳税抵押和纳税质押。

4. 税收保全

税收保全是税务机关为防范税款流失而对纳税人采取的一种控制管理措施，其行使有严格的条件和顺序。

税务机关有根据认为从事生产、经营的纳税人有逃避纳税义务行为的，可以在规定的纳税期之前，责令限期缴纳应纳税款；在限期内发现纳税人有明显的转移、隐匿其应纳税的商品、货物以及其他财产或者应纳税的收入的迹象的，税务机关可以责成纳税人提供纳税担保。如果纳税人不能提供纳税担保，经县以上税务局（分局）局长批准，税务机关可以采取下列税收保全措施：

（1）书面通知纳税人开户银行或者其他金融机构冻结纳税人的金额相当于应纳税款的存款。

（2）扣押、查封纳税人的价值相当于应纳税款的商品、货物或者其他财产，通知出境机关阻止其出境。个人及其所抚养的家属维持生活所必需的住房和用品，不在税收保全措施的范围之内。

纳税人在前款规定的限期内缴纳税款的，税务机关应按规定在收到税款或银行转回的税票后 24 小时内解除税收保全措施。

5. 税收强制执行

从事生产、经营的纳税人、扣缴义务人未按照规定的期限缴纳或者解缴税款，纳税担保人未按照规定的期限缴纳所担保的税款，由税务机关责令限期缴纳，逾期仍未缴纳的，经县以上税务局（分局）局长批准，税务机关可以采取下列强制执行措施：

（1）书面通知其开户银行或者金融机构从其存款中扣缴税款。

（2）扣押、查封、依法拍卖或者变卖其价值相当于应纳税款的商品、货物或者其他财产，以拍卖或者变卖所得抵缴税款。

税务机关采取强制执行措施时，对纳税人、扣缴义务人、纳税担保人未缴纳的滞纳金同时强制执行。

个人及其所扶养家属维持生活必需的住房和用品，不在强制执行措施的范围之内。

二、税务检查

税务检查是税务机关依照税收法律、行政法规的规定，对纳税人、扣缴义务人履行纳税义务或者扣缴义务及其他有关税务事项进行审查、核实、监督活动的总称，是确保国家财政收入和税收法律法规贯彻落实的重要手段。

税务检查的形式包括重点检查、分类计划检查、集中性检查、临时性检查、专项检查等。

（一）税务机关在检查中的权利和义务

税务机关在税务检查中主要有以下权限：

（1）账证检查权。即税务机关有权检查纳税人的账簿、记账凭证、报表和有关资料，检查扣缴义务人代扣代缴、代收代缴税款账簿、记账凭证和有关资料。

（2）场地检查权。即税务机关有权到纳税人的生产、经营场所和货物存放地检查纳税人应纳税的商品、货物或者其他财产，检查扣缴义务人与代扣代缴、代收代缴税款有关的经营情况。

（3）责成提供资料权。即税务机关有权责成纳税人、扣缴义务人提供与纳税或者代扣代缴、代收代缴税款有关的文件、证明材料和有关资料。

（4）询问权。即税务机关有权询问纳税人、扣缴义务人与纳税或者代扣代缴、代收代缴税款有关的问题和情况。

（5）交通邮政检查权。即税务机关有权到车站、码头、机场、邮政企业及其分支机构检查纳税人托运、邮寄应纳税商品、货物或者其他财产的有关单据、凭证和有关资料。

（6）存款账户检查权。经县以上税务局（分局）局长批准，凭全国统一格式的检查存款账户许可证明，税务机关有权查询从事生产、经营的纳税人、扣缴义务人在银行或者其他金融机构的存款账户。

税务机关派出的人员进行税务检查时，应当出示税务检查证和税务检查通知书，并有责任为被检查人保守秘密；未出示税务检查证和税务检查通知书的，被检查人有权拒绝检查。

（二）相对人在检查中的权利和义务

根据《税收征管法》的规定，相对人有权拒绝未出示税务检查证和税务检查通知书的检查；有权拒绝超出法定范围或违反法定程序的检查等。

相对人在税务检查中的义务是与税务机关的检查权相对的，其核心是不得拒绝和隐瞒税务机关依法进行的税务检查。

【工作实例】长城科技有限公司 2015 年 8 月应纳增值税 56 万元，当地国税局税务人员多次电话催缴，至 2015 年 9 月 25 日仍未缴纳。9 月 26 日税务人员依法查询了该公司的银行存款账户，发现其账上刚到 60 万元货款。因此税务人员填制了“扣缴税款通知书”，经局长签字批准后，通知银行从该公司账上扣缴所欠的 56 万税款和对应的滞纳金。你认为国税局的行为是否符合我国《税收征管法》的相关规定？

【温馨提示】

我国《税收征管法》第四十条规定：从事生产、经营的纳税人、扣缴义务人未按照规定的期限缴纳或者解缴税款，纳税担保人未按照规定的期限缴纳所担保的税款，由税务机关责令限期缴纳，逾期仍未缴纳的，经县以上税务局（分局）局长批准，税务机关可以采取下列强制执行措施：① 书面通知其开户银行或者金融机构从其存款中扣缴税款；② 扣押、查封、依法拍卖或者变卖其价值相当于应纳税款的商品、货物或者其他财产，以拍卖或者变卖所得抵缴税款。

根据该规定，税务机关采取税收强制措施时，必须坚持告诫在先原则，即纳税人未按照规定的期限缴纳税款的，税务机关应先发出“催缴税款通知书”，责令限期缴纳，在逾期仍不缴纳时，再采取强制执行措施。上述引例中，税务人员未以正式文书的形式告诫纳税人就实施了税收强制执行措施，是违反法定程序的。

三、税务行政争讼

税务行政争讼是税务行政争议与税务行政诉讼的合成，是指在税务机关与纳税当事人之间发生纳税或处罚不服时所进行的税务行政或司法行为。

（一）税务行政复议

税务行政复议是指纳税人、扣缴义务人、纳税担保人等税务当事人或者其他行政相对人认为税务机关及其工作人员做出的税务具体行政行为侵犯其合法权益，依法向上一级税务机关或者有关人民政府提出复查该税务具体行政行为的申请，由复议机关对该税务具体行政行为的合法性和适当性进行审查并做出裁决的制度和活动。

按照《中华人民共和国行政复议法》（简称《行政复议法》）的规定，税务行政复议程序分为申请、受理、审理、决定以及决定的执行等几个阶段。

1. 税务行政复议的申请

纳税人、扣缴义务人、纳税担保人同税务机关在纳税上发生争议时，必须先依照税务机关的纳税决定缴纳或者解缴税款及滞纳金或者提供相应的担保，然后可以依法申请行政复议；对行政复议决定不服的，可以依法向人民法院起诉。

当事人对税务机关的处罚决定、强制执行措施或者税收保全措施不服的，可以依法申请行政复议，也可以依法向人民法院起诉。

申请人可以自知道税务机关做出该具体行政行为之日起 60 日内向做出该具体行政行为的税务机关的上一级税务机关或本机人民政府提出行政复议申请。申请人申请税务行政复议，可以书面申请，也可以口头申请。

2. 税务行政复议的受理

复议机关收到行政复议申请后，应当在 5 日内进行审查，对不符合规定的行政复议申请，决定不予受理，并书面告知申请人；对符合规定，但是不属于本机关受理的行政复议申请，应当告知申请人向有关行政复议机关提出。对符合规定的行政复议申请，自行政复议机关负责法制工作的机构收到之日起即受理。

行政复议期间税务具体行政行为不停止执行。

3. 税务行政复议的决定

行政复议机关负责法制工作的机构应当自行政复议申请受理之日起 7 日内，将行政复议申请书副本或者行政复议申请笔录复印件发送被申请人。被申请人应当自收到申请书副本或者申请笔录复印件之日起 10 日内，提出书面答复，并提交当初做出具体行政行为的证据、依据和其他有关材料。

行政复议机关应当自受理申请之日起 60 日内做出行政复议决定。情况复杂，不能在规定期限内做出行政复议决定的，经行政复议机关的负责人批准，可以适当延长，并告知申请人和被申请人；但是延长期限最多不超过 30 日。

在行政复议过程中，被申请人不得自行向申请人和其他有关组织或者个人收集证据。

行政复议决定不得加重对复议申请人的制裁。

4. 税务行政复议的执行

行政复议机关做出行政复议决定，应当制作行政复议决定书，并加盖印章。行政复议决定书一经送达，即发生法律效力。

当事人对税务机关的处罚决定逾期不申请行政复议也不向人民法院起诉、又不履行的，做出处罚决定的税务机关可以采取《行政复议法》第四十条规定的强制执行措施，或者申请人民法院强制执行。

税务行政复议的整体流程如图 13-3 所示。

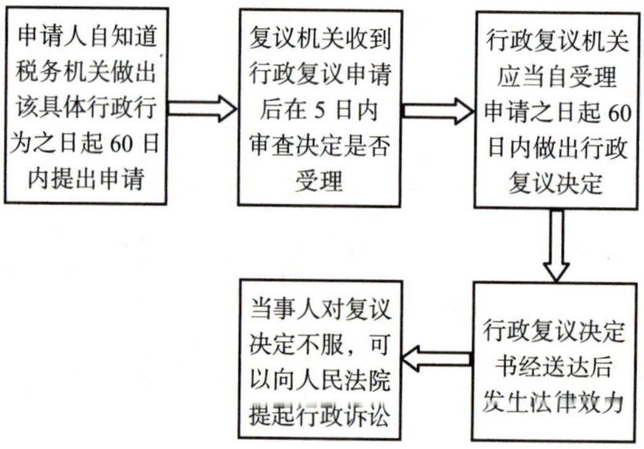

图 13-3 税务行政复议的整体流程

（二）税务行政诉讼

税务行政诉讼是人民法院依法审理并判决或裁定税务管理相对人不服税务机关的具体行政行为或复议决定的一系列活动的总称。税务行政诉讼是行政诉讼制度的组成部分，受《中华人民共和国行政诉讼法》（简称《行政诉讼法》）的约束。

1. 税务行政诉讼的管辖

税务行政诉讼的管辖分为级别管辖、地域管辖和裁定管辖。

级别管辖是上下级人民法院之间受理第一审税务案件的分工和权限。根据《行政诉讼法》的规定，基层人民法院管辖一般的税务行政诉讼案件；中高级人民法院管辖本辖区内重大、复杂的税务行政诉讼案件；最高人民法院管辖全国范围内重大、复杂的税务行政诉讼案件。

地域管辖是同级人民法院之间受理第一审行政案件的分工和权限，分一般地域管辖和特殊地域管辖两种。前者是指按照最初做出具体行政行为的机关所在地来确定管辖法院。凡是未经复议直接向人民法院提起诉讼的，或者经过复议，复议裁决维持原具体行政行为，当事人不服向人民法院提起诉讼的，均由最初做出具体行政行为的税务机关所在地人民法院管辖。后者是指根据特殊行政法律关系或特殊行政法律关系所指的对象来确定管辖法院，经过复议的案件，复议机关改变原具体行政行为的，由原告选择最初做出具体行政行为的税务机关所在地的人民法院，或者复议机关所在地人民法院管辖。

裁定管辖是指人民法院依法自行裁定的管辖，包括移送管辖、指定管辖及管辖权的转移。

2. 税务行政诉讼的起诉和受理

对税务机关的征税行为提起诉讼，必须先经过复议；对复议决定不服的，可以在接到复议决定书之日起 15 日内向人民法院起诉。对其他具体行政行为不服的，当事人可以在接到通知或者知道之日起 15 日内直接向人民法院起诉。税务机关做出具体行政行为时，未告知当事人诉权和起诉期限，致使当事人逾期向人民法院起诉的，其起诉期限从当事人实际知道诉权或者起诉期限时计算。但最长不得超过 2 年。

人民法院接到诉状，经过审查，应当在 7 日内立案或者做出裁定不予受理。原告对不予受理的裁定不服的，可以提起上诉。税务行政诉讼的起诉和受理如图 13-4 所示。

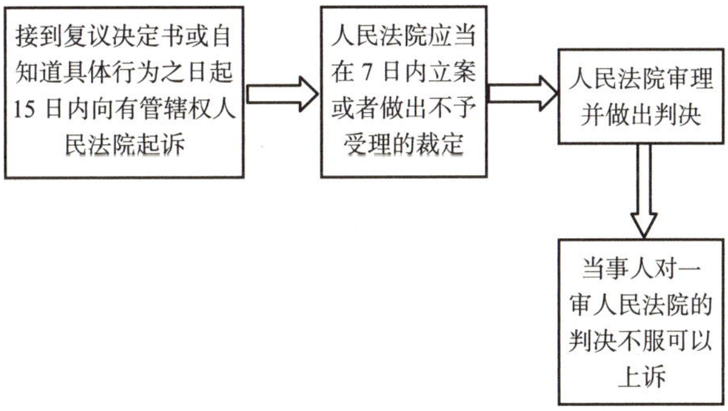

图 13-4 税务行政诉讼的起诉和受理流程

3. 税务行政诉讼的审理和判决

人民法院审理行政案件实行合议、回避、公开审判和两审终审的审判制度。依据法律、行政法规和地方性法规（民族自治地方的自治条例和单行条例）；参照部门规章和地方性规章审查被诉具体行政行为是否合法。

人民法院对受理的税务行政案件经过调查、收集证据、开庭审理之后，分别做出如下判决：

（1）维持判决。适用于具体行政行为证据确凿，适用法律、法规正确，符合法定程序的案件。

（2）撤销判决。被诉的具体行政行为主要证据不足，适用法律、法规错误，违反法定程序，或者超越职权、滥用职权，人民法院应判决撤销或部分撤销，同时可判决税务机关重新做出具体行政行为。

（3）履行判决。税务机关不履行或拖延履行法定职责的，判决其在一定期限内履行。

（4）变更判决。税务行政处罚显失公正的，可以判决变更。

对一审人民法院的判决不服，当事人可以上诉。对发生法律效力的判决，当事人必须执行，否则人民法院有权依对方当事人的申请予以强制执行。

本章小结

本章主要介绍了我国的各种税制和税收征管法的内容，重点介绍与市场主体紧密相关的税务登记、税收征管以及常见的流转税、所得税的申报等内容，这些内容体现了我国的税收立法动态，与前面的企业法和公司法遥相呼应。

思考与练习

一、单项选择题

1. 区分不同税种的主要标志是（　　）。

A. 税率　　B. 纳税人

C. 征税对象　　D. 税目

2. 下列各项中，不符合《税收征收管理法》有关规定的是（　　）。

A. 采取税收保全措施时，冻结的存款以纳税人应纳税款的数额为限

B. 采取税收强制执行的措施时，被执行人未缴纳的滞纳金必须同时执行

C. 税收强制执行的适用范围不仅限于从事生产经营的纳税人，也包括扣缴义务人

D. 税收保全措施的适用范围不仅限于从事生产经营的纳税人，也包括扣缴义务人

3. 某人出租房屋收取的月租金 2 000 元，承租方用来开设小卖部，出租方每月应缴纳的营业税是（　　）。

A. 100 元　　B. 80 元

C. 60 元　　D. 40 元

4. 根据现行营业税税收制度的规定，下列项目不属于营业税征收范围的是（　　）。

A. 境内单位转让境外不动产　　B. 组织游客跨省旅游

C. 销售境内房屋建筑物　　D. 境外单位向境内单位转让专利权

5. 退休工程师李先生某月取得的收入中，属于免税事项的是（　　）。

A. 退休金 2 100 元

B. 出版专著，获得稿酬 8 000 元

C. 从事技术咨询，获得咨询费 850 元

D. 购买家用电器，参加抽奖获得价值 800 元的奖品

二、多项选择题

1. 我国现行税法中采用的税率形式有（　　）。

A. 比例税率　　B. 全额累进税率

C. 超额累进税率　　D. 超率累进税率

2. 根据我国现行增值税的规定，纳税人提供下列劳务应当缴纳增值税的有（　　）。

A. 汽车的修配　　B. 房屋的修理

C. 房屋的装修、装饰　　D. 受托加工白酒

3. 以下应征消费税的货物是（　　）。

A. 山地自行车　　B. 白酒

C. 实木地板　　D. 进口彩电

4. 根据企业所得税法律制度的规定，下列各项中，不得在企业所得税税前扣除的有（　　）。

A. 税收滞纳金　　B. 被没收财物的损失

C. 向投资者支付的股息　　D. 缴纳的教育费附加

5. 下列各项中，适用 5%～35%的五级超额累进税率征收个人所得税的有（　　）。

A. 个体工商户的生产经营所得

B. 合伙企业的生产经营所得

C. 个人独资企业的生产经营所得

D. 对企事业单位的承包经营、承租经营所得

三、案例分析

1. 深圳经济特区某水泥预制板企业 2014 年全年纳税合计 800 万元（包括企业所得税、增值税、营业税等），2015 年的盈利率比上年增长 5%。该企业 2009 年度取得销售水泥预制板收入 13 851 358.70 元（含税销售额），不含税销售额 13 067 319.53 元，均未按规定申报纳税。2016 年 5 月 10 日，税务机关在查处中认为，该企业未按规定申报纳税的行为构成了偷税，根据《增值税暂行条例》及《税收征管法》的规定，追缴所偷增值税 784 039.2 元，并对该企业的偷税行为处以所偷税款 0.1 倍的罚款 78 403.92 元。该企业负责人拒不接

受对该企业的处罚，多次到税务机关扰闹。2016 年 6 月 30 日，又以该处罚决定认定事实及适用法律有误为由向税务机关申请行政复议。复议机关受理该复议申请后，经过审理，认为企业偷税行为事实成立，其性质较为恶劣，且拒不接受处罚，认错态度不好，因此做出行政复议决定，除追缴其所偷税款外，将罚款变更为 156 807.84 元。

请问：

（1）该企业的行为是否构成偷税？

（2）税务行政复议能否加重对复议申请人的处罚？

2. 杨某为一自由职业者。本年发生以下收入事项：

（1）5 月将市区一处房屋出租给他人经商，每月租金收入 3 600 元，租期两年，本年 5~12 月租金一次付清，其余租金明年 5 月全部付清。

（2）为一广告公司摄影，3 月、7 月、10 月分别取得收入 1 600 元、4 200 元、4 000 元。广告公司代扣代缴个人所得税。

（3）为一旅行社做兼职导游，5 月分别取得收入 3 000 元、3 200 元。

（4）向报社投稿，报社分期连载 3 个月，每月支付酬金分别为 600 元、800 元、750 元，报社代扣代缴了个人所得税。

（5）与李某共同为甲公司做装潢设计，10 月 11 日至 11 月 25 日完成，共取得酬金 8 142 元，根据工作量，杨某与李某的分配比例为 1∶2。该单位代扣代缴了个人所得税。

经税务机关检查，杨某出租房屋未缴纳任何税金，旅行社未代扣代缴杨某个人所得税。

要求：按以下顺序回答问题。

（1）分别计算杨某出租房屋应缴纳的营业税等各项税金。

（2）计算广告公司应代扣代缴的个人所得税。

（3）计算旅行社应代扣代缴的个人所得税。

（4）计算报社应代扣代缴的个人所得税。

（5）计算甲公司代扣代缴设计费个人所得税。

（6）分析杨某共需缴纳的税金，根据《税收征管法》应如何处理。

参考文献

[1] 胡志强，颜运秋. 经济法［M］. 北京：清华大学出版社，2014.
[2] 赵威. 经济法［M］. 北京：中国人民大学出版社，2014.
[3] 梁敏，何辛. 新编经济法实用教程［M］. 大连：大连理工大学出版社，2007.
[4] 李燕. 证券法学［M］. 武汉：武汉大学出版社，2009.
[5] 常爱芳. 经济法概论［M］. 北京：中国广播电视出版社，2008.
[6] 倪振峰. 银行法［M］. 上海：复旦大学出版社，2010.
[7] 吕来明. 票据法学［M］. 北京：北京大学出版社，2011.
[8] 宁艳岩. 经济法［M］. 北京：中国财政经济出版社，2012.
[9] 曾咏梅，王峰. 经济法［M］. 武汉：武汉大学出版社，2015.
[10] 杨立新. 合同法［M］. 北京：北京大学出版社，2013.
[11] 李良雄，王琳雯. 金融法［M］. 北京：人民邮电出版社，2013.
[12] 吴汉东. 知识产权法（第五版）［M］. 北京：法律出版社，2014.
[13] 刘俊海. 公司法学（第二版）［M］. 北京：北京大学出版社，2013.
[14] 叶林. 证券法（第四版）［M］. 北京：中国人民大学出版社，2013.
[15] 王欣新. 破产法原理与案例教程［M］. 北京：中国人民大学出版社，2010.
[16] 张士元. 企业法（第四版）［M］. 北京：法律出版社，2015.
[17] 崔建远. 合同法（第六版）［M］. 北京：法律出版社，2016.
[18] 史明灿，相天起. 经济法［M］. 北京：化学工业出版社，2016.
[19] 杨紫烜. 经济法（第五版）［M］. 北京：北京大学出版社，2015.
[20] 中国注册会计师协会. 经济法（注册会计师考试辅导教材）［M］. 北京：中国财政经济出版社，2016.
[21] 中国注册会计师协会. 税法（注册会计师考试辅导教材）［M］. 北京：中国财政经济出版社，2016.
[22] 财政部会计资格评价中心. 经济法（中级会计资格考试辅导教材）［M］. 北京：中国财政经济出版社，2015.

反侵权盗版声明